财政部规划教材

会计信息系统实验教程

An Experimental Course on Accounting Information System

宫兆辉 叶怡雄 编著

中国财经出版传媒集团

经济科学出版社
Economic Science Press

图书在版编目（CIP）数据

会计信息系统实验教程／宫兆辉，叶怡雄编著．—北京：经济科学出版社，2021.8

财政部规划教材

ISBN 978－7－5218－2759－0

Ⅰ.①会…　Ⅱ.①宫…　②叶…　Ⅲ.①会计信息-财务管理系统-高等学校-教材　Ⅳ.①F232

中国版本图书馆 CIP 数据核字（2021）第 159785 号

责任编辑：杜　鹏　孙倩靖

责任校对：齐　杰

责任印制：王世伟

会计信息系统实验教程

宫兆辉　叶怡雄　编著

经济科学出版社出版、发行　新华书店经销

社址：北京市海淀区阜成路甲 28 号　邮编：100142

编辑部电话：010－88191441　发行部电话：010－88191522

网址：www.esp.com.cn

电子邮箱：esp_bj@163.com

天猫网店：经济科学出版社旗舰店

网址：http：//jjkxcbs.tmall.com

固安华明印业有限公司印装

787×1092　16 开　23.25 印张　500000 字

2021 年 9 月第 1 版　2021 年 9 月第 1 次印刷

ISBN 978－7－5218－2759－0　定价：52.00 元

前　言

PREFACE

计算机技术、网络技术、通信技术等现代信息科学技术的快速发展，大数据、物联网、云计算的广泛应用，使会计信息化处理更加趋于便捷化、数据化、智能化；会计信息运动更加复杂和开放；会计信息资源属性更加多元和丰富；会计信息系统功能和服务融为一体。

为适应会计信息化发展的新形势，《会计信息系统实验教程》从建立并运用企业管理信息系统的角度，对计算机会计信息系统的理论构成及实际应用作了系统的介绍，对通用会计信息系统的基本原理和各主要子系统的功能作了详细说明，对目前会计信息化应用中的内部控制等进行了全面的分析。本教材具有如下特色：

1. 内容新颖。本教材按照最新的企业会计准则及其应用指南和2019年实行的新的税收法律制度编写，充分吸收了理论、政策及实务发展的最新成果。

2. 实践性强。本教材以模拟企业某一个月的实际业务为主要素材进行编写，业务类型丰富，会计业务描述以原始单据形式呈现，能够更好地培养学生的会计职业操作能力。在编写过程中，编者深入企业、会计师事务所、财务咨询公司等单位进行调研，收集了大量素材和业务资料，从而使本教材内容能与实践紧密结合。

3. 教学资源丰富。在教学资源的提供上，校企合作共同开发教材资源，包括多媒体课件、单元教学设计、操作录屏、账套资料等，以丰富的资源为教师和学生提供全面教学支持。

本教材力求体现出理论与实务并重、教学与科研兼顾，理论科学、体系完整、内容实用的特点。

本教材可作为财经类高等学校会计本科专业及相关专业开设“会计信息系统”“会计模拟实验”课程的教材，也可作为会计学专业硕士研究生“计算机会计信息系统研究”参考用书和中高级会计人员从事会计信息化理论研究及进行中高级会计信息化培训的指导用书。

本教材由广东外语外贸大学会计学院宫兆辉、叶怡雄编著。全教材共分七章，具体分工为：宫兆辉编写第一章、第六章和第七章，叶怡雄编写第二章至第五章，全教材由刘中华教授主审。本教材在编写过程中得到用友软件公司和经济科学出版社的大力支持，在此一并致谢！

会计信息化是一门既涉及会计学又涉及计算机信息系统等专业的跨学科课程，在理论、方法、技能等方面都有较高的要求。由于编者水平所限，可能对一些问题的论述有不当之处，敬请读者批评指正。

编　者

2021 年 7 月

目　录
CONTENTS

第一章　会计信息系统概述

第一节　会计信息系统的基本概念

一、数据、信息与会计信息无纸化

（一）数据

数据是表征客观事物、可以记录、能被共同识别的物理符号。在计算机信息系统中，数据的含义是十分广泛的，通常分为数值数据和非数值数据两大类。

数值数据是用数字描述的基本定量符号，如3.1415，2000等，都是数值数据。通常，人们习惯采用十进制数据，但十进制数据并非唯一的一种数制，例如，在记录日期和时刻时采用的就是十二进制、三十进制或六十进制。在计算机内部使用的是二进制、八进制和十六进制形式的数据。

非数值数据一般用来描述各种事物或实体属性的值。例如，在学生档案中，有姓名、性别、系别和籍贯等许多属性，分别从不同的方面来描述学生的特征。每个学生都有不同的描述，如张大明、男、会计系、广东广州等，这些就是非数值型数据。

（二）信息

信息一词已经以其不断扩展的含义渗透到各个科学技术领域，与材料、能源一起被誉为社会发展的三大科学支柱，对信息的利用程度已成为现代社会文明和科学技术发展的重要标志之一。

信息是一个难以确切定义的名词，一般认为信息能够反映客观世界中各种事物的特征和变化，是可以通讯的知识。例如，气温的高低、火车的速度、人口增长趋势、计算机的性能价格比、生产计划和会计报表等，都可以称为信息。

（三）数据和信息的关系

数据和信息是两个不同的概念。尽管数据的概念不断在外延和扩展，但数据仍是人们用来反映客观世界而记录下来的可以鉴别的符号。并非任何数据都能表示信息。信息只是消化了的数据，即经过加工处理后并对客观世界产生影响的数据。信息是更基本的直接反映现实的概念，而数据则是信息的具体表现。所以信息不随载荷它的物理设备的改变而改变，而数据则不然，它往往与计算机系统有关。但是数据和信息之间有着内容和形式的联系，所以在不需要严格分辨的场合，也往往不加区分地使用这两个词。例如，可以说信息处理，也可以说数据处理。

（四）会计信息无纸化

信息技术的发展已经使电子资料能够代替纸面资料，然而受过去文件规定以及习惯和观念的束缚，企业不得不将电子会计资料输出为纸面文件，造成纸张、设备、能源、人力、储存空间的消耗。

信息化的价值和目标之一是取代手工作业和纸面文件。如果没有充分的理由，仅仅因为会计资料是电子形式而不予认可，则信息化的优势就大打折扣，也会挫伤企业开展会计信息化的积极性，阻碍会计信息化的深入发展。并且，会计资料的纸面要求，会进一步导致企业间交易摆脱不了纸面文件的传递，整个经济体系交易环节的信息化发展也会受到制约，从而阻碍社会产品和服务模式的创新。

从政策制度层面认可电子会计资料的有效性，免除企业对一定范围内会计资料的打印责任，是建设社会主义生态文明、促进社会整体信息化水平进一步提高的现实要求。财政部于 2013 年 12 月颁布的《企业会计信息化工作规范》在政策层面实现了无纸化的“破冰”，是会计信息化工作规范的重要突破之一，对企业提高会计工作效率乃至对整个社会信息化应用的深入都将带来深刻影响。

企业内部生成的会计凭证、账簿和辅助性会计资料，同时满足下列条件的，可以不输出纸面资料：所记载的事项属于本企业重复发生的日常业务；由企业信息系统自动生成；可及时在企业信息系统中以人类可读形式查询和输出；企业信息系统具有防止相关数据被篡改的有效机制；企业对相关数据建立了电子备份制度，能有效防范自然灾害、意外事故和人为破坏的影响；企业对电子和纸面会计资料建立了完善的索引体系。

企业获得的需要外部单位或者个人证明的原始凭证和其他会计资料，同时满足下列条件的，可以不输出纸面资料：会计资料附有外部单位或者个人的、符合《中华人民共和国电子签名法》的可靠的电子签名；电子签名经符合《中华人民共和国电子签名法》的第三方认证；所记载的事项属于本企业重复发生的日常业务；可及时在企业信息系统中以人类可读形式查询和输出；企业对相关数据建立了电子备份制度，能有效防范自然灾害、意外事故和人为破坏的影响；企业对电子和纸面会计资料建立了完善的索引体系。

二、会计信息系统的基本概念

（一）会计信息系统的定义

会计信息系统是面向价值信息的信息系统，是从对其企业中的价值运动进行反映和监督的角度提出信息需求的信息系统，因此，可以将其定义为：会计信息系统是以电子计算机为主要工具，利用现代信息技术，对各种会计数据进行收集、处理、存储和分析，并为用户提供所需的各种会计核算信息和财务管理信息的计算机信息系统。它与其他信息系统的主要区别在于它的处理对象是会计数据。简言之，会计信息系统就是以会计数据为处理对象的计算机信息系统。其组成要素为计算机硬软件、数据文件、会计人员和会计信息系统的运行规程，其核心部分是功能完备的会计软件。在信息社会，企业会计工作中常规的、可以程序化的任务将由会计信息系统处理，同时会计信息系统还将辅助会计人员完成其他管理与决策任务。

（二）会计信息系统的目标

会计信息系统是为企业服务的，是企业会计工作中必不可少的组成部分，因此，会计信息系统的目标应服从于企业、信息系统、会计三者的目标。企业的目标是通过提供客户满意的服务获取更多的利润；信息系统的目标是向信息系统的使用者（用户）提供决策有用的信息；会计的目标是要提高企业的经济效益以获取更多的利润。由此，会计信息系统的目标可以确定为向企业内外部的决策者提供需要的会计信息及对会计信息利用有重要影响的其他非会计信息，它确定了会计信息用户可以得到的信息内容和质量。当然，具体到不同的决策者，由于需要不同，他们希望获取的会计信息也会各不相同。在此目标下，会计信息系统的基本功能应是利用各种会计规则和方法，加工来自企业各项业务活动中的数据，产生和反映会计信息（其中多数是价值信息），以辅助人们利用会计信息进行决策。其中，会计规则和方法是由会计人员根据信息用户的需求综合制定的，它们并不是一成不变的，而是随着外界情况的变化不断调整的。在会计信息系统中，会计规则由会计人员确定，会计方法也由会计人员提出，并与信息管理人员合作将这些规则和方法转化为机器系统中的程序。当企业出现了新的业务活动或拥有了新的资源需要进行管理时，会计人员应从会计工作的角度确定出相应的解决办法和处理规则，并尽可能地将其转化为机器系统可处理的内容。

（三）会计信息系统的特点

1. 综合性。会计信息是全面反映企业供、产、销各个环节并全面参与企业管理的综合信息。企业的活动通常分为两大类：一类是生产或服务活动；另一类是管理活动。在生产或服务活动的过程中，各部门都会有某种程度上的会计数据的发生，而在管理活动中又会有某种范围内会计信息的利用。可见，会计信息系统能够综合地反映、监督和控制整个企业生产经营活动，是实现企业管理目标——所有者权益最大化的有力工具。

2. 庞大复杂性。会计信息系统本身是一个独立的整体，由许多职能子系统组成，如账务处理子系统、工资核算子系统、固定资产核算子系统、材料核算子系统、成本核算子系统等，其内部结构较为复杂，各子系统在运行过程中进行信息的收集、加工、传送、使用，联结成一个有机的整体。另外，由于会计信息系统全面地反映企业各个环节的信息，它跟其他管理子系统和企业外部的联系也十分复杂。会计信息系统从其他管理信息子系统和系统外界获取信息，也将处理结果提供给有关系统，使得系统外部接口较复杂。

3. 会计信息的准确性、可靠性。会计信息直接关系到国家、企业及个人的经济利益，因此，会计信息应该符合一定的质量要求，保证连续、完整、真实、准确地反映经济业务，而且要合法、可靠，严格遵守有关财务会计制度、法规和计算规程。

4. 会计信息的信息量大。会计要对生产经营过程进行连续、系统、综合的反映和监督，因此，会计信息系统要收集、处理、存储和提供大量的经济信息。

5. 动态性。会计信息化在时间上的动态性表现为：会计数据的采集是动态的，会计数据的处理是实时的。会计数据采集和处理的实时化、动态化，使得会计信息的发布、传输和利用能够实时化、动态化，会计信息的使用者也就能够及时地做出管理决策。

6. 内部控制严格。会计信息系统中的数据不仅在处理时要层层复核，保证其正确，还要保证其能够在任何条件下以任何方式进行核查核对，留有审计线索，防止犯罪破坏，为审计工作的开展提供必要的条件。

三、会计信息系统在企业管理信息系统中的作用和地位

会计信息系统是企业管理信息系统中的一个重要的子系统。会计信息系统在企业管理信息中的重要地位，是由它本身的特点决定的。会计信息是企业生产、管理决策中使用最多的信息，在现代企业决策中处于中心和主导地位。会计信息系统是一个组织处理会计业务并为企业管理者和决策者提供财务信息、定向信息和决策信息的实体，它通过收集、存储、加工、传输和利用会计信息，对经济活动进行反映和控制。会计信息系统是企业信息系统中占有重要地位的一个子系统。由于会计是以货币的价值形式反映和监督企业整个生产经营活动过程的，因此，会计信息系统反映的内容涉及供产销每个环节、企业的每个部门及员工。

第二节 会计软件功能和服务

一、会计软件的概念及分类

（一）会计软件的概念

会计软件是指专门用于完成会计工作的计算机应用软件，包括采用各种计算机语言编制的一系列指挥计算机完成会计工作的程序代码和有关的文档技术资料。

会计软件是由开发人员根据具体会计工作，利用一种或多种计算机语言编制的软件。它用于配合计算机完成记账、算账、报账，以及部分的会计管理和会计辅助决策等工作，如日常核算、量本利分析、投资决策等工作。因此，学好用好会计软件是会计信息化工作的重要前提。

会计软件应当符合我国法律、法规、规章的规定，符合《企业会计信息化工作规范》的要求，保证会计数据、真实、准确、完整，有利于提高会计工作效率。

（二）会计软件的分类

会计软件分为不同的类型。按适用范围可划分为通用会计软件和定点开发会计软件；按提供信息的层次划分可分为核算型会计软件和管理型与决策型会计软件；按硬件结构划分可分为单用户会计软件和多用户（网络）会计软件。

单用户会计软件是指将会计软件安装在一台或几台计算机上，每台计算机中的会计软件单独运行，生成的数据只存储在本台计算机中，各计算机之间不能直接进行数据交换和共享。多用户（网络）会计软件是指将会计软件安装在一个多用户系统的主机（计算机网络的服务器）上，系统中各终端（工作站）可以同时运行，不同终端（工作站）上的会计人员能够共享会计信息。

二、会计软件的功能结构

会计软件的功能结构是指一个完整的会计软件中由哪几个子系统组成，每个子系统完成哪些功能，以及各子系统之间的相互关系等。通常采用结构图表示会计软件的功能结构，每个结构图中包含若干个模块。模块是程序集合体，一个或几个程序组成一个模块，完成一个独立的功能。

（一）总账系统

总账系统主要用于建账、凭证管理、标准账表、出纳管理、数量核算、外币核算、月末处理和辅助管理等，可与其他模块同时使用，也可以单独使用。其中，辅助管理又包括个人借款管理、部门管理、项目管理和现金银行管理等。

（二）应收与应付系统

应收与应付账款系统是对工商企业的业务往来账款进行核算与管理。它以发票、费用单、其他应收应付单等原始单据为依据，记录采购与销售业务以及其他业务形成的往来款项处理，应收应付款项的收回与支付、坏账、转账等情况，同时提供票据处理功能，实现对承兑汇票的管理，提供详细到客户和产品的统计分析。应收与应付账款系统根据对客户往来款项核算和管理的不同程度，提供了两种不同的方案，即在应收与应付账款系统核算客户往来款项或在总账系统核算客户往来款项。不同的应用方案，其功能、产品接口、操作流程等均不相同。

系统的功能主要包括如下几点。

1. 初始设置。系统能够设置各类凭证的入账科目、设置产品的采购及销售收入科目、设置客户和供应商的往来控制科目，可以设置结算方式所对应的科目。

（1）设置单据类型：可以由用户设置应收应付单的类型；根据单据类型将客户欠款或欠供应商款分成不同类型。

（2）设置单据格式：允许自由定义需要显示的每一种单据项目。

（3）期初余额的录入：录入未结算完发票的期初余额；录入应收应付单、票据、预收预付款期初余额。

2. 日常处理。

（1）单据处理：处理收到预收款及支付预付款信息；处理用预收预付款核销的信息；处理退款及第三方代收付的信息。

（2）票据管理：提供票据登记簿，记录票据的详细信息；记录票据的利息、贴现、背书、结算、转出等信息。

（3）其他处理：处理坏账发生的信息；处理应收账款与应付账款相互核销的信息；处理预收款冲应收款和预付款冲应付款的信息。

3. 月末处理。系统能够提供汇兑损益的计算功能；提供月末结账功能。

4. 查询分析。系统能够进行单据查询、凭证查询。

（1）应收应付总账：统计一定时间内应收与收款、应付与付款的总额，提供多对象分析。

（2）应收应付明细账：提供多对象分析；提供产品或客户的应收应付及收付款的详细记录。

（3）欠款分析：提供多对象分析；显示欠款构成；显示欠款数额；显示信用额度的使用情况；显示报警级别；显示最后业务信息。

（4）账龄分析：提供多对象分析；应收应付账款账龄分析，包括客户、供应商的账龄和单据的账龄；预收预付款的账龄分析，包括客户的账龄和单据的账龄。

（5）综合分析：提供多对象分析；显示应收应付的发生额及收付款总额；显示收付款及应收应付款构成。

(6) 收付款预测：提供多对象分析；预测收付款数额；预测收付款的构成。

（三）报表系统

报表是报表事务处理的工具，与账务等各系统有完善的接口。其主要功能有文件管理功能、格式管理功能、数据处理功能、图形功能、打印功能和二次开发功能，一般内置工业、商业、行政事业单位等行业的常用会计报表。

（四）财务分析系统

财务分析系统运用各种专门的分析方法对财务数据做进一步的加工，从中取得有用的信息，从而为决策提供正确的依据。

财务分析系统具有指标分析、报表分析、计划分析、现金收支分析、因素分析等功能。

（五）工资系统

工资系统不仅能够提供简单方便的工资核算、工资发放、工资费用分摊、工资统计功能，而且还能够提供强大的工资分析和管理功能，例如单位工资增长情况分析、部门工资构成分析、考勤管理、人员档案管理等。另外，工资系统还提供了个人所得税扣缴、银行代发工资等功能，可为每月多次发放工资的企业、月末统一核算的企业等不同工资核算类型的企业提供解决方案。

1. 初始设置。工资系统支持多套工资账管理，可自定义人员类别及人员设置，可自定义工资项目及计算公式，提供自定义报表输出功能。

2. 业务处理。

(1) 工资数据变动：可有多种形式的数据录入；可进行数据的计算和汇总；可进行工资类型汇总。

(2) 个人所得税扣缴申报：提供个人所得税自动计算与申报功能。

(3) 工资分钱清单：提供按部门、人员分钱清单；提供工资发放取款单。

(4) 银行代发：预置银行代发模板，适用于由银行发放工资的企业。

(5) 工资分摊：自动完成工资分摊、计提、转账业务；自动完成应付福利费计提；自动完成工会经费计提；自定义计提分摊；自动完成职工教育经费计提。

3. 数据接口管理。工资系统有通用的数据接口，可以导入文本文件、ACCESS 文件、DBASE 文件等多种外部数据文件；自动生成工资凭证，登记到总账系统；自动传递数据到成本管理系统。

4. 月末处理。工资系统能够自动完成月末、年末结账处理。

（六）固定资产系统

固定资产系统适用于各类企业和行政事业单位进行财务核算、折旧计提，以及设备管理等。固定资产管理系统可用于进行固定资产总值、累计折旧数据的动态管理，协助企业进行部分成本核算，同时还为设备管理部门提供固定资产实体的各项指标管理工作。其作用是完成企业固定资产日常业务的核算和管理，生成固定资产卡片，按月反映固定资产的增减变动明细账，按月自动计提折旧，生成折旧分配凭证，同时输出有关的报表和账簿。

（七）资金管理系统

资金管理系统实现工业企业或商业企业、事业单位等对资金管理的需求，以银行提供的单据和企业内部单据、凭证等为依据，记录资金业务以及其他涉及资金管理方面的业务；处理对内、对外的收款、付款、转账等业务；提供逐笔计息处理功能，实现每笔资金的管理；提供积数计息处理功能，实现往来存贷资金的管理；提供各单据的动态查询情况以及各类统计分析报表。

（八）成本管理系统

成本管理系统提供成本分析、成本核算、成本预测功能，满足会计核算的事前预测、事后核算分析的需要。

1. 成本核算功能：通过用户对成本核算对象的定义，对成本核算方法的选择，以及对各种费用分配方法的选择，自动对从其他系统传递的数据或手工录入的数据进行汇总计算，输出用户需要的成本核算结果或其他统计资料。

2. 成本预测功能：运用移动平均、年度平均增长率，对部门总成本和任意产量的产品成本进行预测，满足企业经营决策的需要。

3. 成本分析功能：可以对分批核算的产品进行追踪分析，计算部门的内部利润，对历史数据对比分析，分析计划成本与实际成本的差异。

（九）采购计划系统

采购计划系统是在既保证生产又尽量减少库存资金积压的条件下，编制工业企业需要的采购计划。本系统在物料需求计划（MRP）理论的基础上，结合我国工业企业的实际应用水平开发而成，适用于各类工业企业编制采购计划。

（十）采购管理系统

采购管理系统是根据工业企业和商品流通企业采购业务管理和采购成本核算的实际需要，对采购订单、采购到货以及入库状况进行全程管理，为采购部门和财务部门提供准确及时的信息，辅助管理决策。

（十一）库存管理系统

库存管理系统适用于各类工商企业的库存管理，具有单据输入、审核和账表查询等功能。

（十二）存货核算系统

存货核算系统主要针对企业存货的收发存业务进行核算，掌握存货的耗用情况，及时准确地把各类存货成本归集到各成本项目和成本对象上，为企业的成本核算提供基础数据。它可以动态反映存货资金的增减变动，提供存货资金周转和占用的分析，为降低库存、减少资金积压、加速资金周转提供决策依据。本系统适用于工业企业的材料、产成品核算和商业企业的商品核算管理。

（十三）销售系统

销售系统是以销售业务为主线，兼顾辅助业务管理，实现销售业务管理与核算一体化。本系统适用于各类工业、商贸批发、零售企业。

（十四）决策支持系统

决策支持系统是利用现代计算机、通信技术和决策分析方法，通过建立数据库和分析模型，向企业的决策者提供及时、可靠的财务、业务等信息，帮助决策者对未来经营方向和目标进行量化的分析和论证，从而对企业生产经营活动做出科学的决策。

（十五）行业报表系统

行业报表系统是利用现代网络通信技术，为行业型、集团型用户解决远程报表的汇总和分析的一套集数据传输、检索查询和分析处理为一体的软件产品。系统改变了传统的手工、磁盘报送的方式，采用内置的传输功能，支持局域网、电子邮件、点对点传输和磁盘报送，适合在各种通信条件下不同地区使用。系统既可用于主管单位又可用于基层单位，支持多级单位逐级上报和汇总。

（十六）报表合并

报表合并系统包括母公司和子公司两个子系统。

1. 母公司：设计合并报表格式，定义抵销分录项目及抵冲分录数据，调整各公司个别报表数据及抵销分录数据，报表数据实现透视、排序、汇总等操作，自动审核报表数据及内部交易数据的平衡关系，并显示错误明细；自动抵销合并项目，自动生成合并工作底稿，最终生成合并报表；查询以往所有报表对工作底稿、合并报表及个别会计报表制作分析图形。

2. 子公司：接收母公司下发的数据盘；生成本公司个别报表数据及抵冲数据；报表数据实现透视、排序、汇总等操作；生成上报盘；重新组织本公司各期会计报表；对本公司个别公司报表制作分析图形。

三、会计软件和服务

（一）有关背景

信息化时代，企业相当一部分会计工作是通过会计软件完成的。会计记录与报告由会计软件自动实现已经不足为奇，在会计系统与业务系统对接集成、估值模型与控制规则内嵌入会计软件的情况下，部分会计确认与计量工作甚至已经由会计软件自动实现。信息化不再仅仅是会计工作的工具和手段，而是成为企业会计工作的基础环境，带来了会计工作、会计监督理念与模式的变革。而会计软件功能，也已成为会计职能的重要组成部分，对会计软件功能的规范，也就成为财政部门对企业会计管理和监督的必要一环。否则，会计处理过程就成了“黑匣子”，会计信息质量监督也就无从谈起。

1994 年，财政部建立了商品化会计软件评审制度，对会计软件功能通过事前控制进行规范。随着行政审批制度的改革，软件评审取消，由于监督管理没跟上，我国对会计软件功能的管理一度成为空白，导致会计软件领域出现一些乱象：有的软件缺乏基本的会计控制手段，使得企业可以随意改变会计核算结果而不留下任何痕迹；有的软件不按照会计行业约定俗成的方式组织和输出会计资料，导致监督人员无法理解和判定核算过程的合规性；还有的软件完全采用外国语言文字，给会计监督工作带来障碍；等等。

因此，财政部门要为会计软件功能重新划定规矩方圆，明确哪些功能是会计软件必须具备的，哪些功能是会计软件不得提供的，并通过一定的手段确保这些规定落到实处。

对于会计软件功能，过去的《会计核算软件基本功能规范》规定得比较细。例如，会计软件要具备初始化功能，要根据输入的科目代码提示科目名称，要自动校验借贷平衡等，这些规定在会计软件市场发展还不完善的情况下，起到了引导会计软件供应商（以下简称供应商）完善软件功能的作用。随着会计软件市场的完善，市场能够解决的问题不再强制规定。提高软件易用性、便利性，减少差错的功能设计，市场已经可以解决，而且考虑得比政策规定更多、更细，会计信息化工作规范也就没有必要再做规定。

（二）会计软件与会计准则

1. 会计软件应当保障企业按照国家统一会计准则制度开展会计核算，不得有违背国家统一会计准则制度的功能设计。

会计信息化工作规范对于会计软件的功能做了许多具体规定，但随着实践发展，可能会出现这些规定没有考虑到的新问题，这就需要对软件功能有原则性要求，目的是保障国家统一会计准则制度的执行，有效应对可能出现的所有问题。

2. 会计软件应当提供符合国家统一会计准则制度的会计科目分类和编码功能。

会计软件需要具有与会计准则制度相符合的科目分类和编码方式，也就是说，会计科目应当按资产、负债、所有者权益、成本、损益等项目划分一级科目类别，同时科目编码也应当采用数字，通过首位数区分科目所属会计要素类别。

有的会计软件采用了不同于会计准则制度的科目分类和编码的做法，例如，按照采购、销售等不同业务类别设置一级分类；按照辅助核算项目设置一级科目；科目编码采用或者掺杂英文字母；等等。这些做法缘于不同的会计数据组织方法，尽管其核算的最终结果可能与按照准则制度的核算结果一致，但其过程有其特殊的逻辑，不易被会计监督人员所理解，也就无法证明其结果的合规性。

当然，提供符合统一会计准则制度的会计科目分类和编码功能，并不排斥会计软件提供其他分类和编码功能。会计软件可以在一套基础数据基础上按照不同分类方式组织会计数据。

3. 会计软件应当提供符合国家统一会计准则制度的会计凭证、账簿和报表的显示和打印功能。

这是为了保证会计软件按照会计监督人员易于理解的形式呈现会计资料，还原会计核算过程。会计制度并未对凭证和账簿（这里指分类账和日记账）作统一规定，但《会计基础工作规范》相关条款对凭证、账簿所必须记载的事项是有规定的。而在我国会计实务中，凭证和账簿有约定俗成的格式，市场销售的空白凭证和账簿的格式也都大同小异。这种约定俗成的凭证、账簿格式一直以来得到会计制度的默认。可以说，这些惯例也是会计制度的有机组成部分。会计软件显示和打印的凭证、账簿，应当符合《会计基础工作规范》规定的内容和行业约定俗成的格式。

（三）会计软件记账功能不可逆

会计软件应当提供不可逆的记账功能，确保对同类已记账凭证连续编号，不得提供对已记账凭证的删除和插入功能，不得提供对已记账凭证日期、金额、科目和操作人的修改功能。

信息化条件下，对数据的增、删、改前所未有的便利。但便利性是把“双刃剑”，它能提高会计工作的效率，同时也对会计核算过程的可信赖、可追溯造成威胁。如会计软件提供反审核、反记账、反结账等各种逆向操作功能，导致会计核算过程失去严肃性，核算结果随意可变。这正是当前会计软件乱象中比较突出的一个问题，也是会计信息化工作规范重点治理的领域之一。

当然，效率也是要兼顾的目标。信息化与手工记账有不同的环境变量，不能完全套用手工记账的旧思维。手工环境下，对会计处理过程的追溯完全依靠纸面凭证、账簿、报表形成的完整证据链。除此之外，没有其他证据线索，因此，对凭证、账簿的修改受到严格禁止。这确保了会计信息质量，但也降低了工作效率。信息化环境下，会计处理过程除了凭证等证据以外，还可以有用户操作日志详细记录每项操作。这是会计环境的变化，会计控制方法与手段应当相应改变，在不妨碍会计处理过程可追溯的前提下，提高会计工作效率。

因此，会计信息化工作规范并未对所有逆向操作加以禁止，而是抓住最关键的记账环节。核算流程中，记账是改变账户发生额和余额、最终决定报表数字的一步。因此，对记账功能和已记账凭证进行控制，防止对相关数据的随意篡改，是会计软件必须满足的要求。而其他情况下的数据修改，例如，对尚未记账凭证的删除，重新打开已结账会计期间补充记账，在操作日志功能完备的情况下，并不对会计核算的严肃性造成损害，且能方便企业更正错误，工作规范对此未做限制。

对记账的规范主要有三个方面。

一是不可逆的记账功能。这里的记账，强调的是记账后果，而不是记账过程，与会计软件对记账操作如何进行后台处理无关。也就是说，凭证记账后，该凭证对相关科目发生额和余额的影响就发生效力，此后不管以任何条件输出账簿和报表，该凭证的影响都应当予以反映。不可逆的记账功能，就是说已记账凭证发生的后果不可撤销。当然，用红字凭证更正记账错误，则对冲的两张凭证都发生了记账后果，不属于这里所说的逆向操作。

二是对记账顺序的保护，包括两方面：对已记账凭证的连续编号；对已记账凭证删除和插入的禁止。两者相结合才能保证记账原始顺序不被篡改。

三是对记账内容的保护，禁止对已记账凭证关键信息的修改。关键信息指日期、金额、科目和操作人。这里的日期包括记账凭证上记载的任何日期，如制单日期、审核日期、记账日期等。操作人也包括经手记账凭证的所有人员，如出纳、会计、审核人等。

（四）会计软件与可扩展商业报告语言

如果供应商在会计软件中集成可扩展商业报告语言（XBRL）功能，则更加便于企业生成符合国家统一标准的可扩展商业报告语言财务报告。

可扩展商业报告语言是一种新兴的电子财务报告格式，它以可扩展标记语言（XML）为基础，统一了描述财务报告的语义和语法，可以解决财务报告的重复编报、重复录入等问题，实现对财务报告的自动分析和跨系统的信息交换，能有效降低会计信息生产和使用成本，深度挖掘会计信息价值，因而在全球得以广泛采用。

2010年10月，国家标准化管理委员会发布了《可扩展商业报告语言技术规范》系列国家标准，财政部同时发布了《企业会计准则通用分类标准》，分别在技术和业务层面建立了我国可扩展商业报告语言应用的标准体系。此后，财政部组织了《企业会计准则通用分类标准》实施工作，要求实施企业向财政部报送可扩展商业报告语言格式年度财务报告。

随着可扩展商业报告语言应用的深入发展，更多的企业将采用“嵌入式”的编报方式，通过会计软件系统数据直接生成可扩展商业报告语言实例文档。因此，会计信息化工作规范鼓励供应商在会计软件中集成可扩展商业报告语言功能。当然，这一功能应当符合上述国家标准，确保生成的可扩展商业报告语言财务报告在技术上满足质量要求。为帮助供应商开发出合格的可扩展商业报告语言软件产品，国家认监委、财政部设立了可扩展商业报告语言软件认证制度，由独立第三方机构对软件是否符合国家标准进行检测。供应商可以根据自身情况，为相关会计软件产品申请认证。

（五）会计软件数据接口

会计软件应当具有符合国家统一标准的数据接口，满足外部会计监督需要。

随着会计信息化发展，会计监督也在不断迈向信息化。一种新的检查方式就是监督人员从企业会计系统中直接调取电子会计资料，通过审计软件查阅、分析会计资料并找出问题。但是，由于各种会计软件没有统一数据接口，调取不同软件中的数据需要不同的工具，各政府部门、会计师事务所都各自开发自己的工具，造成资源的极大浪费，监督的效果也未必好。

除会计监督外，企业更换、升级会计软件，也面临着前后两种软件数据格式不一致问题，无法进行安全、有效的数据迁移，造成电子会计资料在迁移中的损失。会计软件数据接口的国家标准，可以解决上述问题。会计、审计软件只要都遵循这一标准，不需要开发繁杂的接口工具，就可以实现数据的交换，满足会计监督以及其他需求。配合这一规定的贯彻落实，全国会计信息化标准化技术委员会正着手开展会计软件数据接口国家标准制定工作。

（六）会计软件的归档功能

会计软件应当具有会计资料归档功能，提供导出会计档案的接口，在会计档案存储格式、元数据采集、真实性与完整性保障方面，符合国家有关电子文件归档与电子档案管理的要求。

国内外经验表明，由于技术进步，电子会计资料依赖原生软硬件系统有可能由于升级换代而造成在一定时期之后不可读。这就决定了电子会计资料应离开原生信息系统进行归档保存。电子会计资料归档功能应是会计管理软件的一项重要功能。值得澄清的是，因系统运维需要而通过备份系统进行的备份，无论是在线的还是离线的，都不是真正意义上的归档保存。

归档应是对电子会计资料进行鉴别、整理加工和移送档案管理职能部门进行保存的过程。归档时，首先要进行鉴定，区分需归档和不需归档的部分，去除不需归档数据和冗余数据，对准备归档电子会计资料鉴定其真实性、完整性和有效性，并按重要程度区分保管期限，组成保管单位。在这个过程中，企业需将归档的电子会计资料转换成符合归档要求的存储格式，与其元数据一起按要求封装打包，从会计信息系统中导出，传送至档案管理信息系统或归档指定的存储位置，然后对已完成归档的会计资料进行标记，以防止重复归档。这些功能需要在会计信息系统完成，即所谓的归档功能。归档功能最好还具有定期删除已归档数据，以释放存储空间的功能。

电子会计资料归档过程中的有关要求可参照国家标准《电子文件归档与管理规范》（GB/18894—2002）；元数据项的要求参见档案行业标准《文书类电子文件元数据方案》（DA/T46—2009）；归档时电子会计资料的封装格式可参见档案行业标准《基于 XML 的电子文件封装规范》（DA/T48—2009）。为使归档后的电子会计档案长期可读，电子会计资料归档时的存储格式应选择有利于长期保存的格式，具体要求可参见档案行业标准《版式电子文件长期保存格式需求》（DA/T47—2009）。

企业在购买、实施会计软件时，应充分听取本企业档案部门对于电子会计资料的归档范围、元数据项、归档后的存储位置、归档储存格式等方面的意见，使电子会计资料能够顺利归档。

（七）会计软件的日志功能

会计软件应当记录生成用户操作日志，确保日志的安全、完整，提供按操作人员、操作时间和操作内容查询日志的功能，并能以简单易懂的形式输出。

用户操作日志是信息化带来的重要环境变量，在提高会计工作便利性、效率性的同时，还承担起更多的记录和还原核算过程的责任。

值得供应商关注的是，日志功能不是传统的系统日志概念，而是为会计监督服务的用户操作日志。两者的区别在于：前者主要供技术人员使用，而后者直接供会计监督人员使用；前者主要采用技术术语描述，而后者应当采用自然语言以及会计业务术语描述。具体来说，用户操作日志应当满足以下要求。

一是完整性。会计软件必须能保证日志记录的完整，将所有对会计核算结果可能形成影响的用户操作记录下来，包括对核算结果有直接影响的数据录入、修改、插入、删除，对核算工作所依赖的基础数据（如会计科目表、银行账户信息、辅助核算项目信息、人员信息）的维护。

二是安全性。会计软件应当采取技术手段，保证用户操作日志中的任何信息不被用户以任何手段修改和删除。

三是可查询性。用户操作日志必须提供对各类操作的查询，以便会计监督人员筛选出想要的信息。否则，庞大的记录数据就是信息垃圾，没有实用价值。查询应当可以按照操作人员姓名或者用户名、操作的时间范围、操作内容等各种条件分别或者组合进行。这里的操作是业务层面的概念，例如，记账凭证的录入、修改，记账会计期间的打开、关闭，会计科目的增加，尚未记账凭证的删除，对凭证审核的取消，等等。

日志功能应当记录具体操作内容、操作人以及精确到分秒的操作时间。对于不同的操作，需要记录的操作内容是不一样的。例如，对于科目的增加，系统应当记录增加的科目名称、代码以及属性；对于记账凭证的修改，系统应当记录修改的项目以及修改前后的内容；对于已结账期间的重新开启，系统应当记录开启期间的起止日期。

供应商应当在详细梳理会计软件功能菜单的基础上，以会计监督需求为导向，逐项确定应当进行日志记录的用户操作种类和相应操作内容，设计开发完善的日志功能。

（八）会计软件的远程访问、云计算服务

以远程访问、云计算等方式提供会计软件的供应商，应当在技术上保证客户

会计资料的安全、完整。对于因供应商原因造成客户会计资料泄露、毁损的，客户可以要求供应商承担赔偿责任。客户以远程访问、云计算等方式使用会计软件生成的电子会计资料归客户所有。软件供应商应当提供符合国家统一标准的数据接口供客户导出电子会计资料，不得以任何理由拒绝客户导出电子会计资料的请求。以远程访问、云计算等方式提供会计软件的供应商，应当做好本供应商不能维持服务情况下，保障企业电子会计资料安全以及企业会计工作持续进行的预案，并在相关服务合同中与客户就该预案做出约定。

“会计软件云”是依托于高速互联网的一种全新会计软件服务和使用模式。它是指会计软件未安装在企业本地，而是运行于供应商的远端服务器，用户通过互联网使用软件，会计资料也存储在远端服务器中。其本质是会计软件和服务器资源的租用。目前，主流供应商都看好这一服务发展前景，推出了自己的会计软件云服务，其中一些是免费服务（如试用版）。

会计软件云服务有其特殊性：一是免费服务情况下，用户企业可能忽略自身权利的保护；二是会计资料存储在远端，用户企业只具有访问能力而不具有控制能力，可能因权属关系不明而产生纠纷；三是作为企业内部职能的会计核算，其运行依赖于外部企业（供应商）的正常运营，存在着用户企业不能掌控的风险因素；四是大量用户企业的会计核算和数据存储集中于供应商的服务器上，业务异常的风险高度聚集。

会计工作不仅是企业管理活动，由此形成的会计资料也不仅是企业财产。会计工作还是国家经济管理工作的基础环节，企业会计资料也是政府对企业监管的重要依据。企业与供应商之间的服务模式不应妨碍国家经济管理工作的正常开展，会计软件云服务的相关权利义务关系必须明确。从保护会计资料的安全完整和企业会计工作持续进行的角度出发，会计信息化工作需要明确云服务供应商的相关责任。

供应商应当从技术上确保客户会计资料的安全和完整，这一责任不以客户是否支付服务费为前提。对于自身原因（技术上的原因以及技术以外的原因）造成的客户会计资料泄露、毁损，由客户决定是否追究供应商责任。当然，因客户原因（如密码管理不善）造成的会计资料损失，供应商不承担责任。

供应商需要对云服务中断的情况做好预案。由于商业的、管理的、技术的或者不可抗力等风险，会计软件云服务存在着中断的可能，如供应商解散清算、服务器遭受攻击瘫痪等。这种情况下，可能有大量企业的会计资料安全受到威胁，会计工作的持续运行受到影响。为避免这一情况的出现，供应商需要提前做好预案，保障用户会计资料安全和会计工作持续。同时，供应商还要以适当方式将预案内容告知客户，作为客户与供应商的合同内容的一部分。

（九）会计软件供应商

1. 鼓励软件供应商采用呼叫中心、在线客服等方式提供实时技术支持。这是引导软件供应商提高服务即时性。信息技术的发展，不仅带来会计软件功能的完善以及性能的提高，也为会计软件相关服务水平的提升、服务模式的创新提供了可能。供应商在关注新技术对软件影响、改进软件的同时，也可以思考新技术在改善服务方面所能发挥的作用。例如，现在一些即时通信软件中集成了远程桌面功能，使得远程控制已经成为大众化工具，不再需要专门的客户端软件。这为技术支持人员解决客户疑难问题提供了一种新的渠道。

2. 软件供应商应提供会计监督工作的专门教程和相关资料。企业适应信息化环境，越来越多地直接通过会计软件查询资料、发现线索、分析问题。但是，市面上林林总总的会计软件，不同的功能设计和界面风格也确实给监督人员带来挑战。监督人员无法熟练使用会计软件，只能要求企业提供纸面会计资料满足监督需要，给企业造成负担。

因此，软件供应商提供通过软件开展会计监督的专门教程或者手册等资料，为会计监督工作提供便利，也就减轻了客户企业的负担，同时也有利于消除会计监督人员对软件功能的误解，提升会计软件的形象。

供应商编写会计监督相关教程、手册等资料，要注意专门性要求。对于会计监督相关操作的说明，一般软件用户手册等资料中都有，但关键在于这些内容并没有根据监督工作的需要定制，而是要在大量内容中寻找，这对于监督人员来说是几乎不可能的。因此，专门教程和相关资料就是要把监督人员可能用到的操作说明单独组织起来，要突出重点，根据使用频率排序，要有实用性、操作性，简洁明了，直接指明相关功能的菜单路径，使监督人员在最短的时间就能上手操作。

建议供应商就会计监督需求进行分析研究，在此基础上编制相关材料。专门教程和相关资料应当连同会计软件的其他手册资料一并提供给客户，以备会计监督人员查阅。同时，应鼓励供应商直接为客户集中的地区、行业或者领域的监管部门提供相关资料以及培训服务，进一步提高监督人员利用软件开展监督的工作效率和业务水平。

总之，对会计软件功能和相关服务的规范，既是满足会计监督的需要，也是保障企业会计工作正常运行的需要。只有这两个目的达到了，企业会计信息化才能摆脱阻碍，不断发展，会计软件服务行业才能展示勃勃生机，蓬勃向上。

第三节　会计信息系统的管理

会计信息化管理有宏观管理和微观管理之分。宏观管理是指国家或全国性有关团体为保证会计信息化的顺利开展和电算化后的会计工作的质量所制定的办法、措施、制度和开展的活动。微观管理是指开展会计信息化单位自身的一些管理办法、措施、活动。

一、会计信息化的宏观管理

我国会计信息化事业能有快速的发展并取得了可喜的成绩，是与财政部和各级财政部门的管理分不开的。《中华人民共和国会计法》第七条规定：“国务院财政部门主管全国的会计工作。县级以上地方各级人民政府财政部门管理本行政区域内的会计工作。”会计信息化是会计工作的重要组成部分。因此，各级财政部门在会计信息化宏观管理中具有法律赋予的领导地位和职责。

会计信息化宏观管理的内容主要包括发展规划的制定、管理制度的建设、会计核算软件的评审、替代手工记账的审核、人才培养和理论研究等。

（一）制定会计信息化发展规划

会计信息化规划就是从事会计信息化工作的各级管理部门根据经济发展情况和电子技术新趋势，联系会计信息化工作的现状及会计工作的客观要求，制定国家、地区或部门的会计信息化工作目标、发展方向和规范要求等，以指导、推动、促进会计信息化工作健康顺利发展，它是会计信息化宏观管理的重要内容之一。

会计信息化规划按其制定的部门来分，一般有整个国家的会计信息化发展规划、行业会计信息化发展规划和地区信息化发展规划等。行业和地区的信息化规划是在国家会计信息化发展规划指导下，根据地区和部门各自的特点与要求来制定，以规划、组织、协调指导本地区或本部门的会计信息化工作。按规划的时间长短来分，会计信息化规划又可分为长期规划、中期规划和短期规划。长期规划一般对今后很长一段时间内的会计信息化工作做出计划，指出发展方向，属于战略性目标和方针；中期规划则是根据远景发展规划的要求制定的阶段性规划；短期规划则为贯彻落实和完成中期规划中所提出目标和任务而制定的一系列目标措施和要求，如年度工作计划等。总的来说，短期规划比较具体、详细，而长期规划则比较抽象、笼统。

不同行业、不同地区和不同的发展阶段，会计信息化规划的内容一般是不同的。规划的目的是指导、推动会计信息化工作的健康发展。因此，规划中一般首先要描述本地区（部门）会计信息化现状、工作开展的深度和广度以及影响会计信息化工作开展的一些主要问题等。其次要对本地区（部门）的信息化工作提出奋斗目标，即在一定期间应达到的水平。不同的行业、部门和不同的发展阶段，规划目标是不同的。最后还要有一些相应的政策、措施和要求，以保证规划目标实现。对于不同行业、地区和时期，这些政策、措施、要求也是不同的。会计信息化规划的制定及贯彻落实，有助于促进会计信息化工作顺利健康发展，提高计算机应用的经济效益和社会效益。

制定会计信息化规划的依据，一是社会经济和管理要求；二是会计工作的基础；三是人、财、物等条件。不同的发展阶段要制定不同的规划，以促进这项工作的顺利开展。如果本部门的会计信息化工作刚刚开始，规划就可以在应用广度

（开展会计信息化单位的比例）上提出具体要求，同时组织研制通用会计核算软件等。如果本地区（部门）的大多数单位都已开展会计信息化工作，但一般都是以单项开发为主，全部核算工作实现信息化的单位还不多，并且实用性较差，大都为双轨运行。在这种情况下，规划的重点就应放在应用水平的提高上，在系统性、实用性方面提出一些具体要求，如果会计核算基本信息化，规划重点就要放在财会管理信息化上，财会管理信息化也可分为广度、深度两个方面来考虑，不同时期制定不同的发展规划。

一定的物质技术条件是制定目标的另一个重要依据。物质技术条件是指本地区（本部门）的物质条件（如资金、人力资源）和技术发展水平。一般地说，目标越高，所需的资金越多，投入的技术力量也越多，对设备技术要求也越高。而一个地区（部门）用于会计信息化工作的资金和人力总是有限的，这样就要求结合整个地区（部门）发展规划，综合平衡、全面考虑，制定有物质技术条件保证的目标。

（二）会计信息化管理制度建设

建立健全会计信息化管理制度，是会计信息化工作顺利发展的重要保证。会计信息化制度建设也是会计信息化宏观管理的重要内容之一。各级财政部门应当加强会计信息化管理制度建设，对商品化会计核算软件评审、会计核算软件的基本功能、会计核算软件开发的基本程序、实行会计信息化后的会计档案管理、基层单位开展会计信息化的基本要求、会计信息化知识培训等一系列问题，应逐步建立规章制度，以规范会计信息化的管理工作，指导基层单位会计信息化工作的顺利开展，逐步实现会计信息化管理的法制化。

（三）会计软件的监督

会计核算软件是一种比较特殊的技术产品，关系到财务会计制度的贯彻执行和会计信息的合法、安全、准确、可靠。因此，无论会计核算软件开展研制单位还是会计核算软件使用单位都希望有一个权威机构来证明或认可。

行政审批制度改革中，商品化会计核算软件评审制取消，对会计软件的管理一度成为空白。会计信息化工作规范根据新的形势，不再采取对会计软件的准入控制，而是采取以监督为主的事后管理，体现了“宽进严管”和转变政府职能的方向。

省、自治区、直辖市人民政府财政部门发现会计软件不符合规范要求的，应当将有关情况报财政部；任何单位和个人发现会计软件不符合本规范要求的，有权向所在地省、自治区、直辖市人民政府财政部门反映，财政部门应当根据反映开展调查。

（四）替代手工账的条件

会计信息化的最终目的和表现形式就是用计算机全部替代手工操作，即实现通常所说的“甩掉手工账”。做不到这一点，就不是真正意义上的“会计信息化”，当然也就无法体现会计信息化的效果和质量，无法真正把会计人员从繁重的手工操作中解脱出来，相反还要增加与手工并行运行而带来的工作量。

目前，我国开展会计信息化工作的单位不少，但真正实现“会计信息化”的却很少；投入人力、物力、财力、精力不少，产生的效益却不高。产生这种问题的原因很多，但最关键的一条是对会计核算软件使用单位用计算机全部替代手工操作的工作抓得不够。因此，搞好会计核算软件的评审工作和搞好计算机代替全部手工操作的审批，是加强会计信息化管理的重要内容。

会计信息化工作应顺应信息化时代的要求，摆脱了“模拟手工”的电算化思维，把会计信息化放在企业整体经营管理环境中，重视会计与其他业务活动的有机联系，强调会计信息化带来的工作流程和模式的革新，以及信息化与制度环境的互动。对于企业如何充分合理利用信息技术，提高会计管理水平，工作规范以引导、启发为主，由企业根据自身情况决定工作内容和进度，注重以下几个方面。

1. 使用的会计软件达到财政部门发布的《企业会计信息化工作规范》的要求。

2. 配有专门或主要用于会计核算工作的计算机或计算机终端，并配有熟练的专职或者兼职操作人员。

3. 用计算机进行会计核算同手工会计核算同时进行三个月以上，取得相一致的结果。

4. 有严格的操作管理制度。主要内容包括：操作人员的工作职责和工作权限；预防原始凭证和记账凭证等会计数据未经审核而输入计算机的措施；预防已输入计算机的原始凭证和记账凭证等会计数据未经核对而登记机内账簿的措施；必要的上机操作制度。

5. 有严格的硬件、软件管理制度。主要内容包括：保证机房设备安全和计算机正常运转的措施；会计数据和会计核算软件安全保密的措施；修改会计核算软件的审批和监督制度。

6. 有严格的会计档案管理制度。

（五）加强会计信息化人才培训

会计信息化人才缺乏是制约我国会计信息化工作发展的关键环节。只有通过正规、系统的培训，培养出大批既懂计算机又熟悉会计业务知识水平的人才，才能加快会计信息化进程和提高会计信息化水平。因此，会计信息化人才的培养必须纳入正规，应严格按照财政部《会计信息化知识培训管理办法》的要求进行。培训可分为操作人员、系统维护人员、程序设计人员和系统设计人员初级、中级、高级三个层次进行，从基本知识培训抓起，逐步提高。通过初级培训，使广大会计人员能够掌握计算机和会计核算软件的基本操作技能；通过中级培训，使一部分会计人员能够对会计软件进行一般维护或对软件参数进行设置，为会计软件开发提供业务支持；通过高级培训，使一少部分会计人员能够进行软件的系统分析、开发与维护。

（六）开展理论研究，完善会计信息化的体系和方法

会计信息化事业的发展，离不开会计信息化理论研究的指导，会计信息化需要开展研究的方向很多，许多问题都需要进一步研究和探讨。例如，会计信息化的发展趋势，电算化会计信息系统的平台建设，会计信息化的规范实施流程，会计信息化的集成化发展，会计软件的开发与测试，会计信息化人才培养，电算化审计研究，会计决策支持系统研究，会计系统与管理信息系统，等等。

二、会计信息系统的内部管理制度

财政部颁布的《企业会计信息化工作规范》顺应了信息化时代的要求，摆脱了“模拟手工”的电算化思维，在很多方面突破了过去规定和现行做法。同时，工作规范把会计信息化放在企业整体经营管理环境中，重视会计与其他业务活动的有机联系，强调会计信息化带来的工作流程和模式的革新，以及信息化与制度环境的互动。对于企业如何充分合理利用信息技术，提高会计管理水平，工作规范以引导、启发为主，由企业根据自身情况决定工作内容和进度。

企业应当充分重视会计信息化工作，加强组织领导和人才培养，不断推进会计信息化在本企业的应用。企业应当指定专门机构或者岗位负责会计信息化工作。未设置会计机构和配备会计人员的企业，由其委托的代理记账机构开展会计信息化工作。

企业开展会计信息化工作，首先需要组织、机构和人员的保障。会计是企业各方面经营管理信息汇聚的枢纽，规模越大的企业，会计信息化涉及的部门、业务、流程就越多，需要协调的关系就越复杂。因此，大型企业的会计信息化项目，其建设实施应当由具有足够权限的企业负责人来领导，重大事项需要企业主要负责人主持决策。对于具体负责会计信息化工作的主体，企业可以有多种选择：小微企业可以指定会计部门或者会计人员负责，或者把会计信息化工作交由代理记账机构；大中型企业可以在会计部门、信息技术部门内部设立专门机构或者岗位负责，或者设置独立于两部门的专门部门负责。

会计信息化是财务会计、财务管理、内部控制和信息技术的深度融合，需要复合型人才。对于大中型企业来说，会计信息化建设还必须有熟悉本企业情况的复合型人才。只有熟悉本企业情况，才能制订出切合实际的信息化方案，以及能在本企业贯彻推行的配套制度体系。否则，会计信息化可能与企业经营成为“两张皮”，造成建设失败和投资浪费。

（一）会计信息化岗位责任制

1. 电算化会计岗位的划分。建立会计信息化岗位责任制，要明确每个工作

岗位的职责范围，切实做到事事有人管、有专责，办事有要求，工作有检查。按照上述原则，在实施会计信息化过程中，各单位对会计岗位的划分进行调整，会计信息化后的工作岗位可分为基本会计岗位和电算化会计岗位。基本会计岗位可包括会计主管、出纳、会计核算各岗、稽核、会计档案管理等工作岗位。基本会计岗位必须是持有会计证的会计人员，可以一人一岗、一人多岗或一岗多人，但应当符合内部相互牵制的要求，出纳人员不得兼管稽核、会计档案保管和收入、资用、债权债务账目的登记工作。电算化会计岗位包括直接管理、操作、维护计算机及会计软件系统的工作岗位。电算化会计岗位和工作职责一般可划分如下。

（1）电算主管。电算主管负责协调计算机及会计软件系统的运行工作，要求具备会计和计算机知识，以及相关的会计信息化组织管理的经验。电算主管可由会计主管兼任，采用中小型计算机和计算机网络会计软件的单位，应设立此岗位。

（2）软件操作。软件操作人员负责输入记账凭证和原始凭证等会计数据，输出记账凭证、会计账簿、报表，并进行部分会计数据处理工作，要求具备会计软件操作知识，达到会计信息化初级知识培训的水平。各单位应鼓励基本岗位的会计人员兼任软件操作岗位的工作。

（3）审核记账。审核记账人员负责对输入计算机的会计数据（记账凭证和原始凭证等）进行审核，操作会计软件登记机内账簿，对打印输出的账簿、报表进行确认。此岗位要求具备会计和计算机知识，达到会计信息化初级知识培训的水平，可由主管会计兼任。

（4）电算维护。电算维护人员负责保证计算机硬件、软件的正常运行，管理机内会计数据。此岗位要求具备计算机和会计知识，经过会计信息化中级知识培训。采用中型、小型计算机和计算机网络会计软件的单位，应设立此岗位，大中型企业中此岗位应由专职人员担任。

（5）电算审查。电算审查人员负责监督计算机及会计软件系统的运行，防止利用计算机进行舞弊，要求具备会计和计算机知识，达到会计信息化中级知识培训水平，此岗可由会计稽核人员兼任。采用中型、小型计算机和大型会计软件的单位，可设立此岗位。

（6）数据分析。数据分析人员负责对计算机内的会计数据进行分析，要求具备计算机和会计知识，达到会计信息化中级知识培训水平，采用中型、小型计算机和计算机网络会计软件的单位，可设立此岗位，由主管会计兼任。

（7）会计档案资料保管员。会计档案资料保管员按会计档案管理有关规定，负责本系统各类数据软盘、系统软盘及各类账表、凭证资料的存档保管工作，做好各类数据、资料、凭证的安全保密工作。

（8）软件开发员。软件开发员负责本单位会计软件的开发和软件维护工作。

基本会计岗位和电算化会计岗位在保证会计数据安全的前提下，可以交叉设置，各岗位人员要保持相对稳定，有利于提高工作效率和工作质量。

2. 会计信息化岗位责任制的基本内容。开展会计信息化工作的单位，在制订了实施计划，配置了计算机硬件、系统软件和会计软件以后，下一步工作就是建立岗位责任制。岗位责任制的建立将为会计信息化工作的顺利实施提供保证。各单位应根据工作的需要，建立会计信息化岗位责任制，明确每个工作岗位的职责范围，切实做到事事有人管、人人有专责、办事有要求、工作有检查。

（1）电算主管的责任。

①负责电算化系统的日常管理工作，监督并保证电算化系统的正常运行，达到合法、安全、可靠、可审计的要求。在系统发生故障时，电算主管应及时组织有关人员尽快恢复系统的正常运行。

②协调电算化系统各类人员之间的工作关系，制定岗位责任与经济责任的考核制，负责对电算化系统各类人员的工作质量考评以及提出任免意见。

③负责对计算机输出的账表、凭证的数据正确性和及时性的检查工作。

④建立电算化系统各种资源（硬件资源和软件资源）的调用、修改和更新的审批制度并监督执行。

⑤完善企业现有管理制度，充分发挥电算化的优势，提出单位会计工作的改进意见。

（2）软件操作员的责任制。

①负责所分管业务的数据输入、数据处理、数据备份和输出会计数据（包括打印输出凭证、账簿、报表）的工作。

②严格按照操作程序操作计算机和会计软件。

③数据输入操作完毕，应进行自检核对工作，核对无误后交审核记账员复核记账。对审核员提出的会计数据输入错误，应及时修改。

④每天操作结束后，应及时做好数据备份并妥善保管。

⑤注意安全保密，各自的操作口令不得随意泄露，定期更换自己的密码。

⑥离开机房前，应执行相应命令退出会计软件。

⑦操作过程中发现问题，应记录故障情况并及时向系统管理员报告。

⑧每次操作软件后，应按照有关规定填写上机记录。

⑨出纳人员应做到“日清月结”，现金出纳必须每天都将现金日记账的余额与库存现金进行核对；银行出纳必须每月都将银行存款账户的余额与银行对账单进行核对。

⑩由原始凭证直接录入计算机并打印输出的情况下，记账凭证上应有录入员的签名或盖章；收付款记账凭证还应由出纳人员签名和盖章。

（3）审核记账员的责任。

①审核原始凭证的真实性、正确性，对不合规定的原始单据不作为记账凭证依据。

②对不真实、不合法、不完整、不规范的凭证退还给各有关人员更正修改后，再进行审核。

③对操作员输入的凭证进行审核并及时记账，打印出有关的账表。

④负责凭证的审核工作，包括各类代码的合法性、摘要的规范性、会计科目

和会计数据的正确性，以及附件的完整性。

⑤对不符合要求的凭证和输出的账表不予签章确认。

⑥审核记账人员不得兼任出纳工作。

⑦结账前，检查已审核签字的记账凭证是否全部记账。

（4）电算维护员的责任。

①定期检查电算化系统的软件、硬件的运行情况。

②及时对电算化系统运行中软件、硬件的故障进行排除。

③负责电算化系统升级换版的调试工作。

④会计信息化系统人员变动或会计科目调整时，负责电算化系统的维护。

⑤会计软件不满足单位需要时，与本单位软件开发人员或商品化会计软件开发商联系，进行软件功能的改进。

（5）会计档案资料保管员责任制。

①按会计档案管理有关规定行使职权。

②负责本系统各类数据软盘、系统软盘及各类账表、凭证资料的存档保管工作。

③做好各类数据、资料、凭证的安全保密工作，不得擅自出借会计资料。经批准允许借阅的会计资料，应认真进行借阅登记。

④按规定期限，向各类电算化岗位人员催交各种有关的软盘资料和账表凭证等会计档案资料。

（6）电算审查员责任制。

①负责监督计算机及会计软件系统的运行，防止利用计算机进行舞弊。

②审查电算化系统各类人员的工作设置是否合理，制定的内部牵制制度是否合理，各类人员是否越权使用软件，防止利用计算机进行舞弊。

③发现系统问题或隐患，应及时向会计主管反映，提出处理意见。

（7）数据分析员责任制。

①负责对计算机的会计数据进行分析。

②制定适合本单位实际情况的会计数据分析方法、分析模型和分析时间，为企业经营管理及时提供信息。

③每日、旬、月、年，都要对企业的各种报表、账簿进行分析，为单位领导提供必要的信息。

④企业的重大项目实施前，应通过历史会计数据的分析，为决策提供翔实、准确、有根有据的事前预测分析报告；企业的重大项目实施过程中，应通过对有关会计数据的分析，提供项目实施情况（如进度、成本、费用等）分析报告；企业的重大项目实施后，应通过对会计数据的分析，提供项目总结的分析报告。

⑤根据单位领导随时提出的分析要求，及时利用会计数据进行分析，以满足单位经营管理的需要。

（8）软件维护员责任制。

①负责本单位会计软件的开发和软件维护工作。

②按照规定的程序实施软件的完善性、适应性和正确性的维护。

③软件开发人员不得操作会计软件进行会计业务的处理。

④按电算主管的要求，及时完成对本单位会计软件的修改和更新，并建立相关的文档资料。

（二）会计信息化操作管理制度

单位实现会计信息化后，会计人员必须操作计算机才能进行会计核算工作，如果操作不正确会造成系统内数据的破坏或丢失，影响系统的正常运行，直至输出不正确的会计报表。因此，必须通过对系统操作的管理，保证系统正常运行，完成会计核算工作，保证会计信息的安全与完整。尤其是在用计算机替代手工记账后，应制定与贯彻各种严格的控制措施，为会计信息系统的正常运行提供一个良好的物质条件。会计信息化操作管理包括计算机系统使用管理、上机操作管理和会计业务处理程序管理三个方面。

1. 计算机系统使用管理。目的是通过对计算机系统的管理为会计信息化系统创造一个良好的运行环境。

（1）保护计算机设备，防止各种非指定人员进入机房操作计算机，保证机内程序与数据的安全。

（2）使用不间断电源，避免因掉电而破坏会计数据。

（3）定期检查保养计算机硬件设备，保证硬件系统正常运行。

2. 上机操作管理。上机操作管理是通过建立与实施各项操作管理制度，确保会计软件安全、有效、正常地运行。

（1）明确规定上机操作人员对会计软件的操作工作内容和权限，对操作密码要严格管理，定期更换操作员的密码。密码是限制操作权限、检查操作人员身份的一道防线，管理好每个人的密码，对整个系统的安全至关重要。

（2）杜绝未经授权人员操作会计软件，防止操作人员越权使用软件。

（3）按软件的操作功能和会计业务处理流程操作软件，会计人员要按规定录入原始数据和各种代码、审核凭证、记账、执行备份功能模块、输出各类信息等。

（4）操作人员离开机房前，应执行相应命令退出会计软件，否则密码就会失去作用，给无关人员操作软件留下机会。

（5）根据本单位实际情况，由专人保存必要的上机操作记录、记录操作人、操作时间、操作内容、故障情况等。

（6）数据备份工作是为保持会计数据的安全与完整，每次上机完毕及时做好所需的各项备份工作，以防发生意外事故。备份的会计数据，应由指定人员用专用保存柜妥善保管。各种备份的数据均要标明类型和年、月、日及备份人等有关标识，以便查找和及时恢复数据，并分清责任，避免会计数据随着会计人员的变更而丢失。

（7）防止计算机病毒。单位应该避免使用来历不明的软盘和各种非法拷贝软件，以及在财务专用计算机上玩游戏，以防止计算机病毒的感染与转入。另外，单位应采用安装防病毒卡等外部措施，以避免计算机病毒进入的危险。

3. 会计业务处理程序管理。

（1）要按照《会计基础工作规范》的要求处理会计业务。

（2）预防已输入计算机的原始凭证和记账凭证等会计数据未经审核而登记机内账簿，保证会计数据正确合法。

（3）替代手工记账后，各单位应做到当天发生的业务，当天登记入账。现金日记账和银行存款日记账必须日清月结。

（4）要保证会计记账凭证的连续编号。

（5）要按规定程序编制转账凭证。

（6）期末要按规定时间及时结账。

（7）期末应及时生成和打印输出会计报表，打印输出会计报表应防止本期还有未记账的凭证。

（8）在保证凭证、账簿清晰的条件下，计算机打印输出的凭证、账簿中表格线可适当减少。

（9）在当期所有记账凭证数据和明细分类账数据都存储在计算机内的情况下，总分类账可以从这些数据中产生，因此，可以用“总分类账户本期发生额及余额对照表”替代当期总分类账。

（10）要按有关规定装订会计原始凭证、记账凭证、账簿、报表等。

（11）要灵活运用计算机对数据进行综合分析，定期或不定期地向单位领导报告主要财务指标和分析结果。

（三）计算机硬件、软件和数据管理制度

企业会计信息系统数据服务器的部署应当符合国家有关规定。数据服务器部署在境外的，应当在境内保存会计资料备份，备份频率不得低于每月一次。境内备份的会计资料应当能够在境外服务器不能正常工作时，独立满足企业开展会计工作的需要以及外部会计监督的需要。

互联网时代，移动互联、虚拟专用网络、远程访问、云计算等技术的采用，使得信息系统成为只在逻辑上存在的概念，物理上，终端设备、服务器可以天南海北，遍布于全球各地。这为跨国企业集团会计信息系统的部署提供了极大的灵活性。从安全和成本因素考虑，企业集团可能把多国企业的系统服务器集中存放在某个或者数个城市。财务共享服务模式的运用，更是直接将多国企业的会计工作集中在某个城市进行。这就存在着境内企业的会计资料存放于境外服务器的情况。

从企业对其经营管理的工作组织以及信息数据有自主决定权的角度来讲，上述做法无可厚非。但是，会计工作不仅是企业管理活动，由此形成的会计资料也不仅是企业财产。会计工作还是国家经济管理工作的基础环节，企业会计资料也是政府对企业监管的重要依据，是国家重要的经济信息资源。因此，企业会计数

据服务器部署在境外的同时，还应当在境内留有备份，以避免我国政府对企业的会计监督可能受到境外因素干扰的风险，保障国家经济信息安全。

每月一次的备份频率是最低限度要求。对于企业实际应当采取的备份频率，以及备份的会计资料范围，应当按“能够独立满足企业开展会计工作的需要以及外部会计监督的需要”的原则性规定自行把握。

1. 计算机硬件设备的维护。机房设备的安全和计算机正常运行是进行会计信息化的前提条件，计算机硬件设备的维护主要包括以下几点。

（1）要经常对有关设备进行保养，保持机房和设备的整洁，防止意外事故的发生。

（2）要定期对计算机场地的安全措施进行检查，如对消防和报警设备，地线和接地，防静电、防雷击、防鼠害、防电磁波等设备和措施进行检查，保证这些措施的有效性。

（3）在系统运行过程中，出现硬件故障时，应及时进行故障分析，并做好记录，及时修复。

（4）在设备更新、扩充、修复后，由系统管理员与维护员共同研究决定，并由系统维护员实施安装和调试。

（5）硬件维护工作中，小故障的维护可以通过计算机命令或各种软件工具来解决，一般都由本单位的维护人员来做。较大的故障，本单位的技术人员没有能力解决的，一般需要与硬件生产或销售厂家联系，协助解决。

（6）机房应该设置必要的防火设备，经常检查其是否完好。

2. 会计软件和系统软件的维护。系统软件都是由系统软件开发商提供的，一般购买计算机时就配制好了，也可以通过购买得到。系统软件不需要修改，维护比较简单。系统软件维护的主要任务是，检查系统文件的完整性，检查系统文件是否被非法删除和修改，以保证系统软件的正常运行。

会计软件的维护是会计信息化软件系统维护的主要工作，包括操作维护与程序维护两方面。会计软件维护主要有以下内容。

（1）操作维护是日常维护工作，如通过操作软件进行索引，删除系统垃圾文件等。

（2）在日常使用软件过程中发现的问题，如不及时解决，将影响到企业正常的会计工作。在这种情况下，系统维护员应尽早排除故障，如不能排除，应马上求助于财会软件公司的专职维护人员或本单位的软件开发人员。

（3）对于使用商品化会计软件的单位，软件的修改、版本升级等程序维护是由软件开发厂家负责的，单位的软件维护人员主要任务是与软件开发销售单位进行联系，及时得到新版本会计软件。

（4）对于自行开发软件的单位，程序维护则包括了正确性维护、完整性维护和适应性维护等内容，正确性维护是指诊断和改正错误的过程；适应性维护是指当单位的会计工作发生变化时，为适应变化了的工作而进行的修改活动。单位一般应配备专职系统维护员进行程序维护。

(5) 对正在使用的会计核算软件进行修改、对通用会计软件进行升级和计算机硬件设备进行更换等工作要有一定的审批手续。

(6) 在软件修改、升级和硬件更换过程中，要保证实际工作数据的连续性和安全性，并由有关人员进行监督。

(7) 系统维护员负责会计软件的维护工作，及时排除故障，确保系统的正常运行。

3. 会计数据的安全维护。会计数据的安全维护是为了确保会计数据的安全保密，防止对会计数据的非法修改和删除，包括以下几点。

(1) 必须经常进行备份工作，以避免意外和人为错误造成数据的丢失，每日必须对计算机内的会计资料在计算机硬盘中进行备份。

(2) 需要做备份的内容，是能够完全恢复会计系统正常运行的最少的数据，一般包括系统设置文件、科目代码文件、期初余额文件、凭证、各种账簿、报表及其他核算子系统的数据文件。

(3) 对磁性介质存放的数据要保存双备份，备份盘应该定期复制，以保证数据没有丢失。

(4) 系统维护一般由系统维护员或指定的专人负责，数据录入员、系统操作员等其他人员不得进行维护操作，系统管理员可以进行操作维护但不能执行程序维护。

(5) 在软件修改、升级和硬件更换过程中，要制定保证会计数据的连续和安全的工作程序。

(6) 健全必要的防治计算机病毒的措施，预防、检测、清除计算机病毒。计算机病毒的存在是会计信息系统正常运行的隐患，它能够破坏会计软件和会计数据，因此，应该避免使用来历不明的软盘和各种非法拷贝的软件，以及在财务专用计算机上玩游戏，以防止计算机病毒的感染与传入。另外，单位应采用安装防病毒卡等外部措施，以避免病毒进入计算机。使用的防病毒卡应该及时更换新版本。

(7) 制定会计信息化系统发生意外事故时会计数据的维护制度，以解决因发生意外事故而使数据混乱或丢失的问题。

（四）电算化会计档案管理制度

电算化会计档案管理是重要的会计基础工作，必须加强对会计档案处理工作的领导，建立和健全会计档案的立卷、归档、保管、调阅和销毁管理制度，切实地把会计档案管好。单位实现会计信息化后，会计档案具有磁性化和不可见的特点，而《会计档案管理办法》的有关规定没有包括这方面的内容，因此，必须根据这些特点和《会计档案管理办法》的要求，修订本单位的会计档案管理制度。

1. 电算化会计档案的内容。电算化会计档案，包括存储在计算机中的会计数据（以磁性介质或光盘存储的会计数据）和计算机打印出来的各种形式的会计数据。会计数据是指记账凭证、会计账簿、会计报表（包括报表格式和计算公式）等数据，以及会计软件系统开发运行中编制的各种文档以及其他会计资料。

存储在计算机中的会计数据（以磁性介质或光盘存储的会计数据），是在会计信息化情况下新的会计档案形式。采用磁带、磁盘、光盘、缩微胶片等介质存储会计账簿、报表，具有磁性化和不可见的特点。作为会计档案保存，其保存期限同《会计档案管理办法》中规定的相应会计数据（书面形式的会计账簿、报表）一致。

采用电子计算机打印输出的书面会计凭证、账簿、报表，应当符合国家统一会计制度的要求，采用中文或中外文对照，字迹清晰。作为会计档案保存，其保存期限按《会计档案管理办法》的规定执行。

通用会计软件、定点开发会计软件、通用与定点开发相结合会计软件的全套文档资料以及会计软件程序，视同会计档案保管，保管期截至该软件停止使用或有重大更改之后的五年。

2. 会计账簿、报表的生成与管理。

（1）现金日记账和银行存款日记账要每天登记并打印输出，做到日清月结。现金日记账和银行存款日记账的打印，由于受到打印机条件的限制，可采用计算机打印输出的活页账页装订成册。每天业务较少，不能满页打印的，也可按旬打印输出。

（2）一般账簿可以根据实际情况和工作需要按月或按季、按年打印；发生业务少的账簿，可满页打印。

（3）在所有记账凭证数据和明细分类账数据都存储在计算机内的情况下，总分类账可用“总分类账本期发生额及余额对照表”替代。

（4）在保证凭证、账簿清晰的条件下，计算机打印输出的凭证、账簿中的表格线可以适当减少。

（5）在原始凭证直接录入计算机并打印输出的情况下，记账凭证上应有录入员签名或盖章、稽核人员签名或盖章、会计主管人员的签名或盖章。收付款记账凭证还应由出纳人员签名和盖章。打印生成的记账凭证视同手工填制的记账凭证，按《会计人员工作规则》《会计档案管理办法》的有关规定立卷归档保管。

（6）在手工事先做好记账凭证后录入记账凭证，然后进行处理的情况下，保存手工记账凭证与机制凭证皆可。

（7）计算机与手工并行工作期间，可以采用计算机打印输出的记账凭证替代手工填制的记账凭证，根据有关规定进行审核并装订成册，作为会计档案保存，并据以登记手工账簿。

（8）记账凭证、总分类账、现金日记账和银行存款日记账，还要按照有关税务、审计等管理部门的要求，及时打印输出有关账簿、报表。

（9）采用磁带、磁盘、光盘、缩做胶片等介质存储会计账簿、报表，作为会计档案保存的单位，不再定期打印输出会计账簿，还应征得同级财政部门的同意。

（10）各单位每年形成的会计档案，都应由财务会计部门按原归档的要求，负责整理立卷或装订成册。当年会计档案，在会计年度终了后，可暂由本单位财务会计部门保管一年。期满后，原则上应由财务会计部门编造清册移交本单位档案部门保管。

（11）各单位保存的会计档案应为本单位积极提供利用，在向外单位提供利用时，档案原件原则上不得外借。

（12）各单位保存的会计档案必须通行科学管理，做到妥善保管、存放有序、查找方便。

3. 安全和保密措施。

（1）对存档的会计资料要检查记账凭证上录入员的签名或盖章、稽核人员的签名或盖章、会计主管人员的签名或盖章，收付款记账凭证还应由出纳人员签名和盖章。

（2）对电算化会计档案管理要做好防磁、防火、防尘、防盗、防虫蛀、防霉烂和防鼠咬等工作，重要会计档案应准备双份，存放在两个不同的地点，最好在两个不同的建筑物内。

（3）采用磁性介质保存会计档案，要定期进行检查，定期进行复制，防止由于磁性介质损坏，而使会计档案丢失。

（4）大中型企业应采用磁带、磁盘、光盘、缩微胶片等介质存储会计数据，尽量少采用软盘存储会计档案。

（5）存有会计信息的磁性介质及其他介质，在未打印成书面形式输出之前，应妥善保管并留有副本。一般来说，为了便于利用计算机进行查询及在电算化系统出现故障时进行恢复，这些介质都应视同会计资料或档案进行保存，直至其中会计信息完全过时为止。

（6）严格执行安全和保密制度，会计档案不得随意堆放，严防毁损、散失和泄密。

（7）各种会计资料包括打印出来的会计资料以及存储会计资料的软盘、硬盘、计算机设备、光盘、缩微胶片等，未经单位领导同意，不得外借和拿出单位。

（8）经领导同意借阅的会计资料，应该履行相应的借阅手续，经手人必须签字记录。存放在磁介质上的会计资料借阅归还时，还应该认真检查，防止感染病毒。

单位内部会计管理制度包括哪些内容，主要取决于单位内部经营管理的需要，不同类型的单位对内部管理制度有不同的要求，各单位在开展会计信息化工作过程中，应结合本单位的实际情况，参照以上四个方面的制度，制定适合本单位的内部管理制度，并在工作中逐步完善。另外，建立会计信息化内部管理制度，除了要遵守手工方式建立内部会计管理制度的原则以外，还要充分了解计算机信息系统管理的特点。具体来说，一方面要保证利用计算机进行会计核算数据的真实性、正确性和完整性，保证会计工作秩序的正常进行，维护单位财务和货币资金的安全与完整；另一方面还要保证应用到会计工作中的计算机硬件设备、计算机软件和计算机中会计数据的安全可靠。电算化内部制度建立后抓落实是非常重要的环节，要定期对各项制度的执行情况进行检查，并有相应奖励措施。

第四节　会计信息化与会计监督

一、会计监督新环境与新使命

信息化不仅使会计环境发生变革，也使监督环境发生变革。信息化对会计监督的影响有两方面：一是监督对象的信息化；二是监督手段的信息化。会计监督既要适应监督对象信息化，为企业会计信息化创造良好的发展环境，同时也要充分利用信息化手段，提高会计监督的成效。

然而，当前的会计监督相对于企业会计信息化的发展有所滞后，并未很好地适应信息化带来的环境变化。一是部分监督机构观念相对陈旧，仍习惯基于纸面会计资料开展监督；二是会计监督信息化缺乏必要技术基础和手段；三是取消会计软件评审后，对会计软件功能的监管处于真空地带。这既不利于提高企业开展会计信息化的积极性，也不利于会计监督效率的提升，影响了会计信息质量的监控效果及会计信息化整体优势的发挥。

上述问题产生的主要原因：一是监管惯性。监管机构不像企业那样能直接感受到信息化带来的优势，在缺乏有效激励的情况下，监管机构总是倾向于延续过去的经验和做法。二是缺乏适应新环境的制度安排。适应和利用新的技术环境开展会计监督，需要新的制度安排。而20世纪90年代中期会计信息化相关制度规范出台以后，这方面的制度基本未再经修改或补充，其滞后性早已显现。

《企业会计信息化工作规范》明确了会计资料无纸化管理制度，允许符合条件的企业会计资料不再打印保存。也就是说，对符合条件的企业进行会计监督应当主要以电子会计资料为主，只有在个案情况下，才能要求企业提供纸面资料。同时，从适应信息化特点、提高会计处理效率出发，工作规范适当放宽了对凭证审核、修改等核算过程的控制要求。应当说，这些政策为企业在信息化环境下进行会计核算提供了便利。

那么，上述政策的放开是否意味着信息化环境下会计监督的弱化？答案是否定的。这些政策的本意是让企业会计工作能够充分利用和发挥信息化的优势。与此同时，工作规范也为会计监督充分利用和发挥信息化优势设计了一系列制度安排，从而提升会计监督效率，对会计核算灵活度的提升形成有效制衡。

总之，会计信息化建设带来了监督理念、监督内容、监督手段、监督方法的改变。从某种意义上来说，这是一种全新的监督环境，而传统的会计监督思维和方法正逐渐失去其赖以存在的基础。对各级财政部门来说，《企业会计信息化工作规范》的出台，宣告了信息化时代新的监管使命的到来。那么财政部门究竟需要管什么？怎么管？这就需要准确理解以下问题，全面把握会计信息化工作规范要求。

二、会计信息化相关工作规范

为贯彻实施好会计信息化工作，开展相关监督工作，企业需要把握好会计信息相关工作规范。

（一）会计信息化工作规范及适用主体

财政部于2013年12月颁布了《企业会计信息化工作规范》，显然工作规范的适用主体是企业。同时，工作规范第四十八条规定，“自本规范施行之日起，《会计核算软件基本功能规范》（财会字〔1994〕27号）、《会计电算化工作规范》（财会字〔1996〕17号）不适用于企业及其会计软件”。也就是说，这两项文件对行政事业单位继续适用。因为行政事业单位正处于全面的改革和政策调整期，会计工作环境存在一系列不确定因素。而且，整体上，行政事业单位会计信息化发展相对于企业处于较低阶段，政策的不适应问题尚不突出。因此，工作规范将范围限定于企业会计信息化，而行政事业单位会计信息化仍然适用于过去的规范性文件。

（二）对会计信息化和会计软件的界定

会计信息化发展的一个显著趋势就是会计信息化融合于企业整体信息化之中，会计软件与企业其他业务软件的界限越来越不清晰。这不仅是信息化发展对信息集成的内在要求，也是会计与其他经营管理职能相互渗透的必然结果。当然，从便于监管角度出发，工作规范仍然需要对企业会计信息化和会计软件明确一个边界。

企业使用的会计软件，是指企业专门用于会计核算、财务管理的计算机软件、软件系统或者其功能模块。会计软件具有以下功能：为会计核算、财务管理直接采集数据；生成会计凭证、账簿、报表等会计资料；对会计资料进行转换、输出、分析、利用。

对于会计软件的界定，应当把握好以下三点：

1. 功能是界定会计软件的核心标准。一种软件是否属于会计软件，关键看其是否具有上述所列的三项功能，具备三者之一的，就可以归为会计软件。

关于采集数据的功能，应当注意“直接”两字。会计处于企业信息流的下游，不少业务系统采集的数据最终都会为会计所用，但不能因此而无限扩大会计软件范畴。只有那些直接为会计核算、财务管理采集数据的软件，才应归于会计软件范畴。所谓直接，是指数据采集后的下一步处理即属于会计核算、财务管理的职能范围，而不再经过其他业务职能处理。

2. 会计软件的表现形式可以是单独的软件（如单机运行的软件）、软件系统（如安装于服务器，通过网络系统部署使用的软件，包括云服务软件）或者软件系统中的某些功能模块。无论什么形式，只要具备上述功能，都可以归为工作规范所说的会计软件。

3. 会计软件具有专用性。即软件应当是专为完成会计核算或者财务管理目的而设计的。企业开展会计核算或者财务管理工作，可能用到的软件很多，例如，所有部门都使用的办公自动化系统，或者像 Word、Excel 这样的通用软件，尽管财务会计工作也会使用，但不是专门为财务会计工作设计的，因而不属于这里所说的会计软件。

准确把握会计软件的界限，对于正确开展监管工作十分必要。例如，企业使用 ERP 系统开展经营管理活动，如果其会计核算功能依附于单独模块完成，则应当将该模块而不是整个 ERP 系统认定为会计软件。这种情况下，工作规范第七条要求“中文界面和中文处理支持”仅适用于该模块，而不是整个 ERP 系统。

（三）工作规范的规范客体

代理企业开展会计核算工作的代理记账机构，负有与企业同等的责任和义务；代理软件供应商提供会计软件和相关服务的咨询服务机构，负有与软件供应商同等的责任与义务。企业、代理记账机构的会计信息化工作，软件供应商、咨询服务机构提供的会计软件和服务，都属于会计信息化工作规范约束范围，都应当受到相应的监管。

三、财政部门的职责

在企业会计信息化监督工作中，地方财政部门和财政部负有不同的职责。

（一）地方财政部门职责

县级以上地方人民政府财政部门管理本地区企业会计信息化工作，指导和监督本地区企业开展会计信息化工作，包括以下两个方面。

1. 对企业的监督。企业使用会计软件不符合本规范要求的，由财政部门责令限期改正。限期不改的，财政部门应当予以公示，并将有关情况通报同级相关部门或其派出机构。

对于会计软件必须具备哪些功能、不得提供哪些功能，这首先是软件供应商的责任，同时，企业也有义务使用合乎规范的软件产品，无论该软件是外购的还是自行开发的。对此，县级以上财政部门负有监督的职责。财政部门可以组织专项检查，对本辖区企业使用会计软件情况进行监督，也可以将会计软件使用情况检查与其他会计监督工作结合进行。

对于违规行为，财务部门主要采取了公示和通报相关部门的处理手段。采取这些手段是出于两方面考虑：一是政府信息要公开和共享，对于发现的违规情况，财政部门有义务让公众和相关部门知道；二是公示和通报对违规者信誉带来损失，对违规行为同样具有巨大的震慑效用。

财政部门在实际执行中，要把握好自由裁量权的行使。一是整改期长短。财政部门应当根据违规性质等实际情况确定，可以听取企业意见作为参考。二是通报机构的选择。一般来说，通报的机构应当与所涉企业有监督管理关系，范围可能包括工商、税务、审计、国资部门、企业主管部门以及人民银行、证监会、银保监会及其在当地的派出机构。必要时，本地商业银行或者分支机构也可以纳入通报范围。在通报中，可以提示相关机构在监督这些企业时，关注相关风险，采取更为谨慎的检查方法。

2. 对会计软件的监督。与对企业的监督不同，地方财政部门对会计软件有权调查，但调查结果应报财政部统一处理。这样规定，主要是因为会计软件是全国统一市场，对于发现问题的会计软件，其供应商不一定在地方财政部门管辖地域内。而且，对于同一会计软件产品，不同地方如果有不同的认定和处理，也不利于执法的一致性和严肃性。

省级财政部门发现有商品化会计软件不符合要求的，可以直接向财政部报告。省级以下财政部门发现问题的，应当通过省级财政部门反映。接到反映的省级财政部门应当先进行调查核实，对确实存在问题的报财政部处理。

（二）财政部职责

财政部主管全国企业会计信息化工作，主要职责包括：拟定企业会计信息化发展政策；起草、制定企业会计信息化技术标准；指导和监督企业开展会计信息化工作；规范会计软件功能。

财政部作为全国会计主管部门，在企业会计信息化监管中负有定规则和制标准的职能。这是与地方财政部门不同之处，因为规则和标准必须全国一致，才能保证市场统一和公平竞争，促进会计信息的自由传递和充分共享。

在对商品化会计软件的监督方面，财政部可以采取更多的检查方式。财政部可以采取组织同行评议、向用户企业征求意见等方式对软件供应商提供的会计软件遵循本规范的情况进行检查。财政部可以通过省级财政部门报告掌握会计软件违规情况，也可以采取软件业同行评议、征求企业意见以及其他方式主动搜集违规线索，根据线索进行核实和重点检查。

同时，财政部对会计软件违规情况有处理权。软件供应商提供的会计软件不符合本规范要求的，财政部可以约谈该供应商主要负责人，责令限期改正。限期内未改正的，由财政部予以公示，并将有关情况通报相关部门。这里的整改期限，由财政部根据软件修改的复杂程度合理确定。财政部在公示和通报的同时，也会提示其他监管部门在对相关软件用户企业的检查中关注相关风险。总之，要充分利用社会和市场力量对违规行为形成巨大压力，达到更为显著和直接的惩戒效果。

四、对企业的检查重点

财政部门对企业信息化工作以引导、启发为主，财政部门在相关检查中，除了对上述企业使用会计软件情况进行检查以外，还应重点关注以下内容。

（一）实行会计资料无纸化管理的企业是否符合规定条件

在符合条件的情况下，企业电子会计资料可以不输出为纸面形式保存，会计监督机构在检查中，不应再要求企业提供全套纸面会计资料。当然，财政部门应当对该企业是否符合规定条件进行总体评估。若发现明显不符合规定条件的情况，差距不大、短期内能够更正的，可以要求该企业整改达到条件；差距较大且短期内不能更正的，则应要求企业恢复对会计资料的纸面输出，并要求企业在检查中提供完整的纸面资料。

（二）异地核算企业是否具备本地监管条件

财务部门鼓励大型企业集团建立财务共享中心，开展会计集中核算。同时，考虑到开展集中核算后，企业会计资料（包括原始凭证等）将会由财务共享中心集中管理，出现会计资料保存地与企业经营注册地不一致的情况，为保障当地监管部门会计监督工作的顺利进行，实行会计工作集中的企业以及企业分支机构，应当为外部会计监督机构及时查询和调阅异地储存的会计资料提供必要条件。

财政部门在对异地核算企业开展会计监督时，若发现在本地无法及时查阅会计资料，或者在需要调阅凭证原件时被检查企业无法及时提供的情况，则应当责令企业纠正。对于不能提供所需会计资料的企业，应当依照《中华人民共和国会计法》第四十二条的规定对其进行处罚。

（三）外商投资企业会计软件是否符合规定

部分外商投资企业采用境外投资者统一部署的会计软件，可能造成一些问题：一是软件不符合国内法律以及工作规范的要求；二是其会计资料存储于境外服务器中，在境内没有备份，使得我国政府对企业的会计监督可能受到境外因素干扰的风险。

无论何种类型企业，对其会计软件的要求都一视同仁，没有特殊和例外。财政部门在检查中，对外商投资企业的会计信息系统应予以特别关注，要了解其系统和软件的来源途径和服务器部署情况。对于数据服务器部署在境外的，应当核实其是否按规定在境内保存备份。

五、对会计监督的保障

在促进会计监督适应会计信息化发展需要的同时，也应考虑对信息化环境下会计监督的保障措施，为会计监督创设新的手段，提供更加便利的监督环境。

（一）符合我国会计准则和账簿格式习惯的核算功能

会计监督人员在检查中可能遇到这样的情况，某些会计软件的核算过程让人看不懂，无法判断其核算结果的合规性。原因包括：系统不支持中文，无论是软件界面还是会计记录都只有外国文字描述；系统中的会计科目体系没有按照资产、负债、所有者权益、收入、费用等会计要素分类，难以把握其业务逻辑；软件显示输出的凭证、账簿没有遵循我国会计人员所习惯的内容与格式，无法理解其含义。

对此，应要求会计软件必须提供中文界面和对中文处理的支持，必须按照我国会计准则确定的原则进行科目分类和编码，必须提供符合我国习惯的凭证和账簿格式。

（二）面向监督的用户操作日志

会计监督人员在今后的检查工作中，可以通过日志来寻找会计核算中存在的异常情况，以发现违规线索。除反记账和对记账凭证关键信息的修改外，工作规范对其他修改和逆向操作功能并未禁止，而相关的操作轨迹完全通过用户操作日志予以记录保留。因此，日志的查询应当成为财政部门检查工作的一项标准程序，以排查核算中的高风险行为。

此外，财政部门还应当对会计软件日志功能的完整性进行测试。例如，设计一些测试案例在软件中进行操作，然后通过日志查询这些操作是否被正确完整地记录。

（三）会计软件数据接口标准

随着会计信息化的发展，会计监督信息化也在发展。不少监督机构利用监督软件读取企业系统数据，直接在企业电子会计资料基础上开展监督工作。但是，由于各种会计软件的数据结构与格式不统一，即便是同种软件，不同版本之间也有一些差异，监督软件需要应对各种会计软件，集成各种接口，不仅操作复杂，容易出错，而且无法穷尽所有情况，无法完全避免数据不可读取的情况。

所有会计软件应提供符合国家标准的数据接口，以满足外部会计监督需要，从而解决制约会计监督信息化发展的关键技术问题。今后，所有的会计软件都以统一格式输出会计资料，监督软件只需要以这种格式读取数据即可。为落实这一规定，目前，全国会计信息化标准化技术委员会正着手会计软件数据接口国家标准的制定工作。

（四）面向会计监督的用户手册

软件供应商必须针对会计监督相关操作提供专门的手册资料，便于监督人员快速查询使用，从而提高会计监督效率，发挥信息化优势。当然，对财政部门而言，会计软件是否提供专门的教程资料，也是附带的检查内容之一。

第二章　用友通用账务处理系统

第一节　系统管理

一、系统管理概述

用友 ERP－U8 软件产品是由多个产品组成，各个产品之间相互联系、数据共享，完全实现财务业务一体化的管理，对企业资金流、物流、信息流的统一管理提供了有效的方法和工具。系统管理包括新建账套、新建年度账、账套修改和删除、账套备份，根据企业经营管理中的不同岗位职能建立不同角色，新建操作员和权限的分配等功能。系统管理的使用者为企业的信息管理人员：系统管理员 admin 和账套主管。

（一）系统管理模块的主要功能

1. 对账套的统一管理，包括建立、修改、引入和输出（恢复备份和备份）。

2. 对操作员及其功能权限实行统一管理，设立统一的安全机制，包括用户、角色和权限设置。

3. 允许设置自动备份计划，系统根据这些设置定期进行自动备份处理，实现账套的自动备份。

4. 对年度账的管理，包括建立、引入、输出年度账，结转上年数据，清空年度数据。

（二）注册

用户运行用友 U8 管理软件系统管理模块，登录注册的主要操作步骤如下。

1. 选择“开始”／“用友 ERP－U8”／“系统服务”／“系统管理”，进入系统管理模块，如图 2－1 所示。

2. 选择“系统”／“注册”功能菜单，显示登录系统界面，如图 2－2 所示。

3. 选择服务器，输入操作员名称，初次使用要以系统管理员 admin 身份登录，直接在“操作员”栏中输入 admin 即可，密码为空；如果要行使账套主管权限，以账套主管身份登录，账套主管的设置见本节“四、设置操作员”。

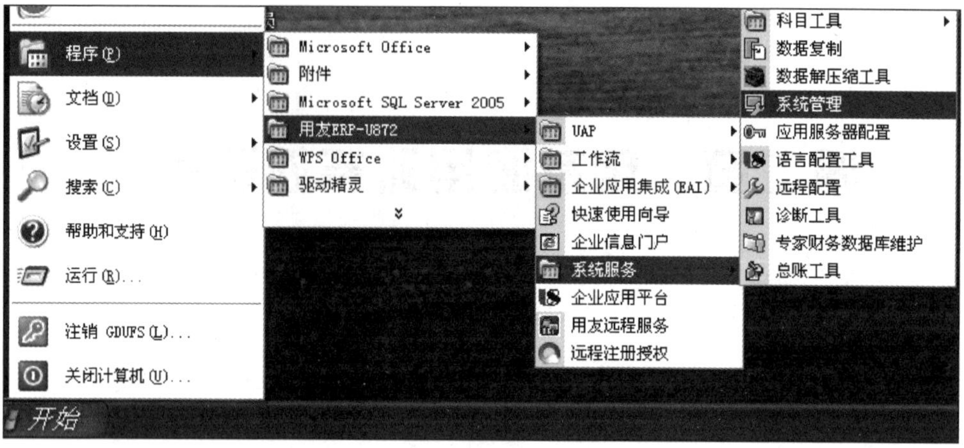

图2-1 “系统管理”模块

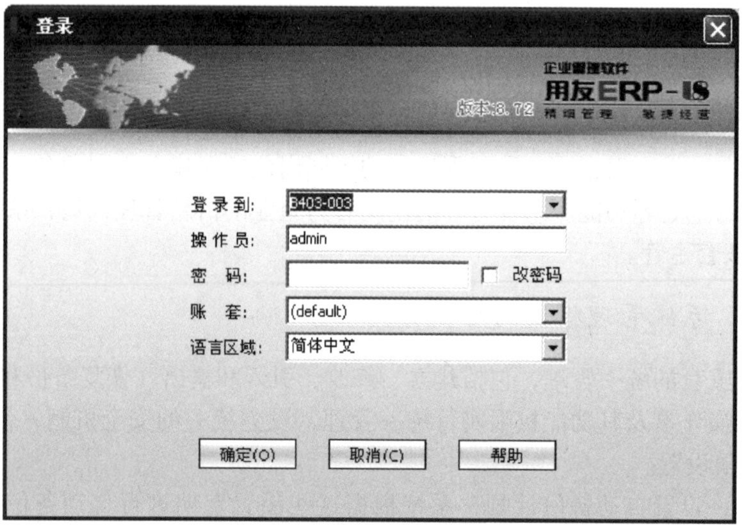

图2-2 “登录系统”界面

4. 登录“系统管理”后的“视图管理”，其界面如图2-3所示。

（1）刷新。在“系统管理”窗口中，系统管理的功能列表分为上下两部分，上部分列示的是正在登录到系统管理的子系统，下部分列示的是该子系统中正在执行的功能。这两部分都是动态的，根据系统的执行情况而变化，如需要看最新的系统内容，应启用刷新功能来适时刷新功能列表的内容。

（2）清除异常任务。系统管理对每一个登录系统的子系统定时进行巡回检查，如果发现有死机、网络阻断等情况，就在与子系统相对应的任务栏的“运行状态”栏内显示“运行不稳定”。这时，如果单击“系统管理”窗口中“视图”菜单下的“清除异常任务”命令，就会把这些异常任务所申请的系统资源予以释放，并恢复可能破坏的系统数据库和用户数据库，同时任务栏也将清除这些异常任务。

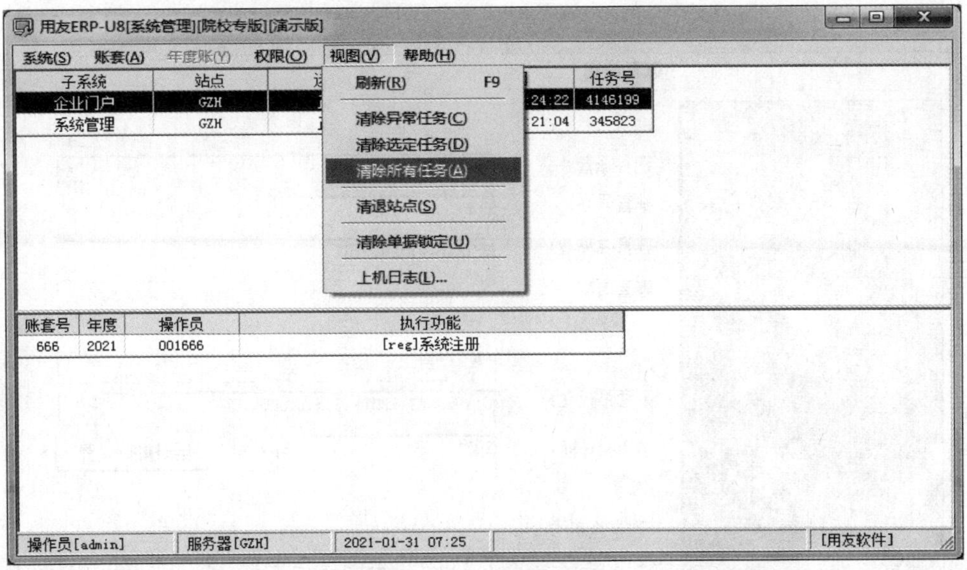

图 2-3　“视图管理”界面

（3）清除单据锁定。各子系统在使用过程中，由于不可预见的原因可能会造成单据锁定，此时单据的正常操作将不能使用。为恢复单据的正常操作，可使用“清除单据锁定”功能。在“系统管理”窗口中单击“视图”菜单下的“清除单据锁定”命令，将恢复单据的正常功能使用。

（4）上机日志。为保证系统安全，系统随时对各个模块的操作员的上下机时间、操作的具体功能等情况进行记录，形成上机日志，以便使所有的操作都有记录，做到有迹可循。

二、账套管理

（一）账套的建立和系统模块的启用

在使用系统之前，首先要新建本单位的账套，只有系统管理员“admin”才有权限创建新账套。用户在系统管理界面单击“账套”菜单选择“建立”，则进入建立单位新账套的功能。

1. 账套信息。账套号：666；账套名称：宏达纺织有限公司；采用默认账套路径；启用会计期间：2021 年 1 月；会计期间设置：1 月 1 日至 12 月 31 日。账套信息界面如图 2-4 所示。

2. 单位信息。单位名称：宏达纺织有限公司，简称宏达纺织；单位地址：临海市亚运路 168 号；法定代表人：陈明达；邮政编码：510200；联系电话：31528888；传真：31528888；电子邮件：hdfzc@126.com；纳税登记号：21060202108222108。其界面如图 2-5 所示。

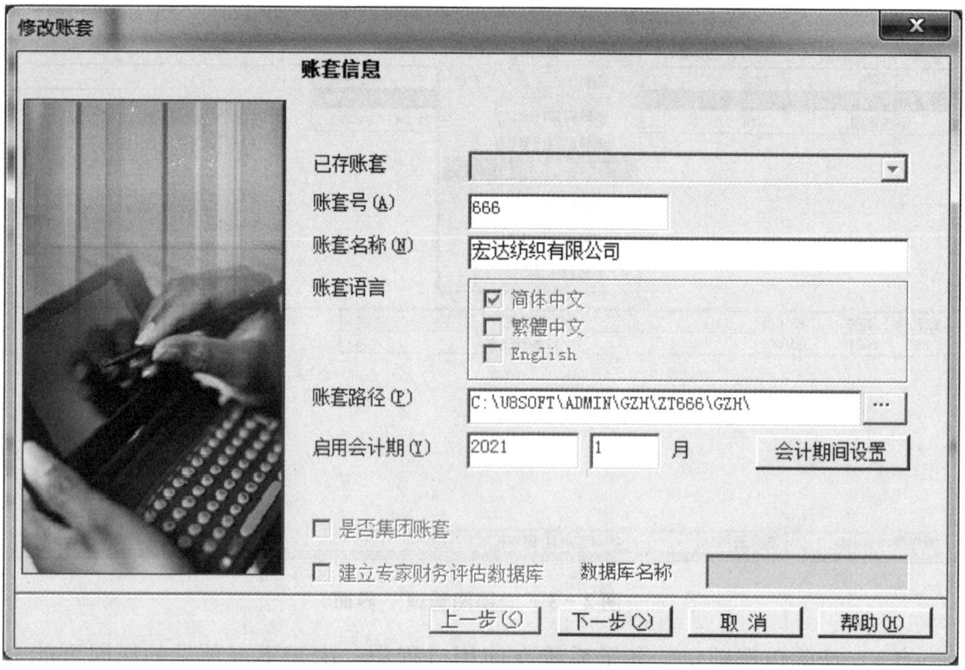

图2-4 “修改账套—账套信息”界面

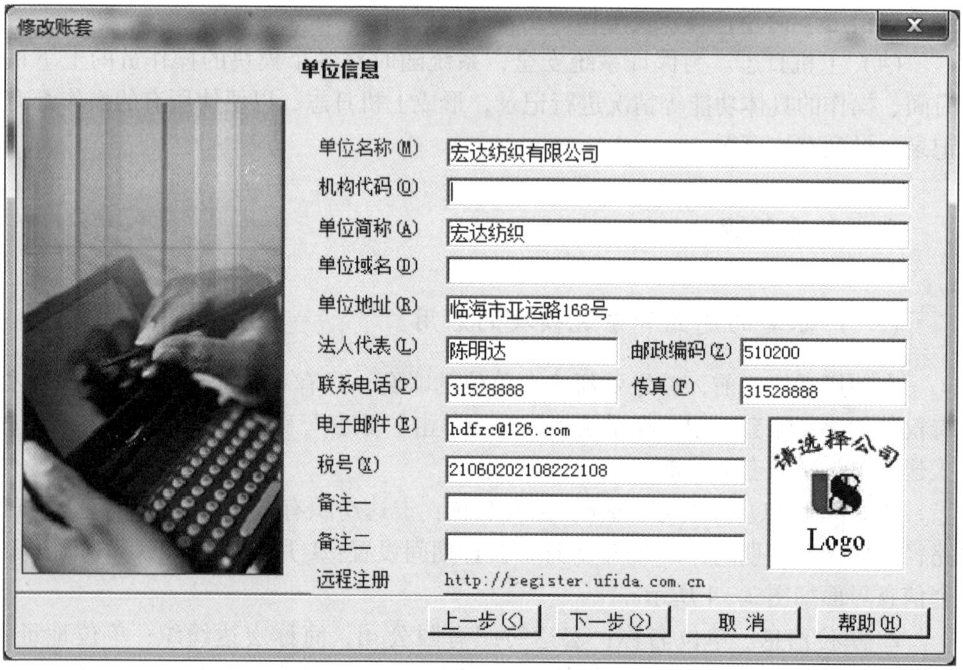

图2-5 “修改账套—单位信息”界面

3. 核算类型。该公司记账本位币为人民币（RMB）；企业类型为工业；采用2007年新会计制度科目。其界面如图2-6所示。

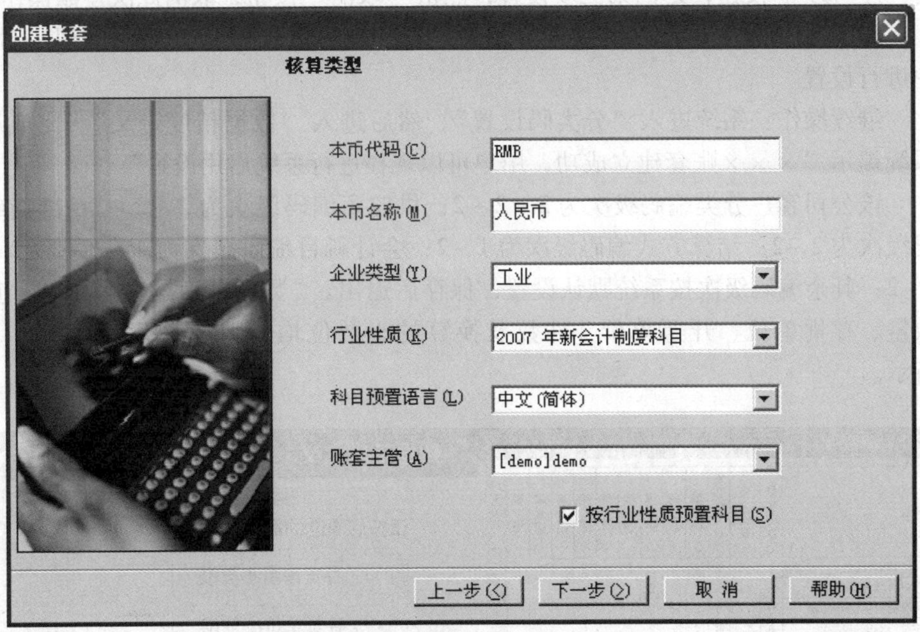

图2-6　“创建账套—核算类型”界面

4. 基础信息。该公司进行会计处理时，需对存货、客户、供应商进行分类，其界面如图2-7所示。

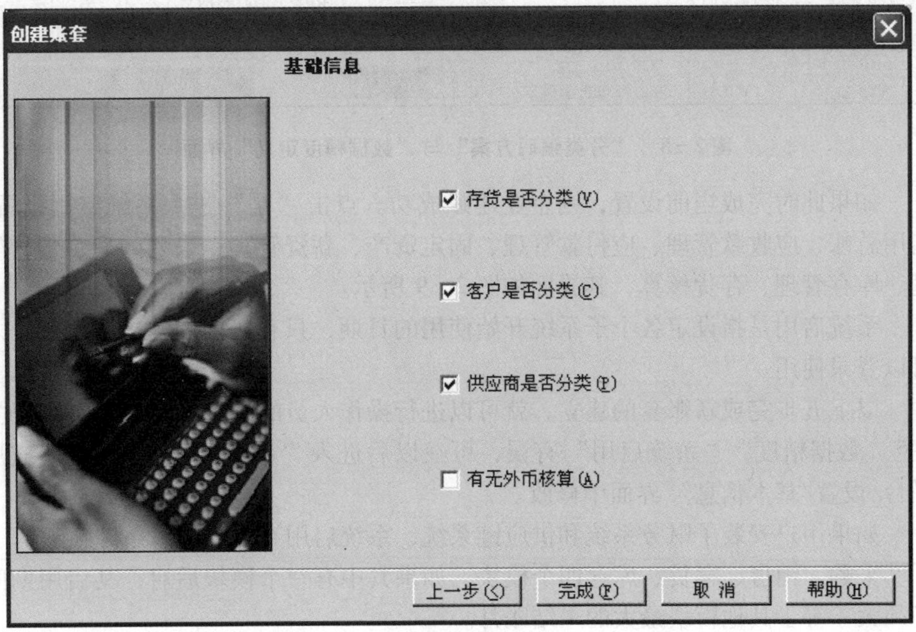

图2-7　“创建账套—基础信息”界面

输入完成后，点击“完成”按钮，系统提示“可以创建账套了么”，点击“是”完成上述信息设置，进行下一步设置；点击“否”返回确认步骤界面；点击“上一步”按钮，返回第三步设置；点击“取消”按钮，取消此次建账操作。

5. 建账完成后，可以继续进行相关设置，也可以以后从“企业应用平台”中进行设置。

继续操作：系统进入“分类码设置”，然后进入“数据精度定义”。完成后系统提示“×××账套建立成功，用户可以现在进行系统启用设置”。

该公司客户分类编码级次为2－2－2；供应商编码级次为2－2－2；部门编码级次为2－2；结算方式编码级次为1－2；会计科目编码级次为4－2－2－2－2－2；其余编码级次按系统默认设置，保存后退出。“数据精度定义”中，存货数量、存货单位、开票单价、件数及换算的小数位均为2，其界面如图2－8所示。

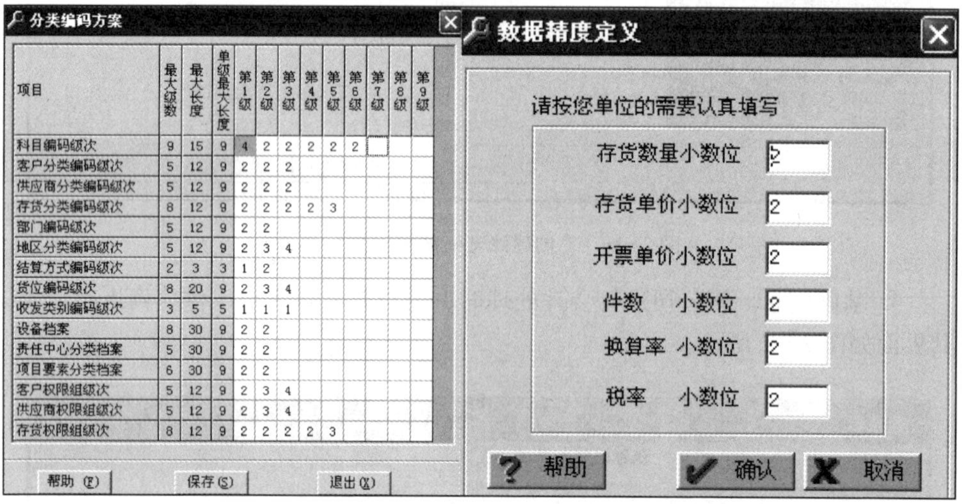

图2－8 “分类编码方案”与“数据精度定义”界面

如果此时完成当前设置，则企业建账成功。点击“是”进入系统启用设置，启用总账、应收款管理、应付款管理、固定资产、薪资管理、采购管理、销售管理、库存管理、存货核算，其界面如图2－9所示。

系统启用是指设定各个子系统开始使用的日期，只有启用后的子系统用户才可以登录使用。

以上五步完成新账套的建立，就可以进行操作人员的设置了。如果“编码方案”“数据精度”“系统启用”有误，可在以后进入“用友ERP－U8/企业应用平台/设置/基本信息”界面中修改。

如果用户安装了财务系统和供应链系统，系统启用有以下约束条件：

采购、销售、存货、库存四个模块，如果其中有一个模块后启，其启用期间必须大于等于其他模块最大的未结账月。

应付先启，后启采购，采购的启用月必须大于等于应付的未结账月。

图2-9　“系统启用”界面

应收先启，后启销售，销售的启用月必须大于等于应收的未结账月，并且，必须确保应收款管理系统未录入当月（销售启用月）发票，或者将录入的发票删除。

销售先启，应收后启，如果销售已有结账月，应收的启用月应大于等于销售未结账月，如果销售无结账月，应收的启用月应大于等于销售启用月。

销售先启，后启应收，应将销售当月已审核的代垫费用单生成应收单（单据日期为当月）。

在启用库存前用户必须先审核库存启用日期之前的未审发货单。

库存启用时，如果库存启用日期之前的发货单有对应的库存启用日期之后的出库单，必须将此类出库单删除，并在库存启用日期之前生成这些出库单，然后再启用库存系统。

库存启用时用户必须先审核库存启用日期之前的先开票、未审发票，否则，库存系统不能启用。

采购先启用，库存后启用时，如果库存启用月份已有根据采购订单生成的采购入库单，则库存不能启用。

各系统的启用日期必须大于或等于账套的启用日期，要启用网上银行必须先启用总账。

（二）账套的修改

1. 修改时限。当系统管理员建完账套和账套主管建完年度账后，在未使用相关信息的基础上，需要对某些信息进行调整以便使信息更真实、准确地反映企业的相关内容时，可以进行适当的调整。

2. 修改权限。只有账套主管可以修改其具有权限的年度账套中的信息，系统管理员无权修改。

3. 操作。用户以账套主管的身份注册，选择相应的账套，进入系统管理界面，选择“账套”菜单下的“修改”，进入修改账套功能，系统自动列示出所选账套的账套信息、单位信息、核算信息、基础信息，其界面如图 2－10 所示。

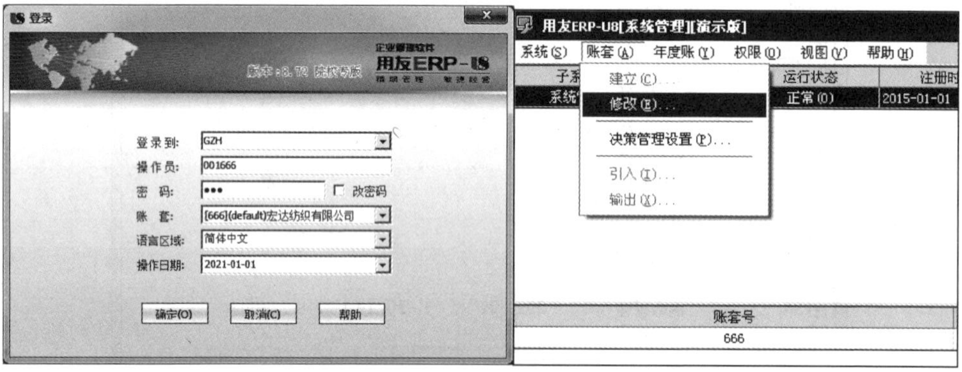

图 2－10　“账套修改”界面

4. 修改内容。可随时修改的内容包括账套名称和所有的单位信息；不能随时修改的内容包括分类设置信息和数据精度信息；只有在未使用的前提下可以修改它们的全部内容。

（三）账套的备份和引入

1. 账套备份。输出账套功能是指将所选的账套数据进行备份输出。对于企业系统管理员来讲，定时将企业数据备份出来存储到不同的介质上（如常见的软盘、光盘、网络磁盘等），对数据的安全性是非常重要的。如果企业由于不可预知的原因，如地震、火灾、计算机病毒、人为的误操作等，需要对数据进行恢复。

以系统管理员身份注册，进入系统管理模块。选择“账套”菜单下级的“输出”功能，弹出账套输出界面，备份完成后生成两个文件到指定路径，备份界面如图 2－11 所示。

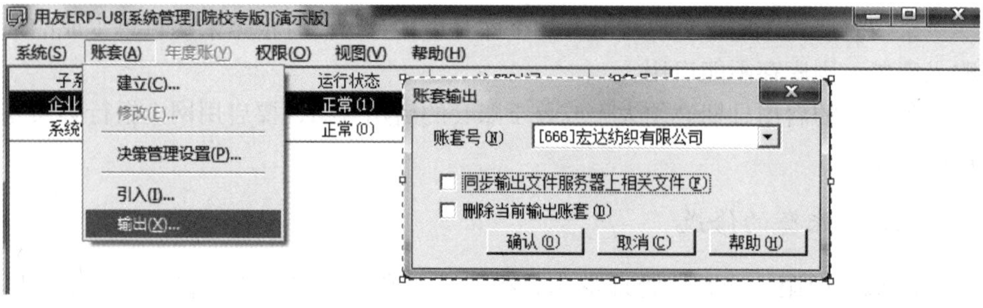

图 2－11　“账套备份”界面

2. 账套的引入。系统管理员在系统管理界面单击“账套”的下级菜单“引入”，则进入引入账套的功能。点击“否”，然后覆盖原账套，如图2－12所示。

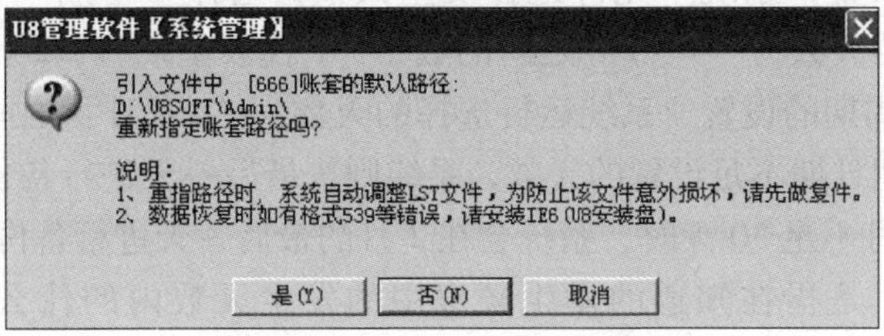

图2－12　“账套引入”界面

3. 自动备份。用友 ERP－U8 软件提供自动备份功能，我们称之为设置备份计划。设置备份计划的作用是自动定时对设置好的账套进行输出（备份）。设置备份计划的优势在于设置定时备份账套功能，多个账套同时输出功能，在很大程度上减轻了系统管理员的工作量，同时可以更好地对系统进行管理。备份计划界面如图2－13所示。

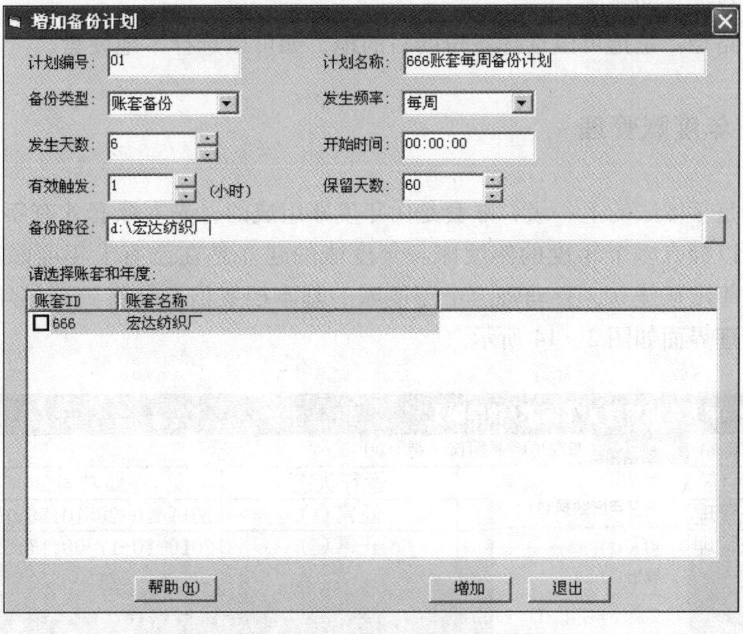

图2－13　“增加备份计划”界面

计划编号：系统可以同时设置多个不同条件组合的计划，系统编号是这些计划的标识号，最大长度可以为12个字符长度。

计划名称：可以对备份计划进行标题设置，最大长度为40个字符。

备份类型：以系统管理员（admin）身份进入的可以进行选择，分为账套备份和年度备份，对于以“账套主管”权限注册进入系统管理备份计划的，此处是非选项“年度备份”。

发生频率：系统提供“每天、每周、每月”的选择，可以设置备份的周期。

发生天数：系统根据发生频率，确认执行备份计划的确切天数。选择“每天”为周期的设置，系统不允许选择发生天数；选择“每周”为周期的设置，系统允许选择的天数为“1～7”之间的数字，1代表星期日，2代表星期一；选择“每月”为周期的设置，系统运行选择的天数为“1～31”之间的数字，如果其中某月的时间日期不足设置的天数，系统则按最后一天进行备份。例如，设置为30，但在2月不足30天时，系统会在2月的最后一天进行备份。

开始时间：是指在知道的发生频率中的发生天数内的什么时间开始进行备份。

有效触发：是指在备份开始到某个时间点内，每隔一定时间进行一次触发检查，直到成功。此处不是检查的周期，而是检查的最终时间点（如遇网络或数据冲突无法备份时，以备份开始时间为准，在有效触发小时的范围内，系统可反复重新备份，直到备份完成）。

保留天数：是指除了系统可以自动删除时限之外的备份数据，当数值为0时系统认为永不删除备份。例如，设置为100，则系统以机器时间为准，将前100天的备份数据自动删除。

备份路径：是指可以选择备份的目的地，如可以选择本地硬盘。

三、年度账管理

账套是年度账的上一级，账套是由年度账组成的；先有账套才有年度账，一个账套可以拥有多个年度的年度账。年度账的建立是在已有上年度账套的基础上，通过年度账建立，自动将上个年度账的基本档案信息结转到新的年度账中，年度账管理界面如图2－14所示。

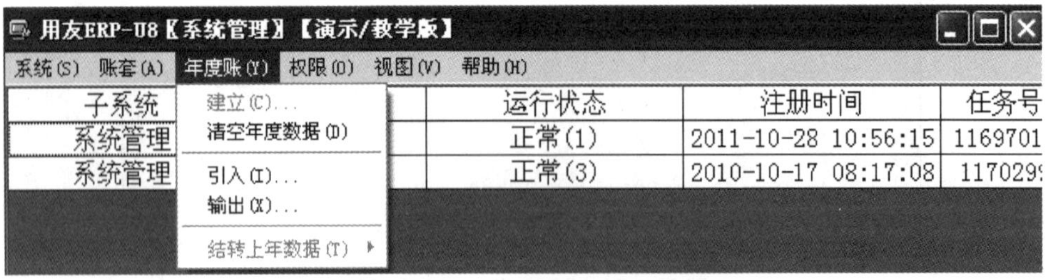

图2－14 “年度账管理”界面

（一）建立年度账

选定账套，以账套主管的身份进入系统管理，执行“年度账建立”命令，建立新年度账。系统按年度先后顺序建立，不能修改会计年度。账套自动显示用户进入时所选账套，会计年度自动显示所选账套当前年度的下一年。

（二）引入和输出年度账

年度账操作中的引入、输出与账套操作中的引入、输出的含义基本一致，所不同的是年度账操作中的引入、输出不是针对某个账套，而是针对账套中的某一年度的年度账。

（三）结转上年数据

1. 结转的原因。企业是持续经营的，所以企业的会计工作是一个连续的工作。每到年初启用新账套时，企业应将上年度中的相关账户的余额及其他信息结转到新年度账中。

2. 操作。年度账建立成功后，执行“系统—注销”，再以新年度重新注册，执行“年度账—结转上年数据”。

3. 顺序。结转上年数据时，各模块必须遵循如下顺序：首先要对供应链模块、工资模块、固定资产模块、资金管理模块等进行结转；然后再对应收款模块、应付款模块、成本管理模块等进行结转；最后再对总账模块进行结转。

（四）清空年度账

如果某年度账错误太多，或不希望将上年度的余额或其他信息全部转到下年度，需执行年度账的清空年度数据命令。清空并不一定是将年度账的数据全部清空，也可以保留一些必要的信息，如基础信息、科目等。

四、设置操作员

软件的使用离不开具体的操作员，其作用类似于 Windows 的用户账号，只有设置了具体的用户之后，才能进行相关的操作。

1. 在“系统管理”主界面，选择“权限”菜单中的“用户”，点击进入“用户管理功能”界面，点击“增加”按钮，显示“增加用户”界面如图 2－15 所示。

图 2－15　“增加用户”界面

2. 以系统管理员身份登录，然后在“权限（0）”菜单下的“权限（J）”中进行功能权限分配。

一个账套可以有多个账套主管，系统默认账套主管自动拥有已安装各子系统下的全部权限。从操作员列表中选择操作员“李明”，点击右上角复选框，将其设为宏达纺织有限公司账套主管，如图 2 - 16 所示。

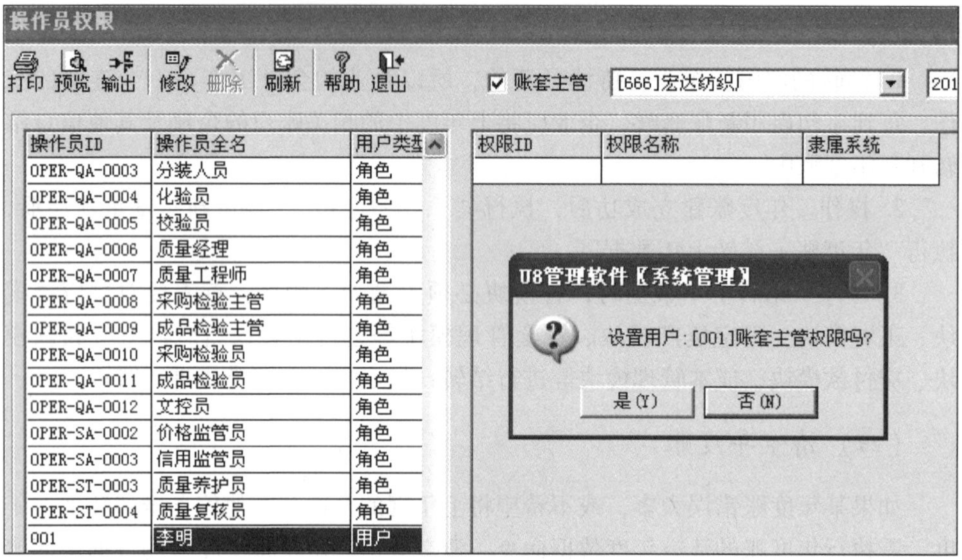

图 2 - 16 “权限设置”界面

从操作员列表中选择非账套主管操作员（如李英），点击“修改”按钮后，系统弹出“增加和调制权限”，分配李英的权限，如图 2 - 17 所示。

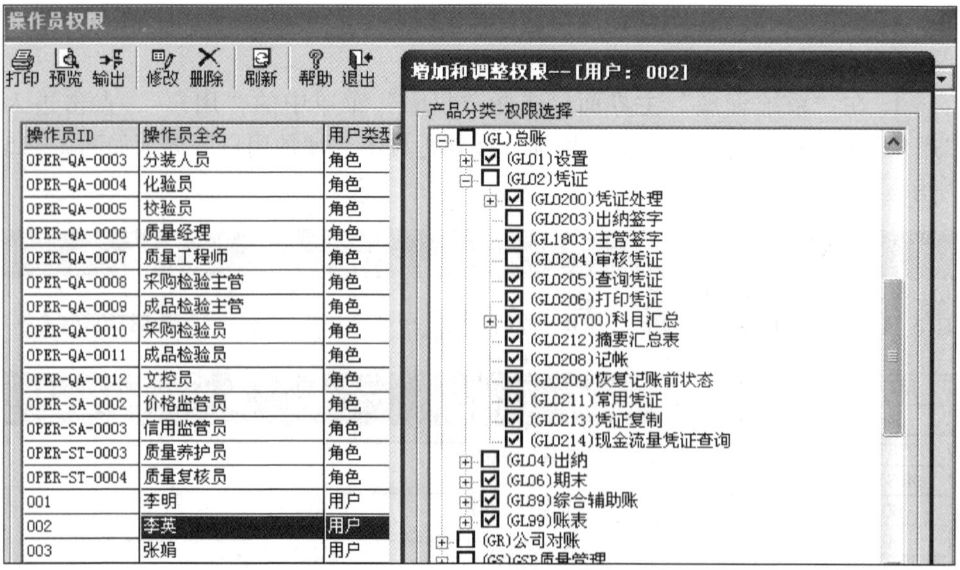

图 2 - 17 “权限修改”界面

3. 用户和角色管理。用友软件中包含用户和角色两个不同概念，用户可以理解为具体的操作人员（如李利），角色可以理解为一个职务的名称（如财务总监）。我们在设置角色后，可以定义角色的权限，如果用户归属此角色，其相应具有角色的权限。此功能的好处是方便控制操作员权限，可以依据职能统一进行权限的划分。

用户和角色设置不分先后顺序，用户可以根据自己的需要先后设置。但对于自动传递权限来说，应该首先设定角色，然后分配权限，最后进行用户的设置。这样在设置用户的时候，如果选择其归属的那一个角色，则其自动具有该角色的权限。

一个角色可以拥有多个用户，一个用户也可以分属于多个不同的角色。

若角色已经在用户设置中被选择过，系统则会将这些用户名称自动显示在角色设置中的所属用户名称的列表中。

只有系统管理员有权限进行本功能的设置。

4. 用户的修改、删除或注销。在用户管理界面，单击需要修改的用户所在行，双击鼠标或单击“修改”按钮，可进入“修改用户信息”界面，根据实际情况修改有关内容，然后单击“修改”。

对已设置的用户在未启用前可以删除，单击要删除的用户名，然后点击“删除”即可。

用户启用后，则不能进行用户删除，可在系统中进行注销操作。方法是在“修改用户信息”界面单击“注销当前用户”，然后单击“修改”。如果要重新启用已注销的用户，相反操作即可，其界面如图 2－18 所示。

图 2－18　“修改用户信息”界面

第二节　基础档案的设置

设置基础档案就是把手工资料经过加工整理，根据本单位建立信息化管理的需要，建立软件系统应用平台，这是手工业务的延续和提高。

首先通过进行“开始”/“用友 ERP - U8”/“企业应用平台”操作，以“账套主管”（001）的身份进入企业应用平台。点击左下角“设置”选项卡，进入基础档案的设置，如图 2 - 19 所示。

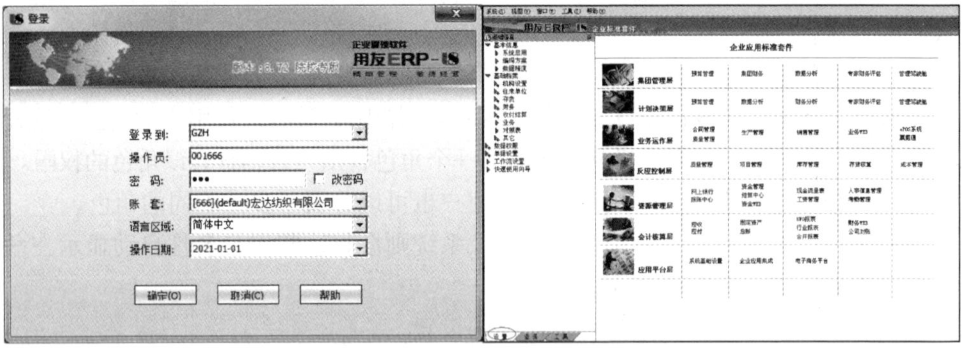

图 2 - 19　“基础档案设置”界面

一、基础档案的功能

1. 部门档案。部门档案主要用于设置企业各个职能部门的信息。部门指某使用单位下辖的具有分别进行财务核算或业务管理要求的单元体，不一定是实际中的部门机构。按照已经定义好的部门编码级次原则输入部门编号及其信息，部门档案主要包含部门编码、名称、负责人、部门属性等信息，其界面如图 2 - 20 所示。

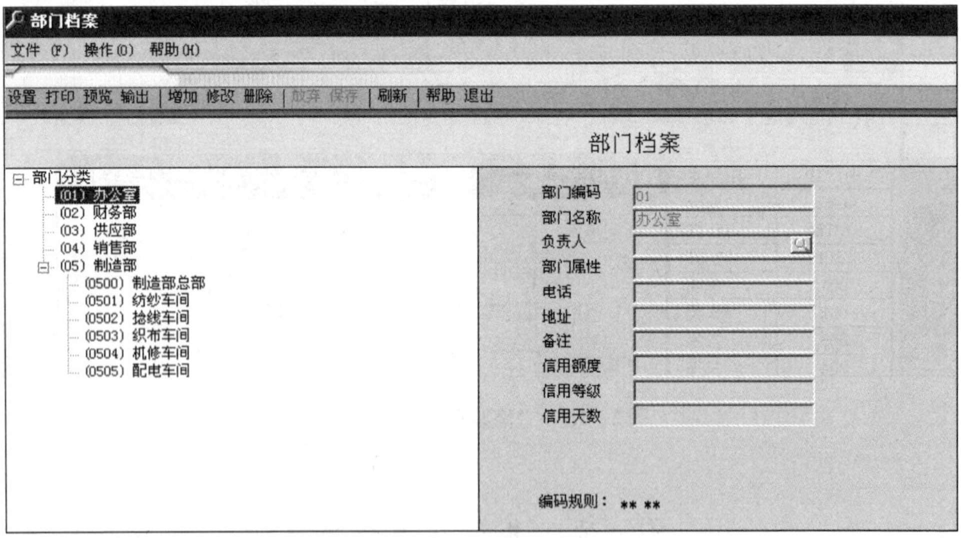

图 2 - 20　“部门档案”界面

2. 职员档案。职员档案主要用于记录本单位的职员列表，包括职员编号、名称、所属部门及职员属性等。

3. 客户分类。如果想对客户进行分类管理，用户可以通过本功能建立客户分类体系。用户可将客户按行业、地区等进行划分。建立起客户分类后，用户可以将客户设置在最末级的客户分类之下。

在客户档案中需要设置的客户，应先行在本功能中设定，已被引用的客户分类不能被删除。没有对客户进行分类管理需求的用户可以不使用本功能。

4. 客户档案。建立客户档案主要是为企业的销售管理、库存管理、应收款管理服务的。在填制销售出库单、销售发票以及进行销售结算、应收款结算和有关销货单位统计时，都会用到客户档案。因此，必须先设立客户档案，以减少工作差错。在输入单据时，如果单据上的客户不在客户档案中，则必须在此建立该客户的档案，增加客户档案如图 2－21 所示。

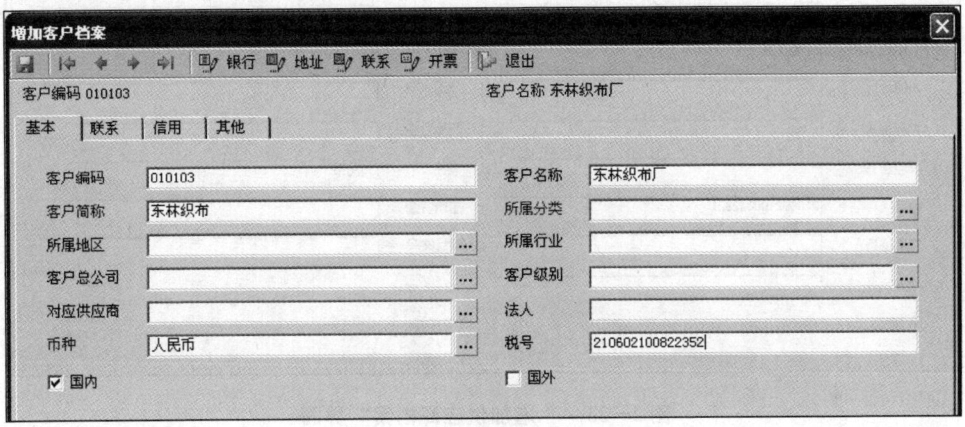

图 2－21　“增加客户档案”界面

5. 供应商分类。如果想对供应商进行分类管理，用户可以通过本功能建立供应商分类体系如图 2－22 所示，可将供应商按行业、地区等进行划分。建立起供应商分类后，用户需将供应商设置在最末级的供应商分类之下。

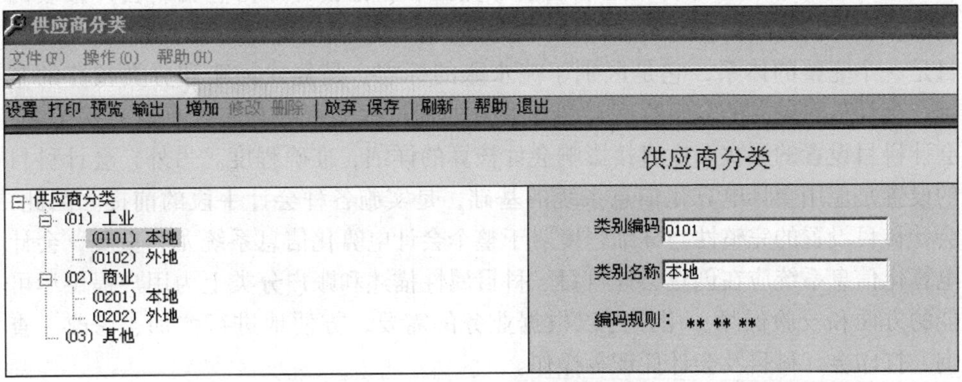

图 2－22　“供应商分类”界面

在供应商档案中需要设置的供应商，应先在本功能中设定。没有对供应商进行分类管理需求的用户可以不使用本功能。

6. 供应商档案。建立供应商档案主要是为企业的采购管理、库存管理、应付款管理服务的。在填制采购入库单、采购发票时以及进行采购结算、应付款结算和有关供货单位统计时，都会用到供应商档案。因此，必须先设立供应商档案，以减少工作差错。在输入单据时，如果单据上的供货单位不在供应商档案中，则必须在此建立该供应商的档案，其界面如图 2－23 所示。

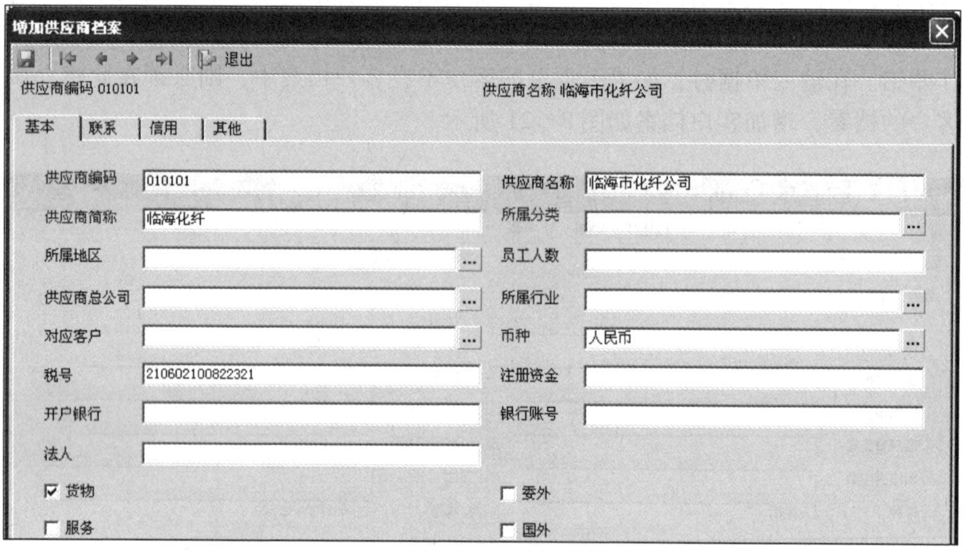

图 2－23　“增加供应商档案”界面

7. 地区分类。企业可以从自身的管理要求出发，对客户、供应商的所属地区进行相应的分类，建立地区分类体系，以便于对业务数据的统计与分析。企业可以根据实际业务需要对地区进行分类，例如，可以按地域、省份进行分类，也可以按省、市、县进行分类。

8. 会计科目。会计科目是填制会计凭证、登记会计账簿、编制会计报表的基础。会计科目是对会计对象具体内容分门别类进行核算所规定的项目。会计科目是一个完整的体系，它是区别于流水账的标志，是复式记账和分类核算的基础。会计科目设置的完整程度对会计业务处理过程能否顺利实施有着直接影响，会计科目设置的层次深度直接影响会计核算的详细、准确程度。另外，会计科目的设置是应用会计电算化信息系统的基础，是实施各种会计手段的前提。因此，会计科目设置的完整性与详细程度对于整个会计电算化信息系统尤为重要，会计电算化信息系统应在创建会计科目、科目属性描述和账户分类上为用户提供尽可能的方便和校验保障。用户可以根据业务的需要，方便地进行增加、修改、查询、打印会计科目及会计凭证等操作。

9. 凭证类别。为了便于管理或登账方便，许多单位一般都对记账凭证进行分类，但各单位的分类方法不尽相同，所以本系统提供了“凭证类别”功能，用户可以按照本单位的需要对凭证进行分类，设置“收、付、转”的凭证类别如图 2－24 所示。

图 2－24　“凭证类别”界面

10. 外币设置。汇率管理是专为外币核算服务的，企业根据需要可以对账套所使用的外币进行定义。在填制凭证中所用的汇率应先在此进行定义，以便制单时调用；当汇率变化时，应预先在此进行定义，否则，制单时不能正确录入汇率；对于使用固定汇率（即使用月初或年初汇率）作为记账汇率的用户，在填制每月的凭证前，应预先在此录入该月的记账汇率，否则在填制该月外币凭证时，将会出现汇率为零的错误；对于使用变动汇率（即使用当日汇率）作为记账汇率的用户，在填制该天的凭证前，应预先在此录入该天的记账汇率。

11. 项目目录。企业在实际业务处理中会对多种类型的项目进行核算和管理，如在建工程、对外投资、技术改造项目、项目成本管理、合同等。因此，软件中提供了项目核算管理的功能，可以将存货、成本对象、现金流量等作为核算的项目分类，从而提供分类核算信息，为企业对有关项目进行分析管理提供数据信息。

使用项目核算与管理的首要步骤是设置项目档案，项目档案设置包括增加或修改项目大类、定义项目分类、设置项目栏目结构、指定项目核算科目以及进行项目目录的维护等。

12. 付款条件。付款条件也叫现金折扣，是指企业为了鼓励客户偿还货款而允诺在一定期限内给予规定的折扣优待。这种折扣条件通常可表示为“5/10，2/20，n/30”，意思是客户在 10 天内偿还货款，可得到 5% 的折扣，即只付原价 95% 的货款；在 20 天内偿还货款，可得到 2% 的折扣，即只付原价 98% 的货款；在 30 天内偿还货款，则须按照全额支付货款；在 30 天以后偿还货款，则不仅要按全额支付货款，还可能要支付延期付款利息或违约金。

付款条件主要在采购订单、销售订单、采购结算、销售结算、客户目录、供应商目录中引用。系统最多同时支持 4 个时间段的折扣条件。

13. 结算方式。该功能用来建立和管理用户在经营活动中所涉及的结算方式。它与财务结算方式一致，如现金结算方式、支票结算方式等。结算方式一旦确定，便不能进行修改和删除的操作，其界面如图 2－25 所示。

14. 开户银行。此功能用于维护及查询使用单位的开户银行信息。用友软件系统可支持多个开户行及账号的情况。开户银行一旦被引用，便不能进行修改和

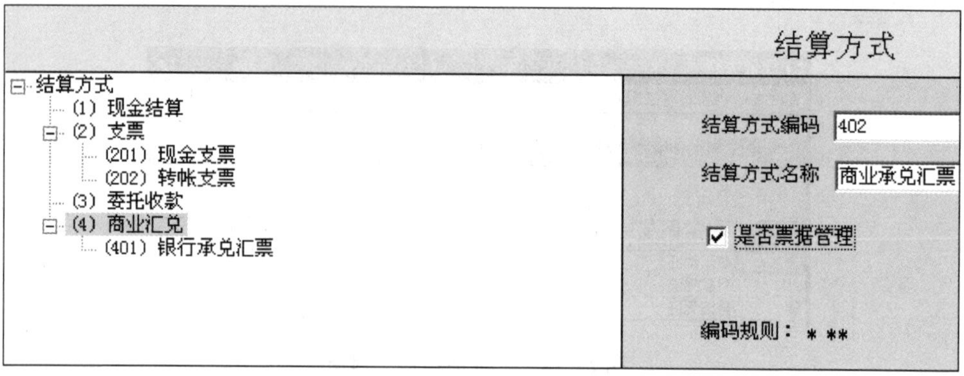

图 2－25 “结算方式”界面

删除的操作。

15. 常用摘要。企业在处理日常业务数据时，在输入单据或凭证的过程中，因为业务的重复性发生，经常会有许多摘要完全相同或大部分相同，如果将这些常用摘要存储起来，在输入单据或凭证时随时调用，必将大大提高业务处理效率。调用常用摘要可以在输入摘要时，直接输入摘要代码或按 F2 键参照输入。

二、会计科目的设置

会计科目是填制会计凭证、登记会计账簿、编制会计报表的基础。会计科目是对会计对象具体内容分门别类进行核算所规定的项目。会计科目是一个完整的体系，它是区别于流水账的标志，是复式记账和分类核算的基础。会计科目设置的完整性影响着会计过程的顺利实施，会计科目设置的层次深度直接影响会计核算的详细、准确程度。如果建立账套时，在“核算类型”界面已选择了“2007年新会计制度科目”，则会计科目会按《企业会计准则 2006》进行预置。

1. 会计科目的增加。在“企业应用平台/设置/基础档案/财务/会计科目”界面，单击“增加”按钮，进入会计科目页编辑界面如图 2－26 所示，根据栏目说明输入科目信息，单击“确定”后保存。

输入需要增加的科目信息，注意编码的设置。

辅助核算：明确该科目是否需要完成不同的辅助核算。例如，管理费用需要核算到部门或者个人，应收账款核算到客户，应付账款核算到供应商，而生产成本或者管理费用也可能核算到项目上。一个科目可同时设置两种辅助核算，如管理费用既可以核算到部门也可以按项目核算。个人往来核算不能与其他专项核算一并设置，客户与供应商核算不能一并设置。

受控系统：若该科目只允许指定的系统（应收系统、应付系统、存货核算）使用，其他系统不得使用（包括在总账管理系统中填制凭证），则可在此将其设为所指定系统的受控科目。实验资料中的各应收应付科目均不指定受控系统。

当新增科目设置完毕后，单击“确定”按钮保存退出。

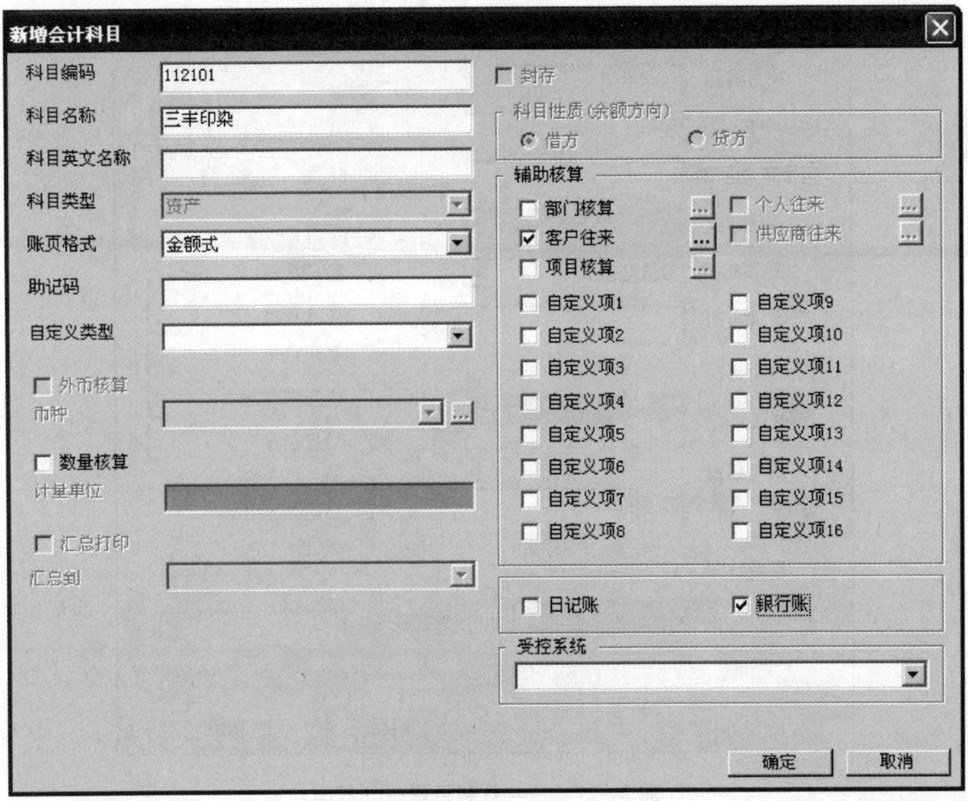

图 2-26　“新增会计科目”界面

封存：被封存的科目在制单时不可以使用，只有在会计科目处在修改状态时，才能进行封存的设置。

科目性质：只需在一级科目中设置科目性质和余额方向，其下属的下级科目的科目性质和余额方向与其一级科目相同。已有数据的科目不能再修改其科目性质和余额方向。共同类科目余额既可是借方也可是贷方。

2. 会计科目的修改、删除和指定。选中需要删除的会计科目，单击“删除”按钮，可进行科目的删除工作。单击“修改”按钮或双击该科目，即可进入会计科目修改界面，如图 2-27 所示，用户可以在此对需要修改的会计科目进行调整。没有会计科目设置权的用户只能在此浏览科目的具体定义，而不能进行修改。已使用的科目可以增加下级，新增第一个下级科目为原上级科目的全部属性。如果科目已经制单或者录入了期初余额，则不能进行修改和删除的操作。

科目在设置时被指定为“现金或银行科目”，那么它也不能删除，要先取消其“现金或银行科目”设置。指定或取消“现金或银行科目”是在“编辑—指定科目”命令中进行设置与取消的，如图 2-28 所示，将“库存现金”科目指定为“现金总账科目”，将“银行存款”科目指定为“银行总账科目”，指定“现金或银行科目”后出纳才可以进行“出纳签字”、查询现金日记账及银行存款日记账。

图 2－27 “会计科目修改”界面

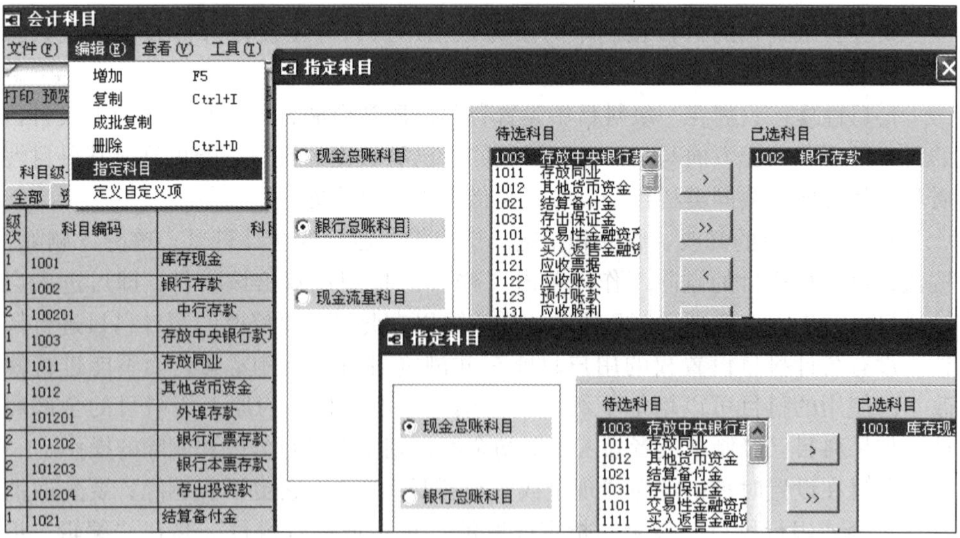

图 2－28 “指定科目”界面

在建立会计科目及其编码体系后，在“总账”或其他子系统中需要新增科目时，可无须再回到“企业应用平台/设置/基础档案/财务/会计科目”，按 F2

键后弹出“科目参照”对话框，即可进行新增科目的编辑，具体操作见本章第五节“一、新增凭证”。

第三节　期初余额的录入

在“企业应用平台”进行“业务/财务会计/总账/设置”操作，如图2－29所示，录入期初余额，宏达纺织有限公司期初余额见第九章“会计科目和期初余额表”。

图2－29　“期初余额录入”界面

如果是第一次使用账务处理系统，必须使用此功能输入科目余额。如果系统中已有上年的数据，在使用“结转上年余额”后，上年各账户余额将自动结转到本年。

如果年初建账，可以直接录入年初余额；如果年中建账，则需要录入所建账月份的期初余额和从该年年初到该月份的借、贷方累计的发生额，系统会自动计算年初余额；凭证记账后，期初余额变为浏览、只读状态，不能再进行修改，只可以查询或打印；如果一定要修改，则需对所有已记账的凭证进行取消记账操作。

一、录入期初余额

在余额输入栏中，系统显示有三种颜色。白色表示末级科目，双击即可录入该科目的期初余额；灰色表示非末级科目，需录入其末级明细科目的余额，系统自动汇总之后填入余额；浅黄色底色表示该科目设置了辅助核算。

对有辅助核算的科目余额录入需进行如下操作。

1. 个人往来：双击已设置了个人往来的辅助核算的科目。单击“增加”按钮，弹出界面如图2－30所示，将个人往来的期初数据依次录入进去；然后单击

"退出"按钮，返回"期初余额"窗口。这时系统就会将已输入的个人往来数据汇总后，填到该个人往来科目的期初余额处。

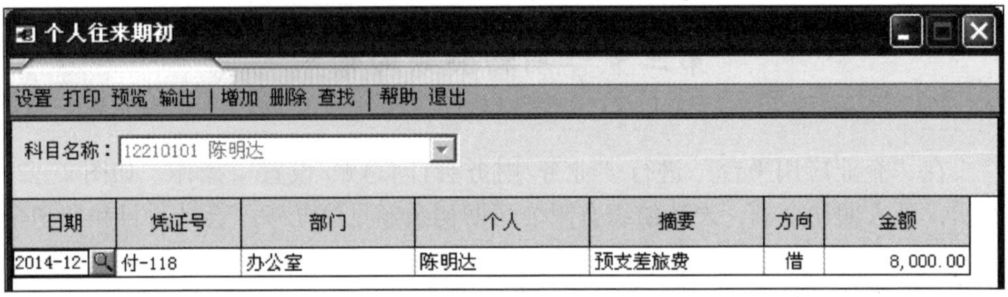

图 2-30 "个人往来期初"界面

2. 部门核算期初余额的录入操作同个人往来。

3. 客户往来期初余额的录入操作同个人往来。

提示：

无论往来核算在总账还是在应收应付系统，有往来辅助核算的科目都要按明细录入数据。

只要求录入最末级科目的余额和累计发生数，上级科目的余额和累计发生数由系统自动计算。若年中启用，则只要录入末级科目的期初余额及累借、累贷，年初余额将自动计算出来。

如果某科目为数量、外币核算，可以录入期初数量、外币余额，但必须先录入本币余额，再录入外币余额。

若期初余额有外币、数量余额，则必须有本币余额。

注意备抵科目的借贷方向。

二、数据的操作锁定

在输入期初余额时，如果出现操作锁定的提示，就无法录入或修改科目的期初余额，如图2-31所示。其解决办法是使用"清除单据锁定"功能。在"系统管理"窗口中单击"视图"菜单下的"清除单据锁定"命令，将恢复单据的正常功能使用。

图 2-31 "提示信息"界面

造成的原因：网络故障或由于 hub 暂时断电造成网络瞬间不通畅；客户端出现非法操作，强行结束任务。

例如，在图 2－32 所示窗口中，单击“增加”按钮，屏幕增加一条新的期初明细，用户可以顺序输入各项内容。如果输入过程中发现某项输入错误，可按 Esc 键取消当前项的输入。如果想放弃整行增加数据，在取消当前输入后，再按 Esc 键即可删除整行。如图 2－32 所示，当金额项目未填时，系统提示“金额不能为 0”，此时需按 Esc 键退出而不能强行结束任务。

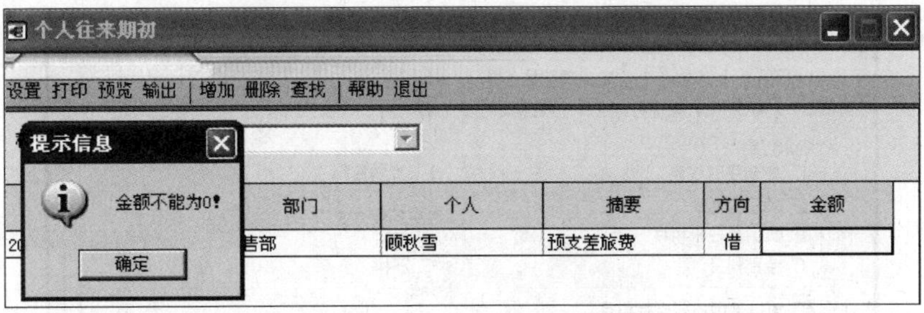

图 2－32　“个人往来期初”界面

三、试算平衡

依据“借方余额合计＝贷方余额合计”的原理，检验数据的正确性。单击“期初余额录入”窗口工具栏上的“斌算”按钮，如果试算平衡，如图 2－33 所示；如果试算不平衡，系统会给出不平衡的提示，此时要去检查前期所录入的期初余额，将其数据更正后，再次运行试算功能，直至平衡为止。

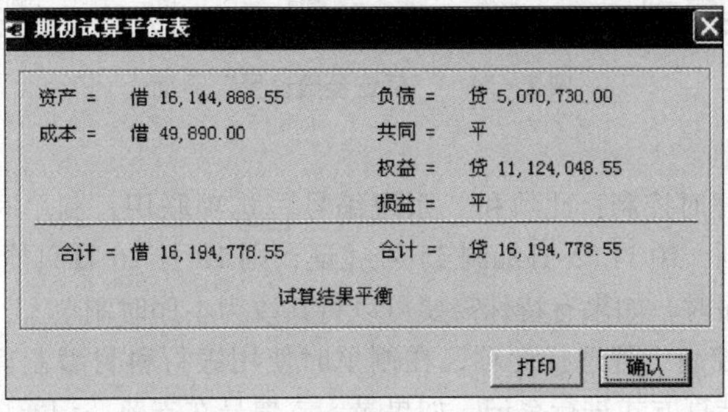

图 2－33　“期初试算平衡表”界面

第四节　定义总账系统的参数

在建立新账套后，由于业务变更等具体情况需要，原来账套中设置的有些信息与现行的核算内容不一致，则可以在“总账/设置/选项”中进行参数的设置。

一、凭证参数设置

凭证参数设置是设置与凭证相关的控制项，其界面如图2－34所示，主要内容包括以下几方面。

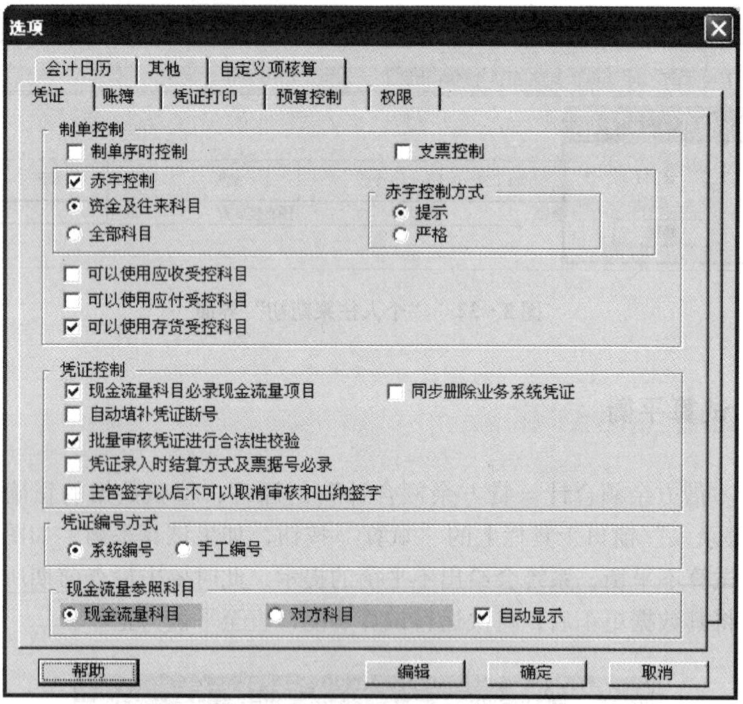

图2－34 “凭证参数设置”界面

1. 制单控制。

（1）制单序时控制：此项和“系统编号”选项联用，制单时凭证编号必须按日期顺序排列，10月25日编制25号凭证，则10月26日只能开始编制26号凭证，即制单序时，如果有特殊需要可以将其改为不序时制单。

（2）支票控制：若选择此项，在制单时使用银行科目编制凭证时，系统针对票据管理的结算方式进行登记，如果录入支票号在支票登记簿中已存，系统提供登记支票报销的功能；否则，系统提供登记支票登记簿的功能。

（3）赤字控制：若选择了此项，在制单时，当“资金及往来科目”或“全部科目”的最新余额出现负数时，系统将予以提示。系统提供了提示、严格两种方式，可根据需要进行选择。

（4）可以使用应收受控科目：若科目为应收款管理系统的受控科目，为了防止重复制单，只允许应收系统使用此科目进行制单，总账系统是不能使用此科目制单的。所以如果希望在总账系统中也能使用这些科目填制凭证，则应选择此项。注意：总账和其他业务系统使用了受控科目会引起应收系统与总账对账不平。

（5）可以使用应付受控科目：若科目为应付款管理系统的受控科目，为了防止重复制单，只允许应付系统使用此科目进行制单，总账系统是不能使用此科目制单的。所以如果希望在总账系统中也能使用这些科目填制凭证，则应选择此项。

注意：总账和其他业务系统使用了受控科目会引起应付系统与总账对账不平。

（6）可以使用存货受控科目：若科目为存货核算系统的受控科目，为了防止重复制单，只允许存货核算系统使用此科目进行制单，总账系统是不能使用此科目制单的。所以如果希望在总账系统中也能使用这些科目填制凭证，则应选择此项。

注意：总账和其他业务系统使用了受控科目会引起存货系统与总账对账不平。

2. 凭证控制。

（1）管理流程设置：若要求现金、银行科目凭证必须由出纳人员核对签字后才能记账，则选择“出纳凭证必须经由出纳签字”；若要求所有凭证必须由主管签字后才能记账，则选择“凭证必须经主管签字”；若要求出纳签字、审核后才可对凭证执行领导签字，则选择“主管签字以后不可取消审核和出纳签字”。

（2）现金流量科目必录现金流量项目：选择此项后，在录入凭证时如果使用现金流量科目则必须输入现金流量项目及金额。

（3）自动填补凭证断号：如果选择凭证编号方式为系统编号，则在新增凭证时，系统按凭证类别自动查询本月的第一个断号默认为本次新增凭证的凭证号。如无断号则为新号，与原编号规则一致。

（4）批量审核凭证进行合法性校验：批量审核凭证时针对凭证进行二次审核，提高凭证输入的正确率，合法性校验与保存凭证时的合法性校验相同。

凭证录入时结算方式及票据号是否必录。

（5）同步删除外部系统凭证：选中此项后，外部系统删除凭证时相应地将总账的凭证同步删除。否则，将总账凭证作废，不予删除。

3. 凭证编号方式。系统在“填制凭证”功能中一般按照凭证类别按月自动编制凭证编号，即“系统编号”；但有的企业需要系统允许在制单时手工录入凭证编号，即“手工编号”。

4. 现金流量参照科目。该科目用来设置现金流量录入界面的参照内容和方式。“现金流量科目”选项选中时，系统只参照凭证中的现金流量科目；“对方科目”选项选中时，系统只显示凭证中的非现金流量科目；“自动显示”选项选中时，系统依据前两个选项将现金流量科目或对方科目自动显示在指定现金流量项目界面中，否则需要手工参照选择。

二、账簿参数设置

账簿参数设置主要是对账簿打印的一些要求设置，账簿参数设置选项如图2 -35 所示。

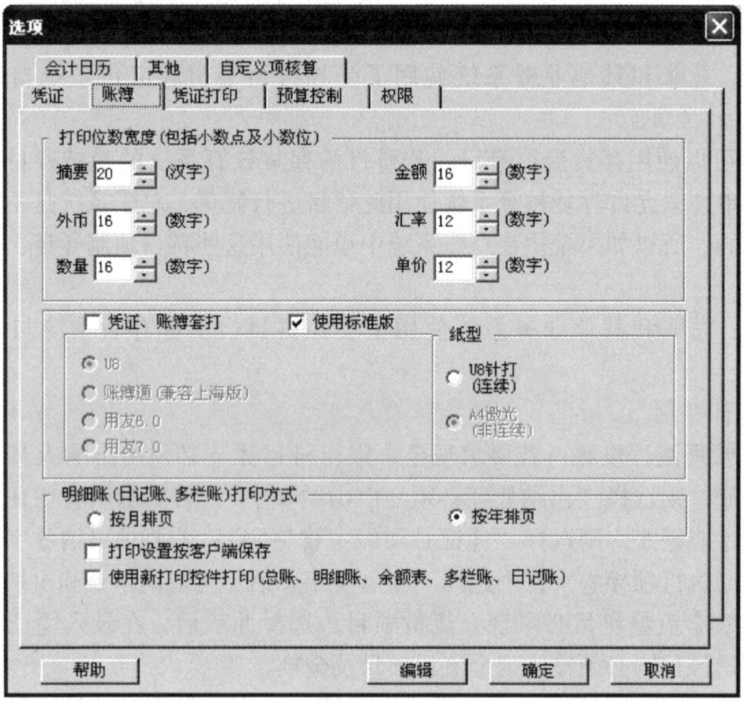

图 2－35　“账簿参数设置”界面

1. 打印位数宽度。定义正式账簿打印时各栏目的宽度，包括摘要、金额、外币、数量、汇率、单价。

2. 明细账（日记账、多栏账）打印输出方式。打印正式明细账、日记账或多栏账时，按年排页还是按月排页。

按月排页：即打印时先从所选月份范围的起始月份开始将明细账顺序排页，再从第一页开始将其打印输出，打印起始页号为“1 页”。这样，若所选月份范围不是第一个月，则打印结果的页号必然从“1 页”开始排。

按年排页：即打印时先从本会计年度的第一个会计月开始将明细账顺序排页，再将打印月份范围所在的页打印输出，打印起始页号为所打月份在全年总排页中的页号。这样，若所选月份范围不是第一个月，则打印结果的页号有可能不是从“1 页”开始排。

3. 凭证、账簿套打。凭证、账簿套打是用友公司专门为用友软件用户设计的，适合于用各种打印机输出管理用表单与账簿。系统提供四种套打纸型：

U8——用友 U8. X 版本软件使用的标准版套打纸（分 U8 针打连续纸型和 A4 激光非连续纸型）。

账簿通（兼容上海纸）——上海地区专用的套打纸（分针打连续和激光非连续）。

用友 6. 0——原用友 DOS6. 03 版本软件使用的套打纸（只有连续纸型）。

用友 7.0——原用友 Windows 7.21 版本软件使用的套打纸（分连续纸型和非连续纸型）。

套打内容：

凭证套打分为金额式和外币数量式凭证。

明细账套打分为金额式明细账、外币式明细账、数量式明细账。

日记账套打分为金额式日记账、外币金额式日记账。

多栏账套打只有金额式多栏账。

4. 打印设置按客户端保存。如果有多个用户使用多台不同型号的打印机时，选择此项则按照每个用户自己的打印机类型和打印选项设置，打印凭证和账簿。

5. 使用新打印控件打印（总账、明细账、余额表、多栏账、日记账）。选中时，总账、明细账、余额表、多栏账、日记账打印时支持新打印控件。

三、会计日历设置

单击“会计日历”标签，可查看各会计期间的起始日期与结束日期，以及启用的会计年度和启用日期，如图 2－36 所示。此处仅能查看会计日历的信息，如需修改需到“系统服务/系统管理”中进行，同时应注意以下几点。

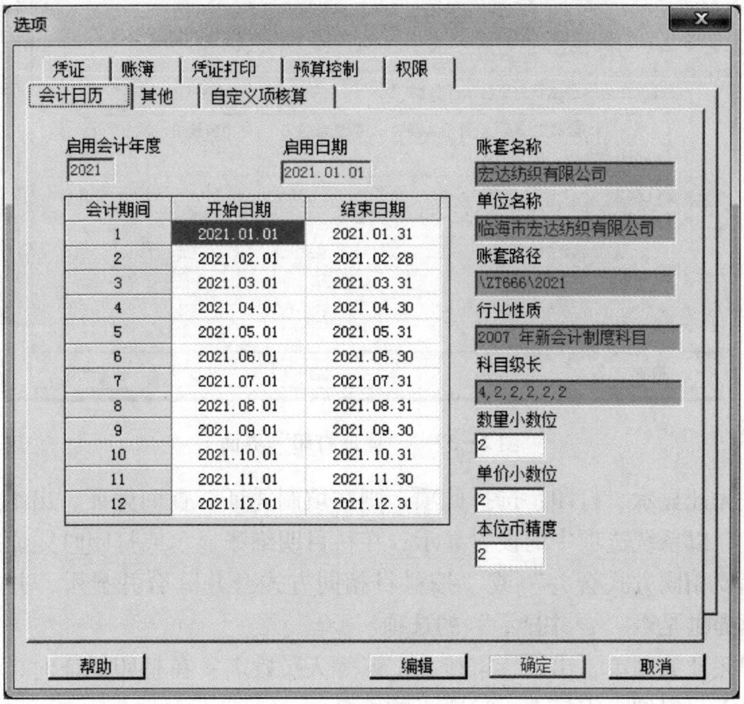

图 2－36　“会计日历”界面

1. “总账系统”的启用日期，不能在系统的启用日期之前。

2. 已录入汇率后，不能修改“总账系统”的启用日期。

3. 在“总账系统”中，已录入期初余额（包括辅助期初）后，不能修改启用日期。

4. 在“总账系统”中，已制单的月份不能修改“总账系统”的启用日期，其他子系统中已制单的月份，不能修改“总账系统”的启用日期。

5. 第二年进入系统，不能修改“总账系统”的启用日期。

四、凭证打印设置

单击“凭证打印”标签，系统打开凭证打印的各项选项，供用户查看或修改，如图2－37所示。

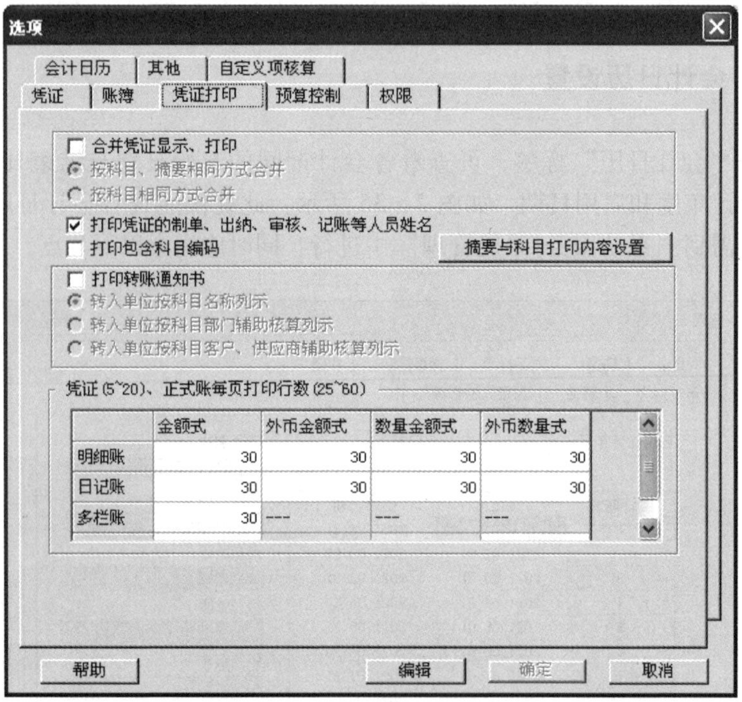

图2－37　“凭证打印”界面

合并凭证显示、打印：选择此项，则在填制凭证、查询凭证、出纳签字和凭证审核时，以系统选项中的设置显示；在科目明细账显示或打印时凭证按照“按科目、摘要相同方式合并”或“按科目相同方式合并”合并显示，并在明细账显示界面提供是否“合并显示”的选项。

打印凭证的制单、出纳、审核、记账等人员姓名：在打印凭证时，是否自动打印制单人、出纳、审核人、记账人的姓名。

打印包含科目编码：在打印凭证时，是否自动打印科目编码。

摘要与科目打印内容设置：通过此功能，可设置凭证中的摘要栏与科目栏内打印的辅助项。

打印转账通知书：启用了此项，才能够在科目编辑时指定可打印的科目，在凭证中可打印转账通知单。

凭证、正式账每页打印行数：“凭证打印行数”可对凭证每页的行数进行设置，“正式账每页打印行数”可对明细账、日记账、多栏账的每页打印行数进行设置。双击表格或按空格对行数直接修改即可。

第五节　凭证的处理

一、新增凭证

1. 进入总账管理系统，单击“凭证”菜单下的“填制凭证”，系统弹出“填制凭证”窗口，如图 2 - 38 所示，点击“增加”按钮，增加凭证。

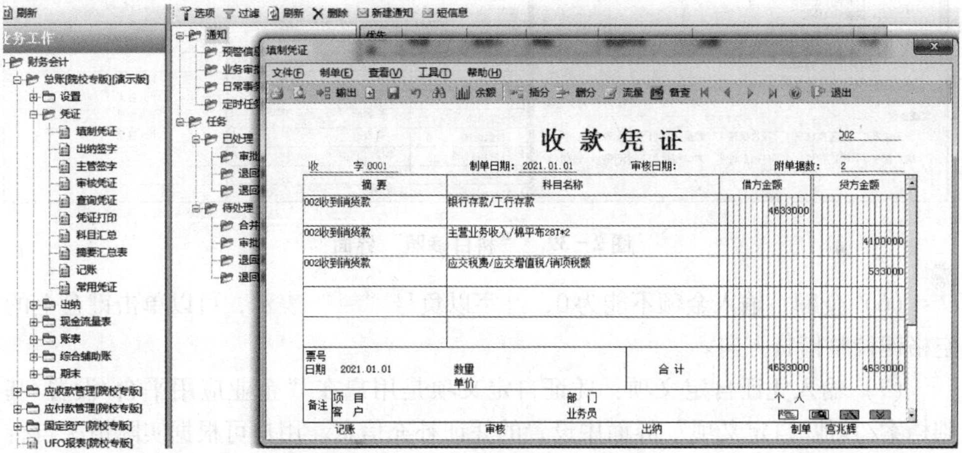

图 2 - 38　“填制凭证”界面

（1）凭证类别：单击凭证类别旁的“参照”按钮，选择所需的凭证类别“收、付、转”。

（2）凭证编号：凭证编号如在“选项”中设置为系统编号，则凭证编号由系统自动取流水号，即每类编号都从 0001 号开始依次编号；系统规定每页凭证有 5 行分录，当某号凭证有 6 行以上时，凭证不止一页，系统自动在凭证号标上几分之几。

（3）制单日期：系统自动提取该账套本年度该类凭证的最后一张凭证的日期，可修改。但如果在“选项”中选用了制单序时控制功能，则在此不能往前修改日期，例如，在 12 月 5 日转账凭证已填到第 10 号，则填制第 11 号转账凭证时，日期只能是在 12 月 5 日或之后的日期。

（4）摘要：在摘要栏中，输入摘要信息，也可单击其摘要栏中的“参照”

按钮，调用预先设置好编码的摘要信息。工作人员可以将常用的摘要编号保存，在以后需要录入该摘要时，直接录入摘要编码即可，系统会自动给出所对应的摘要内容；或者打开摘要浏览，选择好需要的摘要，单击“选入”按钮即可。

（5）科目名称：在科目名称栏中，输入科目编码，也可单击其科目栏的“参照”按钮进入到“科目参照”窗口中进行选择；在“科目参照”窗口中，如需要的科目原先并没有设置，可以直接在该窗口中单击“编辑”按钮，进行新增科目的编辑，而不用退回到系统初始化的窗口中进行科目设置。为了提高科目的输入速度，可将常用科目集中放置于“常用”文件夹中。在“科目参照”界面单击某一科目再单击“常用”按钮，该科目就被设成常用科目。“科目参照”如图2－39所示。

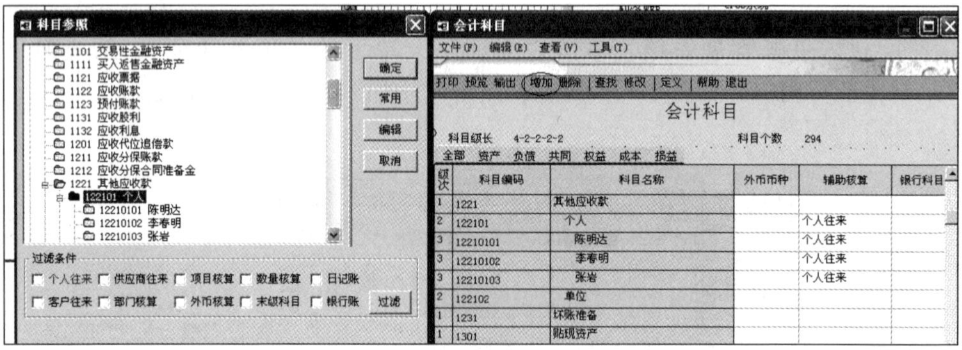

图2－39 “科目参照”界面

（6）金额：输入金额不能为0，红字以负号“－”表示，可以单击键盘上的空格键调整借贷方向。

（7）输入凭证自定义项：凭证自定义项是用户在“企业应用平台/设置/基础档案/其他/自定义项”界面中设置的凭证补充信息。用户可根据实际情况自行定义和输入，系统对这些信息不进行校验，只进行保存。输入方法为：单击记账凭证右上角的文本框后，直接输入有关自定义内容即可。

（8）输入附单据数：附单据数是指本记账凭证所附的原始凭证的张数，用户可直接输入。

2. 辅助核算要素填制。填制凭证时，对于科目中有辅助核算的填制方法如下。

（1）个人往来核算科目。填制凭证时如涉及具有个人往来辅助核算的科目，如录入“其他应收款/应收个人款”科目（该科目已设置为个人往来），按回车键时，系统会弹出“辅助项”窗口，如图2－40所示。单击“参照”按钮选择具体核算到某一职员上。如果该笔业务不止发生在一名职员身上，则可以单击“辅助明细”选择多名职员，最后单击“确认”按钮。

（2）部门核算、项目管理、客户及供应商核算及数量金额式科目的辅助信息输入方式与个人往来录入方式类似，在此不再赘述。录入辅助核算后，具体核

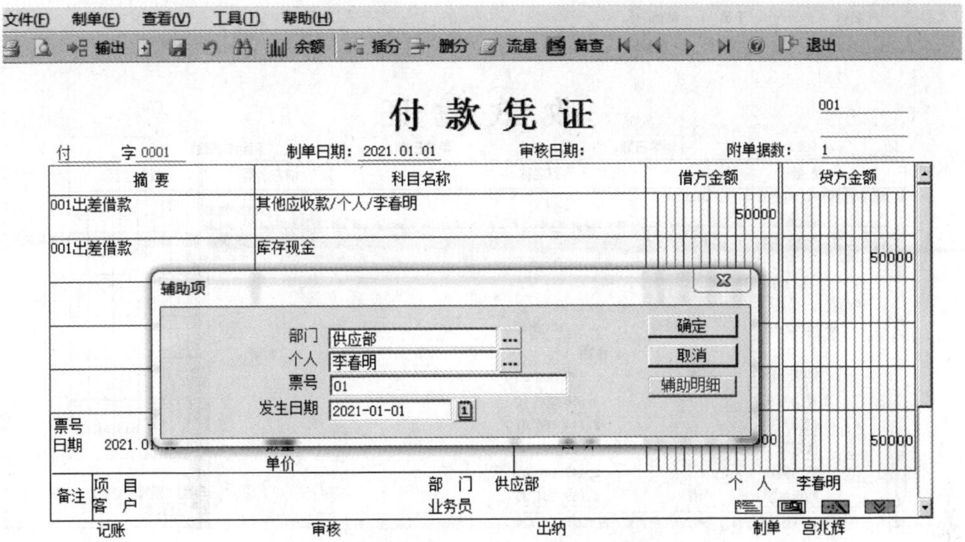

图 2-40　“辅助项”界面

算的对象不显示在科目名称栏中，而是显示在凭证的下方备注栏中，如果要修改其辅助项数据，用鼠标双击其具体项目即可。

（3）外币核算科目。外币核算科目增加凭证方式与本币一致，但在科目栏选用了外币核算科目后，系统会自动将凭证录入格式更改为外币式。

汇率是在初始设置时在“外币及汇率”中已设置好的，由系统根据所设置的汇率自动带出（可在此调整），录入外币金额，由系统自动推算出本币金额。

（4）支票控制。如果用户希望在制单时也可进行支票登记，则应在“选项”中设置“支票控制”选项，那么在制单时，如果所输的结算方式应使用支票登记簿，在输入支票号后，系统会自动勾销支票登记簿中未报销的支票，并将报销日期填上制单日期。若支票登记簿中未登记该支票，系统将显示支票录入窗口供用户将该支票内容登记到支票登记簿中，同时填上报销日期。

3. 凭证的辅助管理功能。

（1）借贷平衡检验。对于分录的最后一行，可在其金额录入处按下“=”键，系统会自动计算出该行科目的金额，以达到借贷平衡的效果。

（2）余额一览表。将鼠标放在凭证中的会计科目上，单击“余额”按钮，系统会弹出该科目的余额一览表，如图 2-41 所示。

（3）联查单据。在填制凭证窗口中，打开“查看”菜单，可以在此查看与当前分录中会计科目相关的“明细账”和“原始单据”（有的凭证不是在总账管理系统中填制生成的，而是在其他系统中由其他单据制单生成的，如在应收款管理系统中由收款单制单而生成的收款凭证，这样在此就可以联查到该张收款单据）等。

如果该张凭证是由其他系统传递过来的，将鼠标放在凭证名称上，单击鼠标左键，则可以看到生成该张凭证的来源信息，如图 2-42 所示。

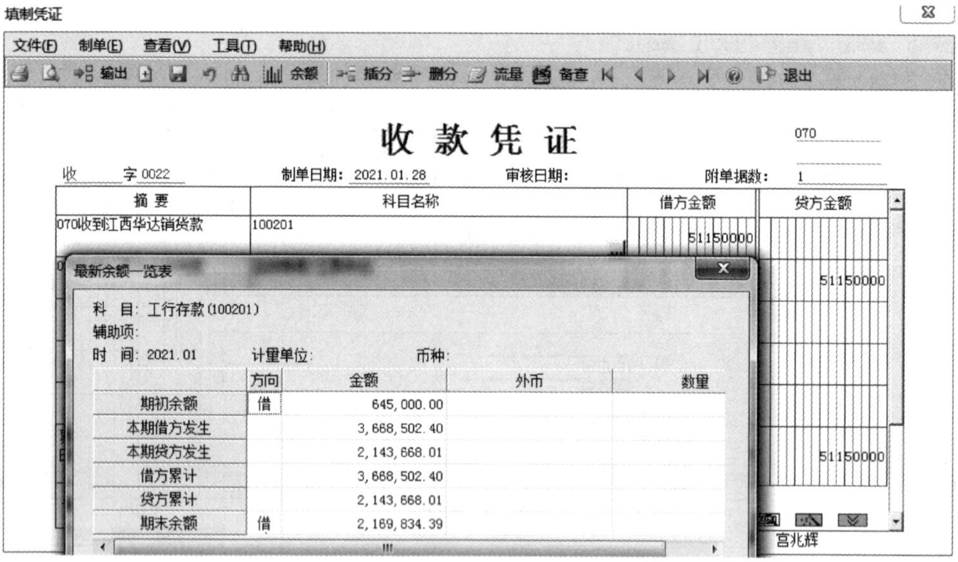

图 2-41 “最新余额一览表”界面

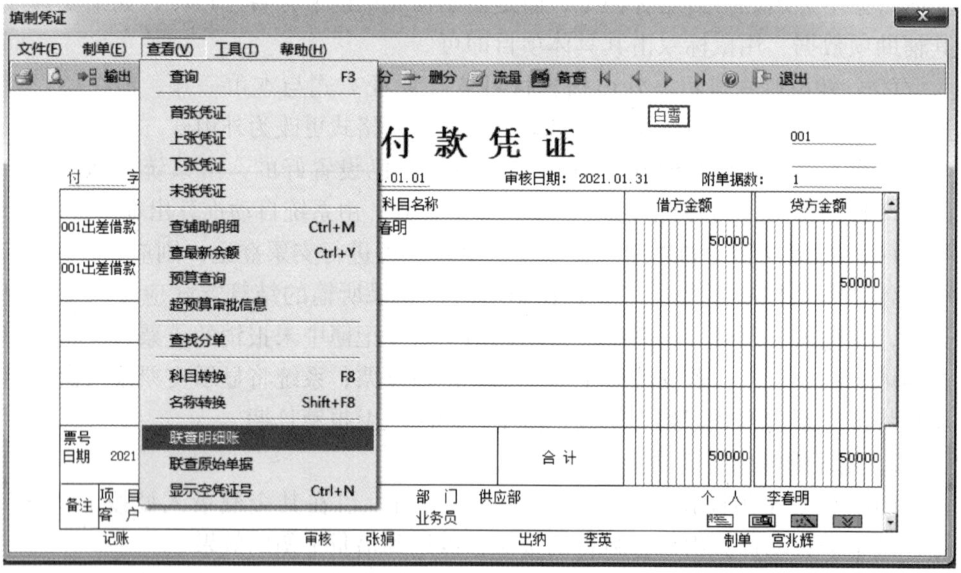

图 2-42 “联查明细账”界面

（4）修改借贷方向金额。可将光标置于当前金额的相反方向，按空格键，即可调整借贷方向。

（5）赤字金额提示。在“总账/设置/选项/凭证/赤字控制”界面中，如果选择了“资金及往来科目”单选按钮，系统会自动检查有关科目的余额是否为赤字（即负数），不为赤字则无提示，如系统检查到该科目余额为赤字，则出现凭证赤字提示对话框。

（6）增行及删行。如果想放弃当前某行未完成的分录，可将光标移至该行，单击“删行”按钮，或按“Ctrl+D”键，则出现删行提示，如图2-43所示。如果想在当前某行分录前插入一行，则光标移至该行后单击“增行”按钮，或按“Ctrl+I”键，系统将插入一空行。

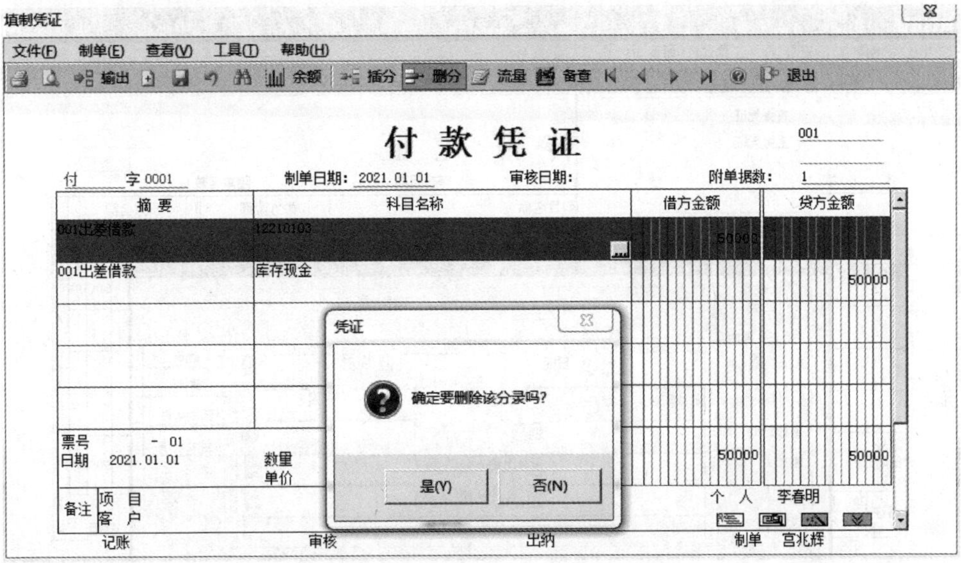

图2-43　“删行”界面

4. 单击“保存”按钮，保存该张凭证（借贷不平系统不予保存）。保存后，再次单击“增加”按钮，可继续填制下一张记账凭证。

5. 常用凭证。在日常填制凭证的过程中，经常会有许多凭证完全相同或部分相同，如果将这些常用的凭证存储起来，在填制会计凭证时可随时调用，只需稍做修改，就可完成凭证的填制，这必将大大提高业务处理的效率。

（1）选择“填制凭证”窗口上的“制单”菜单下的“生成常用凭证”，就可以将所选凭证保存成一张常用凭证。

（2）当再新增凭证时，只需选择“填制凭证”窗口上的“制单”菜单下的“调用常用凭证”，即可以调用已存的常用凭证，将凭证稍加改动即可保存。

二、凭证修改

1. 对未“审核”的记账凭证，凭证修改可以有两种方法进入要进行修改的凭证界面。

（1）打开“填制凭证”窗口，然后选择“上张”或“下张”按钮，找到需要修改的凭证，执行修改工作，该方法比较烦琐。

（2）单击“填制凭证”窗口中工具栏上的“查询”按钮，在弹出的“凭证查询”对话框中录入查询限制条件，如图2-44所示。录入查询条件后，单击“确认”按钮，系统列出所有符合条件的记录，双击需要修改的凭证，系统将该张凭证打开，即可执行修改工作。对于有关辅助项的修改，需要将鼠标定位在记账凭证下的“备注”栏处的某辅助项上，双击鼠标即可打开该辅助项的录入窗口，然后执行修改操作即可。单击“保存”按钮，进行修改后的保存工作。

图 2-44 “凭证查询”界面

外部系统传过来的凭证不能在总账管理系统中进行修改，只能在生成该凭证的系统中进行修改。

2. 对已“审核”但未“记账”的记账凭证进行修改，应先由审核人在“审核凭证”对话框中进行“取消凭证”后，再由凭证填制人员对该凭证进行修改。

3. 对于已记账的凭证，发现有错误时可以制作一张红字冲销凭证。

（1）选择“填制凭证”窗口中“制单”菜单下的“冲销凭证”，系统弹出“冲销凭证”对话框。

（2）系统提示录入已记账的凭证来冲销，在此录入月份、凭证类别、凭证号。单击“确定”按钮，完成凭证冲销工作，其界面如图 2-45 所示。冲销之后，需要做一张正确的凭证进行补充。

对已记账的凭证进行修改的另一种方法是：在“对账”窗口，按“Ctrl + H”键，即可激活“恢复记账前状态”功能，选择“凭证/恢复记账前状态”命令，在“恢复方式”中选择“月初状态”项，然后单击“确定”按钮，系统将恢复回记账前状态，之后取消审核后进行修改。

三、删除凭证

1. 作废/恢复凭证。当某张凭证不想要或出现不便修改的错误时，可对其做作废处理。在“填制凭证”窗口，选择凭证查询功能，找到需删除的凭证，将

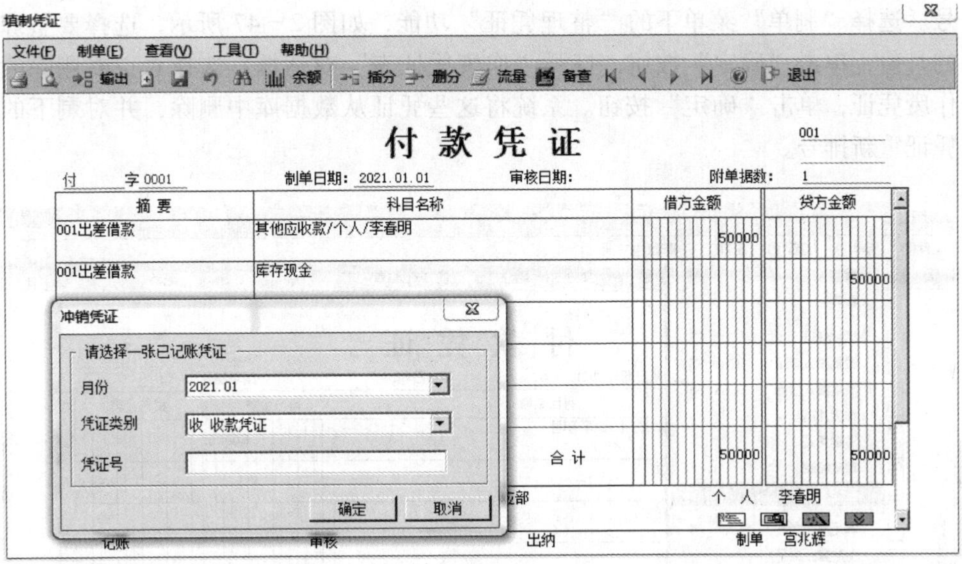

图 2-45 "冲销凭证"界面

其打开。选择"制单"菜单下的"作废/恢复"命令如图 2-46 所示，该凭证被标上"作废"字样，表示已将该张凭证作废，作废凭证仍保留凭证内容及凭证编号。再次单击"作废/恢复"命令，则取消对该张凭证的作废。

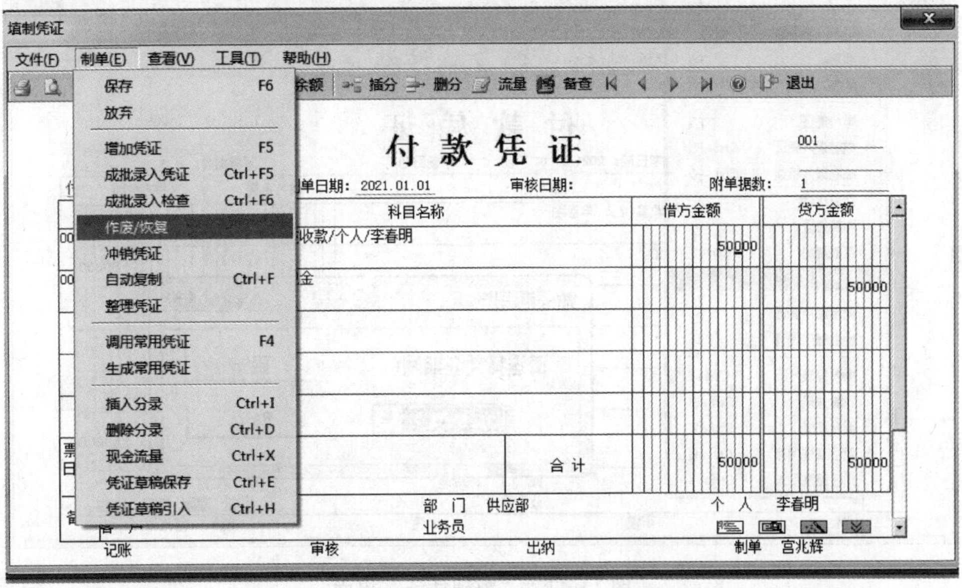

图 2-46 "作废/恢复"界面

作废凭证不能修改、不能审核，作废凭证需参与记账，否则无法结账，但不进行数据处理，相当于空白凭证，账簿查询时，没有该张凭证的数据。

2. 整理凭证。整理凭证就是删除所有的作废凭证，并对未记账凭证重新编号。选择“制单”菜单下的“整理凭证”功能，如图 2－47 所示，选择要整理的月份，单击“确定”按钮，打开“作废凭证表”对话框，选择真正要删除的作废凭证，单击“确定”按钮。系统将这些凭证从数据库中删除，并对剩下的凭证重新排号。

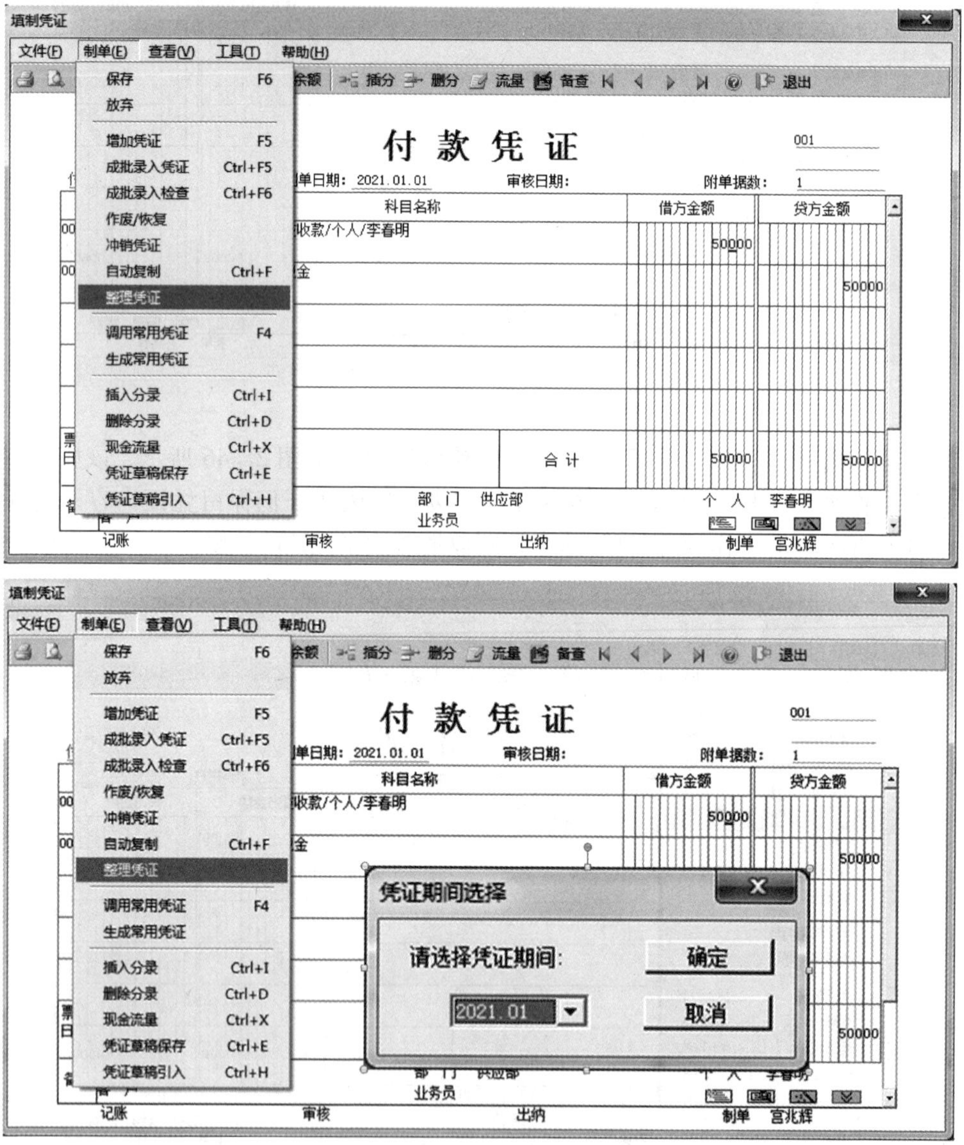

图 2－47 “整理凭证”界面

在进行凭证整理时，若本月已有凭证记账，那么在本月最后一张已记账凭证之前的凭证不能做凭证整理，只能对其后的未记账凭证做凭证整理。若想对此做凭证整理，应先利用“恢复记账前状态”功能，恢复本月月初的记账前状态，再做凭证整理。如果有作废的凭证被删除，若想自动填补凭证断号，需要在总账管理系统“选项”的凭证页中进行设置。

四、凭证审核

1. 出纳签字。出纳凭证是指带有库存现金、银行存款科目的凭证。企业为了加强对出纳凭证的管理，可以由出纳人员通过出纳签字功能，对制单员填制的出纳凭证进行检查核对，核对的主要内容是出纳凭证的出纳科目金额是否正确。审查出的认为错误或有异议的出纳凭证，应交填制人员修改后再核对。如果在“选项”设置中勾选“出纳凭证必须由出纳签字”选项，则未经过出纳签字的凭证不能进行凭证审核。

（1）选择“凭证”菜单下的“出纳签字”，系统弹出“出纳签字”条件对话框，如图2-48所示。

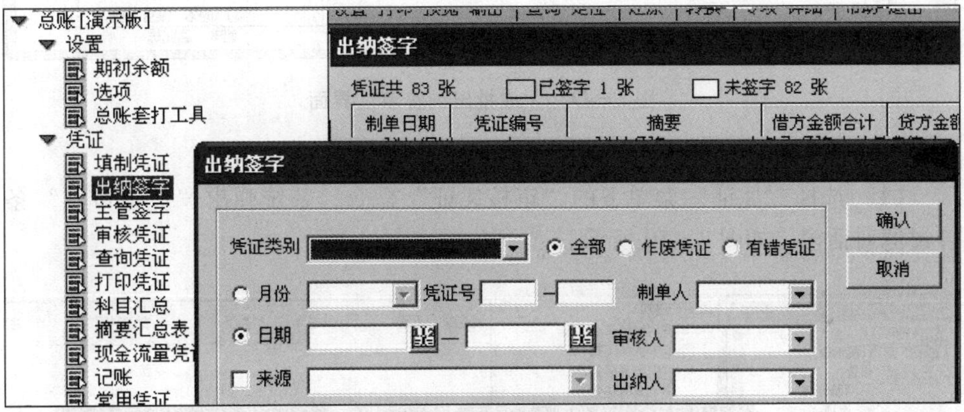

图2-48 “出纳签字”界面

（2）输入凭证过滤条件，单击“确认”按钮，系统筛选列出符合条件的凭证记录。在所列出的记录中，双击需签字的凭证，系统打开该张凭证，出纳人员确认该张凭证没有问题，单击“签字”按钮，则在该张凭证的出纳签字栏中出现该出纳员的名字。

对已签字的凭证取消签字，可单击“取消”按钮，凭证一经签字，就不能被修改或删除，只有被取消签字后才可以进行修改或删除，取消签字只能由出纳员自己进行。

（3）注意本章第二节，在会计科目设置界面中，需在“编辑—指定科目”命令中进行指定现金总账及银行总账科目的操作。

（4）成批签字和成批取消签字：出纳操作员还可以对本次选择的所有出纳凭证进行成批签字，也可以对本次选择的所有已签字的出纳凭证进行成批取消签字。在图2-49所示窗口中，选择“出纳/成批出纳签字”，或“出纳/成批取消签字”。

2. 审核凭证。审核凭证是审核人员按照财会制度，对制单员填制的记账凭

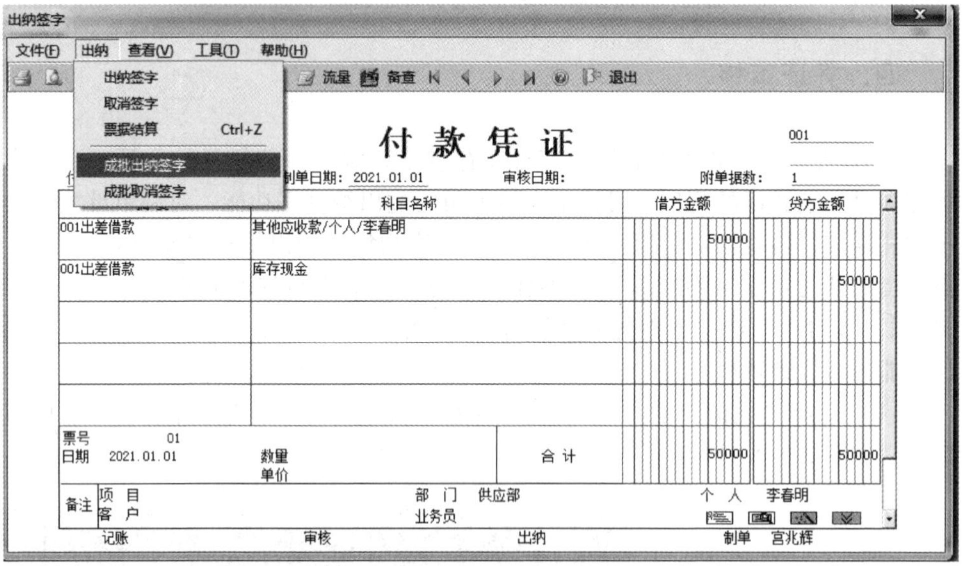

图 2-49 “成批出纳签字”界面

证进行检查核对。只有具有审核权限的会计人员才能使用本功能。

（1）选择“凭证”菜单下的“审核凭证”命令，系统弹出“凭证审核”条件过滤对话窗，如图 2-50 所示。

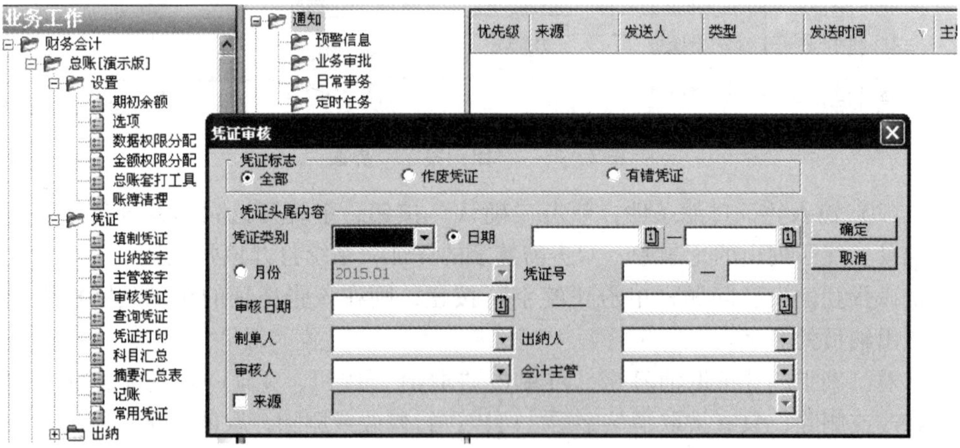

图 2-50 “凭证审核”界面

（2）录入过滤条件，单击“确认”按钮，系统筛选列出符合条件的凭证记录。

在所列出来的凭证记录中，双击所需审核的凭证，出现凭证审核窗口，单击“审核”按钮，即会在该张凭证下面审核人一栏中出现登录该系统操作员的名字，单击“确认”按钮。审核完一张凭证后，系统自动打开下一张未审核的凭证供审核人员审核。操作员也可以选择“审核”菜单下的“成批审核凭证”功能进行凭证审核。如果需取消审核，可选择“审核”菜单下的“取消审核”或“成批取消审核”。

（3）已标有“作废”字样的作废凭证不能被审核，界面如图2－51所示。

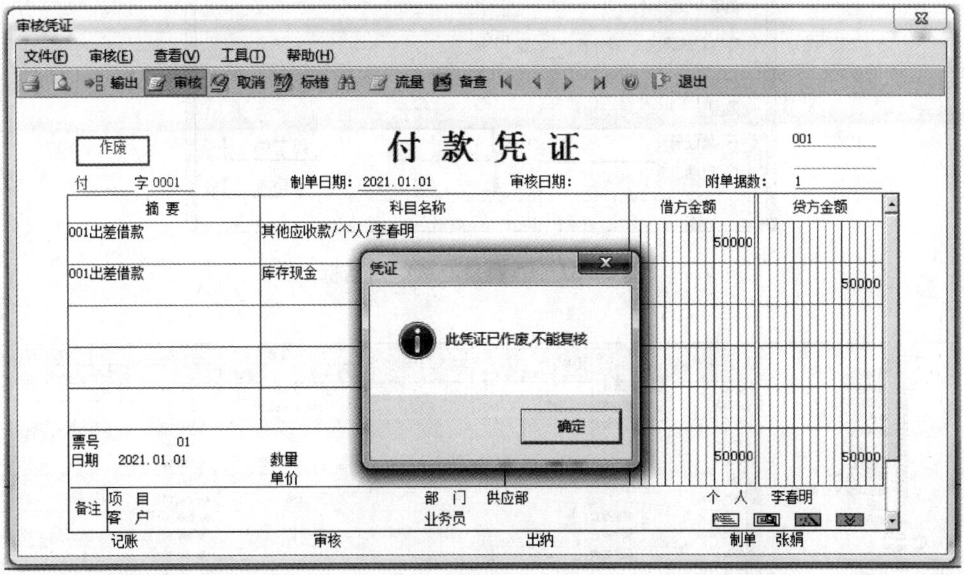

图2－51 凭证作废提示

按照会计制度规定，制单人与审核人不能为同一人，否则系统会给出“制单人与审核人不能为同一人”的提示，在此需要以具有审核权限的另一操作员身份重新登录用友总账管理系统方可进行审核；在凭证审核之前，如设置了出纳凭证需由出纳签字，则这些需要出纳签字的凭证，就必须由具有出纳签字权限的操作员进行签字后才能进行凭证审核。凭证一旦审核后就不能修改或删除，如要修改或删除，需取消审核后方可进行修改或删除。

3. 主管签字。为了加强对会计人员制单的管理，系统提供了“主管签字”功能。选择该功能后，会计人员填制的凭证必须经主管签字后才能记账，且签字人不能与制单人为同一人。主管签字的操作类似出纳签字。

五、科目汇总

科目汇总是按条件对记账凭证进行汇总并生成一张凭证汇总表。进行汇总的凭证可以是已记账凭证，也可以是未记账凭证。通过凭证汇总功能，财务人员可在凭证未全部记账前随时查看企业目前的经营状况及其他财务信息。

在“总账”窗口中，选择“凭证/科目汇总”命令，弹出“科目汇总”对话框，如图2－52所示。

点击“汇总”后，弹出宏达纺织有限公司2021年1月上旬收款凭证的一级科目汇总表，如图2－53所示。

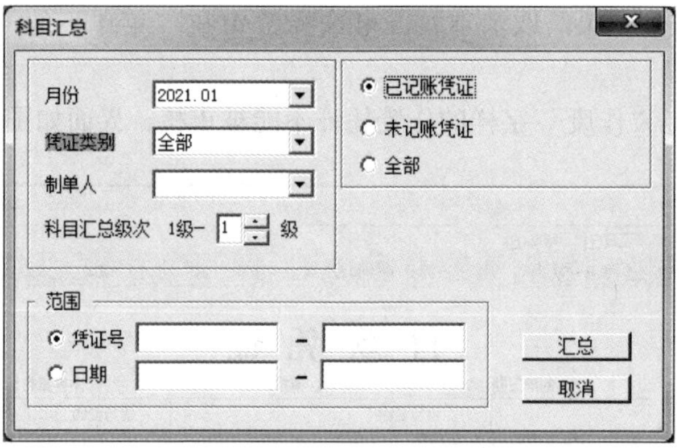

图 2－52　“科目汇总”对话框

科目编码	科目名称	外币名称	计量单位	金额合计		外币合计	
				借方	贷方	借方	贷方
1001	库存现金			280.00			
1002	银行存款			894,970.00			
1122	应收账款				36,000.00		
1221	其他应收款				400.00		
1606	固定资产清理				5,000.00		
1901	待处理财产损溢				30.00		
资产小计				895,250.00	41,430.00		
2001	短期借款				800,000.00		
2203	预收账款				6,000.00		
2221	应交税费				6,970.00		
负债小计					812,970.00		
6001	主营业务收入				41,000.00		
6301	营业外收入				200.00		
6602	管理费用			350.00			
损益小计				350.00	41,200.00		
合计				895,600.00	895,600.00		

图 2－53　“一级科目汇总表”界面

六、凭证记账

记账也称为登账，是将所做的凭证记录到具体的相关账簿中去的过程。记账凭证经过“出纳签字”和“审核”操作后，即可通过“记账”操作，用来登记总账、明细账、日记账、部门账、个人账、项目账、往来账以及备查账等。

1. 选择“凭证”菜单下的“记账”，系统弹出“记账”对话框，如图 2－54 所示。

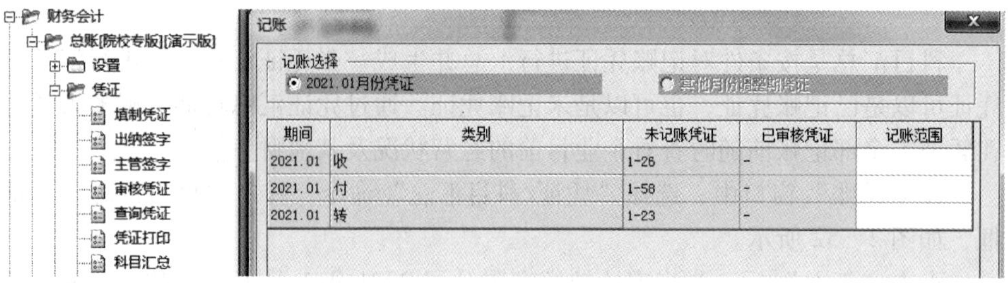

图 2－54　“记账”对话框

2. 系统进入“选择本次记账范围”，在“记账范围”栏中输入所需记账的凭证范围（只有经过审核的凭证才能进行记账），范围之间用符号“-”或“,”分隔均可。上月未结账，本月不能记账；期初余额试算不平衡，本月不能记账；上月的凭证有未记账等情况，则本月的凭证都不可记账；作废凭证不需要审核，可以直接记账。

3. 单击“下一步”按钮，进入“记账报告”页面。单击“打印”按钮，可将记账报告打印出来。

4. 单击“下一步”按钮，进入“记账”页面。单击“记账”按钮，系统开始记账工作，顺利完成后，系统出现“记账完毕”提示，然后单击“确定”按钮退出记账工作。

记账的过程中不得随意中断退出，如果有其他原因中断了该程序，系统将自动调用“恢复记账前状态”功能恢复数据，然后需重新执行记账命令。

5. 取消记账。用友U8中有一个功能可以取消记账操作，这是一个隐藏的功能。

（1）选择“期末”菜单下的“对账”，系统弹出“对账”窗口，在此按“Ctrl + H”键，系统出现“恢复记账前状态功能已被激活”的提示信息，此时在“凭证”菜单下同时出现了一个新的菜单“恢复记账前状态”，在对账窗口中，如果再按“Ctrl + H”键，或者退出用友系统后再进入，都将使该菜单隐藏。

（2）选择“凭证”菜单下的“恢复记账前状态”，系统弹出“恢复记账前状态”对话框。

（3）选择所需要的恢复方式，单击“确定”按钮，出现“恢复记账完毕！”提示，单击“确定”按钮退出。

已结账的月份数据不能取消记账，但是可以运用用友软件的取消结账功能，之后再取消记账。

七、打印凭证

在凭证填制以后，通常要将记账凭证打印出来，后附对应的原始凭证，并以记账凭证的制单日期为序进行存放。

选择“凭证”下的“打印凭证”，弹出“凭证打印”对话框，如图2-55所示。

凭证类别：系统提供了按凭证类别进行打印，可以打印某一凭证类别的凭证，也可以打印所有凭证类别的凭证。

凭证范围：可以输入需要打印的凭证号范围，不输则打印所有凭证。凭证号范围可以输入为1，3，5-7，9，表示分别打印1号、3号、5号、6号、7号和9号凭证。

期间范围：可以选择打印凭证的起止年月的范围。

当前凭证：若当前凭证有多页分单，可以在这里输入要打印的分单号。例如，当前显示的凭证为转字第0076号凭证，在“当前凭证”文本框中输入5-6，

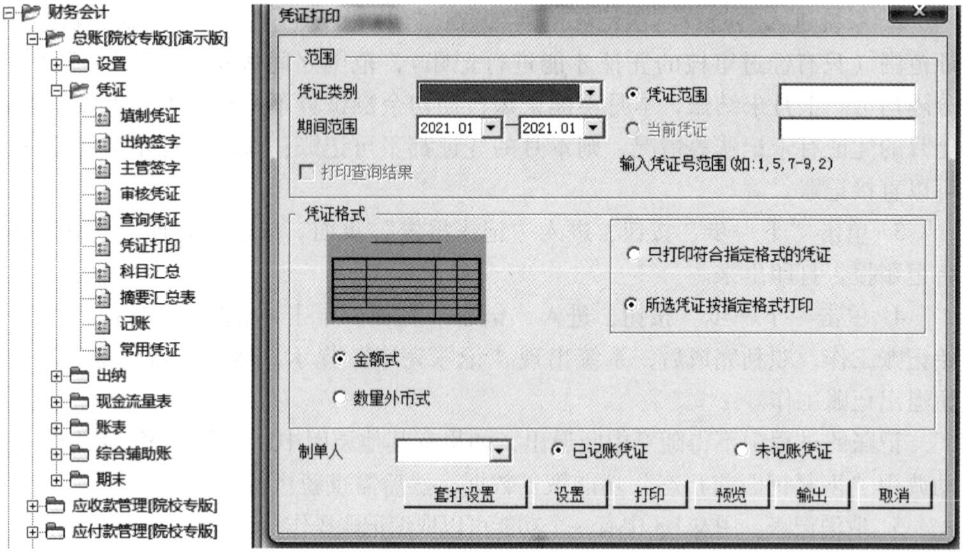

图 2-55 “凭证打印”对话框

表示预览或打印当前第 0076 号凭证的第 5 分单和第 6 分单。

打印科目编码：若选中此项，则在凭证的科目名称栏中同时打印“科目名称”和“科目编码”。

凭证格式：打印凭证的格式分为金额式和数量外币式两种。系统提供两个选项：（1）只打印符合指定格式的凭证。指只打印所选凭证范围内凭证格式与指定凭证格式相同的凭证，例如，凭证格式选择了金额式，则只打印所选凭证范围内的金额式凭证，数量外币式的凭证将不会打印。（2）所选凭证按指定格式打印。指将所有凭证范围内的凭证均按指定格式打印，例如，所选凭证范围中有金额式凭证也有数量外币式凭证，打印时，选择金额式的凭证格式，则那些数量外币式的凭证也都按金额式打印。

单击“设置”按钮，弹出“打印”对话框；从中单击“属性”按钮，弹出“打印机属性”对话框，从中可对主窗口、打印纸、版面等进行设置；单击“专用设置”按钮，弹出“相关设置”对话框，从中可对页边距、打印字体、装订位置、打印方向等进行设置。

以上各项设置完毕后，单击“预览”按钮，系统将对选定的凭证按照用户设定的各项打印参数进行显示，单击“打印”按钮进行打印操作。

第六节　账表管理

一、基本会计核算账簿的查询

用友 ERP-U8 软件提供了强大的账簿查询和打印功能。将审核无误的记账凭证经过“记账”操作后，可通过账簿查询功能查询相关的信息。

（一）总账查询

1. 选择“账表”菜单下的“科目账/总账”，系统弹出“总账查询条件”对话框，如图2-56所示。在科目栏中输入需要查询的科目，也可单击“参照”按钮进入科目浏览窗口进行选择，在“总账查询条件”对话框中根据需要勾选“包含未记账凭证”选项。

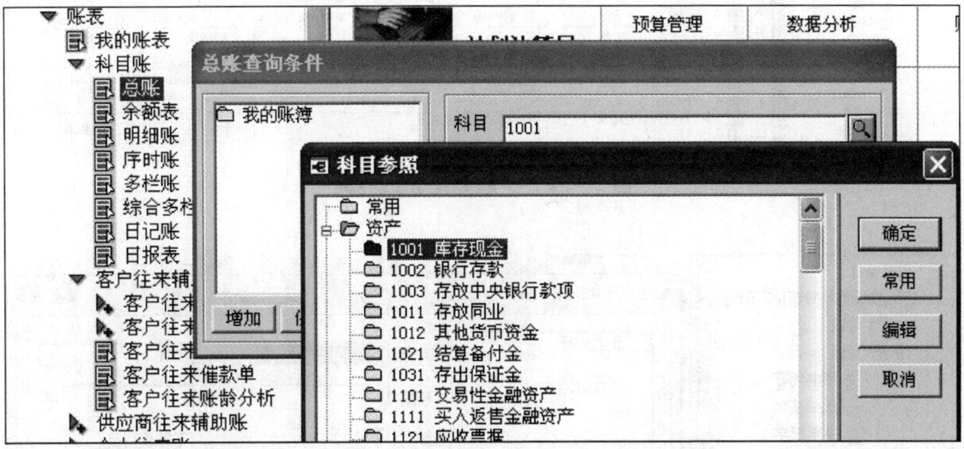

图2-56 “总账查询条件”对话框

如果经常需要查询一个固定的科目，而且每次都包含相同的查询条件，若每次进行查询时都输入查询条件，会很烦琐，这时可单击“保存”按钮，系统弹出“我的账簿”窗口，给需要查询的内容取一个标识名，然后单击“确定”按钮，系统会将刚才输入的查询条件保存起来，以后打开“总账查询”功能，单击所查内容的标识名，系统会将标识名所代表的查询条件内容自动带入，这样会提高工作效率。

2. 输入查询条件，单击“确认”按钮，系统将符合条件的记录列示出来。如果查询条件中“科目”为空，系统默认是所有的科目。如果需要查询包含未记账凭证在内的总账，则应选中“包含未记账凭证”复选框。

3. 可在总账查询窗口的某记录上双击或点击工具栏上的“明细”按钮，直接联查到该记录的明细账，在明细账窗口直接双击指定记录，可联查到该记录的记账凭证，从而实现联查，其界面如图2-57所示。

（二）余额表查询

选择“账表”菜单下的“科目账/余额表”，系统弹出“发生额及余额查询条件”对话框，如图2-58所示。发生额及余额表用于查询统计各级科目的本月发生额、累计发生额和余额等，可输出某月或某几个月的所有总账科目或明细科目的期初余额、本期累计发生额、期末余额，因而其可用来代替总账。

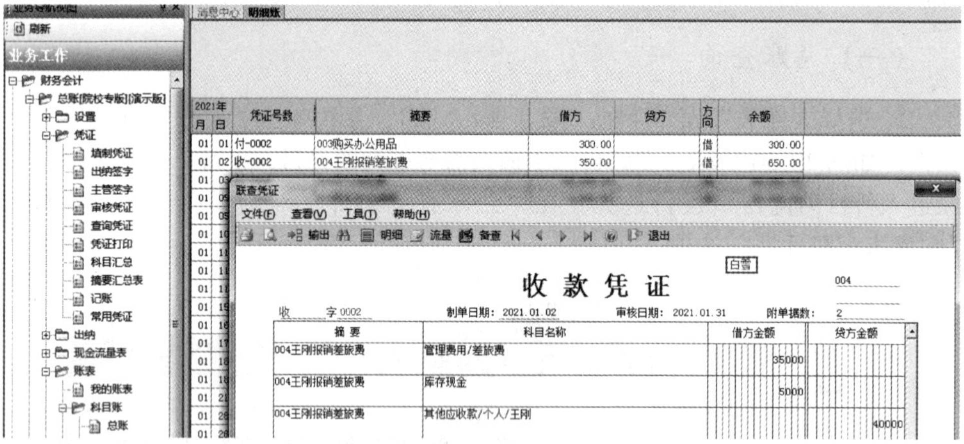

图 2－57 “联查凭证”界面

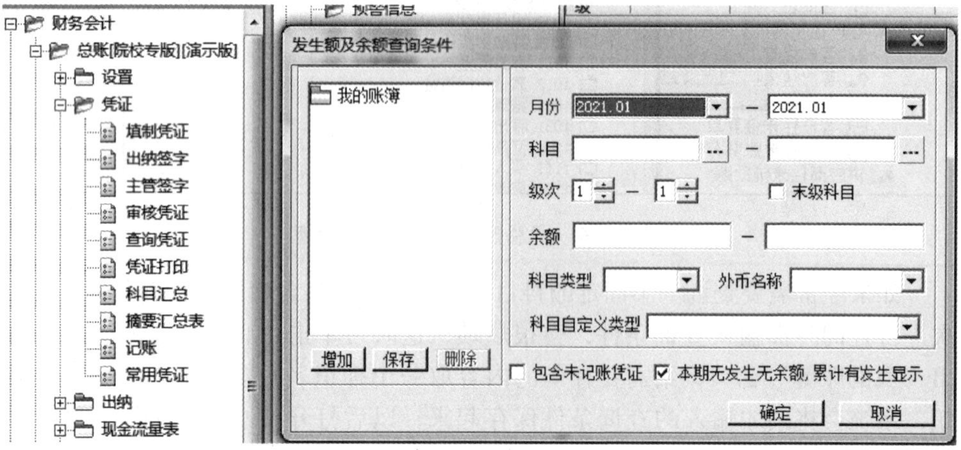

图 2－58 “发生额及余额查询条件”对话框

用户在完成宏达纺织有限公司所有记账凭证的记账后，在如图 2－58 所示对话框中输入相应内容：“科目”为空，“级次”选 1－5，勾选“包含未记账凭证”复选框，“确认”后生成会计科目发生额及余额表。

（三）明细账查询

明细账查询用于平时查询各账户的明细发生情况，以及按任意条件组合查询明细账。在查询过程中可以包含未记账凭证。选择“账表”菜单下的“科目账/明细账”，系统弹出“明细账查询条件”对话框，其操作同“总账查询”基本相似。

（四）序时账查询

所谓序时账就是以流水账的形式反映单位的经济业务。选择“账表”菜单下的“科目账/序时账”，系统弹出“序时账查询条件”对话框，如图 2－59 所示。

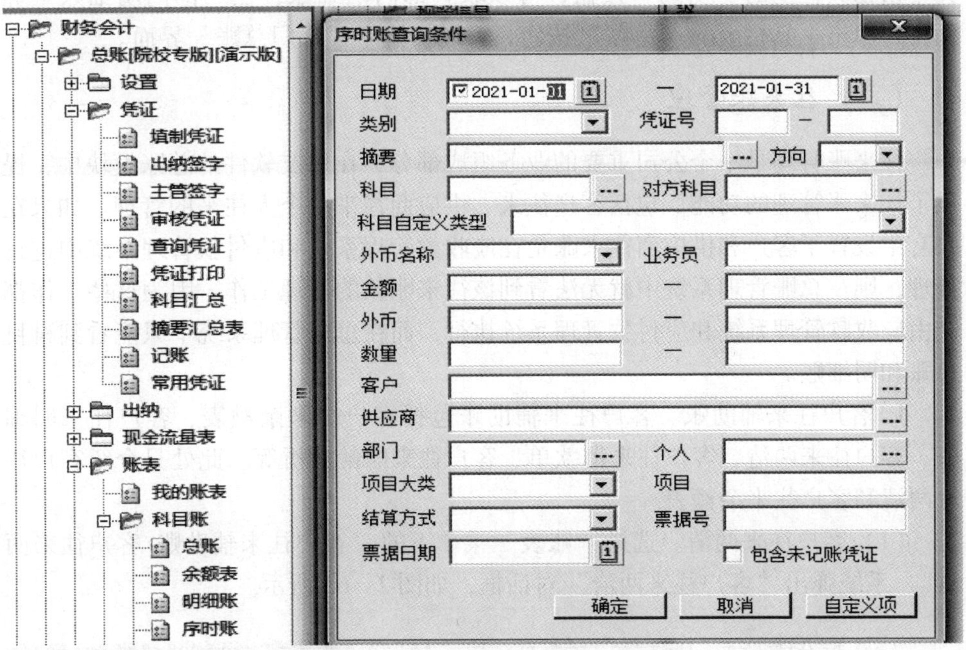

图 2－59 “序时账查询条件”对话框

二、辅助核算账簿管理

（一）部门辅助账管理

1. 选择“账表”菜单下的“部门辅助账”，选择具体需要查询的内容。如查询部门三栏明细账，选择“部门明细账”下的“部门三栏式明细账”，系统弹出“部门三栏明细账条件”对话框，如图 2－60 所示。

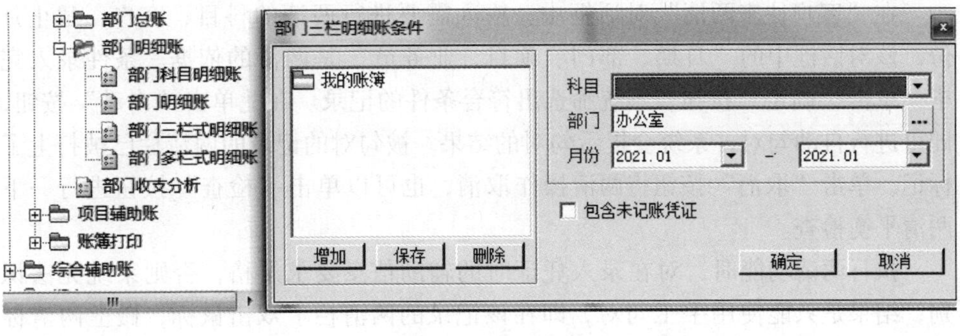

图 2－60 “部门三栏明细账条件”对话框

2. 在此输入查询条件（科目的选择只限于在科目设置时将其设置为部门辅助核算的科目），系统列出符合条件的记录。在“部门总账”中选择某笔业务，并单击工具栏上的“明细”按钮，可以联查部门明细账；在“部门明细账”界面中，单击工具栏上的“总账”按钮，可以切换回“部门总账”界面。

（二）往来账管理

往来账管理是一个公司重要的业务组成部分，在用友软件的总账模块中，提供了往来账管理的功能，包括客户往来、供应商往来和个人往来的管理。如果在账套中设置了客户和供应商往来账是在应收款管理系统和应付款管理系统中进行处理，则在总账管理系统中就无法看到该往来账款的清理工作。因为这些工作都交由应收款管理系统和应付款管理系统执行，而在总账管理系统中只能看到科目总账和明细账。

1. 客户往来辅助账。客户往来辅助账包括客户往来余额表、客户往来明细账、客户往来两清、客户往来催款单、客户往来账龄分析等。此处只介绍客户往来两清和客户往来余额表。

（1）客户往来两清。选择“账表”菜单下的“客户往来辅助账/客户往来两清”，系统弹出“客户往来两清”对话框，如图 2－61 所示。

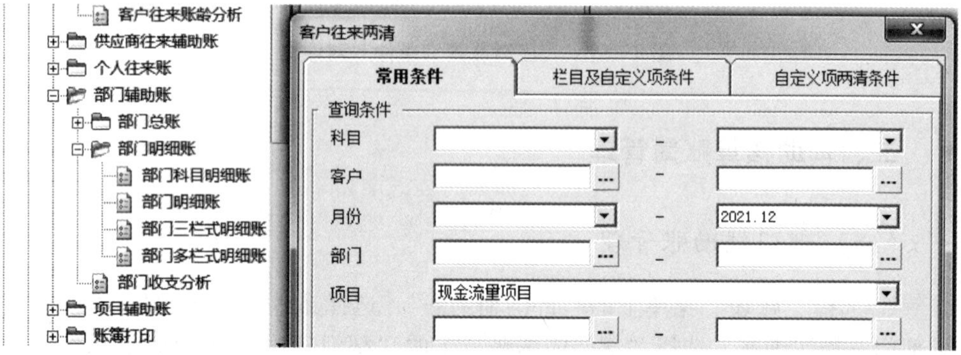

图 2－61　“客户往来两清”对话框

在“客户往来两清”对话框中，输入需要进行两清的科目、客户、截止月份，该对话框中的“日期、部门、项目、业务员”是两清的依据。条件录入完毕，单击“确定”按钮，系统筛选出符合条件的记录。在此单击“自动”按钮，即可进行自动勾对，系统会提示勾对的结果。被勾对的记录的两清栏已被打上了标记。单击“取消”按钮将两清操作取消，也可以单击“检查”按钮进行一下两清平衡检查。

执行两清功能时，对在录入凭证时的辅助信息要求严格，否则系统无法识别，结果是只能使用手工勾对，即在该记录的两清栏上双击鼠标，做上两清标记，取消手工两清方式，也是双击该记录的两清栏，然后做平衡检查，系统可以处理“一借一贷”“一借多贷”“多借一贷”的勾对。

(2) 客户往来催款单。企业会定期对往来款项进行整理，并为每一个往来客户整理出一张对账单，称之为“催款单”。选择“账表”菜单下的“客户往来辅助账—客户往来催款”，弹出“客户往来催款”对话框，如图2－62所示。

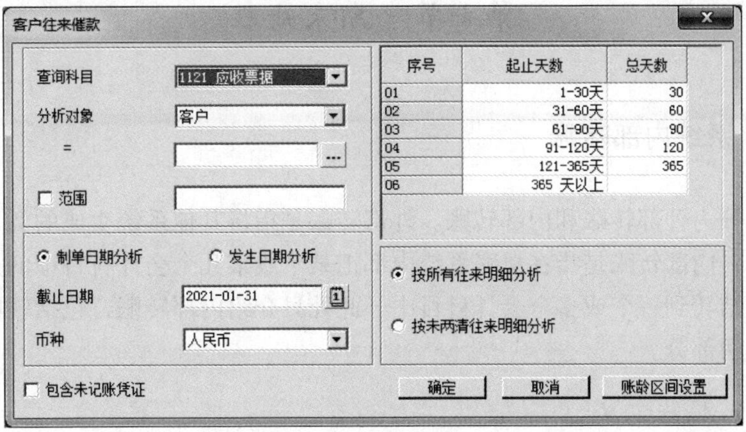

图2－62　“客户往来催款”对话框

输入查询条件，在此可以选择是否包含已做了两清的部分，单击“确定”按钮，系统筛选列出符合条件的记录，选择某记录，单击“设置”按钮，系统弹出“客户催款单设置”对话框，在函证信息中输入需要给客户的说明，然后单击“确定”按钮。

2. 个人往来账。选择“账表”菜单下的“个人往来账”，选择具体需要查询的内容，如选择“个人往来明细账”下的“个人明细账查询”，系统弹出“个人往来—个人明细账”查询条件对话框。在此输入查询条件，然后单击“确定”按钮，系统筛选列出符合条件的记录（如果所选定的个人没有业务发生，系统会自动提示该个人无业务发生），在选定的记录上双击鼠标或单击工具栏上的“凭证”按钮，都可以打开该记录的相关业务凭证。

(三) 项目辅助账

选择“账表”菜单下的“项目辅助账”，选择具体需要查询的内容，如选择“项目明细账”，系统弹出“项目明细账条件”对话框。输入查询条件，然后单击“确定”按钮，系统筛选列出符合条件的记录，在选定的记录上双击鼠标或单击“凭证”。

(四) 现金流量表

在总账中的现金流量表查询，是针对现金流量项目明细表的查询。现金流量项目需指定是流入项目还是流出项目。

1. 选择“账表”菜单下的“现金流量表—现金流量明细表”，弹出“现金流量表明细表”对话框。

2. 录入查询条件，单击“确认”按钮，系统筛选列出符合条件的记录，在选定的记录上双击鼠标或单击工具栏上的“凭证”按钮，系统弹出该记录的凭证。

第七节　期末处理

一、系统内部转账

转账分为外部转账和内部转账。外部转账是指将其他系统生成的凭证转入总账系统中；内部转账是指在总账系统内部把某个或某几个会计科目中的余额或本期发生额结转到一个或多个会计科目中。此处只介绍内部转账，包括转账定义和转账生成两部分。

（一）转账定义

总账管理系统中提供了自定义结转、对应结转、全月平均法销售成本结转、商品售价（计划价）销售成本结转、汇兑损益结转和期间损益结转6种结转形式。本节只对自定义结转和期间损益结转作详细介绍。

1. 自定义结转。自定义结转主要用来完成费用分配、费用分摊、税金计算、提取各项费用、部门核算、项目核算、个人核算、客户核算、供应商核算的结转等。

（1）账务取数函数格式：函数名（科目编码，会计期间，方向，辅助项1，辅助项2）。

函数名：函数名如表2-1所示。

表2-1　　账务取数函数

总账函数	金额式	数量式	外币式
期初余额函数	QC　（　）	sQC　（　）	wQC　（　）
期末余额函数	QM　（　）	sQM　（　）	wQM　（　）
发生额函数	FS　（　）	sFS　（　）	wFS　（　）
累计发生额函数	LFS　（　）	sLFS　（　）	wLFS　（　）
条件发生额函数	TFS　（　）	sTFS　（　）	wTFS　（　）
对方科目发生额函数	DFS　（　）	sDFS　（　）	wDFS　（　）
净额函数	JE　（　）	sJE　（　）	wJE　（　）

科目编码：用于确定取哪个科目的数据，科目编码必须是总账系统中已定义的会计科目编码。

会计期间：可输入“年”或“月”或输入1，2，…，12。如果输入“年”则按当前会计年度取数，如果输入“月”则按结转月份取数，如果输入1，2等数字，表示取此会计月的数据。会计期可以为空，为空时默认为“月”。例如，

QM（50201，月）表示取50201科目结转月份的月末本币余额；FS（50201，年，借）表示取50201科目的借方当前年度全年本币发生额合计；QM（50201，3）表示取50201科目的第3个会计月的月末本币余额；QM（50201,）表示取50201科目结转月份的月末本币余额。

方向：发生额函数或累计发生额函数的方向用“J”或“j”或“借”或“Dr”（英文借方缩写）表示借方；贷方同理。余额函数的方向表示方式同上，但允许为空，其意义为取该科目所选方向上的余额，即若余额在相同方向，则返回余额；若余额在相反方向，则返回0；若方向为空，则根据科目性质返回余额，如1001现金科目为借方科目，若余额在借方，则正常返回其余额，若余额在贷方，则返回负数。

辅助项：当科目为辅助核算科目（即科目账类设为辅助核算）时，可以指定辅助项取数。如果科目有两种辅助核算，则可输入两个末级辅助项。

（2）结果函数公式。如果输入JG（科目）则表示取转账中对方该科目发生数合计，如果输入JG（zzz）或JG（ZZZ）或JG（ ）则表示取对方所有发生数合计。

例如，某转账凭证分录定义如下：

科目	方向	公式
50101	借	QM（50101，月）
50102	借	QM（50102，月）
50103	借	QM（50103，月）
321	贷	JG（ ）

也可以这样定义：

科目	方向	公式
50101	借	QM（50101，月）
50102	借	QM（50102，月）
50103	借	QM（50103，月）
321	贷	JG（50101）
321	贷	JG（50102）
321	贷	JG（50103）

（3）通用转账公式。如果用户想从其他子系统中直接取数，如从工资系统中取应交所得税合计，从固定资产系统中取固定资产清理收入、清理费用等，由于这些数据都在SQL数据库中，用户可以使用通用转账公式，指定相应的数据库、数据表和数据字段取到相应的数据。由于涉及数据库的操作，所以最好由计算机专业人员来进行。

函数格式：TY（SQL数据库文件名，数据表名，计算表达式，条件表达式）。

公式录入要求：

数据库文件名：必须为已存在的数据库，且应录入全部路径及数据库文件全名。如 C：\ Ufsoft80 \ zt999 \ 1998 \ ufdata. mdb。

数据表名：必须为已存在的数据表。

计算表达式：可录入字段名，也可输入 SQL 语句中的统计函数。

条件表达式：可以录入查找条件，相当于 SQL 语句中 where 子句中的内容。

执行公式时，系统自动将输入内容拼写成 SQL 数据库查询语句，可从数据库中取到相应的数据。若执行结果有多个值，则函数返回第一个符合条件的值。

例如，TY（C：\ Ufsoft80 \ zt999 \ 1998 \ ufdata. mdb，GL_ accsum，sum（md），ccode ="101"）表示取从 ufdata. mdb 数据库的总账数据表（GL_ accsum）中取科目编码（ccode）为 101 的科目的借方发生数（md）合计数。

（4）公式组合。可将若干个账务取数函数进行组合，来表达某个数据的完整取数过程。例如：

①QM（101，月）+QM（102，月）。

含义：将 101 科目和 102 科目当月的期末余额相加。

②QM（41201，月，836 工程）-QM（412，月）。

含义：将 41201 项目核算科目的 836 工程项目的余额与 412 科目当月的期末余额相减。

③JE（301，月）*0. 14。

含义：将 301 科目当月的净发生额乘以比率（分配率或税率）。

④FS（405，月，J）+JE（41201，月，836 工程）。

含义：405 科目当月的借方发生额加上 41201 项目核算科目的 836 工程项目的当月净发生额。

⑤企业计算个人所得税。

通用公式：TY（C：\ Ufsoft \ zwwin \ ufdata. mdb，WA_ sds，sum（yTax），isd_ month =3）。

含义：利用工资系统数据，使用通用函数计算 3 月份个人所得税合计。

⑥批发企业计算营业税。

净发生额公式：[JE（501，月）-JE（502，月）]*0. 3。

含义：（当月收入 - 当月成本）×税率。

2. 对应结转。对应结转不仅可进行两个科目一对一结转，还可进行科目的一对多结转。对应结转的科目可为上级科目，但其下级科目的科目结构必须一致（相同明细科目），如有辅助核算，则两个科目的辅助账类也必须一一对应，该结转功能只结转期末余额。

3. 全月平均法销售成本结转。全月平均法销售成本结转是将月末商品（或产成品）销售数量乘以库存商品（或产成品）的平均单价计算各类商品销售成本并进行结转。

4. 商品售价（计划价）销售成本结转。商品售价（计划价）销售成本结转是按售价（计划价）结转销售成本或调整月末成本。

5. 汇兑损益结转。汇兑损益结转用于期末自动计算外币账户的汇兑损益，并在转账生成中自动生成汇兑损益转账凭证。汇兑损益处理外币账户有外汇存款、外币现金、外币结算的各项债权及债务，但不包括所有者权益类账户、成本类账户和损益类账户。

6. 期间损益结转。期间损益结转用于在一个会计期间终了时，将损益类科目的发生额结转到本年利润科目中，从而及时反映企业的盈亏情况，其设置界面如图 2－63 所示。

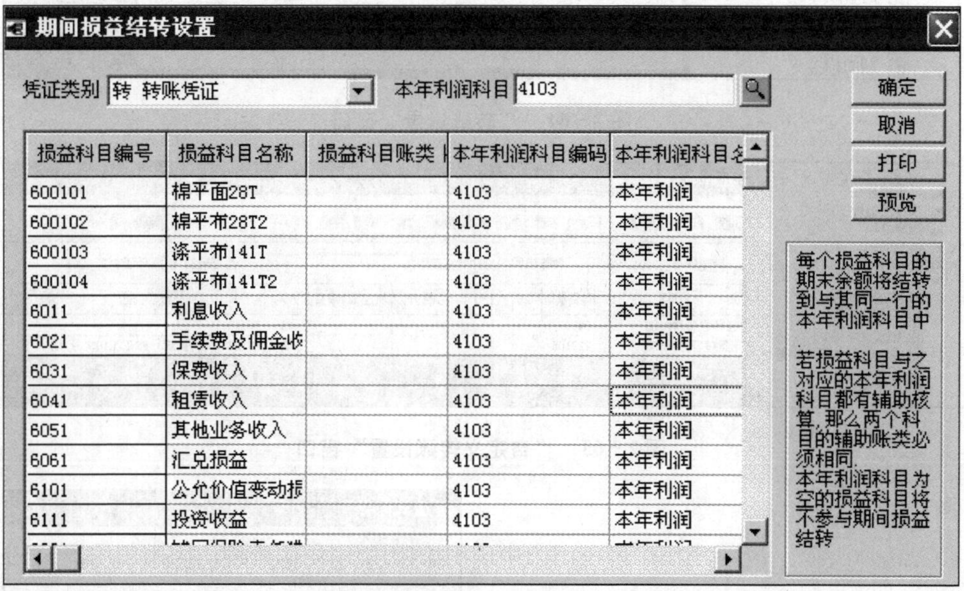

图 2－63　“期间损益结转设置”界面

在“凭证类别”下拉列表框中，选择“转 转账凭证”类别；“本年利润科目”是指本年利润的入账科目，可单击“参照”按钮或 F2 键进行选择。如果“本年利润”科目设置了多个下级科目，则应在图 2－63 所示的表格中，录入“本年利润”的明细科目，并与同行相应的“损益科目编号”和“损益科目名称”相对应。

下面以自定义结转为例，说明内部转账定义步骤。

1. 选择“期末”菜单下的“转账定义”，单击“自定义结转”，弹出“自定义转账设置”窗口，单击“增加”按钮进入“转账目录”窗口，如图 2－64 所示。

2. 选择“自定义结转”，弹出“自定义转账设置”窗口，单击“增加”按钮输入自定义转账定义内容，单击“保存”按钮保存设置，如图 2－65 所示。

3. 由于新用户可能对账务取数函数的格式和内容不太熟悉，系统提供了公式向导，帮助用户完成取数公式的编制，如图 2－66 所示。

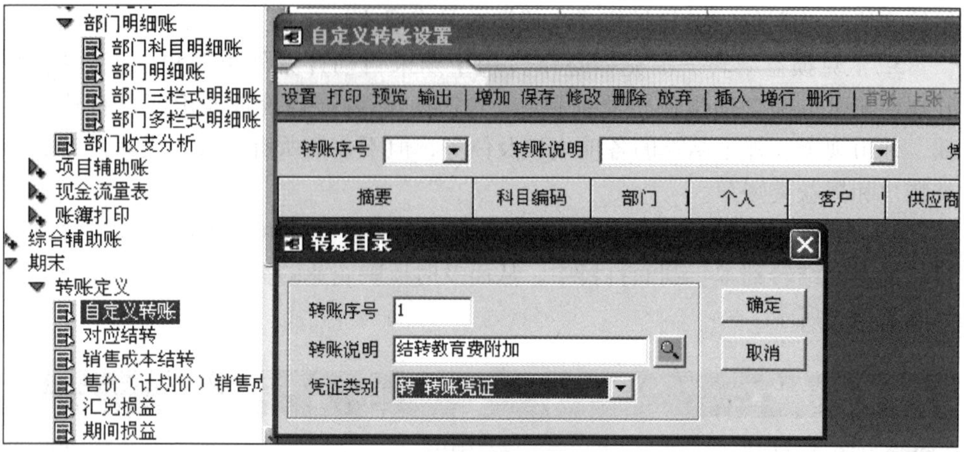

图 2-64 “转账目录”窗口

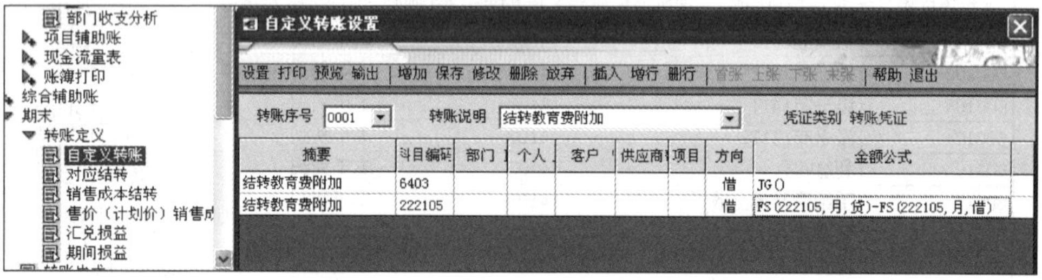

图 2-65 “自定义转账设置”窗口

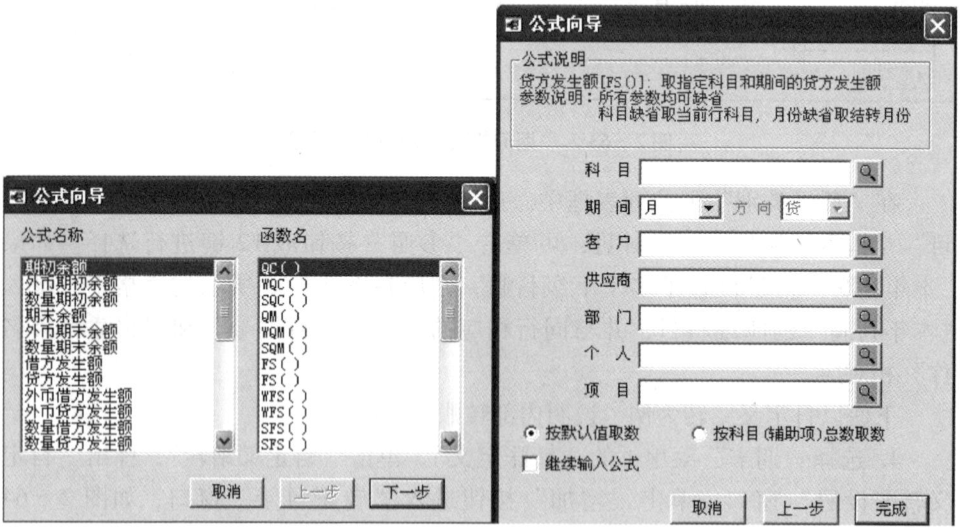

图 2-66 “公式向导”对话框

（二）转账生成

转账定义完成后，每月月末只需执行“期末”菜单下的“转账生成”，即可由计算机快速生成转账凭证。在此生成的转账凭证将自动追加到未记账凭证中去，通过审核、记账后才能真正完成结转工作。由于转账凭证中定义的公式基本上取自账簿，因此，在进行月末转账之前，必须将所有未记账凭证全部记账，否则生成的转账凭证中的数据可能不准确，特别是对于一组相关转账分录，必须按顺序依次进行转账生成、审核、记账。

结转一般在月末进行，且每月只结转一次。若转账科目有辅助核算，但未定义具体的转账辅助项，则可以选择“按所有辅助项结转”或“按有发生的辅助项结转”；若按所有辅助项结转，则转账科目的每一个辅助项生成一笔分录；若按有发生的辅助项结转，则转账科目下每一个有发生的辅助项生成一笔分录。

以期间损益结转为例，“转账生成”对话框如图2－67所示。

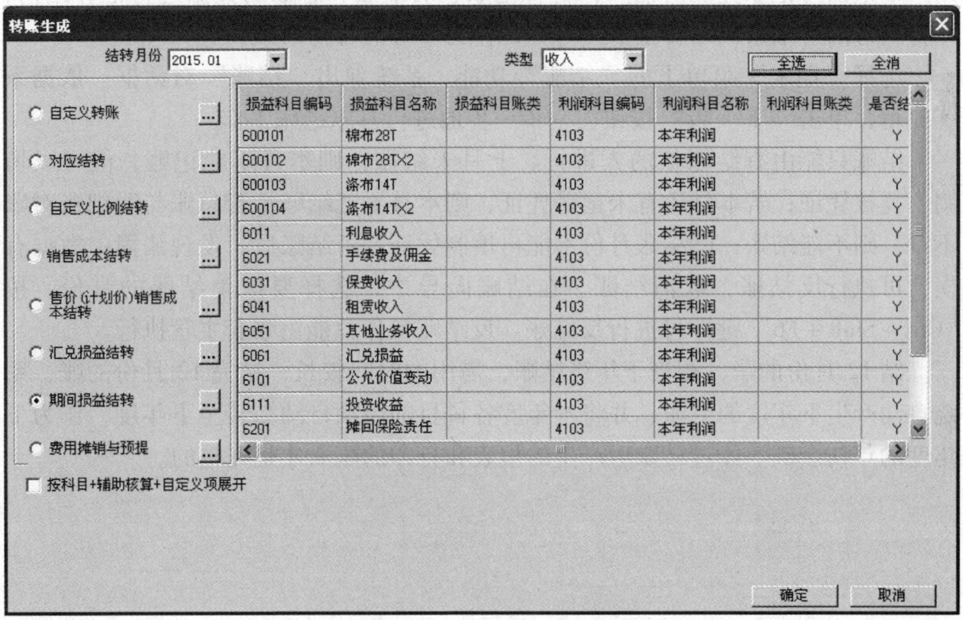

图2－67 “转账生成”对话框

在“结转月份”下拉列表框中，选择要进行期末损益结转的年月，单击“类型”下拉列表框，在“全部”“收入”“支出”中选择其一，一般情况下，应分别按“收入”和“支出”进行转账生成。选择“全选”后，单击“确定”按钮，系统将按计算结果生成转账凭证。

二、对账

选择“期末”菜单下的“对账”功能。选择需要对账的内容和需要对账的月份，然后单击“对账”按钮，系统开始对账，对账完毕系统给出提示。单击“试算”按钮，可以对各科目类别余额进行试算平衡。

对账是对账簿数据进行核对，以检查记账是否正确，以及账簿是否平衡。它主要是通过核对总账与明细账、总账与辅助账数据来完成账账核对。因为在做凭证时需要借贷平衡凭证方可保存，所以计算机自动记账后各种账簿都应是正确、平衡的。但由于非法操作或计算机病毒或其他原因，有时可能会造成某些数据被破坏，因而引起账账不符。为了保证账证相符、账账相符，使用本功能进行对账，至少一个月一次，一般可在月末结账前进行。

三、结账

在手工会计处理中，都有结账的过程，在计算机会计处理中也应有这一过程，以符合会计制度的要求。结账只能每月进行一次。月末结账的意义在于要求用户结束当月记账凭证的输入，将日记账、明细账和总账的数据进行汇算结清，并将当月的月末余额结转至下月月初，作为下月的月初余额。

选择“期末”菜单下的“结账”功能，系统弹出“结账”对话框。依据系统提示，单击“下一步”按钮，一步一步地进行月末结账工作。

结账只能由有结账权的人进行。上月未结账，则本月不能记账，但可以填制、复核凭证；若本月还有未记账凭证，则本月不能结账；若总账与明细账对账不符，则不能结账；已结账月份不能再填制凭证。若结账后，发现账簿中数据有误，可执行反结账，取消结账。在结账向导中，选择要取消结账的月份，按“Ctrl + Shift + F6”键即可进行反结账。反结账操作只能由账套主管执行。

结 12 月份的账，相当于年终结账，需用的时间较长，结完 12 月份的账，系统自动产生下年度的空账，并将本年度各科目的余额自动结转至下年度，作为下年度的年初余额。经过结账后产生的报表和打印的账册才是完整的。

第三章 用友 UFO 报表系统

在会计核算中，企业通过总账管理系统和其他系统的记账、核算工作，把各项经济业务分类地登记在会计账簿中，以反映企业的经营业绩。在账簿中记录的会计信息，虽然比会计凭证反映的信息更加条理化、系统化，但就某一会计期间的经济活动而言，其所能提供的仍然是分散的、部分的会计信息，因而不能集中地提示和揭示该会计期间经营活动和财务收支的全貌。

会计报表管理系统的主要任务就是设计报表的格式和编制公式，从总账管理系统或其他系统中取得有关会计信息，自动编制会计报表，并对会计报表进行审核、汇总，生成各种分析图表，并按预定格式输出各种会计报表。

用友 ERP－U8 软件的 UFO 报表系统提供了一些固定的财务账表以便用户查询，但如果用户需要一些特殊格式的报表，而软件中已有的报表格式又无法满足用户要求时，用户可以通过用友的 UFO 报表系统来自定义所需要的报表格式。

第一节 UFO 报表管理系统概述

一、UFO 报表管理系统功能简介

1. 报表模板功能。UFO 报表系统提供了多个行业的标准财务报表模板，同时还可以根据用户的实际需要制定模板。

2. 文件管理功能。UFO 报表系统可以对报表文件的创建、读取、保存和备份进行管理，UFO 报表系统的数据文件还能转换为不同文件格式，如文本文件、MDB 文件、DBF 文件、Excel 文件、LOTUS 文件等。它能支持多个窗口同时显示和处理，可同时打开 40 多个文件和图形窗口；能提供标准财务数据的“导入”和“导出”，可以实现和其他流行财务软件之间的数据交换。

3. 格式管理功能。UFO 报表系统提供了丰富的格式设计功能，如组合单元、画表格线（包括斜线）、调整行高和列宽等，能够满足各种表格的制作。

4. 数据处理功能。UFO 报表系统能将最多达 99 999 张相同格式的报表统一在一个报表格式文件中管理，并且在每张表页之间建立有机的联系，使数据查找方便而迅速。UFO 报表系统提供了排序、审核、舍位平衡、汇总功能，并提供了

绝对单元公式和相对单元公式，可以方便、迅速地定义计算公式，UFO 报表系统还提供了种类丰富的函数，可以从总账管理系统及其他系统中提取数据，生成财务报表。

5. 图表功能。UFO 报表系统可采用“图文混排”方式，方便地进行图形数据处理，制作直方图、立体图等多种图式的分析图表，可以对图表的位置、大小、标题、字体、颜色等进行编制。

6. 打印功能。在 UFO 报表系统中，可以打印输出报表和图形，并提供“打印预览”功能，可随时观看报表或图形的打印效果。

7. 二次开发功能。UFO 报表系统的二次开发功能为用户提供了批命令和自定义菜单，在自动记录命令窗中输入多个命令，可将有规律性的操作过程编制成批命令文件。自定义菜单功能可综合利用批命令，在短时间内开发出适合本企业的专用系统。

二、报表管理系统业务流程

会计报表的编制有很强的规律性。利用计算机编制报表的工作流程可分以下几个步骤进行，在实际应用时，具体的操作步骤应视情况而定。

第一步：进入“企业应用平台/财务会计/UFO 报表”选项，启动 UFO 报表系统，然后选择“文件/新建”命令，建立一张新表；

第二步：运用“格式”和“编辑”菜单下的各个功能，设计报表的格式，形成一张空表；

第三步：运用“数据”菜单下的“编辑公式”等功能，定义“计算公式”“审核公式”“舍位公式”；

第四步：运用“数据”菜单下的“整表重算”“表页重算”“表页不计算”“数据采集”等功能项，进行报表数据取数处理；

第五步：运用“工具”菜单下的“插入图表对象”“图表窗口”等功能项，进行报表的图形处理；

第六步：运用“文件”菜单下的“页面设置”“打印设置”“打印预览”“打印”“数据套打”功能，打印输出报表；

第七步：运行“文件”菜单下的“退出”功能，可退出 UFO 报表系统。

三、报表管理系统的有关概念

（一）报表的结构

按照报表结构的复杂性，可将报表分为简单表和复合表两类。简单表是规则的二维表，由若干行和列组成。复合表可以由简单表嵌套而成，也可以由多个简单表拼合而成。大多数的会计报表如资产负债表、利润表等都是简单表。

简单表的格式一般由标题、表头、表体和表尾四个基本要素组成。

1. 标题是用来描述报表的名称。报表的标题可能不止一行，有时会有副标题、修饰线等内容。

2. 表头是用来描述报表的编制单位名称、日期等辅助信息和报表栏目。

3. 表体是报表的核心，决定报表的横向组成。它是报表数据的表现区域，是报表的主体。表体在纵向上看，是由若干行组成，这些行称为表行；表体在横向上看，每个表行又由若干个栏目组成，这些栏目称为表列。

4. 表尾是指表体以下进行辅助说明的部分以及编制人、审核人等内容。

（二）报表管理系统的有关概念

1. 格式状态和数据状态。UFO报表系统将报表处理过程分为报表格式及公式定义工作和报表数据处理工作两个阶段。这两个阶段的工作是在不同的状态下进行的，实现状态切换的是左下角一个特别重要的“格式/数据”切换按钮，点击这个按钮可以在格式状态和数据状态之间切换，格式状态如图3-1所示。

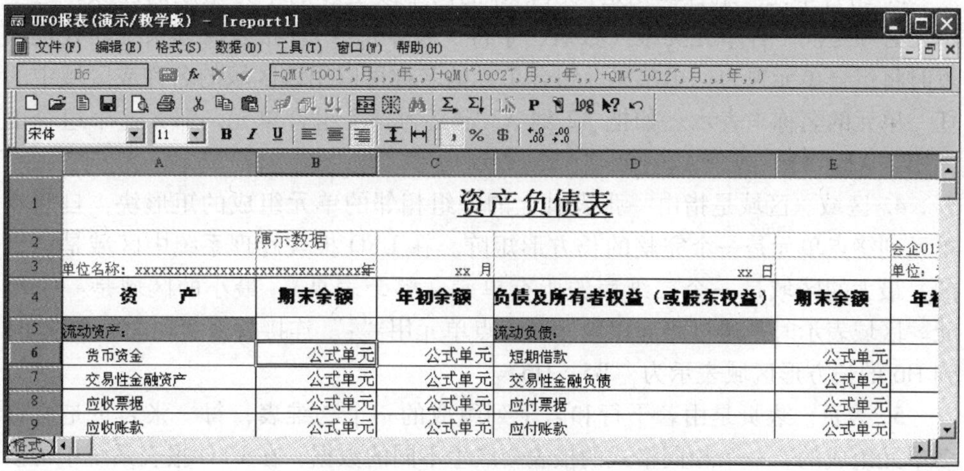

图3-1 报表格式状态

（1）格式状态。在格式状态下进行有关报表格式设计的操作和公式的定义工作。进行有关报表格式设计的操作即为设定表样，如设置表尺寸、行高列宽、单元属性、单元风格、组合单元、关键字、可变区等。报表公式的定义（如单元公式、审核公式、舍位平衡公式的定义）也在格式状态下进行。在格式状态下所做的操作对该报表文件中的所有表页都发生作用。该状态下不能进行数据的录入、计算等操作。

（2）数据状态。在数据状态下进行报表的数据处理工作，如输入数据、增加或删除表页、执行审核和舍位平衡操作、图形操作、汇总与合并报表等。数据状态下所做的操作只对本表页有效，该状态下不能修改报表的格式，但可以看到报表的全部内容（包括格式和数据）。

2. 单元及其属性。单元是指由行和列交错而确定的方格，单元是组成报表的最小单位。单元名称由所在行、列的行号及列号标识。行号由 1～9999 表示，列标用字母 A－IU 表示。如 A5 表示的是第 1 列和第 5 行相交处的单元格。单元属性包括单元类型、对齐方式、字体颜色、表格边框等。

UFO 报表管理系统中的单元类型包括数值单元、字符单元和表样单元三种。

数值单元用于存放报表的数据，在数据状态下输入。数值单元必须是数字，可以直接输入，也可以由单元中存放的单元公式运算生成。建立一个新表时，所有单元的类型均默认为数值型。

字符单元也是报表的数据，也在数据状态下输入。字符单元的内容可以是汉字、字母、数字及各种键盘输入的符号组成的一串字符。字符单元的内容可以直接输入，也可以由单元公式生成。

表样单元是报表的格式，是在格式状态下输入的所有文字、符号或数字。表样单元对所有表页都有效。表样单元在格式状态下输入和修改，在数据状态下只能显示而无法修改。

3. 组合单元。组合单元是指由相邻的两个或更多的单元组成的区域，这些单元必须是同一种单元类型（数值、字符、表样），UFO 报表管理系统在处理报表时将组合单元视为一个单元。组合单元的名称可以用该区域的名称或区域中的任一单元的名称来表示。如把 A2 到 A3 定义为一个组合单元，那么这个组合单元用“A2：A3”或“A2”或“A3”表示均可。

4. 区域。区域是指由一张表页上的一组相邻的单元组成的矩形块，自起点单元到终点单元是一个完整的长方形矩阵。在 UFO 报表管理系统中区域是二维的，最大的区域是一个二维表的所有单元（整个表页），最小的区域是一个单元。区域表示时是通过将起点单元和终点单元用“:”连接起来实现的，如从 B5 到 H6 的长方形区域表示为“B5：H6”。

5. 表页。表页是由若干行和若干列组成的一个二维表，每一张表页是由许多单元组成的。一个相同格式的报表会产生不同的数据，在 UFO 报表系统中可以将格式相同而数据不同的报表用表页的形式加以管理，把不同的数据存放在不同的表页里。一张报表最多可容纳 99 999 张表页。表页在报表中的序号在表页的下方以标签的形式出现，称为“页标”。新增表页的操作为“编辑/插入/表页”。

6. 二维表和三维表。确定某一数据位置的要素称为“维”。在一张有方格的纸上填入一个数，这个数的位置可通过行（X 轴）和列（Y 轴）即二维来描述，那么这个表就是二维表。如果将多个相同格式的二维表页放在一起，这时要查找某一数据就需要增加一个表页号（Z 轴）。这一叠表称为一个三维表。若将多个不同的三维表放在一起，要从多个三维表中查找一个数据，就又需增加一个要素，即表名。所以在 UFO 报表管理系统中，确定某个数据的所有位置要素包括〈表名〉〈列〉〈行〉〈表页〉，三维表的表间操作即称为“四维运算”。如要查找资产负债表的第 5 页的 B8 单元的数据，则可表示为：“资产负债表”－＞B8@5。

7. 固定区及可变区。固定区是指组成一个区域的行数和列数是固定的。在固定区域内，其单元总数一经设定后是不变的。可变区是指组成一个区域的行数或列数是不固定的。可变区的最大行数或最大列数是在格式设计中设定的，且在一个报表中只能设置一个可变区，或是行可变区或是列可变区。行可变区是指可变区中的行数是可变的；列可变区是指可变区中的列数是可变的。设置可变区后，屏幕只显示可变区的第一行或第一列，其他可变行或列隐藏在表体内。以后操作时，可变行数、列数可以随着需要而增减。有可变区的报表称为可变表；没有可变区的报表称为固定表。

8. 关键字。UFO 报表系统是一个三维立体的报表系统，它的特点是在二维表的基础上引入表页的概念，一个结构相同的报表文件可以管理若干张表页。这种情况下，要在结构相同的多张表页中准确地确定某张表，对其进行定位，就需要为每张表页设立一个定位标志，在 UFO 报表系统中，这个定位的标志称为关键字。关键字是游离于单元之外的特殊数据单元，其作用在于唯一标识一个表页，可用于在大量表页中快速选择表页。UFO 报表系统提供了六种关键字：单位名称、单位编号、年、季、月、日。除此之外，UFO 报表系统还增加了一个自定义关键字，当定义名称为“周”和“旬”时，可以用于业务函数中代表取数日期，设置关键字操作如图 3－2 所示。

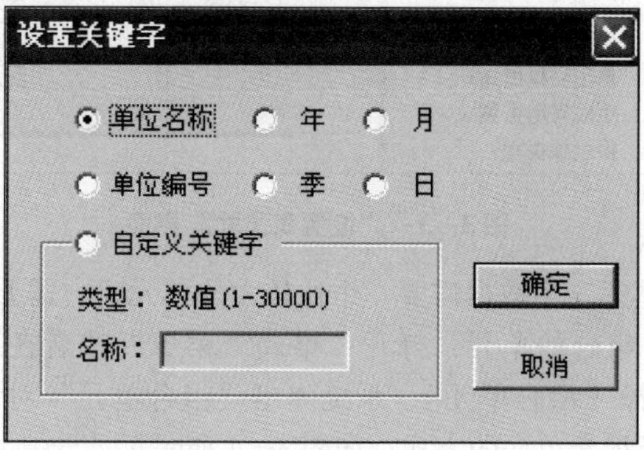

图 3－2　“设置关键字”界面

第二节　报表管理系统的初始设置

根据财政部颁布的《企业会计准则——基本准则》和《企业会计准则——应用指南》的规定，财务报表是对企业财务状况、经营成果和现金流量的结构性表述，至少应当包括资产负债表、利润表、现金流量表、所有者权益变动表及附注等。

本节主要介绍资产负债表和利润表的设置，其他报表不作介绍，可自行练习。

一、报表格式设计

报表的格式设计在格式状态下进行，报表格式对报表文件中的所有表页都有效。

1. 设置表尺寸。进入 UFO 报表系统，打开“格式”菜单，选择“表尺寸”命令，系统弹出“表尺寸”对话框，在此输入所需要进行调整的行数和列数，然后单击“确认”按钮，如图 3－3 所示。若表的行数或列数不够，可执行“编辑”菜单下的“插入”或“追加”命令来增加行数、列数。

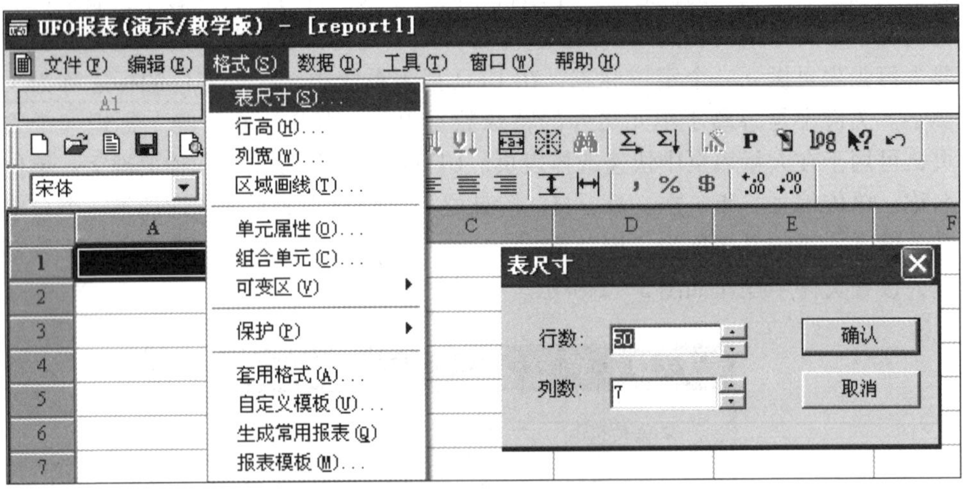

图 3－3　“设置表尺寸”界面

2. 定义组合单元。当数据需要一个比较大的单元时，需要运用“组合单元”的功能。选定需要组合的单元，打开“格式”菜单（或者在选定的单元格中单击鼠标右键），选择“组合单元”，系统弹出“组合单元”对话框，在“组合单元”对话框中选择组合单元的方式，如图 3－4 所示。

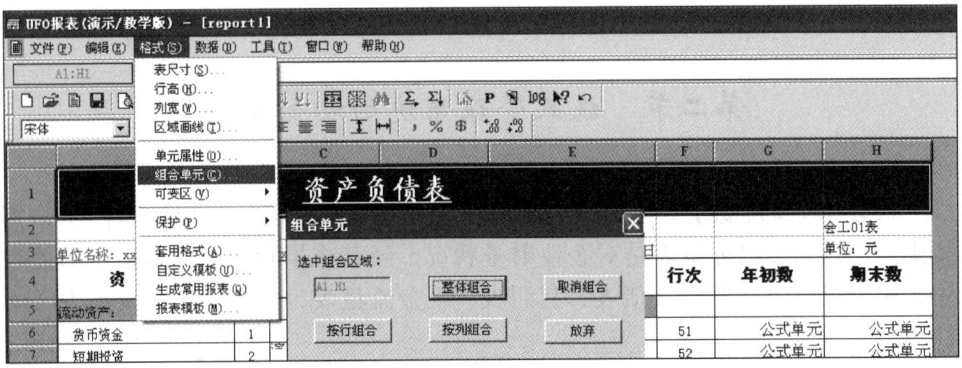

图 3－4　“定义组合单元”界面

3. 画表格线。用鼠标选定（按住鼠标左键，拉动鼠标）需要画线的表格区域，然后选择“格式”菜单下的“区域画线”功能，如图 3 – 5 所示。选择画线类型、线条样式，然后单击“确认”按钮，即可看到区域画线的结果。

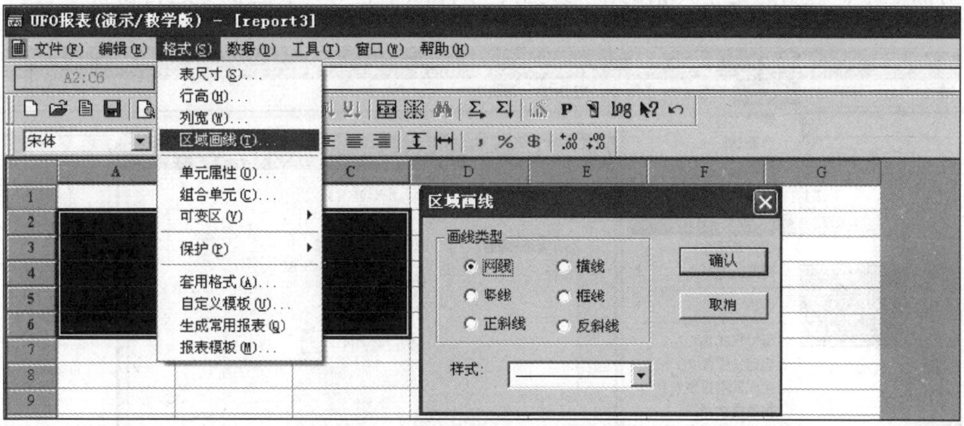

图 3 – 5　“区域画线”界面

画线需要取消时，也可以使用上述方法，只是在选择线型时，选择线型为空，单击“确认”按钮，即可取消原先的画线。

4. 输入报表项目。报表项目包括表头、表体和表尾中固定不变的文字内容（关键字除外），输入内容时要用到组合单元。单位名称、日期等一般不作为文字内容输入而设置为关键字。

5. 定义报表行高列宽。报表行高列宽的设置可以通过打开“格式”菜单（或单击鼠标右键，弹出快捷菜单），选择“行高”“列宽”命令，调整所设置表格的整体行高或是列宽（单位：毫米）。也可将鼠标放在行或列的分隔线上（鼠标呈“十”字形），按住鼠标左键拖拽来调整该行的行高或是列宽，如图 3 – 6 所示。

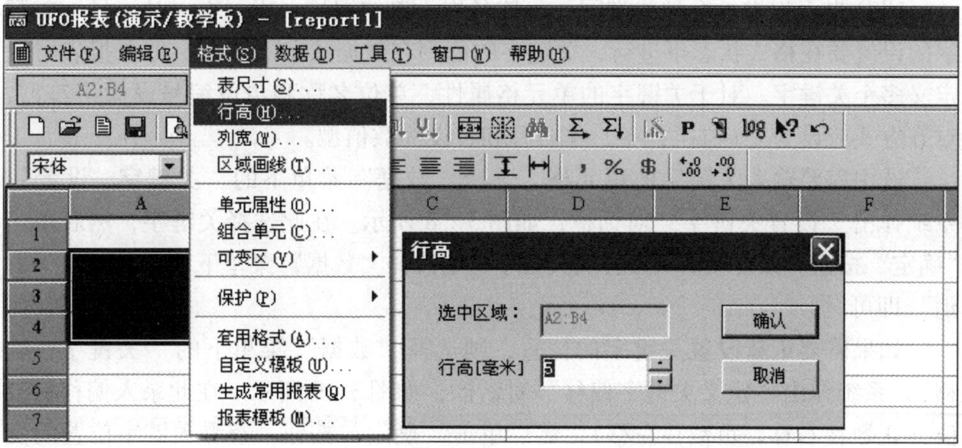

图 3 – 6　“定义报表行高列宽”界面

6. 设置单元格属性。选定需要进行设置的单元格，然后选择“格式—单元属性”命令（或者在选定的单元格上单击鼠标右键，在弹出的快捷菜单上单击“单元属性”），系统弹出“单元格属性”对话框，如图3－7所示。在“单元格属性”对话框中，对所选定单元格的单元类型、字体图案、对齐、边框等进行设置。

图3－7　“设置单元格属性”界面

格式状态下在单元中输入的内容均默认为表样单元，未输入数据的单元均默认为数值单元，在数据状态下只可输入数值。若想在数据状态下输入字符，应先将其定义为字符单元。表样单元输入后对所有表页有效，字符单元和数值单元输入后只对本表页有效。例如，在资产负债表中，在格式状态下输入各会计要素项目名称作为表样单元，期初期末金额处不输入数据则默认为数值单元。

7. 设置关键字。关键字是游离于单元格之外的特殊数据单元，可以唯一标识一个表页，用于在大量表页中快速查找表页，其操作是“编辑/查找”。

UFO报表提供了6种关键字：单位名称、单位编号、年、季、月、日。关键字的设置要在格式状态下进行，关键字的值则在数据状态下录入，每个报表可以定义多个关键字。对于关键字的单元格属性，单位名称和单位编号设为字符型，对齐方式应设为“居右”；年、季、月和日设为数值型。

选中需要输入关键字的单元格，选择“数据”菜单下的“关键字—设置”，系统弹出“设置关键字”对话框，如图3－8所示。在此选择关键字，然后单击“确定”按钮。如要取消所设置的关键字，则选择“数据”菜单下的“关键字—取消”即可。

如果需要重新设置关键字的位置，则选择“数据”菜单下的“关键字—偏移”，系统弹出“定义关键字偏移”对话框，如图3－9所示。在此录入偏移的数值（正数往右移，负数往左移），然后单击“确定”按钮。查看关键字位置的变化，如果位置没有调好，可如此反复操作，直至满意为止。

关键字只能左右偏移，不能上下偏移。相同的关键字只能在本表中定义一

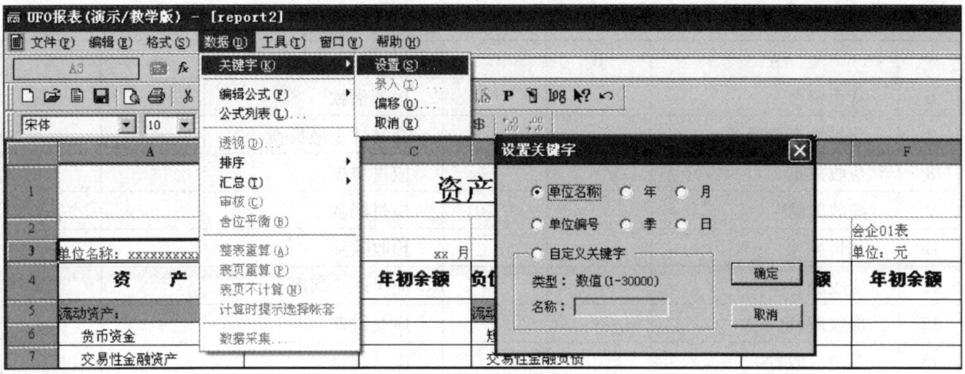

图 3-8 "设置关键字"界面

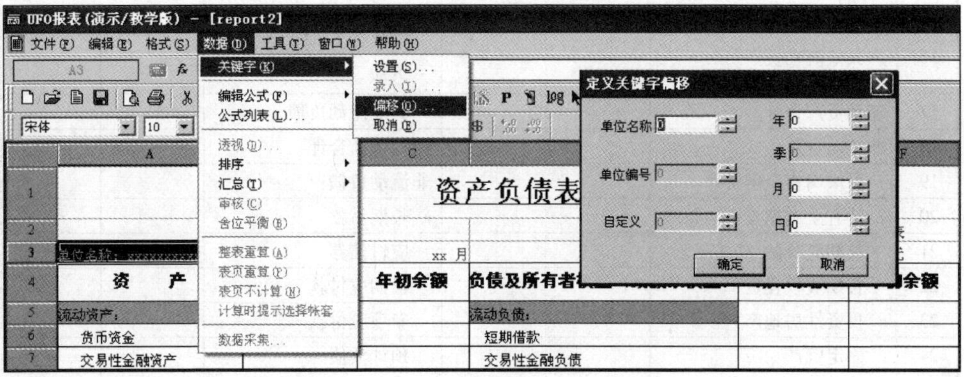

图 3-9 "定义关键字偏移"界面

次，同表中不能重复定义，如不能在一张表上分别定义两个"单位名称"的关键字，这样系统会取消第一个关键字，只保留后一次的设置。

二、报表公式设置

财务软件中的会计报表数据不能像手工会计那样，由用户在当前屏幕报表的相应表格位置直接输入，而应由用户对报表表体中的每一报表单元，分别进行取数公式定义后，由报表系统自动在有关数据库中取得数据，并填入指定的单元中产生。UFO 的报表公式主要有三种：一是单元公式；二是审核公式；三是舍位平衡公式。新建资产负债表见表 3-1，新建利润表见表 3-2。

表 3-1 **资产负债表**

会企 01 表

编制单位：宏达纺织有限公司　　2021 年 1 月 31 日　　单位：元

	A	B	C	D	E	F
4	资产	期末余额	年初余额	负债及所有者权益	期末余额	年初余额
5	流动资产：			流动负债：		

续表

	A	B	C	D	E	F
6	货币资金			短期借款		
7	交易性金融资产			交易性金融负债		
8	应收票据			应付票据		
9	应收账款			应付账款		
10	预付款项			预收款项		
11	应收利息			应付职工薪酬		
12	应收股利			应交税费		
13	其他应收款			应付利息		
14	存货			应付股利		
15	一年内到期的非流动资产			其他应付款		
16	其他流动资产			一年内到期的非流动负债		
17	流动资产合计			其他流动负债		
18	非流动资产：			流动负债合计		
19	可供出售金融资产			非流动负债：		
20	持有至到期投资			长期借款		
21	长期应收款			应付债券		
22	长期股权投资			长期应付款		
23	投资性房地产			专项应付款		
24	固定资产			预计负债		
25	在建工程			递延所得税负债		
26	工程物资			其他非流动负债		
27	固定资产清理			非流动负债合计		
28	生产性生物资产			负债合计		
29	油气资产			所有者权益：		
30	无形资产			实收资本		
31	开发支出			资本公积		
32	商誉			减：库存股		
33	长期待摊费用			盈余公积		
34	递延所得税资产			本年利润		
35	其他非流动资产			未分配利润		
36	非流动资产合计			所有者权益合计		
37	资产总计			负债和所有者权益总计		

表 3-2　　　　　　　　　　利润表

会企 02 表

编制单位：宏达纺织有限公司　　　　2021 年 1 月　　　　单位：元

	A	B	C
4	项目	本期金额	本年金额
5	一、营业收入		
6	减：营业成本		

续表

	A	B	C
7	营业税金及附加		
8	销售费用		
9	管理费用		
10	财务费用		
11	资产减值损失		
12	加：公允价值变动收益（损失以“-”号填列）		
13	投资收益（损失以“-”号填列）		
14	其中：对联营企业和合营企业的投资收益		
15	二、营业利润（亏损以“-”号填列）		
16	加：营业外收入		
17	减：营业外支出		
18	其中：非流动资产处置损失		
19	三、利润总额（亏损总额以“-”号填列）		
20	减：所得税费用		
21	四、净利润（净亏损以“-”号填列）		
22	五、每股收益		
23	（一）基本每股收益		
24	（二）稀释每股收益		

（一）单元公式定义

选定需要录入公式的单元格 B6，在此可直接手工输入单元公式，也可以利用函数向导来定义单元公式。选择“数据”菜单下的“编辑公式单元公式”，系统弹出“定义公式”对话框，如图 3-10 所示。

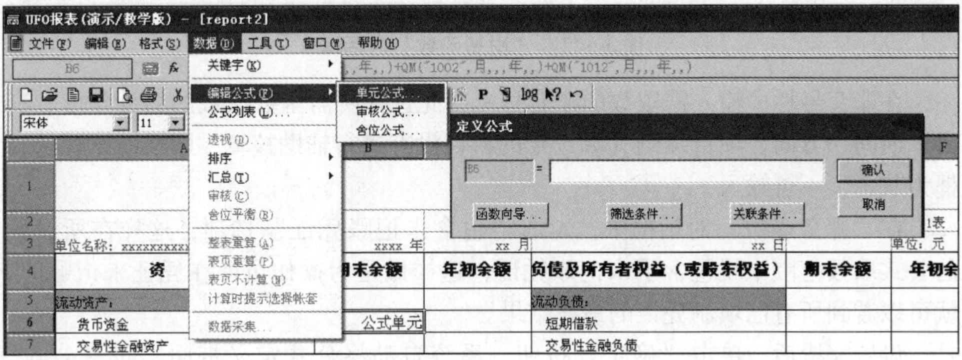

图 3-10 “定义公式”对话框

在“定义公式”对话框中输入所需要的函数公式，或单击“函数向导”选项系统弹出“函数向导”对话框，如图 3-11 所示。

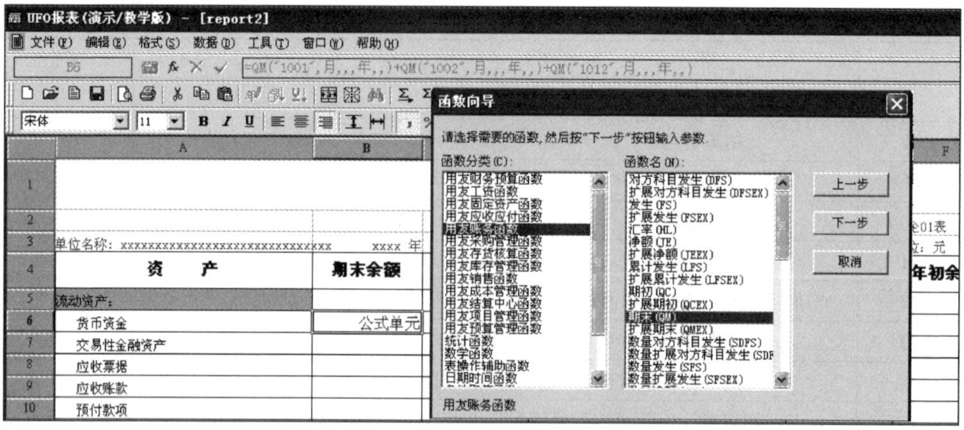

图 3-11 "函数向导"对话框

在函数分类列表中选择函数类别"用友账务函数"，右边的函数名列表会依所选择的函数类别不同而显示出相应的函数名。选定所需的函数名"期末(QM)"，然后单击"下一步"按钮，系统会提示所选择函数的函数格式。可在"函数录入"栏中直接依据所提示的内容进行录入，或单击"参照"按钮，参照录入，在系统提示下完成函数的录入工作，如图 3-12 所示。

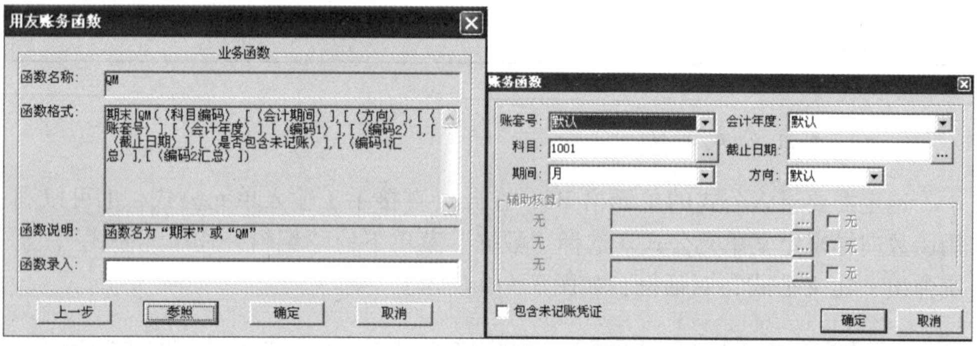

图 3-12 "财务函数"对话框

在账套号栏中输入需取数的账套号。在此选择所需函数取数的会计年度、科目、期间、方向、项目编码（如选定的科目没有进行辅助核算，则辅助核算选择框为灰色，不可输入）。

在"账务函数"对话框中，勾选"包含未记账凭证"选项，这样在所设置的公式取数范围中就包含了未记账凭证，这样做是为操作员能在凭证未记账时，就可以看到所有已填制凭证的最终结果。

设置完毕后，单击"确定"按钮，系统自动将公式定义带回"定义公式"的对话框中，再单击"确认"按钮，直至系统将公式写回单元格中。但是单元格中所显示的不是函数内容，而是"公式单元"字样。

1. 账务取数公式。自总账取数的公式又可以称为账务函数。账务取数是会计报表数据的主要来源，报表系统从账簿、凭证中采集各种会计数据生成报表。账务取数公式是报表系统中使用最多的一类公式。

(1) 用友软件的账务函数基本格式。用友软件的账务函数基本格式如下：函数名（“科目编码”，会计期间，[方向]，[账套号]，[会计年度]，[编码1]，[编码2]）。

其中，[ ] 表示该参数可选，可以省略；逗号“,”用于隔开各参数。另外，函数中使用到的字母和符号应使用半角状态下输入。

科目编码也可以是科目名称，但必须用双引号引起来。

会计期间可以是“年”“季”“月”等变量，也可以是用具体数字表示的年、季、月。

方向即“借”或“贷”，可以省略。

账套号为数字，缺省时默认为当前账套。

会计年度即数据取数的年度，可以省略。

编码1、编码2与科目编码的核算账类有关，可以取科目的辅助账，如职员编码、项目编码等，如无辅助核算则省略。

(2) 主要的账务取数函数。用友软件中主要的账务取数函数见表3-3。

表3-3 账务取数函数

总账函数	金额式	数量式	外币式
期初余额函数	QC（ ）	sQC（ ）	wQC（ ）
期末余额函数	QM（ ）	sQM（ ）	wQM（ ）
发生额函数	FS（ ）	sFS（ ）	wFS（ ）
累计发生额函数	LFS（ ）	sLFS（ ）	wLFS（ ）
条件发生额函数	TFS（ ）	sTFS（ ）	wTFS（ ）
对方科目发生额函数	DFS（ ）	sDFS（ ）	wDFS（ ）
净额函数	JE（ ）	sJE（ ）	wJE（ ）
汇率函数	HL（ ）		

如报表公式核对无误，但是取不到数，可以核查以下几种原因，根据不同原因分别进行相应调整：

①总账是否没有记账；或在报表公式设置时，没有勾选“包含未记账凭证”；

②是否公式设置了账套号，而进入报表系统的账套号与公式的账套号不符；

③关键字设置是否不正确或根本没有设置。

格式中带 [ ] 号的项目，在特定条件下可以省略，省略的参数应用半角“,”代替。如果省略的参数后面没有内容，则可以不写逗号；如果省略的参数后面还有内容，则必须写逗号，把它们的位置留出来。例如，QM（“1001”，月），省略方向、账套号、会计年度、编码1、编码2；QM（“1001”，月,,,,“编码1”），省略方向、账套号、会计年度、编码2。

取数函数公式输入完毕后，选择“文件/保存”命令，系统将报表公式保存在“资产负债表.rep”文件中，为防止因软件故障或计算机死机等原因造成的数据丢失，建议用户在输入取数函数过程中，经常选择“文件/保存”命令进行保存。

表3-1中各单元格取数函数公式举例如下：

B6=QM（“1001”，1,,,,,）+QM（“1002”，1,,,,,）+QM（“1012”，1,,,,,）

C6=QC（“1001”，全年,,,,,）+QC（“1002”，全年,,,,,）+QC（“1012”，全年,,,,,）

B9=QM（“1122”，1，借,,,,）-QM（“1231”，1，贷,,,,）+QM（“1231”，1，借,,,,）+QM（“2203”，1，借,,,,）

C9=QC（“1122”，全年，借,,,,）-QC（“1231”，全年，贷,,,,）+QC（“1231”，全年，借,,,,）-QC（“2203”，全年，借,,,,）

B14=QM（“1401”，1,,,,,）+QM（“1403”，1,,,,,）+QM（“1404”，1，借,,,,）-QM（“1404”，1，贷,,,,）+QM（“1405”，1,,,,,）+QM（“1406”，1,,,,,）+QM（“1408”，1,,,,,）+QM（“1411”，1,,,,,）+QM（“1471”，1,,,,,）+QM（“5001”，1,,,,,）+QM（“1409”，1,,,,,）

C14=QC（“1401”，全年,,,,,）+QC（“1403”，全年,,,,,）+QC（“1404”，全年，借,,,,）-QC（“1404”，全年，贷,,,,）+QC（“1405”，全年,,,,,）+QC（“1406”，全年,,,,,）+QC（“1408”，全年,,,,,）+QC（“1411”，全年,,,,,）-QC（“1471”，全年,,,,,）+QC（“5001”，全年,,,,,）+QC（“1409”，全年,,,,,）

B36=PTOTAL（B19：B35）

C36=PTOTAL（C19：C35）

E36=E30+E31-E32+E33+E34+E35

F36=F30+F31-F32+F33+F34+E35

B37=B17+B36

C37=C17+C36

E37=E28+E36

F37=F28+F36

表3-2的取数函数公式举例如下：

B5=FS（“6001”，月，贷,,,,,）+FS（“6051”，月、贷,,,,,）

C5=LFS（“6001”，全年，贷,,,,,）+LFS（“6051”，全年，贷,,,,,）

B6=FS（“6401”，月，借,,,,,）+FS（“6402”，月，借,,,,,）

C6=LFS（“6401”，全年，借,,,,,）+LFS（“6402”，全年，借,,,,,）

B18=FS（“671101”，月，借,,,,,）

C18=LFS（“671101”，全年，借,,,,,）

B19=B15+B16-B17

C19=C15+C16-C17

B20=FS（“6801”，月，借,,,,,）

C20 = LFS（“6801”，全年，借,,,,,）

B21 = B19 - B20

C21 = C19 - C20

2. 从本表文件的其他表页取数的函数。报表文件可由多个表页组成，并且表页之间具有极其密切的联系，如一个报表文件可代表某单位不同会计期间的同一名称的报表。因此，一个表页中的数据可能取自上一会计期间表页的数据，这时就可利用某个关键字作为表页定位依据，或直接以页标号作为定位依据，指定取某张表页的数据。从本表文件的其他表页取数主要使用 SELECT 函数来实现。

例如，B6 单元取自上月报表 B5 单元的数据，则公式定义如下：

B6 = SELECT（B5，月@ = 月 -1）

例如，C1 单元取自同一报表文件中的第二张表页 C3 单元的数据，则公式定义如下：

C1 = C3@2

3. 从其他报表文件取数的函数。报表文件之间取数公式即从其他表取数公式，用于从另一报表文件某期间的某个或某些单元中取数。

例如，D8 单元取自报表文件 BAOBIAO. REP 中第 5 页的 C6 单元的数值，则公式定义如下：

D8 = "BAOBIAO. REP" - > C6@5

如果操作员没有被赋予相关的权限，即使其在 UFO 报表中设置了单元公式进行取数，但在 UFO 报表中仍然无法看见相关数据。这样能够避免没有权限的操作员通过 UFO 报表进行公式设置，从其他功能模块中取数之后，看到本不应该属于他权限范围内可以看到的内容，从而提高了企业数据的保密性。

（二）审核公式定义

在一般的报表中，有关报表项目之间或与其他报表项目之间存在着一定的勾稽关系，可将这种勾稽关系定义为审核公式。

审核公式在格式状态下编辑，在数据状态下执行。选择“数据/编辑公式/审核公式”命令，弹出“审核公式”对话框，如图 3 - 13 所示。

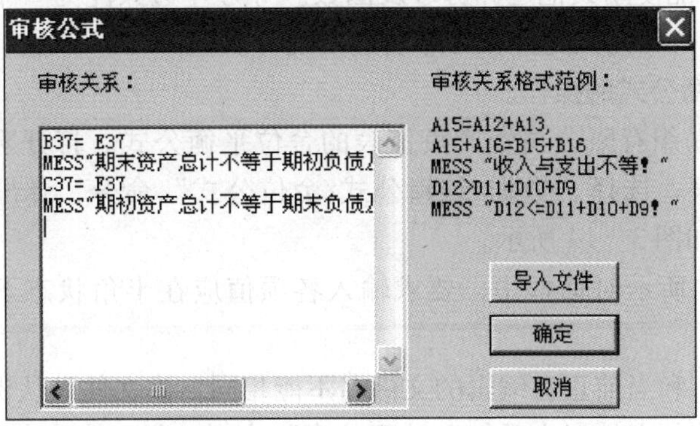

图 3 - 13　“审核公式”对话框

例如，在资产负债表中存在着“资产总计 = 负债及所有者权益总计”这样的关系，则可在资产负债表的格式状态下进行审核公式的定义，在审核关系文本框中输入如下内容：

B37 = E37

MESS“期末资产总计不等于期初负债及所有者权益总计”；

C37 = F37

MESS“期初资产总计不等于期末负债及所有者权益总计”。

当在资产负债表中，在数据状态下执行审核公式时，系统会根据定义的审核公式进行判断，当单元格 B37、E37、C37、F37 中的数据不满足勾稽关系时，则系统出现“期末资产总计不等于期初负债及所有者权益总计”或“期初资产总计不等于期末负债及所有者权益总计”的提示信息。

（三）舍位平衡公式定义

1. 舍位平衡公式的概念。在会计信息系统的报表子系统中，我们通常会看到“舍位平衡”概念，意思是舍掉几位数后，重新达到数据之间的平衡关系。

报表数据在进行进位时，如以“元”为单位的报表在上报时，可能需要转换为以“千元”或“万元”为单位的报表。如上市公司对外报表时，就需要进行计量单位的变换。但是做了这样的变换后，原来满足的数据平衡关系可能遭到破坏，因而需要调整，使其达到重新平衡。举例说明：

13 451.00 +45 150.00 +2 250.00 −5 649.00 =55 202.00（元）

现在单位元变成单位万元，仍然保留两位小数，根据四舍五入的原则：

1.35 +4.52 +0.23 −0.56 =5.52（万元）

可是根据以上的左边等式计算结果应该是 5.54 万元。

显然，单位变化后，出现了 0.02 万元的误差，平衡关系被打破。

舍位平衡公式是指用来重新调整报表数据进位后的小数平衡关系的公式。舍位平衡公式在格式状态下定义，在数据状态下执行。倒顺序写，首先写最终运算结果，然后一步一步向前推。每个公式一行，各公式之间用“,”号（半角）隔开，最后一条公式不用写逗号，否则公式无法执行。舍位公式中只能使用“+”“−”符号，不能使用其他运算符号及函数。等号左边只能为一个单元（不带页号和表名）。一个单元只允许在等号右边出现一次。

2. 舍位平衡公式的操作。

（1）宏达纺织有限公司资产负债表的舍位平衡公式。打开宏达纺织有限公司的资产负债表，选择“数据/编辑公式/舍位公式”命令，弹出“舍位平衡公式”对话框，如图 3 − 14 所示。

在图 3 − 14 所示对话框中，要求输入各项值应在半角状态下输入各项值或公式。

舍位表名：和当前正在编辑的文件名不能相同。该文件默认保存在当前目录下，可以在当前的文件名之后加上“万位表”字样，如“资产负债表万位表”。

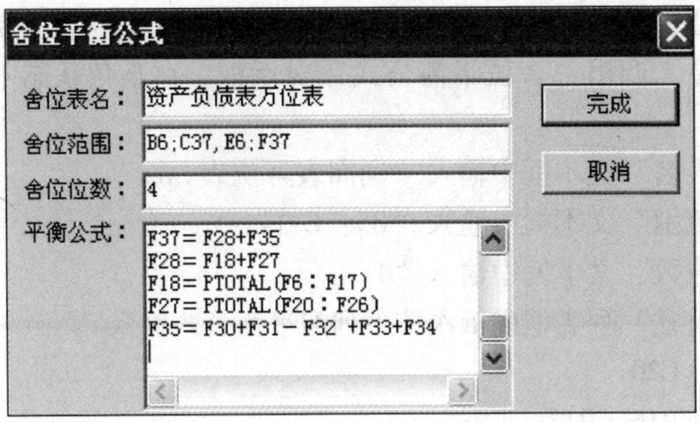

图 3-14 “舍位平衡公式”对话框

舍位范围：舍位数据的范围，要把所有要舍位的数据包括在内。通常指一个数据区域，也可以是多个数据区域。两个数据区域之间用逗号进行分隔，如“B6：C37，E6：F37”。

舍位位数：1～8 位，舍位位数为 1 时，区域中的数据除以 10，即以十位为单元；舍位位数为 2 时，区域中的数据除以 100，即以百位为单位；以此类推。在该处输入“4”。

在“平衡公式”列表框中，依次按下列的平衡公式输入。

B37 = E37

B37 = B17 + B36

B17 = PTOTAL（B6：B16）

B36 = PTOTAL（B19：B35）

E37 = E28 + E36

E28 = E18 + E27

E18 = PTOTAI（E6：E17）

E27 = PTOTAL（E20：E26）

E36 = E30 + E31 - E32 + E33 + E34 + E35

C37 = F37

C37 = C17 + C36

C17 = PTOTAL（C6：C16）

C36 = PTOTAL（C19：C35）

F37 = F28 + F36

F28 = F18 + F27

F18 = PTOTAL（F6：F17）

F27 = PTOTAL（F20：F26）

F36 = F30 + F31 - F32 + F33 + F34 + F35

舍位平衡公式编辑完毕，检查无误后，单击“完成”按钮，系统将保存此次舍位平衡公式的设置值。按 Esc 键或单击“取消”按钮将放弃此次操作。

（2）宏达纺织有限公司利润表的舍位平衡公式。在 UFO 报表系统中，打开宏达纺织有限公司的利润表文件。在报表的格式状态下，选择“数据/编辑公式/舍位公式”命令，调出“舍位平衡公式”对话框，在半角状态下输入以下各项内容。

在“舍位表名”文本框中输入“利润表万位表.rep”。

在“舍位范围”文本框中输入“B5：C21”。

在“舍位位数”文本框中输入“4”。

在“平衡公式”列表框中依次按下列的平衡公式输入。

B21 = B19 - C20

B19 = B15 + B16 - B17

B15 = B5 - B6 - B7 - B8 - B9 - B10 - B11 + B12 + B13

C21 = C19 - C20

C19 = C15 + C16 - C17

C15 = C5 - C6 - C7 - C8 - C9 - C10 - C11 + C12 + C13

舍位平衡公式编辑完毕，检查无误后单击“完成”按钮，系统将保存此次舍位平衡公式的设置值。按 Esc 键或单击“取消”按钮将放弃此次操作。

三、报表模板设置

UFO 报表中还为用户提供了不同行业的各种标准财务报表模块，用户也可以自己编制报表模板。

（一）调用系统自带的报表模板

打开“格式”菜单，选择“报表模板”命令，系统弹出“报表模板”对话框，选择行业类型、所需的财务报表名称，然后单击“确认”按钮，系统提示“模板格式将覆盖本表格式！是否继续?”如果在建账时选择的是按 2007 年新会计准则建账，在此处应作相应选择，如图 3 - 15 所示。

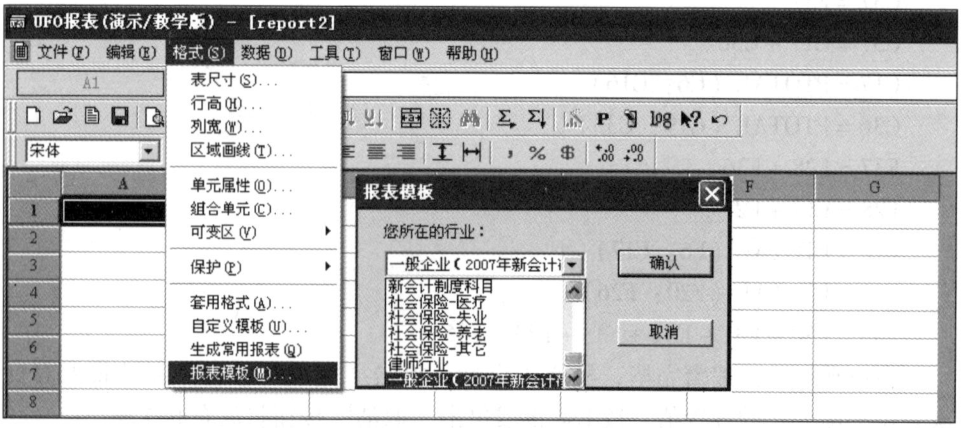

图 3 - 15 “报表模板”界面

单击“是”，原来表页的内容将全部丢失（此操作需慎重），表的格式被新的财务报表格式所覆盖。

当前的报表格式只是一个模板，并不一定与用户的需求完全相同，用户可根据需要对公式或格式进行修改。修改完成之后，转换到“数据”状态，进行账套初始、整表重算等工作，最后将满意的结果保存起来。

（二）自定义模板

每个公司的报表都有自己的特点，假设宏达纺织有限公司已制作好了符合本企业特点的资产负债表，将其保存为“宏达纺织有限公司专用资产负债表.rep”，下面介绍如何将其设为模板。

1. 选择“格式”菜单下的“自定义模板”，系统弹出“自定义模板”窗口，如图 3－16 所示。选择一个行业名称，也可单击“增加”按钮，以增加新的行业名称，如“宏达纺织厂专用”。

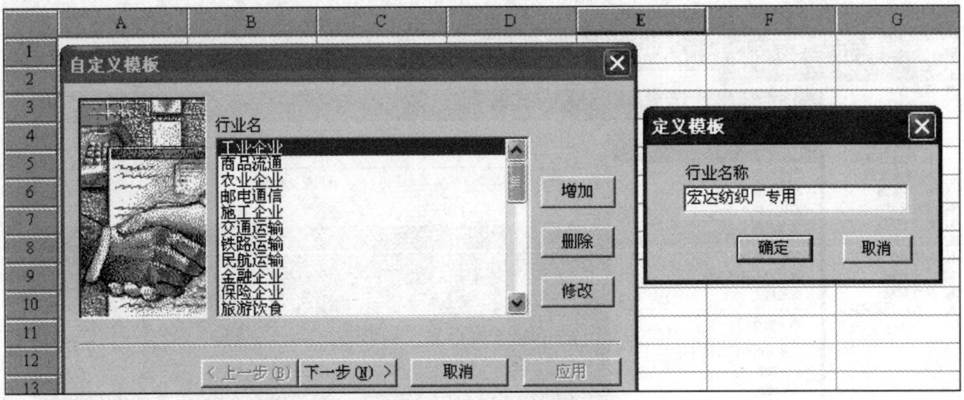

图 3－16　“定义模板”界面

2. 单击“下一步”按钮，进入到“模板名称”设置中，选择其中一种名称，如果单击“增加”按钮，则增加新的模板名，系统要求选择一个原来设置好的报表（后缀名为.rep），单击“添加”按钮，系统退回到“自定义模板”窗口，单击“完成”，则刚才自定义的模板就被保存起来，如图 3－17 所示。

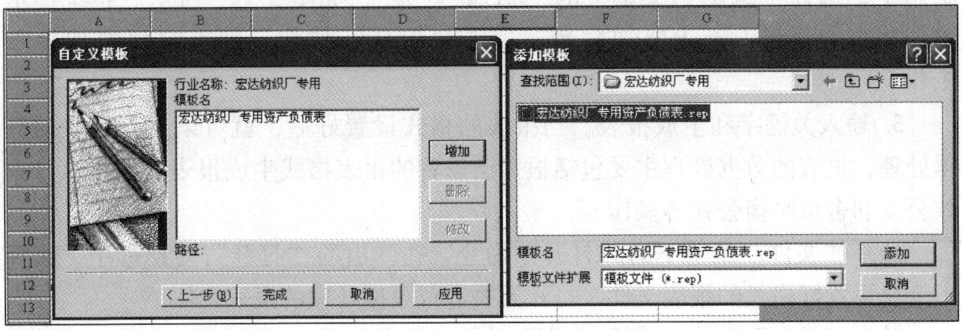

图 3－17　“添加模板”界面

以后要使用该模板，则可单击“格式”菜单下的“报表模板”，然后选定自己已定义的“宏达纺织有限公司专用资产负债表”模板即可。

第三节 报表日常业务处理

一、会计报表数据处理

1. 打开报表。首先选择一套账套进行注册。在“用友 ERP - U8 门户”窗口中，在“业务”页中，选择“财务会计”。双击“UFO 报表”图标，系统打开 UFO 窗口。然后打开“文件”菜单，单击“新建”命令，即可建立一张空表，如图 3 - 18 所示。

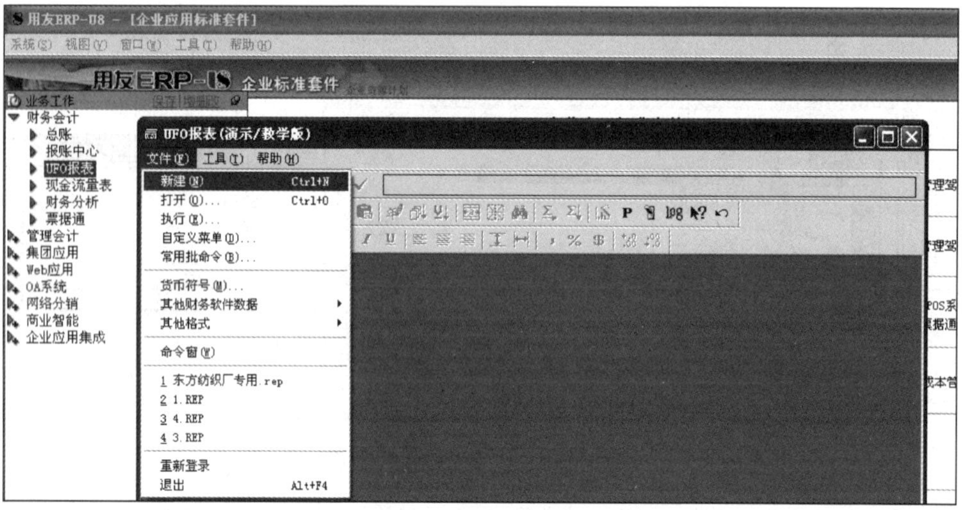

图 3 - 18 “新建报表”界面

2. 追加表页。在报表文件中，若表页不够时，可以追加表页。打开一个已有的报表文件，点击窗口左下角的“格式/数据”按钮，将其转换到数据状态下，选择“编辑”菜单下的“追加/表页”，如图 3 - 19 所示。系统提示追加表页的数量，录入追加数量，单击“确认”按钮，即可完成追加表页工作。

3. 输入关键字和生成报表。当报表的格式设置好后，就可以进行报表的数据处理，报表的数据处理主要包括根据已设置的报表格式生成报表数据、执行审核公式和舍位平衡公式等操作。

选择“文件”菜单下的“打开”命令，在弹出的“打开”对话框中，选择一个已设置好格式的报表文件，打开需要进行数据处理的报表文件。

单击窗口左下角的“格式/数据”按钮，将其转换为“数据”状态（在“格

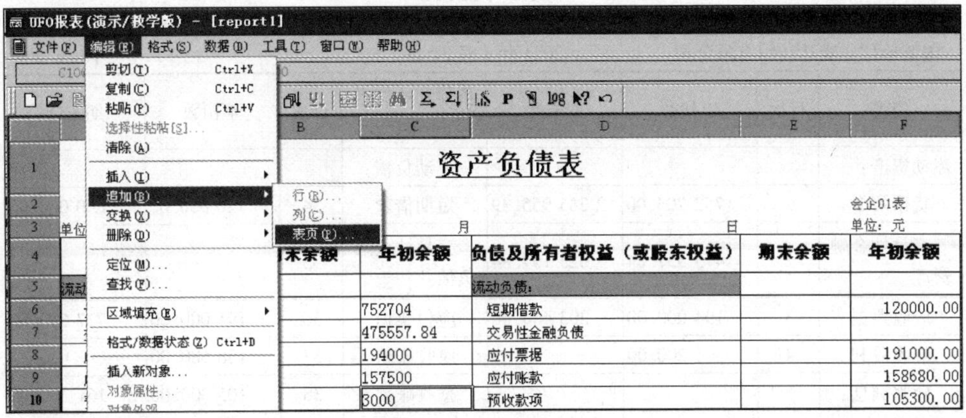

图 3-19 “追加—表页”界面

式”状态下可进行报表格式和公式的设置，但不能进行数据的处理；在“数据”状态下可进行数据的处理，但不能进行报表格式和公式的设置)，选择需要进行数据处理的表页。

选择“数据/关键字/录入”命令，系统弹出“录入关键字”对话框，如图 3-20 所示。

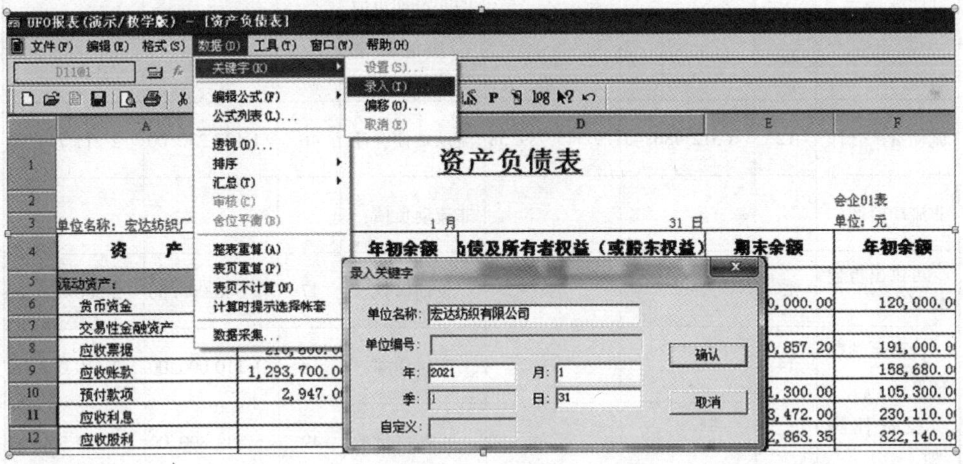

图 3-20 “录入关键字”界面

在此录入当前表页的关键字数据（因在关键字设置时未将单位编号、季设为关键字，也未进行自定义关键字的设置，所以这几个对话框都为灰色，不能输入)，录入完毕，单击“确认”按钮，系统提示“是否重算表页”，单击“是”按钮，则系统开始计算数据，最终显示计算结果，下面列出生成数据后的宏达纺织有限公司 2021 年 1 月的主要会计报表结果，资产负债表见表 3-4，利润表见表 3-5。

表 3-4　　资产负债表

会企 01 表

编制单位：宏达纺织有限公司　　2021 年 1 月 31 日　　单位：元

资产	行次	年初数	期末数	负债和所有者权益	行次	年初数	期末数
流动资产：				流动负债：			
货币资金	1	752 704.00	2 285 955.39	短期借款	34	120 000.00	800 000.00
交易性金融资产	2	475 557.84	623 157.84	交易性金融负债	35		
应收票据	3	194 000.00	203 400.00	应付票据	36	191 000.00	777 610.80
应收股利	4	1 200.00		应收账款	37	158 680.00	
应收利息	5			预收账款	38	105 300.00	161 300.00
应收账款	6	156 000.00	1 253 000.00	应付职工薪酬	39	230 110.00	173 472.00
其他应收款	7	8 400.00	500.00	应交税费	40	322 140.00	299 377.15
预付账款	8	3 000.00	2 983.00	应付利息	41		
存货	9	4 721 624.59	4 976 993.35	应付股利	42		
一年内到期的非流动资产	10			其他应付款	43		
其他流动资产	11			一年内到期的非流动负债	44		
				其他流动负债	45		
流动资产合计	12	6 312 486.43	9 345 989.58	流动负债合计	46	1 127 230.00	2 211 759.95
非流动资产：				非流动负债：			
可供出售金融资产	13			长期借款	47	2 500 000.00	2 500 000.00
持有至到期投资	14			应付债券	48	1 110 000.00	2 110 000.00
投资性房地产	15			长期应付款	49	333 500.00	333 500.00
长期股权投资	16			专项应付款	50		
长期应收款	17			预计负债	51		
固定资产	18	10 092 000.00	9 941 800.00	递延所得税负债	52		
减：累计折旧	19	436 000.00	230 090.00	其他非流动负债	53		

续表

资产	行次	年初数	期末数	负债和所有者权益	行次	年初数	期末数
固定资产净值	20	9 656 000.00	9 711 710.00	非流动负债合计	54	3 943 500.00	4 943 500.00
减：固定资产减值准备	21			负债合计	55	5 070 730.00	7 155 259.95
固定资产净额	22	9 656 000.00	9 711 710.00				
生产性生物资产	23			所有者权益（或股东权益）：			
工程物资	24			实收资本（或股本）	56	10 318 300.00	10 318 300.00
在建工程	25	136 800.00		资本公积	57	134 120.00	134 120.00
固定资产清理	26			减：库存股	58		
无形资产	27	71 492.12	110 092.12	盈余公积	59	161 000.00	161 000.00
商誉	28			未分配利润	60	510 628.55	1 417 111.75
长期待摊费用	29			所有者权益（或股东权益）合计	61	11 124 048.55	12 030 531.75
递延所得税资产	30	18 000.00	18 000.00				
其他非流动资产	31						
非流动资产合计	32	9 882 292.12	9 839 802.12				
资产总计	33	16 194 778.55	19 185 791.70	负债和所有者权益（或股东权益）合计	62	16 194 778.55	19 185 791.70

表3-5　　利润表

会企02表

编制单位：宏达纺织有限公司　　2021年1月　　单位：元

项目	行数	本月数	本年累计数
一、营业收入	1	2 546 600.00	2 546 600.00
减：营业成本	2	1 403 766.90	1 403 766.90
营业税金及附加	3		
销售费用	4	38 900.00	38 900.00
管理费用	5	153 835.05	153 835.05

续表

项目	行数	本月数	本年累计数
财务费用（收益以“-”号填列）	6	20 664.30	20 664.30
资产减值损失	7		
加：公允价值变动净收益（净损失以“-”号填列）	8		
投资收益（净损失以“-”号填列）	9	600.00	600.00
其中：对联营企业与合营企业的投资收益	10		
二、营业利润（亏损以“-”号填列）	11	930 033.75	930 033.75
营业外收入	12	1 400.00	1 400.00
减：营业外支出	13	24 950.55	24 950.55
其中：非流动资产处置净损失（净收益以“-”号填列）	14		
三、利润总额（亏损总额以“-”号填列）	15	906 483.20	906 483.20
减：所得税	16		
四、净利润（净亏损以“-”号填列）	17	906 483.20	906 483.20
五、每股收益：			
基本每股收益			
稀释每股收益			
补充资料：			

项目	本年累计数	上年实际数
出售、处置部门或被投资单位所得收益		
自然灾害发生的损失		
会计政策变更增加（或减少）利润总额		
会计估计变更增加（或减少）利润总额		
债务重组损失		
其他		

计算结果的数据被显示出来，在该表页的左下角出现“计算完毕”字样，如果此时发现数据有错，可回到“格式”状态，检查单元公式，修改后再进入“数据”状态，进行整表重算工作。

关键字是对每一张表页的特定标识，在设置关键字时，给该张表的格式状态下设置了关键字，但是在数据状态下，每一张表页还需要提供单独的关键字录入工作来标识该张表页。若在“格式”状态下变动了单元公式，在进入“数据”状态时，系统会提示是否整表进行重算。打开“数据”菜单，如图 3-21 所示。选择“整表重算”，则本表中所有的表页都重新进行计算；选择“表页重算”，则系统只重新计算当前表页的内容，而其他表页不参与计算；选择“表页不计算”，则指本表页被锁定，无论任何情况下，表页中的单元公式都不再重新计算；选择“计算时提示选择账套”，则每次进行表页计算时，系统会自动弹出注册对话框，提示操作员重新选择账套等数据。在计算出来的数据中，可能会出现显示“######”的情况，这是因为单元格太窄了，将单元格的宽度扩大即可。

在用友 ERP-U8 中，UFO 报表管理系统增加了一个联查功能。可用鼠标选定一个有数据的单元格，单击鼠标右键，在弹出菜单中选择“联查明细账”功能，就可以联查到该单元格中数据来源的明细账，然后在明细账中联查到凭证，甚至可以在凭证

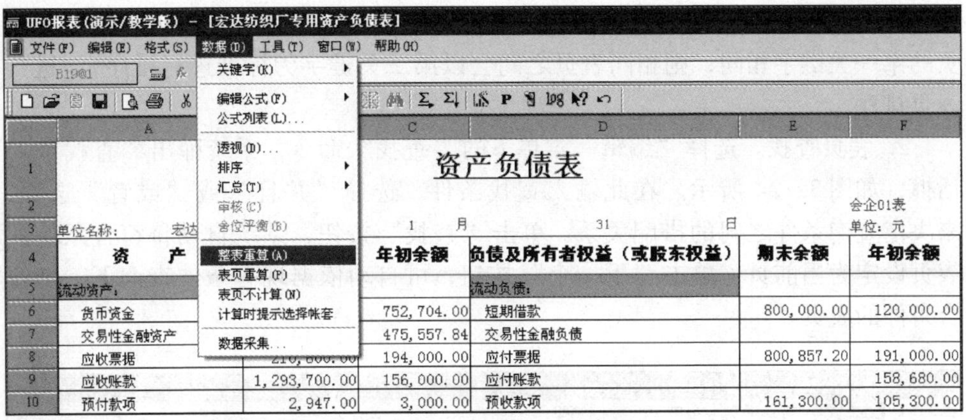

图 3－21　“整表重算”界面

中联查到该凭证的原始单据，这个功能十分灵活方便，界面如图 3－22 所示。

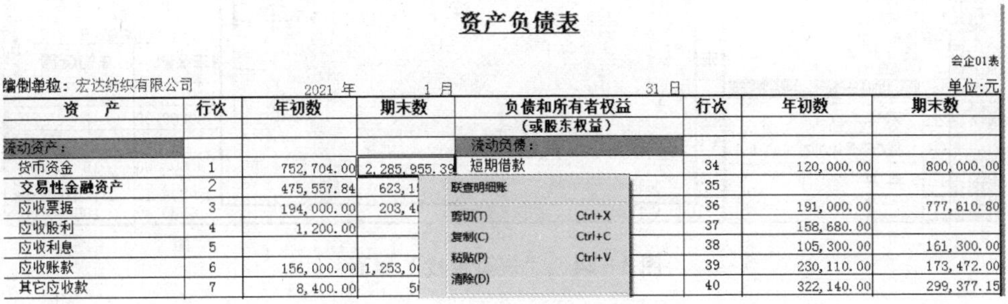

图 3－22　“联查明细账”界面

二、报表管理

1. 表页排序。选择“数据”菜单下的“排序/表页”，系统弹出“表页排序”对话框，录入关键字的排序原则，如图 3－23 所示。

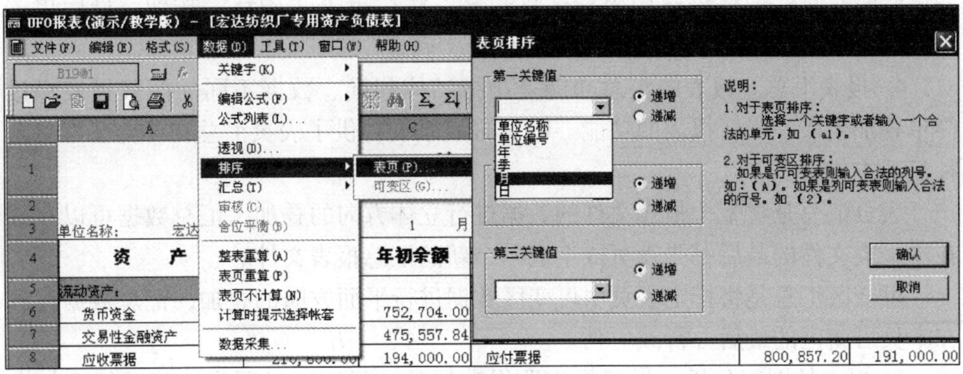

图 3－23　“表面排序”界面

单击“确认”按钮后，系统会按照指定的条件（关键字递增或递减，如表页的第一关键字相同，则相同表页之间会以第二关键字为标准进行排序），进行表页排序。

2. 表页查找。选择“编辑”菜单下的“查找”命令，系统弹出“查找”对话框，如图3－24所示。在此输入查找条件，选择“并且”或“或者”选项，来决定查询条件之间的搭配关系。单击“查找”按钮，系统自动将符合条件的表页设定为当前页，单击“下一个”按钮，可自动依据现有条件查询下一个符合条件的表页。

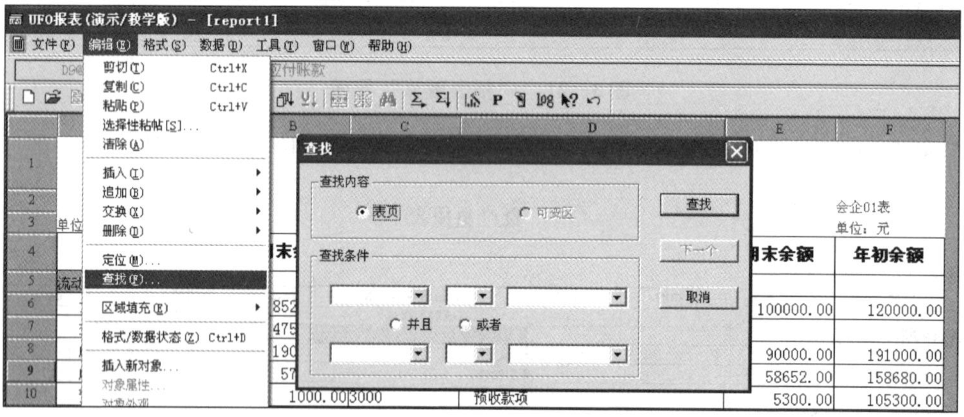

图3－24 “表页查找”界面

3. 表页透视。使用表页透视功能，可以将多张表页的某些指定的局部区域同时显示在一个平面上，这样不需要一张一张地翻动表页。首先，选定要开始透视的第一张表页的页标，将其作为当前页，系统从该页开始向其后的表页透视。然后，选择“数据”菜单下的“透视”，系统弹出“多区域透视”对话框。

在区域范围内输入需要透视的区域，如果两个区域没在一起，则区域与区域之间用“，”分开，如a7：d8，a12：d13。在输入列标栏处，输入列标名称，用“，”分开，输入的列标名称会取代坐标名称，如果输入的列标名称数不及列标数多，则系统后面的列标名称仍然用坐标名称代替。然后单击“确认”按钮。最后单击“保存”按钮，可将该结果保存起来，单击“确定”按钮退出透视窗口。

4. 报表汇总。报表的汇总功能是指把结构相同、数据不同的两张报表经过简单叠加生成一张新报表的功能。UFO报表系统提供了表页汇总和可变区汇总两种汇总方式。

表页汇总是将整个报表文件的数据进行立体方向的叠加，汇总数据可以存放在本报表文件的最后一张表页或生成一个新的汇总报表文件。

可变区汇总是将指定表页中可变区数据进行平面方向的叠加，汇总数据存放在本页可变区的最后一行或一列。

5. 报表的图表分析。做好报表取得数据后，可以通过图表功能进行更加直观的分析，这些图表格式为直方图、圆饼图、折线图、面积图。打开一个已设计好的表页，将其转换到“数据”状态下，然后进行表页重算。选定需要进行图表显示的表页数据。

选择“工具”菜单下的“插入图表对象”功能，此时系统会要求操作员按住鼠标左键在该表页中拖动，以指定一个区域来存放生成的最后图表（如原来所设置的该表页没有足够放图表区域，则在操作前先追加行或列），确认区域后，放开鼠标，系统弹出“区域作图”对话框，如图 3－25 所示。

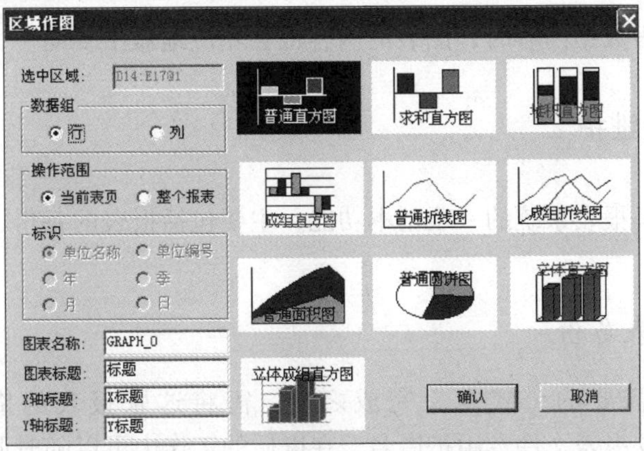

图 3－25 “区域作图”对话框

在“数据组”中如果选择“行”，则原先数据组区域中的“行”为图表的横轴（X 轴），“列”为竖轴（Y 轴）；选择“操作范围”中“当前表页”，表示利用当前表页中的数据作图，“整个报表”表示利用所有表页中的数据作图。

标识：当选“当前表页”作图时，“标识”变灰不能使用。

图表名：输入的图表名以后是不可修改的。

图表格式：在列出的图表格式中选择一种。

最后单击“确认”按钮，结果如图 3－26 所示。

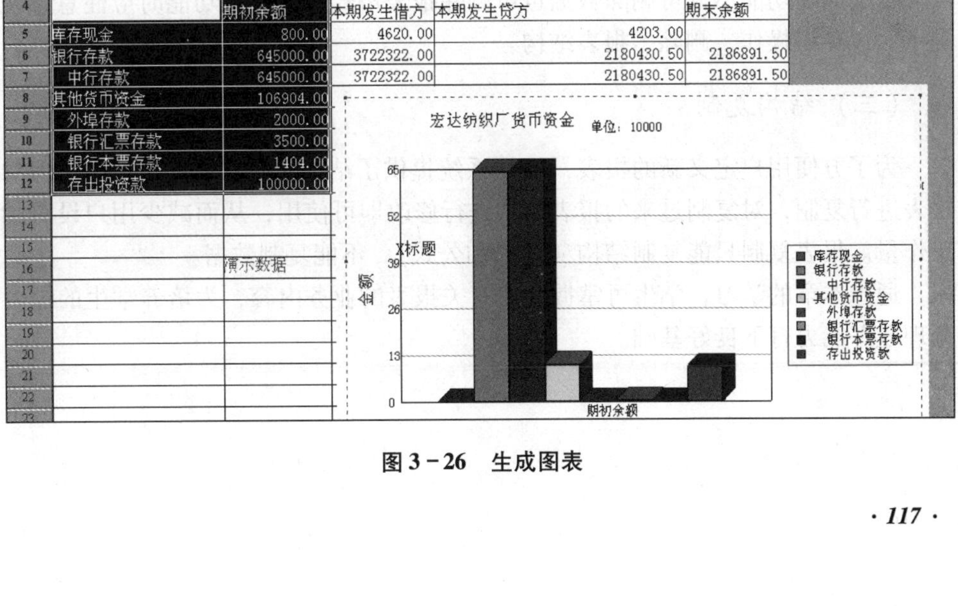

图 3－26 生成图表

可以用鼠标拉动图表的边框线，对图表的大小和位置重新进行调整。双击 X 轴和 Y 轴，系统会出现“编辑标题”窗口，在此可修改标题。可在同一个报表内插入不同的图表对象，这些图表对象有时可能会相互重叠，除了拉动改变其位置之外，还可以选定需操作的图表，单击鼠标右键，在弹出的快捷菜单中选择相应的命令，来决定图表前后位置。选择“对象置前”或是“对象置后”菜单，也可选择“对象打印”功能单独打印选定的图表，单击“清除”命令可清除图表。

当修改报表数据内容时，图表的内容也会相应地做出变动。

三、报表维护

报表维护是报表系统的一项基本功能，主要包括报表的备份、删除、结构复制等。

（一）报表备份

当报表所需要的公式定义完成之后，需将这张报表的格式保存起来，“. REP”为用友报表文件专用扩展名，在以后的工作中可以随时调用，而不需要重新设置。如果没有保存就退出，系统会出现提示“是否保存报表?”，以防止误操作。

选择“文件”菜单下的“保存”，系统弹出“另存为”对话框，在对话框中输入报表名称，选择报表保存位置。

（二）报表删除

在实际工作中，每次编制报表都将生成一个存放数据表的文件，这样系统运行几年后，报表的数据文件将很多，这些文件会占用大量的硬盘空间。为了系统的正常运行，需要定期从系统中删除以前的旧表。

报表删除功能不仅可删除数据也可删除报表格式。使用此功能时应注意系统提示，以免误操作，删除了报表结构。

（三）结构复制

为了方便用户定义新的报表，UFO 系统提供了结构复制功能。对结构类似的报表进行复制，对复制过来的报表结构进行修改即可使用，从而减少用户设置的工作量。报表复制只能复制结构（格式和公式），不能复制数据。

通过本章的学习，学生可掌握企业有关报表的业务内容，为培养学生的综合处理业务能力打下良好基础。

第四章　薪资管理系统

第一节　薪资管理系统概述

一、薪资管理系统功能简介

工资的核算和管理是人力资源管理的基本内容。工资是企业依据职工付出劳动的数量和质量，在一定时期内以货币的形式付给职工的劳动报酬。工资核算是所有单位会计核算中最基本的业务之一。工资核算和管理的正确与否，关系到企业每一个职工的切身利益，对于调动职工的工作积极性、正确处理企业与职工之间的经济关系具有重要意义。企业的工资费用是产品成本的重要组成部分，加强工资管理，合理调配人员组织生产，有效控制工资费用在成本中的比例，可以有效地降低产品成本。工资数额的大小关系到国民收入中积累和消费的比例，因而其也是国家重点管理和控制的内容。另外，在职工较多的单位，工资核算是一项任务繁重、时效性较强的工作，因此，薪资管理系统是企业广泛使用的一个系统。薪资管理系统的主要功能包括工资类别管理、人员档案管理、工资数据管理、工资报表管理等几个方面。

1. 工资类别管理。薪资管理系统提供处理多个工资类别的功能。如果单位中有多种不同类别的人员，工资发放项目不同，计算公式也不同，但需进行统一工资核算管理，就应选择建立多个工资类别。如果单位中所有人员的工资项目、工资计算公式全部相同，为进行工资的统一管理，只需建立单个工资类别，以提高系统的运行效率。

2. 人员档案管理。薪资管理系统可进行人员档案管理。在薪资管理系统中，可以设置人员的基础信息，并对人员变动进行调整，另外系统还提供了人员附加信息的设置。

3. 工资数据管理。薪资管理系统可以根据不同企业的需要，设计工资项目和计算公式管理所有人员的工资数据，并对平时发生的工资变动进行调整，自动计算个人所得税，结合工资发放形式进行扣零处理，或向代发工资的银行传输工资数据，自动计算、汇总工资数据，自动完成工资分摊、计提、转账业务。

4. 工资报表管理。薪资管理系统可提供多层次、多角度的工资数据查询。

薪资管理系统主要与总账管理系统和成本管理系统存在数据传递关系。其中，与总账管理系统的数据关系是：薪资管理系统将工资计提及分摊的结果生成转账凭证，传递到总账管理系统进行账务处理。与成本管理系统的关系是：将工资费用分配表数据向成本管理系统传送，供计算成本时使用。

二、薪资管理系统的业务处理流程

1. 新用户的操作流程。采用多工资类别核算的企业，第一次启用薪资系统时，应按如下步骤进行操作：建立工资账套信息、初始设置、新增工资类别、工资变动、代扣个人所得税、银行代发工资、工资分摊、费用计提、工资报表管理、月末处理。

2. 老用户的操作流程。如果已使用了薪资管理系统，到年末应进行数据的结转，以便开始下一年度的工作。

在新的会计年度开始时，可在“设置”菜单中选择所需修改的内容，如人员附加信息、人员类别、工资项目、部门等，这些设置只有在新的会计年度的第一个会计核算月中，删除所涉及的工资数据和人员档案后，才可进行修改。

3. 薪资管理系统的内部数据处理流程。

（1）系统初始设置。薪资管理系统首次使用时，需将企业现有职工的全部原始资料输入计算机，以形成系统的基础数据库。在初始设置中，应进行部门、人员档案等编码设置，另外，还需要设置应发工资、实发工资等计算公式。

（2）编制工资变动单。根据系统储存的工资数据和输入的每一职工当月的各种变动数据，以及根据人力资源部门通知输入的可能发生的职工调动和提职、晋级发生的工资变动数据，编制工资变动单。

（3）计算、汇总工资变动单。对于工资变动单发生的变动，需要进行重新计算和汇总，生成变动后的工资汇总表及工资费用分配表、个人所得税申报表等。

（4）编制工资记账凭证并向总账管理系统传递凭证。

第二节　薪资系统基础设置

一、在企业门户启用工资管理账套

进入企业应用平台，执行“人力资源/薪资管理”命令，打开“建立工资套”设置对话框，如图4－1所示。

1. 参数设置。选择需要在本账套中处理的工资类别个数，一套账中可以同时处理多种不同的工资类别，如有的公司需要每月多次发放工资，并且根据不同的职员，所计算的方法也不一样时，就需要建立不同的工资类别，最终进行工资类

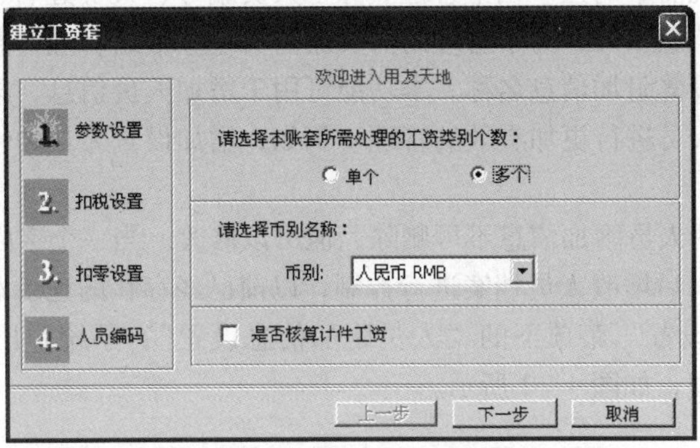

图4-1 “建立工资套”对话框

别的汇总，勾选“多个”选项，单击“下一步”按钮。

2. 扣税设置。在薪资管理系统中，可以设定是否从工资中扣除个人所得税，由系统根据所设定的所得税基数和所得税扣除方法自动计算，单击“下一步”按钮。

3. 扣零设置。扣零设置是将工资的零头扣下，本月不发放，下月累积起来，扣零设置是指扣除零头，而不是四舍五入，选择“扣零至元”，单击“下一步”按钮。

4. 人员编码。单击“完成”按钮，完成建立工资账套的过程。

工资账套与企业核算账套是不同的概念，企业核算账套在系统管理中建立，是针对整个用友 ERP 系统而言，而工资账套只针对用友 ERP 系统中的薪资管理子系统。可以说，工资账套是企业核算账套的一个组成部分。

如果单位按周或每月多次发放薪资，或者是单位中有多种不同类别（部门）人员，工资发放项目不尽相同，计算公式也不相同，但需要进行统一工资核算管理，应选择“多个”工资类别。反之，如果单位中所有人员工资按统一标准进行管理，而且人员的工资项目、工资计算公式全部相同，则选择“单个”工资类别。

选择代扣个人所得税后，系统将自动生成工资项目“代扣税”，并自动进行代扣税金的计算。

扣零处理是指每次发放工资时将零头扣下，积累取整，在下次发放工资时补上，系统在计算工资时将依据扣零类型（扣零至元、扣零至角、扣零至分）进行扣零计算。

一旦选择了“扣零处理”，系统自动在固定工资项目中增加“本月扣零”和“上月扣零”两个项目，扣零的计算公式将由系统自动定义，不用设置。

建账完成后，部分建账参数可以在“设置/选项”中进行修改。

二、人员附加信息设置

薪资系统不仅可以核算人员工资，而且还可以进行人员的一些基本档案信息管理工作，实现简单的人事档案管理。除了人员编号、人员姓名、所在部门、人员类别等基本信息以外，为了管理的需要还需要一些辅助管理信息，人员附加信息的设置就是设置附加信息名称。本功能可用于增加人员信息，丰富人员档案的内容，便于对人员进行更加有效的管理。例如，增加设置人员的性别、民族、婚否等。

已使用过的人员附加信息不可删除，但可以修改。当一个字段设置为“必输项”时，仅对以后增改人员档案进行控制，以前已经存在的记录不做改变。

1. 选择“设置”菜单下的“人员附加信息设置”，系统弹出“人员附加信息设置”对话框，如图 4 -2 所示。

图 4 -2 “人员附加信息设置”对话框

2. 单击“增加”按钮，增加新的附加信息项。打开“参照”内容，可以选择由系统提供的一些参照信息。

三、工资项目设置

工资项目是计算工资的基础载体。

1. 选择“设置”菜单下的“工资项目设置”，系统弹出“工资项目设置”对话框，如图 4 -3 所示。

2. 单击“增加”按钮，在工资项目列表末增加一空行，可设置工资项目。工资项目名称可直接输入，也可在“名称参照”中进行选择输入，工资项目名称必须唯一。设置新建工资项目的类型、长度、小数位数和工资增减项。若工资项目类型为字符型，则小数位不可用，并将增减项设为“其他”。数字型的工资项目，长度中包含了小数点（占 1 位）的长度。增项直接计入应发合计，减项直接计入扣款合计。单击界面上的向上、向下移动箭头可调整工资项目的排列顺

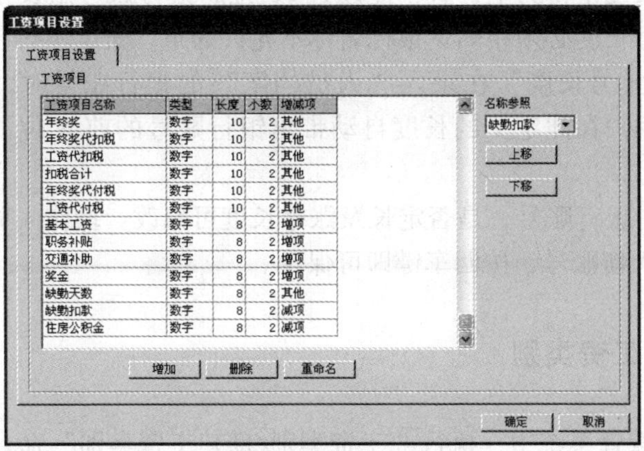

图 4-3 “工资项目设置” 对话框

序。单击“确定”按钮，系统弹出“工资项目已经改变，请确认各工资类别的公式是否正确”，单击“确定”按钮。

有时无法进行工资项目的设置，产生问题的原因与多类别工资管理有关。在多类别工资管理时，在进行工资项目的设置时，先关闭所有工资类别，将所需的工资项目全部设置完成，再打开相应的工资类别，设置当前工资类别的工资项目即可。

四、银行名称设置

银行名称设置中可设置多个发放工资的银行，以适应不同的需要。在企业应用平台“基础档案”选项卡中，执行“基础档案/收付结算/银行档案”命令，按实验资料修改已有银行名称信息，如图 4-4 所示。

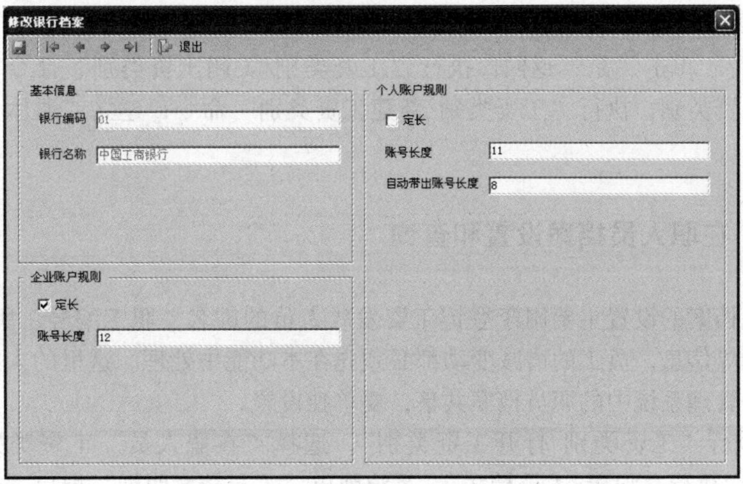

图 4-4　“修改银行档案” 对话框

银行账号长度不得为空，且不能超过30位。银行账号定长是指此银行要求所有人员的账号长度必须相同。银行名称不允许为空，长度不得超过20个字符。

“自动带出账号长度”在录入“人员档案”的银行账号时，从第二个人开始，系统根据用户在此定义的长度自动带出银行账号的前N位，提高用户录入速度。

银行名称、银行账号、是否定长及账号长度可修改。操作人员可直接在“银行账号”处输入新账号，按回车键即可保存。

五、建立工资类别

1. 在薪资管理系统中，执行“工资类别/新建工资类别”命令，打开“新建工资类别”对话框。输入工资类别名称“在职人员”，如图4－5所示。单击“下一步”，再选取这个工资类别所包含的部门，如图4－6所示；如果尚未建立部门，系统会提示应先建立部门，然后才能建立工资类别。

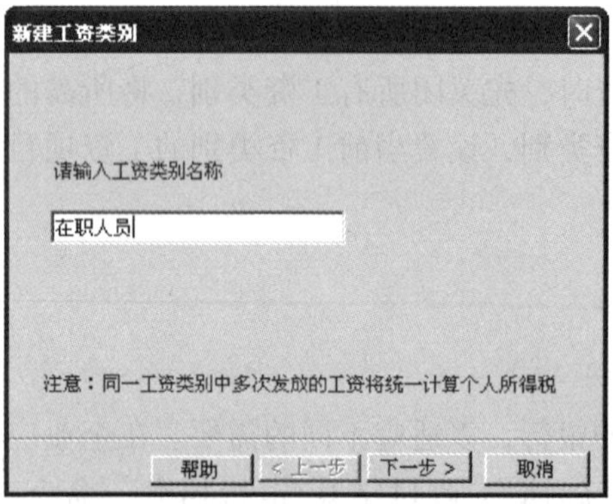

图4－5 “新建工资类别”对话框

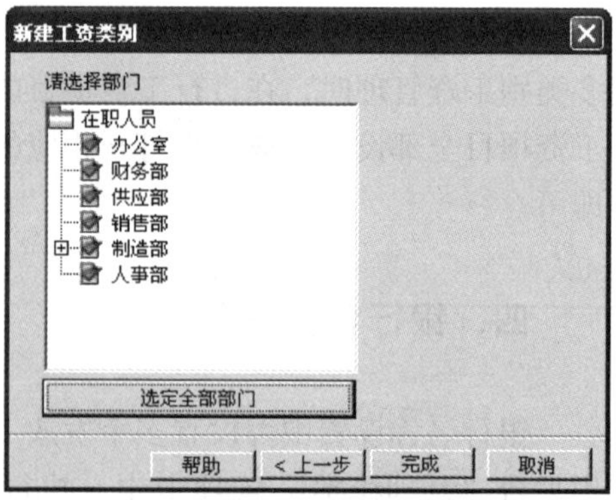

图4－6 “新建工资类别”对话框

2. 单击“完成”按钮，系统提示“是否以2021－01－01为当前工资类别的启用日期?”单击“是”返回。执行“工资类别/关闭工资类别”命令，关闭在职人员工资类别，执行“工资类别/新建工资类别”命令，建立“退休人员”工资类别。

六、在职人员档案设置和查询

人员档案的设置主要用于登记工资发放人员的姓名、职工编号、所在部门、人员类别等信息，员工的增减变动都必须先在本功能中处理。这里的人员档案不能与总账管理系统中的职员档案共享，要单独设置。

1. 执行“工资类别/打开工资类别”，选择“在职人员”工资类别，单击“确定”后执行“设置/人员档案”，系统弹出“人员档案明细”窗口，在“基本信息”选项卡中，单击“人员姓名”栏参照按钮，选择“陈明达”，带出其他相关信息，输入银行名称、银行账号信息，如图4-7所示。单击“附加信息”选项卡，可以输入性别、学历等相关信息。

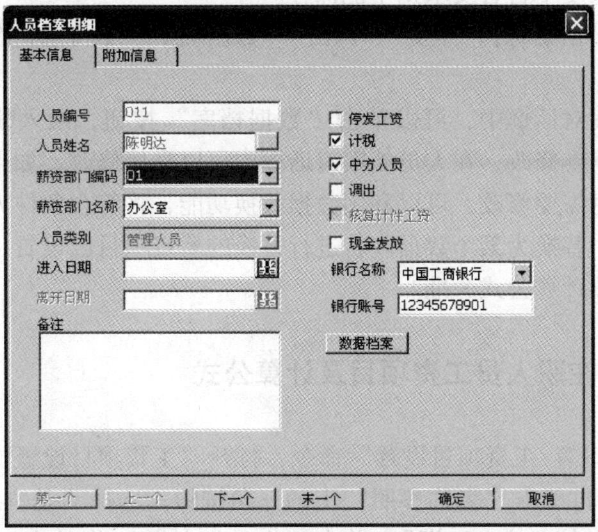

图4-7　“人员档案明细”对话框

2. 在“人员档案”对话框中，单击“批增”功能可以按人员类别批量增加人员档案，然后再进行修改。使用“批增”功能录入其他人员档案，录入完成后如图4-8所示。

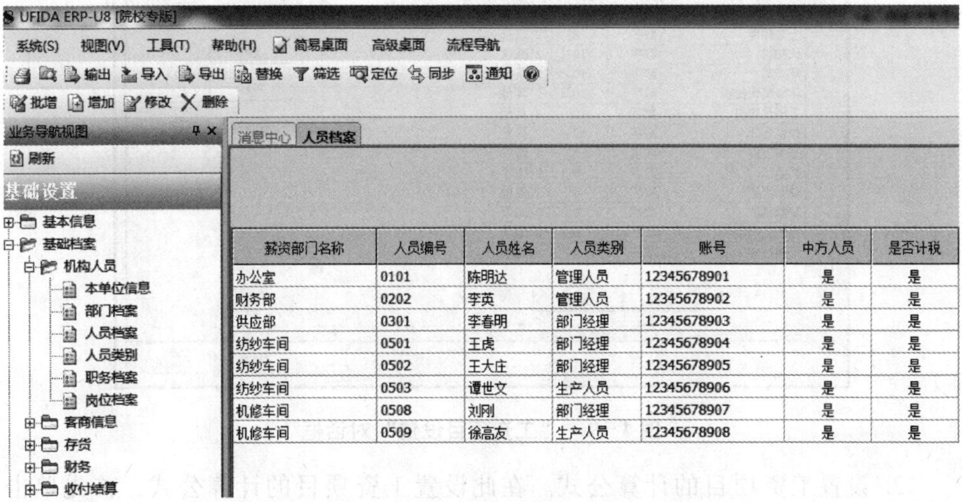

图4-8　人员档案录入完成

在“人员档案”对话框中，单击“批增”功能可以按人员类别批量增加人员档案，然后再进行修改。

如果在银行名称设置中设置了“银行账号定长”，则在输入人员档案的银行账号时，在输入了一个人员档案的银行账号后，再输入第二个人的银行账号时，系统会自动带出已设置的银行账号定长的账号，只需要输入剩余的账号即可。

如果账号长度不符合要求则不能保存。

在增加人员档案时，“停发”“调出”“数据档案”不可选，在修改状态下才能编辑。

在人员档案对话框中，可以单击“数据档案”按钮，录入薪资数据。如果个别人员档案需要修改，在人员档案对话框中可以直接修改。如果一批人员的某个薪资项目同时需要修改，可以利用数据替换功能，将符合条件人员的某个薪资项目的内容统一替换为某个数据。若进行替换的薪资项目已设置了计算公式，则在重新计算时以计算公式为准。

七、设置在职人员工资项目及计算公式

1. 执行“设置/工资项目设置”命令，打开“工资项目设置”对话框。单击“增加”按钮，再单击“名称参照”下的三角按钮，选择“基本工资”“资金”等工资项目。选中“基本工资”，单击“上移”按钮，将基本工资移动到第一行，再继续移动其他工资项目到相应的位置，如图4－9所示。

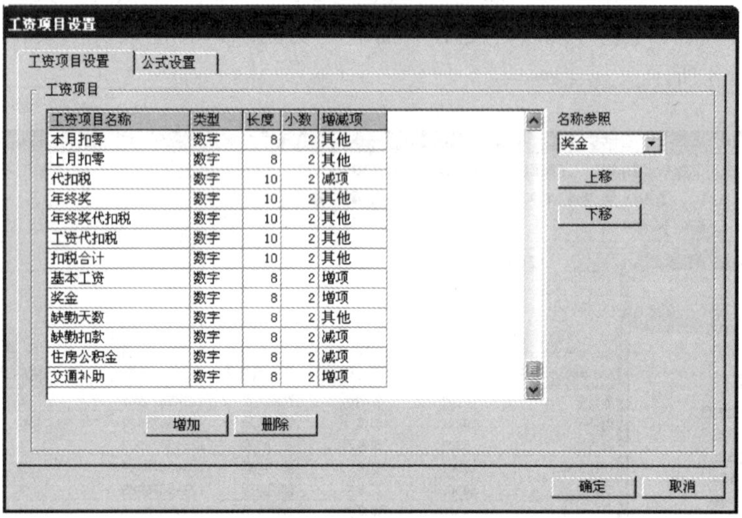

图4－9　“工资项目设置”对话框

2. 设置工资项目的计算公式。在此设置工资项目的计算公式，首先单击“增加”按钮以新增一个工资项目，然后在右边的公式定义栏中输入计算公式。计算公式中的工资项目、部门和人员类别，需在系统提供的工资项目、部门和人员类别浏览窗中选取。

在工资项目设置对话框中单击“公式设置”选项卡，单击“增加”按钮，从下拉列表中选择“缺勤扣款”，单击右方公式定义区域，在下方工资项目中选

中“基本工资”，单击“运算符”区域中的“/”，录入“20”，单击左下方的“＊”，再单击选中“工资项目”，在列表中选择“缺勤天数”，如图4－10所示。同理完成“住房公积金”的计算公式。

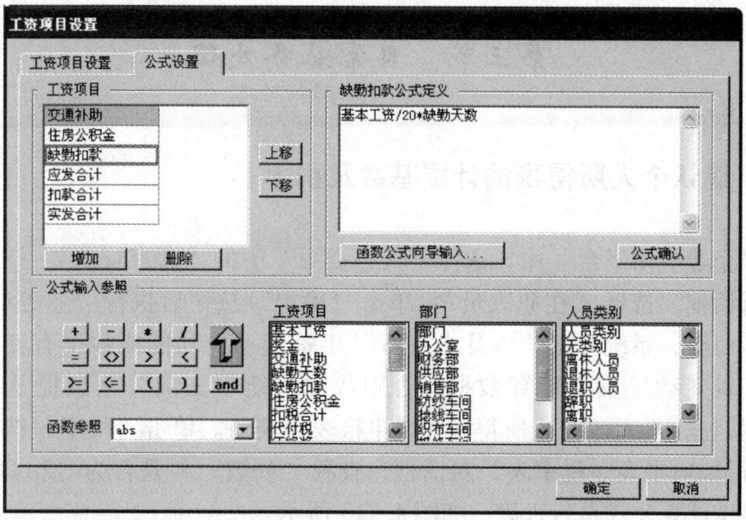

图4－10　“工资项目设置”对话框

3. 公式设置中的函数公式向导。在“工资项目设置—公式设置”界面中，单击“增加”按钮，从下拉列表中选择“交通补助”。单击“函数公式向导输入”按钮，选择“函数名”列表中的“iff”，在“逻辑表达式”中录入“人员类别”＝“管理人员”or“人员类别”＝“经营人员”，在“算术表达式1”中输入1 000，在“算术表达式2”中输入600，如图4－11所示，再单击“完成”按钮，交通补助的公式设置如图4－12所示。

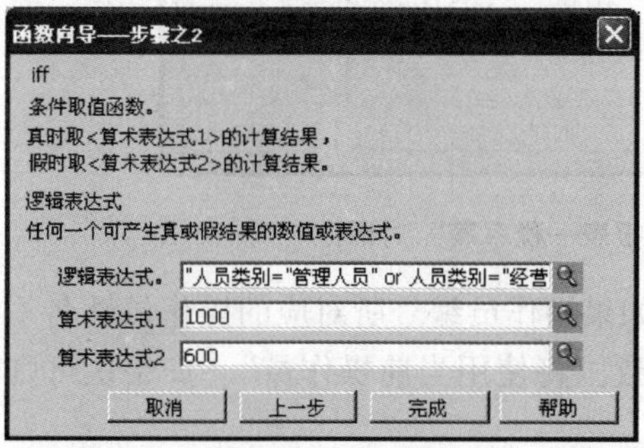

图4－11　“函数向导一步骤之2”对话框

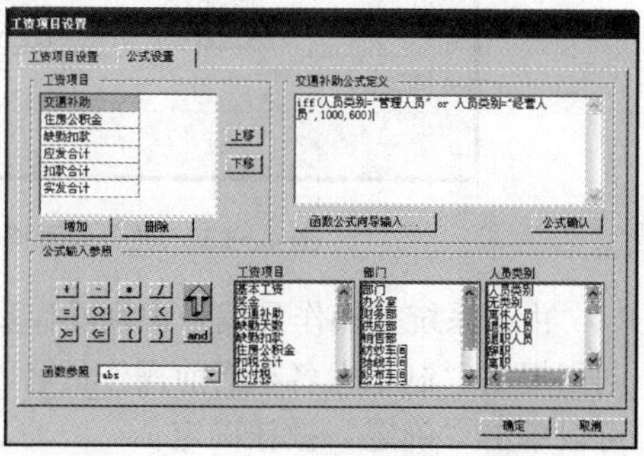

图4－12　“工资项目设置”对话框

如果公式设置页显示为灰色，无法打开，有可能是因为还没有设置人员档案。这里的人员档案不是指用友系统中的职员档案，而是薪酬管理系统的档案。

定义工资项目计算公式要符合逻辑，系统将对公式进行合法性检查。应发合计、扣款合计和实发合计公式不用设置。函数公式向导只支持系统提供的函数。

定义公式时要注意先后顺序，先得到的数应先设置公式。应发合计、扣款合计和实发合计公式应是公式定义框的最后三个公式，且实发合计的公式要在应发合计和扣款合计公式之后。

第三节　日常业务处理

一、确认个人所得税的计提基数及税率

在“企业应用平台”中，选择“人力资源”中的“薪资管理”，打开“工资类别”对话框，选择“在职人员”，单击“确定”按钮后执行“业务处理/扣缴所得税”命令，系统弹出“本月未进行‘工资变动’功能或数据有变化，请先进入‘工资变动’重新计算数据，否则数据可能不正确”信息提示框。单击“确定”按钮，进入“个人所得税扣缴申报表”窗口。单击“税率”按钮，打开“个人所得税申报表—税率表”对话框，查看“基数”栏是否为“2 000”，查看个人所得税计算公式是否正确，如图 4 - 13 所示。

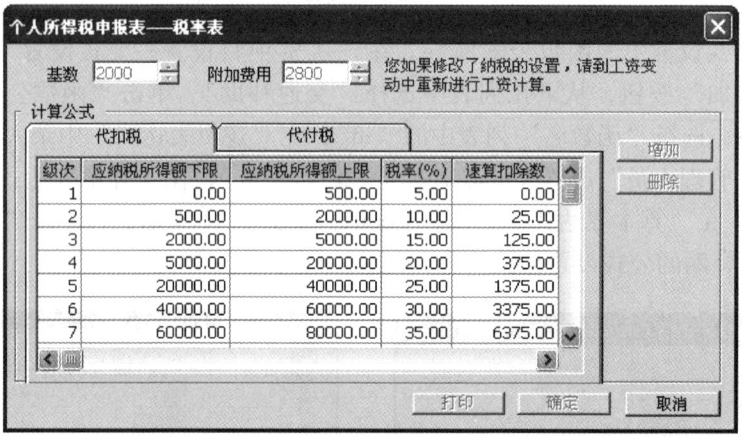

图 4 - 13　“个人所得税申报表—税率表”对话框

由于系统按操作员编号识别操作员，如果操作员编号所对应的操作员姓名不同则提示“制单人名与当前操作员名不一致，将使用当前操作员”。如果认可则可以单击“确定”按钮确定。

个人所得税扣缴应在“工资变动”后进行，但是 2018 年 10 月 1 日之后个人所得税的计提基数设置是 5 000 元，而本例中是 2 000 元，所以应先核对个人所得税计提基数后再进行工资变动处理。如果先进行工资变动处理再修改个人所得税的计提基数，就应该在修改了个人所得税的计提基数后再进行一次工资变动处理，否则工资数据将不正确。

“个人所得税扣缴申报表”是个人纳税情况的记录，系统提供对表中栏目的

设置功能。

个人所得税申报表栏目只能选择系统提供的项目，不提供由用户自定义的项目。系统默认以“实发合计”作为扣税基数。如果想以其他工资项目作为扣税标准，则需要在定义工资项目时单独为应税所得设置一个工资项目。

如果单位的扣除费用及税率与国家规定的不一致，可以在个人所得税扣缴申报表中单击“税率”按钮进行修改。

在“工资变动”中，系统默认以“实发合计”作为扣税基数，所以在执行完个人所得税计算后，需要到“工资变动”中，执行“计算”和“汇总”功能，以保证“代扣税”这个工资项目正确地反映出单位实际代扣个人所得税的金额。

二、录入并计算1月工资数据

1. 选择“业务处理”菜单下的“工资变动”，系统弹出“工资变动”窗口。

2. 单击“替换”按钮，可以有条件地对数据进行整体替换，如将奖金都设为1 000元，替换条件可以多重组合。

3. 人员信息比较多的情况下，可以单击“筛选”按钮进行过滤。单击“编辑”按钮，系统可以按照每一个人的信息单独进行编辑。

4. 分别录入工资项目数据，如图4－14所示。单击“计算”和“汇总”按钮，系统将进行数据计算，然后汇总。

工资变动

过滤器 所有项目　　定位器

选择	人员编号	姓名	部门	人员类别	基本工资	奖金	交通补贴	应发合计	住房公积金	缺勤天数	缺勤扣款	扣款合计	本月扣零	代扣税	实发合计
	0101	陈明达	办公室	管理人员	6,000.00	1,000.00	1,000.00	8,000.00	560.00			1,273.00	7.00	713.00	6,720.00
	0202	李英	财务部	管理人员	5,500.00	1,000.00	1,000.00	7,500.00	520.00			1,142.00	8.00	622.00	6,350.00
	0301	李春明	供应部	经营人员	5,000.00	1,000.00	1,000.00	7,000.00	480.00			1,033.00	7.00	553.00	5,960.00
	0501	王虎	纺纱车间	管理人员	5,500.00	1,000.00	1,000.00	7,500.00	520.00			1,142.00	8.00	622.00	6,350.00
	0502	王大庄	纺纱车间	生产人员	5,000.00	1,000.00	600.00	6,600.00	480.00			973.00	7.00	493.00	5,620.00
	0503	谭世文	纺纱车间	生产人员	5,000.00	1,000.00	600.00	6,600.00	480.00			973.00	7.00	493.00	5,620.00
	0508	刘刚	机修车间	管理人员	5,000.00	1,000.00	1,000.00	7,000.00	480.00			1,033.00	7.00	553.00	5,960.00
	0509	徐高友	机修车间	生产人员	4,000.00	1,000.00	600.00	5,600.00	400.00	2.00	400.00	1,095.00	5.00	295.00	4,500.00
合计					41,000.00	8,000.00	6,800.00	55,800.00	3,920.00	2.00	400.00	8,664.00	56.00	4,344.00	47,080.00

图4－14　工资项目汇总计算结果

三、扣缴所得税

扣缴所得税功能是让系统自动计算个人所得税，用友软件中提供的个人所得税的计算依据只与该薪资系统中的数据有关。选择“业务处理”菜单下的“扣缴所得税”，选择“个人所得税年度申报表”，进入“所得税申报”窗口，单击“税率”按钮进行所得税基数的设置，按照新的个人所得税政策，个人所得税的起征点是5 000元。计算公式由系统提供，是根据国家的相关规定制定的，建议不要修改。

四、银行代发

银行代发是指用户在月底将工资报表输入成银行所需的数据格式，然后直接打印或报盘给银行，由指定的银行将工资发放到人员档案中预先设置的银行账号。

首先，选择“业务处理”菜单下的“银行代发”，打开“银行文件格式设置”对话框，在银行模板中供选择的银行名称是在薪资管理系统的基础设置中已经设置好了的。在此可单击“插入行”或“删除行”进行格式修改。然后，在“银行代发一览表”窗口中，单击“方式”按钮以选择该表输入的数据形式，最后单击“传输”按钮来选择输出的路径。

在人员档案设置中，只有在具体人员的工资中指定在银行发放的在此才会显示，否则不显示。

五、工资分摊设置

财会部门根据工资费用分配表，将工资费用按用途进行分配，并编制转账会计凭证，以进行登账。

1. 选择“业务处理”菜单下的“工资分摊”，系统弹出“工资分摊”对话框，如图 4－15 所示。单击“工资分摊设置”按钮，进行工资分摊类型设置，如图 4－16 所示。

图 4－15　“工资分摊”对话框

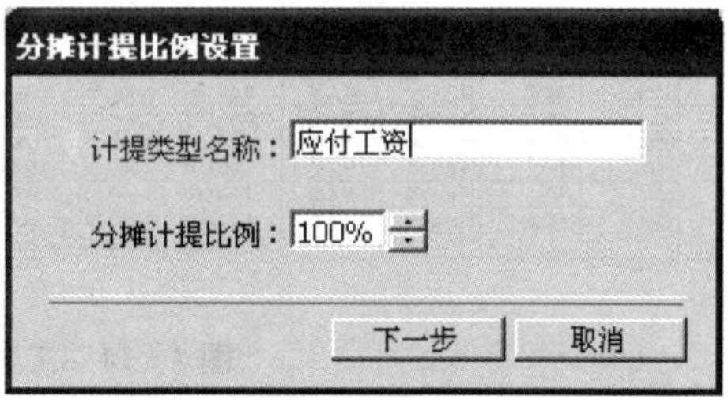

图 4－16　“分摊计提比例设置”对话框

2. 在“工资分摊”对话框中，分别选择分摊构成的各个项目内容，如图 4－17 所示。单击“完成”按钮，返回到“分摊构成设置”对话框。

3. 同理，增加“应付福利费”，在“分摊计提比例”中录入“14%”。

六、工资分摊并生成转账凭证

1. 执行“业务处理/工资分摊”命令，在“工资分摊”对话框中，选择“应付工资”和“应付福利费”前的复选框，并单击选中各个部门，选择“明细到工资项目”复选框，如图 4－18 所示。

分摊构成设置

部门名称	人员类别	工资项目	借方科目	借方项目大类	借方项目	贷方科目	贷方项
纺纱车间	管理人员	应发合计	510101			221101	
机修车间	管理人员	应发合计	510105			221101	
办公室,财务部	管理人员	应发合计	660201			221101	
纺纱车间	生产人员	应发合计	5001010101			221101	
机修车间	生产人员	应发合计	50010202			221101	
供应部	经营人员	应发合计	6601			221101	

上一步 完成 取消

图 4-17 “分摊构成设置”对话框

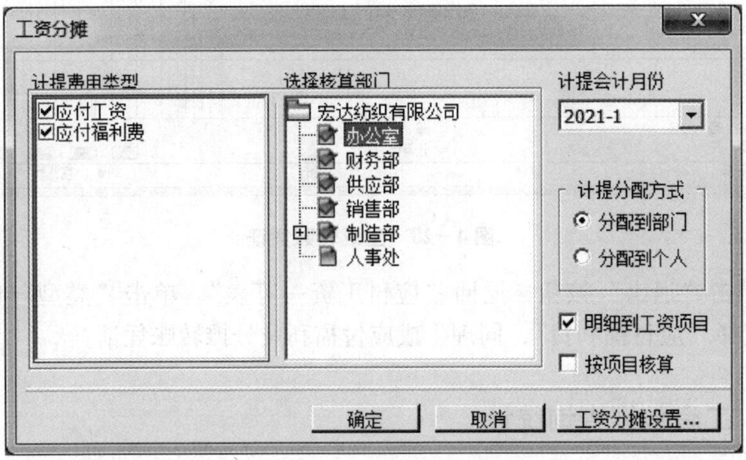

图 4-18 “工资分摊”对话框

2. 单击“确定”按钮，进入“应付工资一览表”，如图 4-19 所示。

☐ 合并科目相同、辅助项相同的分录

类型 应付工资

部门名称	人员类别	应发合计		
		分配金额	借方科目	贷方科目
办公室	管理人员	8000.00	660201	221101
财务部		7500.00	660201	221101
供应部	经营人员	7000.00	6601	221101
纺纱车间	管理人员	7500.00	510101	221101
	生产人员	13200.00	5001010101	221101
机修车间	管理人员	7000.00	510105	221101
	生产人员	5600.00	50010202	221101

图 4-19 “应付工资一览表”界面

3. 选中“合并科目相同、辅助项相同的分录”复选框，单击“制单”按钮，选择凭证类别为“转账凭证”，单击“保存”按钮，自动生成凭证并传至总账管理系统中，生成凭证的操作员必须是总账管理系统中有制单权限的用户，如图4－20所示。

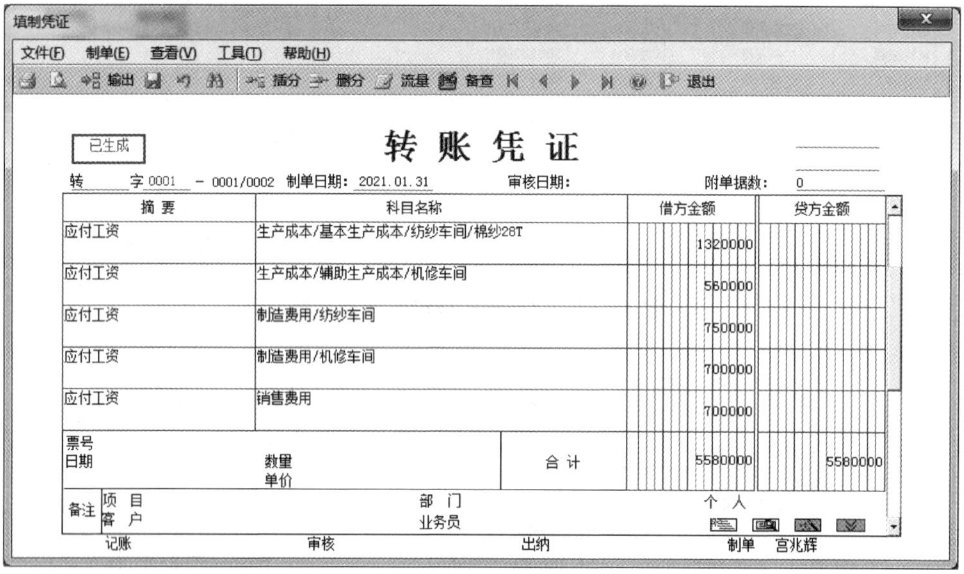

图4－20　生成转账凭证

4. 单击“退出”按钮，返回“应付工资一览表”。单击“类型”的下三角按钮，选择“应付福利费”，同理生成应付福利费分摊转账凭证。

七、工资数据查询统计

1. 工资表。工资表包括原始的工资发放签名表、工资发放条、工资卡、部门工资汇总表、人员类别工资汇总表、条件汇总表、条件统计表、条件明细表、工资变动明细表、工资变动汇总表等，主要用于工资发放和统计。

选择“统计分析/账表/工资表”，在“工资表”中选择需查询的工资表，如双击“工资发放条”，如图4－21所示，系统弹出“工资发放条”对话框，勾选查询部门，单击“确认”按钮，系统筛选出符合条件的记录，如图4－22所示。

2. 工资分析表。工资分析表是以工资数据为基础，对部门、人员类别的工资数据进行分析和比较而产生的各种分析表，以供决策人员使用。

选择“统计分析/工资分析表”，系统弹出“账表管理”窗口，在窗口中选择需进行工资分析的账表，如图4－23所示。例如，选择“工资项目分析（按部门）”，系统弹出“选择分析部门”对话框，选择部门后，单击“确认”按钮，系统弹出“分析表选项”对话框。单击双箭头或单箭头按钮，将项目选入已选项目中，如图4－24所示，然后单击“确认”按钮，系统列出分析结果。

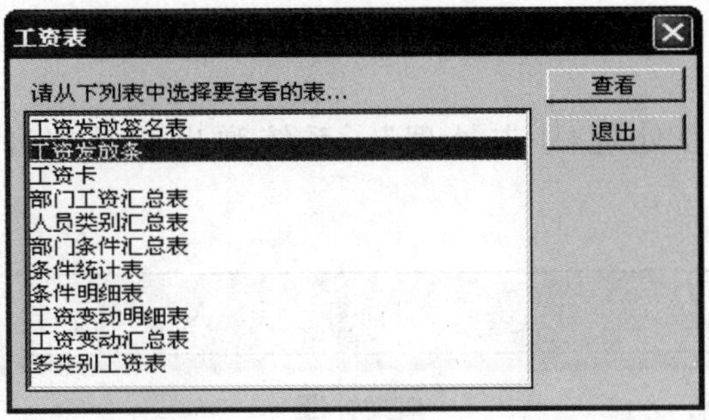

图 4-21 “工资表”对话框

人员编号	姓名	应发合计	扣款合计	实发合计	本月扣零	代扣税	工资代扣税	扣税合计	基本工资	奖金	交通补贴	住房公积金	缺勤天数	缺勤扣款
0101	陈明达	8,000.00	1,273.00	6,720.00	7.00	713.00	713.00	713.00	6,000.00	1,000.00	1,000.00	560.00		
0202	李英	7,500.00	1,142.00	6,350.00	8.00	622.00	622.00	622.00	5,500.00	1,000.00	1,000.00	520.00		
0301	李春明	7,000.00	1,033.00	5,960.00	7.00	553.00	553.00	553.00	5,000.00	1,000.00	1,000.00	480.00		
0501	王虎	7,500.00	1,142.00	6,350.00	8.00	622.00	622.00	622.00	5,500.00	1,000.00	1,000.00	520.00		
0502	王大庄	6,600.00	973.00	5,620.00	7.00	493.00	493.00	493.00	5,000.00	1,000.00	600.00	480.00		
0503	谭世文	6,600.00	973.00	5,620.00	7.00	493.00	493.00	493.00	5,000.00	1,000.00	600.00	480.00		
0508	刘刚	7,000.00	1,033.00	5,960.00	7.00	553.00	553.00	553.00	5,000.00	1,000.00	1,000.00	480.00		
0509	徐高友	5,600.00	1,095.00	4,500.00	5.00	295.00	295.00	295.00	4,000.00	1,000.00	600.00	400.00	2.00	400.00
合计		55,800.00	8,664.00	47,080.00	56.00	4,344.00	4,344.00	4,344.00	41,000.00	8,000.00	6,800.00	3,920.00	2.00	400.00

图 4-22 工资表筛选结果

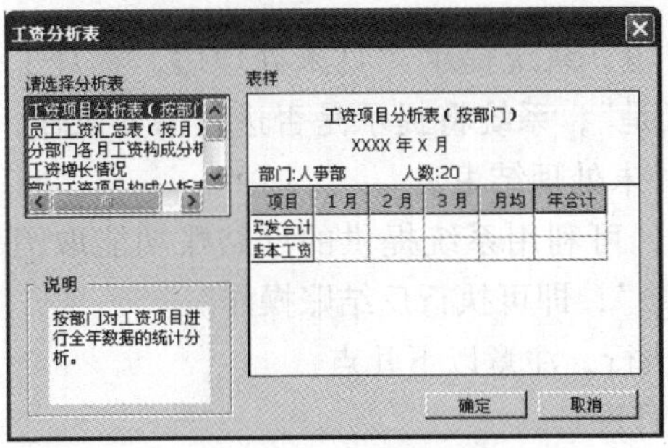

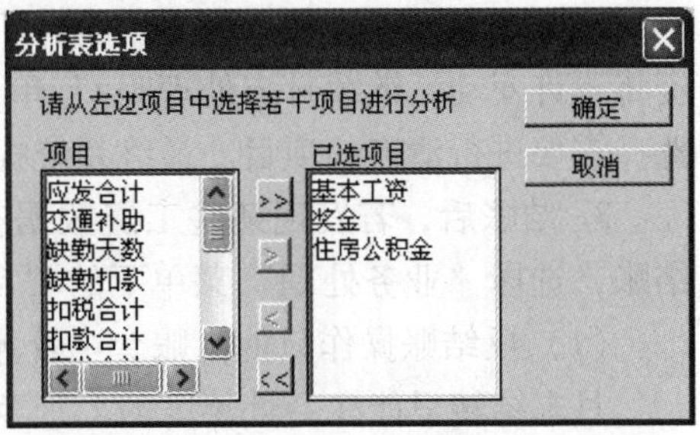

图 4-23 “工资分析表”对话框　　图 4-24 “分析表选项”对话框

3. 凭证查询。选择“统计分析”菜单下的“凭证查询”，系统弹出“凭证查询”窗口，选中一张凭证记录，单击“删除”按钮可删除标志为“未审核”的凭证。单击“冲销”按钮，则可对当前标志为“记账”的凭证进行红字冲销操作，自动生成与原凭证相同的红字凭证。单击“单据”按钮，显示生成凭证的费用一览表。单击“凭证”按钮，显示单张凭证界面。

八、期末处理

薪资管理系统的期末处理主要是进行月末结转工作。

月末结转是将当月数据经过处理后结转至下月。每月工资数据处理完毕后均可进行月末结转。由于在工资项目中，有的项目是变动的，即每月的数据均不相同，在每月工资处理时，均需将其数据清零，而后输入当月的数据，此类项目即为清零项目。

1. 选择“业务处理/月末处理”，系统弹出“月末处理”对话框，如图4－25所示。

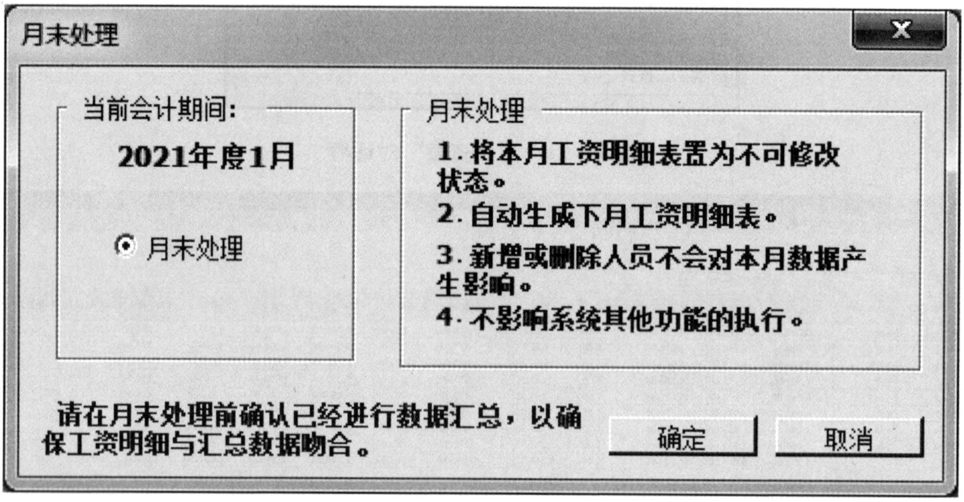

图4－25 “月末处理”对话框

2. 仔细阅读提示后，单击“确认”按钮，系统提示“月末处理后，本月工资将不许变动，继续月末处理吗?”单击“是”，系统将提示是否进行清零工作，选择需要进行清零的项目。最终系统提示月末处理结束。

3. 结账后，若发现某些工资数据有误，可利用系统提供的反结账功能取消结账，选择“业务处理”菜单下的“反结账”，即可执行反结账操作。

（1）反结账操作只能由账套主管才能执行，注意以下几点：

月末结转只能在会计年度的1月至11月进行。

若为处理多个工资类别，则应打开工资类别，分别进行月末结算。

若本月工资数据未汇总，系统将不允许进行月末结转。

进行期末处理后，当月数据将不再允许变动。

月末结账后，用户选择的需清零的工资项系统将予以保存，不用每月再重新选择。

（2）有下列情况之一的，不允许反结账：

总账系统已结账。

成本管理系统上月已结账。

汇总工资类别的会计月份＝反结账会计月，且包括需反结账的工资类别。

本月工资分摊、计提凭证传输到总账系统，如果总账系统已制单并记账，需作红字冲销凭证后，才能反结账。

如果总账系统未做任何操作，只需删除此凭证即可；如果凭证已经由出纳或主管签字，需取消出纳或主管签字，并删除该张凭证后，才能反结账。

第五章　固定资产管理系统

第一节　固定资产管理系统概述

一、固定资产管理系统功能简介

固定资产管理系统的功能包括：完成企业固定资产日常业务的核算和管理，生成固定资产卡片；按月反映固定资产的增加、减少、原值变化及其他变动，并输出相应的增减变动明细账；保证固定资产的安全完整并充分发挥其效能，同时按月自动计提折旧，生成折旧分配凭证；输出一些同设备管理相关的报表和账簿。

二、固定资产管理系统与其他系统的主要关系

固定资产管理系统与系统管理共享基础数据。固定资产管理系统中资产的增加、减少、折旧计提以及原值和累计折旧的调整，都要将有关数据通过记账凭证的形式传输到总账管理系统，同时通过对账保持固定资产账目与总账的平衡。固定资产管理系统为成本管理系统提供有关固定资产折旧计提的相关数据，UFO 报表系统可以通过使用相应的函数从固定资产管理系统中提取分析数据。

三、固定资产管理系统业务处理流程

固定资产管理系统业务处理流程为：建立固定资产账套、基础设置、原始卡片录入、资产增加、卡片修改删除、资产变动、折旧计提、资产减少、批量制单、对账、月末处理等。

其中：

1. 基础设置包括：部门设置、部门对应折旧设置、资产类别设置、增减方式设置、使用状况设置、折旧方法设置、卡片项目设置、卡片样式设置。

2. 资产变动包括：原值变动、部门转移、使用状况变动、折旧方法调整、累计折旧调整、工作总量调整、净残值（率）调整、使用年限调整、资产评估、减值准备。

第二节　固定资产系统初始化

一、设置控制参数

1. 登录“企业应用平台”，选择“财务会计”，双击“固定资产”图标，进入固定资产管理系统，第一次进入固定资产管理系统时，系统将提示是否进行初始化，如图 5－1 所示。

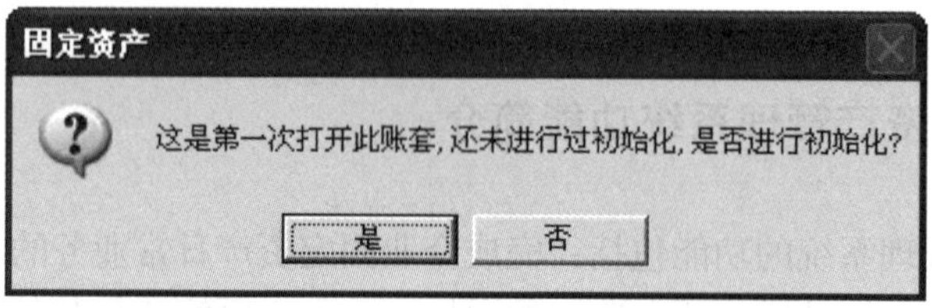

图 5－1　“固定资产”初始化界面

2. 单击“是”按钮，则系统进入“固定资产初始化向导”界面。

（1）约定及说明。在“固定资产初始化向导”对话框中，第一个步骤是固定资产初始化的约定及说明，单击“下一步”按钮。

（2）启用月份。进入“固定资产初始化向导”的第二个步骤，如图 5－2 所示，系统以进入系统的月份开始计提折旧，此月份前的固定资产作为期初值使用，对于“固定资产”的启用月份的修改需要到用友软件的“企业应用平台/基础信息/系统启用”中进行设置，单击“下一步”按钮。

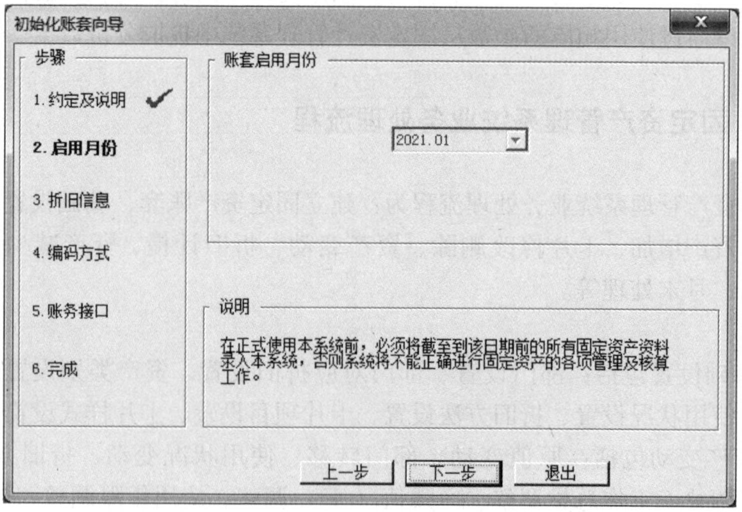

图 5－2　“初始化账套向导”界面

(3) 折旧信息。进入“固定资产初始化向导”的第三个步骤，如图5-3所示，如果勾选“本账套计提折旧”，则需选择主要折旧方法，并依此方法进行计提，否则，系统将不能计提折旧。用户可根据本单位的实际情况来进行设置，设置完毕，单击“下一步”按钮。

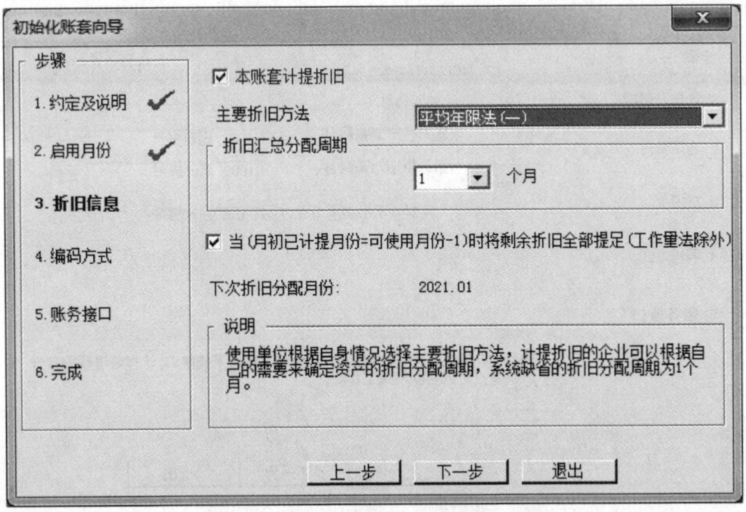

图5-3 “初始化账套向导”界面

(4) 编码方式。进入“固定资产初始化向导”的第四个步骤，如图5-4所示，在此设置资产的类别编码方式和固定资产编码方式，单击“下一步”按钮。在类别编码方式设定后，如果某一级的编码在设置类别时被使用，则类别编码方式不能修改，未使用的类别可以修改。自动编码方式一经设定被使用后，就不能再修改。

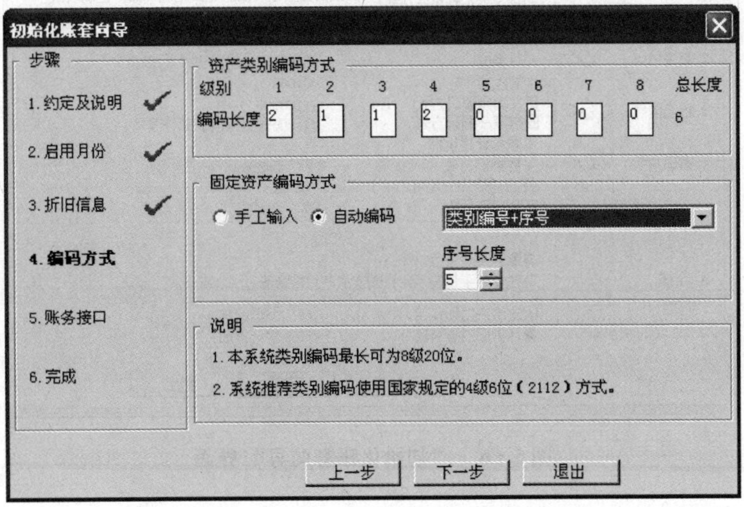

图5-4 “初始化账套向导”界面

(5) 账务接口。进入“固定资产初始化向导”的第五个步骤，如图5-5所示，在向总账系统传输数据后，固定资产系统将与账务系统连接，这样可进行固定资产核算业务的自动转账工作。建议勾选“在对账不平情况下允许固定资产月末结账”，然后单击“下一步”按钮。

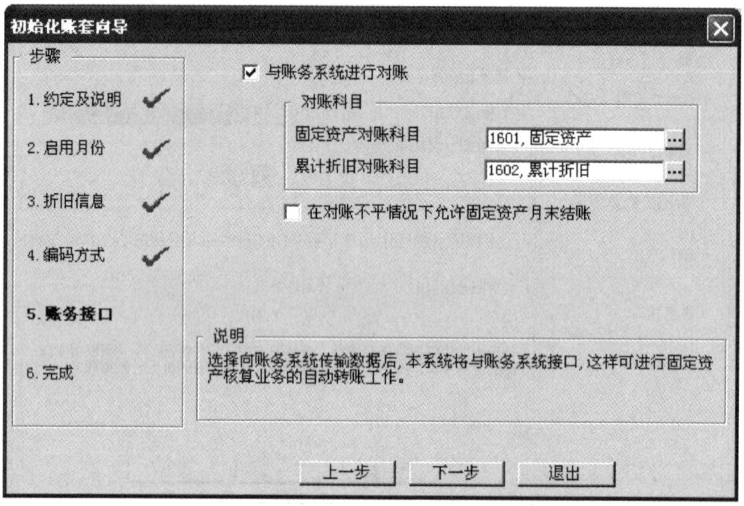

图5-5 “初始化账套向导”界面

(6) 完成。如图5-6所示，在此系统列出本次初始化结果，若单击“上一步”按钮，可重新进行设置。单击“完成”按钮，系统提示是否保存初始化设置，单击“是”按钮，系统进入到固定资产管理窗口中。

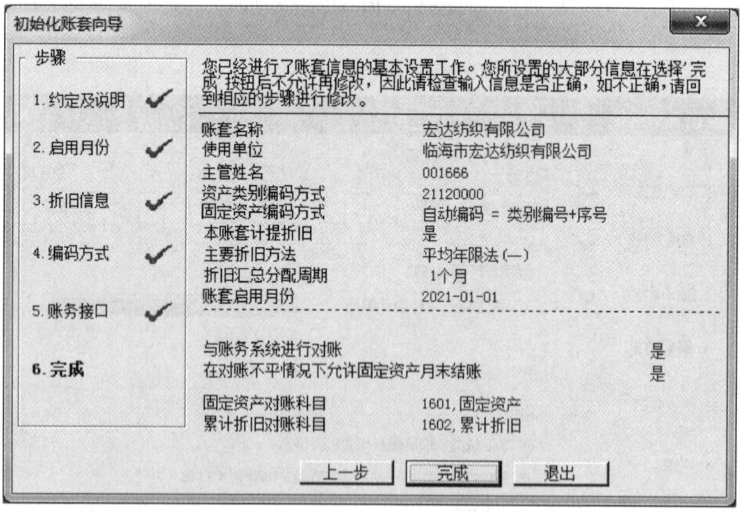

图5-6 “初始化账套向导”界面

初始化设置完成后，有些参数不能修改，在此一定要慎重，确认无误后，方可保存设置。

上述某些初始化的设置也可在“设置—选项”中进行修改。在固定资产窗口中，选择“设置”菜单下的“选项”，系统弹出“选项”设置对话框，系统列出本系统一些已设置好的业务数据，单击“编辑”按钮，可进行适当修改，如图5－7所示。

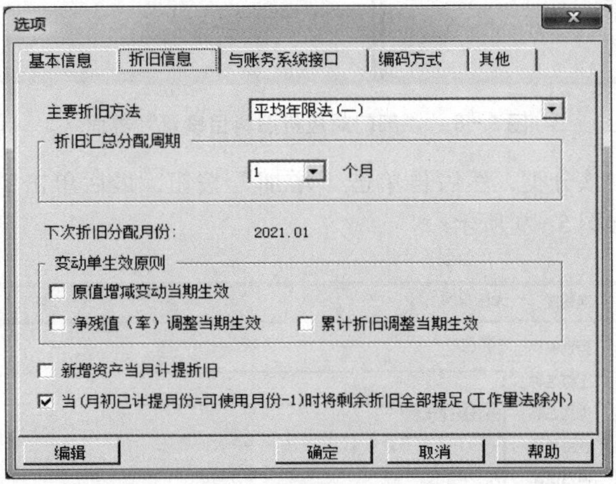

图5－7　“数据修改”界面

二、设置基础数据

1. 部门对应折旧科目设置。固定资产计提折旧后，必须将折旧归入成本或各种费用，根据不同使用者的具体情况，按部门或按类别归集。当按部门归集折旧费用时，某一部门所属的固定资产折旧费用将归集到一个比较固定的科目，所以部门对应折旧科目设置就是给部门选择一个折旧科目。录入卡片时，该科目自动显示在卡片中，不必再将科目输入，可提高工作效率。在生成部门折旧分配表时，每一部门按折旧科目汇总，生成记账凭证。如果不进行部门对应折旧科目设置，则所有部门的折旧费用都只归为一个总的折旧科目，不利于以后的分析。

选择“设置”菜单下的“部门对应折旧科目”，系统打开“部门编码表”窗口，在此设置每一个部门相对应的折旧科目，如图5－8所示，将“办公室”的折旧科目设为“660206”，单击“保存”按钮，以此方法继续录入其他部门对应的折旧科目。

2. 资产类别设置。固定资产的种类繁多，规格不一，要强化固定资产管理，及时准确地做好固定资产的核算工作，必须建立科学的固定资产分类体系，为核算和管理提供依据。企业可根据自身的特点和管理要求，确定一个较为合理的资产分类方法。

选择“设置”菜单下的“资产类别”，系统弹出“类别编码表”窗口，单击“增加”按钮，增加新的资产类别，如果需要在已分类的资产类别下再分类，则

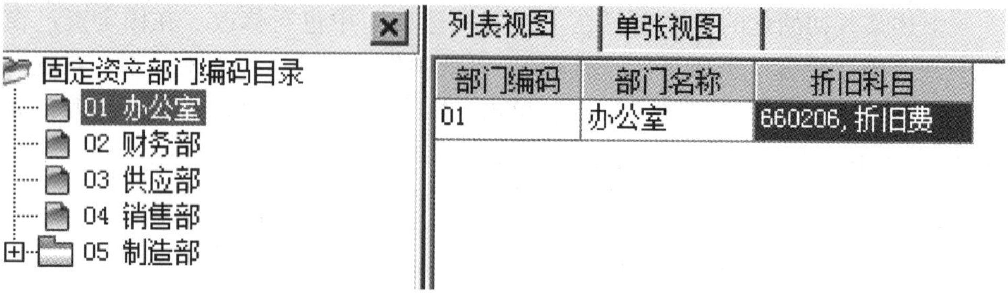

图 5－8　“部门对应折旧科目设置”界面

需先用鼠标选中该分类，然后再单击“增加”按钮，最后单击“保存”按钮保存新增数据，如图 5－9 所示。

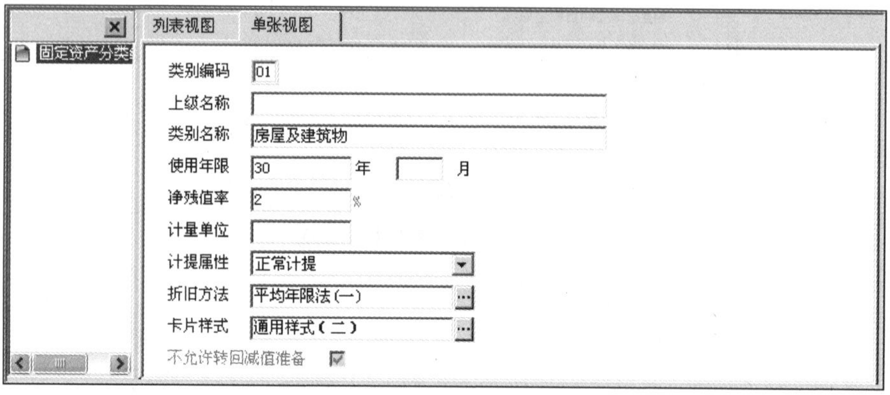

图 5－9　“资产类别设置”界面

如果该类别已在增加固定资产卡片时使用，则其类别下不能再增加新类别了。

3. 增减方式设置。增减方式包括增加方式和减少方式两类。资产的增加或减少方式主要是用来确定固定资产的计价原则和处理原则，同时也可通过明确资产的增加或减少方式，对固定资产进行增减的汇总管理。选择“设置”菜单下的“增减方式”，系统弹出“增减方式”设置窗口，可从增减方式目录中选择“增加方式”或“减少方式”，然后单击“增加”按钮，以输入新增方式名称和以该方式增减的资产的对应入账科目，单击“保存”按钮以保存设置，单击“删除”按钮可删除原来的设置，如图 5－10 所示。

已使用（固定资产卡片已选用）的方式不能删除；非末级方式不能删除；系统缺省增减方式中的“盘盈、盘亏、毁损”不能修改和删除。

4. 使用状况设置。从固定资产核算和管理的角度，需要明确资产的使用状况，一方面可以正确地计算和计提折旧，另一方面便于统计固定资产的使用情况，提高资产的利用效率。主要的使用状况包括在用、季节性停用、经营性出租、大修理停用、不需用、未使用等。选择“设置”菜单下的“使用状况”，系统弹出“使用状况”设置窗口，首先选定使用状况大项，然后单击“增加”“修

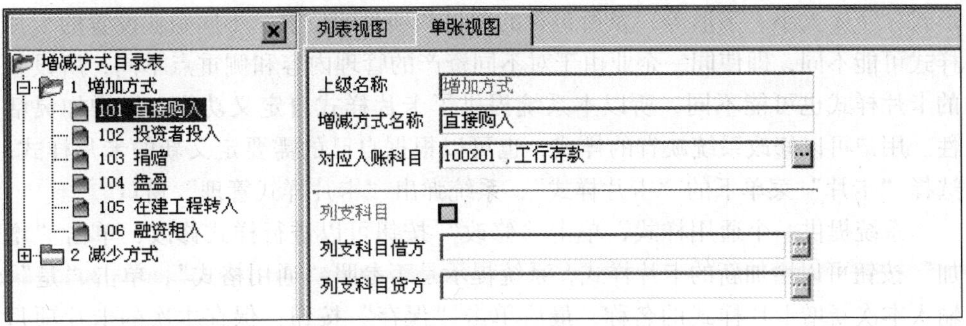

图 5－10　“增减方式设置”界面

改”“删除”按钮可进行重新设置，最后单击“保存”按钮保存设置。

5. 折旧方法设置。折旧方法设置是系统自动计算折旧的基础。系统给出了常用的 6 种方法：不计提折旧、平均年限法（一）、平均年限法（二）、工作量法、年数总和法和双倍余额递减法，并列出了它们的折旧计算公式。这几种方法是系统默认的折旧方法，只能选用，不能删除和修改。另外可能由于各种原因，这几种方法不能满足用户的需要，系统提供了折旧方法的自定义功能，用户可以定义自己适用的折旧方法的名称和计算公式。选择“设置”菜单下的“折旧方法”，系统弹出“折旧方法”设置窗口，在此列出了已有的折旧方法。

单击“删除”按钮可以对所选定的折旧方法进行删除。单击“修改”按钮可以进行修改（系统给出的常用折旧方法是系统缺省的折旧方法，只能选用，不能删除和修改）。单击“增加”按钮，系统弹出“折旧方法定义”对话框，可以在此新增自定义折旧方法。在“折旧方法定义”对话框中，输入折旧方法名称，再用鼠标选择要定义的折旧公式。先定义“月折旧率”，再定义“月折旧额”，然后双击折旧目录中的项目，组成月折旧额和月折旧率的自定义公式，最后单击“确定”按钮进行保存，完成新折旧方法的定义。

自定义公式中所包含的项目只能是自定义窗口左侧给定的项目，月折旧额和月折旧率公式定义时，必须是单向包含关系，即月折旧额公式中包含月折旧率项目，或月折旧率公式中包含月折旧额项目，但不能同时互相包含。

6. 固定资产卡片项目设置。卡片项目是固定资产卡片上显示记录资产资料的栏目，包括原值、资产名称、使用年限、折旧方法等最基本的项目。用友软件的固定资产管理系统提供了一些常用卡片必须具备的项目，称为系统项目。但系统项目不一定能够满足用户对资产特殊管理的需要，这时用户可以通过卡片项目定义来定义所需要的项目，用户定义的项目称为自定义项目。这两部分共同构成卡片项目。选择“卡片”菜单下的“卡片项目”，系统弹出“卡片项目定义”设置窗口。在项目列表中选中不同的项目，然后单击“修改”按钮进行修改；单击“增加”按钮进行项目增加；单击“删除”按钮删除选中的项目；最后单击“保存”按钮保存设置。

7. 卡片样式定义。卡片样式指卡片的整个外观，包括格式（表格线、对齐形式、字体大小、字形等）及所包含的项目和项目的位置。不同企业设置的卡片样式可能不同，即使同一企业由于对不同资产的管理内容和侧重点不同，所设置的卡片样式也可能不同，所以本系统提供了卡片样式自定义功能，以增加灵活性。用户可以修改系统缺省的样式，也可以根据自己的需要定义新的卡片样式。选择“卡片”菜单下的“卡片样式”，系统弹出“卡片样式管理”窗口。

系统提供一个通用样式，单击“修改”按钮可以进行样式修改；单击“增加”按钮可以增加新的卡片样式，系统提示是否参照“通用格式”，单击“是”，输入本次新增卡片样式的名称，最后单击“保存”按钮，保存本次的卡片项目设置，单击“编辑”按钮，可对卡片上的项目进行修改。

8. 录入原始卡片。固定资产卡片是固定资产核算和管理的基础依据。在使用固定资产管理系统进行核算前，除了前面必要的基础设置工作以外，必须将建账日期以前的数据录入到系统中，以保持历史资料的连续性。原始卡片不限制录入时间，任何时候都可以录入原始卡片。

选择“卡片”菜单下的“录入原始卡片”，选择好所增加的卡片类别“011”，系统弹出“固定资产卡片录入”窗口。录入或参照录入各卡片项目内容。一些主要项目的说明，可将光标位于该项目时，按 F1 键得到随机帮助。单击其他页签，输入附属设备和录入以前卡片发生的各种变动。附属页签上的信息只供参考，不作为计算的依据，如图 5－11 所示。

固定资产卡片

卡片编号	00001			日期	2021-01-01
固定资产编号	01100001	固定资产名称			办公楼1号
类别编号	011	类别名称			办公楼
规格型号		使用部门			
增加方式	在建工程转入	存放地点			
使用状况	在用	使用年限(月)	360	折旧方法	平均年限法(一)
开始使用日期	2020-02-08	已计提月份	10	币种	人民币
原值	5000000.00	净残值率	2%	净残值	100000.00
累计折旧	135000.00	月折旧率	0.0027	本月计提折旧额	13500.00
净值	4865000.00	对应折旧科目	660206,折旧费	项目	

图 5－11　固定资产卡片

卡片编号由系统根据初始化时设置的编码方案进行自动编号，不能修改，如果删除了其中一张卡片（非末张），则系统将保留其空号。与计算折旧有关的项目录入后，系统会按照输入的内容，将本月应提的折旧额显示在“月折旧额”项目内，可将该值与手工计算的值比较，看是否有录入错误。其他页签录入的内容只是为管理卡片而设置的，不参与计算。除附属设备外，其他内容（“备注”除外）在录入月结账后不能修改，由系统自动生成。原值、累计折旧、累计工作量的录入一定要是卡片录入月月初的数值，否则将会出现折旧计算错误。

第三节　固定资产日常业务处理

一、变动单的处理

（一）资产增加

1. 选择“卡片”菜单下的“资产增加”，系统弹出“资产类别参照”对话框。

2. 选择需增加的固定资产类别“022 办公设备”，然后单击“确认”按钮，系统弹出“固定资产卡片”窗口，如图5－12所示。在选择部门时，系统会提示该固定资产是单部门使用，还是多部门使用，这是为在进行固定资产折旧的计提与计算时，将折旧费用分摊到各个部门而设计的。如果选择多部门使用，则一个固定资产可设置对应的部门数量在2～20之间。依据卡片中的项目提示，依次录入相应的内容，单击“保存”按钮，保存已录入的数据。

固定资产卡片

卡片编号	00006			日期	2021-01-15
固定资产编号	02200003	固定资产名称			办公设备
类别编号	022	类别名称			办公设备
规格型号		使用部门			
增加方式		存放地点			
使用状况		使用年限（月）	60	折旧方法	平均年限法（一）
开始使用日期	2021-01-15	已计提月份	0	币种	人民币
原值	0.00	净残值率	3%	净残值	0.00
累计折旧	0.00	月折旧率	0	本月计提折旧额	0.00
净值	0.00	对应折旧科目		项目	

图5－12　固定资产卡片

因为是新增的固定资产，所以在开始使用日期录入时，只能修改日，而不能修改年与月，按照《企业会计制度》的规定，新增的固定资产当月不计提折旧，所以月折旧额为0。

（二）资产减少

1. 选择“卡片”菜单下的“资产减少”，系统弹出“资产减少”窗口。

2. 只有当资产开始计提折旧后才可以使用资产减少功能，否则，减少资产只有通过删除卡片来完成。

3. 在完成本节“四、对账”后，执行“卡片/资产减少”命令，输入需要进行资产减少的卡片编号“00004”，然后单击“增加”按钮，将增加一项固定资产减少记录到资产减少表中，然后在减少方式中选择此次操作相应的减少方式项目“205 报废”，最后单击“确定”按钮。

（三）资产变动

资产变动包括原值增加、原值减少、部门转移、使用状况变动、折旧方法调整、使用年限调整、累计折旧调整、工作总量调整、净残值调整及类别调整。

1. 选择“卡片”菜单下的“变动单”，在此选择具体的变动方式。

2. 在所选定的固定资产变动单中修改需变动的内容，最后单击“保存”按钮进行保存。

3. 变动单不能修改，只有在当月可删除重做，仔细确认后再保存。

（四）资产评估

随着市场经济的发展，企业在经营活动中，根据业务需要或国家要求，有时要对部分资产或全部资产进行评估或重估，固定资产评估是资产评估中的重要部分。步骤如下：首先，选择“卡片”菜单下的“资产评估”，系统弹出“资产评估”窗口；然后，单击“增加”按钮，以新增资产评估记录，进行资产评估时，每次要评估的内容可能不一样，可以根据需要从系统给定的可评估项目中选择；最后，选择需要进行评估的固定资产，在其需要更改的评估后的项目中进行数据修改，单击“保存”按钮保存设置。

只有当月制作的评估单才可以删除。任何一项资产如果既做过变动单又做过评估单，若想删除有关单据，则必须先删除变动单再删除评估单。原值、累计折旧和净值三个项目中必须只选择两个，另一个通过公式项目“原值－累计折旧＝净值”推算得到。评估后的数据必须满足公式：原值－净值＝累计折旧≥0；净值≥净残值率×原值；工作总量≥累计工作量。

二、折旧处理

（一）工作量

当账套内存在使用工作量法计提折旧的资产时，每月计提折旧前，必须录入该资产当月的工作量。本功能可以录入当月工作量，并查看以前期间的工作量信息。步骤如下：首先，选择“处理”菜单下的“工作量输入”，系统弹出“工作量”窗口（如果固定资产卡片中没有将其折旧方法设置为按工作量法进行计提折旧的，则无法打开工作量窗口）；然后，输入本月工作量，累计工作量显示的是截至本次工作量输入后的资产的累计工作量；最后，单击“保存”按钮保存。

（二）折旧计提

自动计提折旧是固定资产管理系统的主要功能之一。系统每期计提折旧一次，根据录入系统的资料自动计算每项资产的折旧，并自动生成折旧分配表，然后制作记账凭证，将本期的折旧费用自动登账。

1. 选择“处理”菜单下的“计提本月折旧”，如图 5－13 所示。系统提示“本操作将计提本月折旧，并花费一定时间，是否继续？”如图 5－14 所示。

图 5－13　操作提示界面

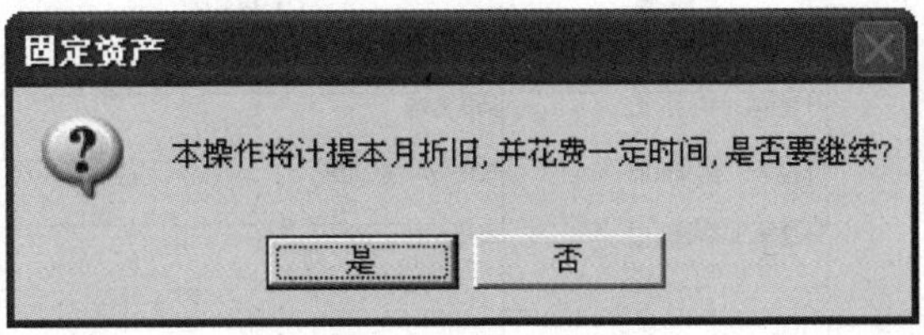

图 5－14　操作提示界面

2. 单击“是”按钮，打开折旧清单，如图 5－15 所示。

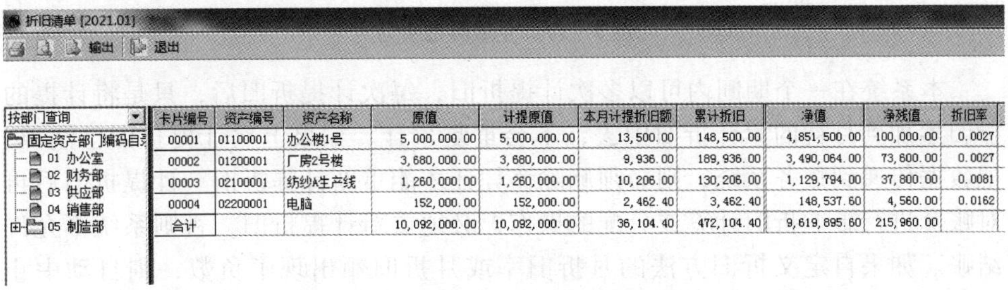

卡片编号	资产编号	资产名称	原值	计提原值	本月计提折旧额	累计折旧	净值	净残值	折旧率
00001	01100001	办公楼1号	5,000,000.00	5,000,000.00	13,500.00	148,500.00	4,851,500.00	100,000.00	0.0027
00002	01200001	厂房2号楼	3,680,000.00	3,680,000.00	9,936.00	189,936.00	3,490,064.00	73,600.00	0.0027
00003	02100001	纺纱A生产线	1,260,000.00	1,260,000.00	10,206.00	130,206.00	1,129,794.00	37,800.00	0.0081
00004	02200001	电脑	152,000.00	152,000.00	2,462.40	3,462.40	148,537.60	4,560.00	0.0162
合计			10,092,000.00	10,092,000.00	36,104.40	472,104.40	9,619,895.60	215,960.00	

图 5－15　折旧清单

3. 单击“退出”按钮，打开“折旧分配表”窗口，如图 5－16 所示。

部门编号	部门名称	项目编号	项目名称	科目编号	科目名称	折　旧　额
01	办公室			660206	折旧费	13,500.00
04	销售部			6601	销售费用	2,462.40
0501	纺纱车间			510101	纺纱车间	20,142.00
合计						36,104.40

图 5－16　“折旧分配表”窗口

4. 单击“凭证”按钮，生成一张记账凭证，修改凭证类别为“转账凭证”，点击“保存”按钮，凭证左上角出现“已生成”，表示凭证已经传递到总账，如图5－17所示。

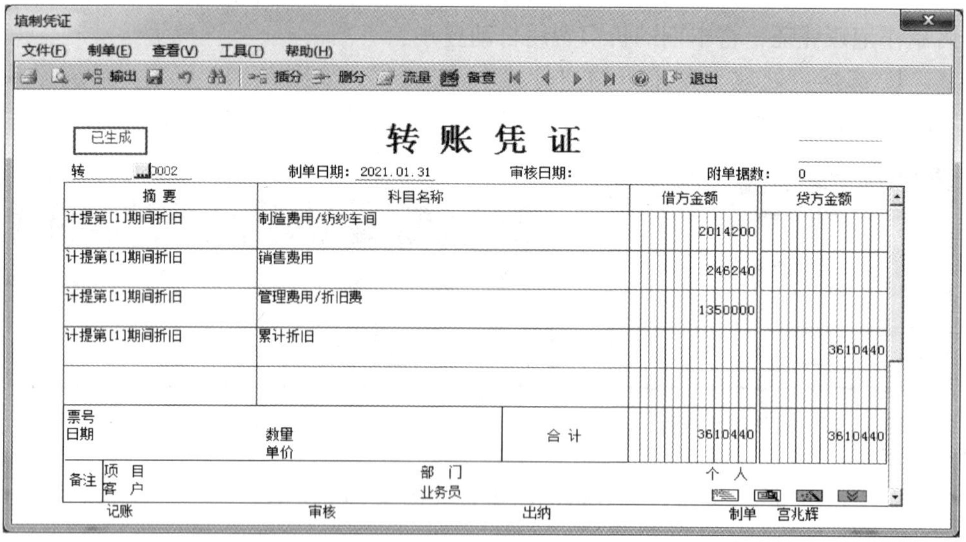

图5－17 生成转账凭证

本系统在一个期间内可以多次计提折旧，每次计提折旧后，只是将计提的折旧累加到月初的累计折旧中去，不会重复累计。如果上次计提折旧已制单，把数据传递到账务系统，则必须删除该凭证才能重新计提折旧。计提折旧后再对账套进行影响折旧计算或分配的操作，必须重新计提折旧，否则系统不允许结账。如果自定义折旧方法的月折旧率或月折旧额出现了负数，则自动中止计提。

（三）折旧清单

选择“处理”菜单下的“折旧清单”，系统弹出“折旧清单”明细表，在此可按具体部门查询折旧数据。

（四）查看折旧分配表

折旧分配表是通过编制记账凭证把计提折旧额分配到成本和费用中的依据。生成折旧分配凭证的时间要根据用户在初始化选项中设置的折旧分配汇总周期确定。如果选定的是一个月，则每期计提折旧后自动生成折旧分配表；如果选定的是3个月，则只有到3的倍数的期间，即第3、第9、第6、第12个期间计提折旧后才自动生成折旧分配凭证。折旧分配表包括部门折旧分配表和类别折旧分配表两种类型，用户只能选择其中一种制作记账凭证。首先，选择“处理”菜单下的“折旧分配表”，系统弹出“折旧分配表”窗口，然后，单击“打印”按钮，可将折旧分配表打印出来；单击“凭证”按钮，可形成折旧分配凭证。

三、凭证处理

（一）批量制单

在完成任何一笔需制单业务的同时，可以通过单击“制单”按钮，制作记账凭证并传输到总账管理系统，也可以在当时不制单（选项中制单时间的设置必须为“不立即制单”），而在某一时间（如月底）利用本系统提供的另一功能，即通过批量制单功能完成制单工作。批量制单功能可同时将一批需制单业务连续制作凭证，并传输到总账管理系统，避免了多次制单的烦琐。凡是业务发生时没有制单的，该业务自动排列在批量制单表中，表中列示的是应制单而没有制单的业务发生的日期、类型、原始单据号，缺省的借贷方科目和金额以及制单选择标志等。

1. 选择“处理”菜单下的“批量制单”，系统进入“批量制单”窗口，如图5－18所示。

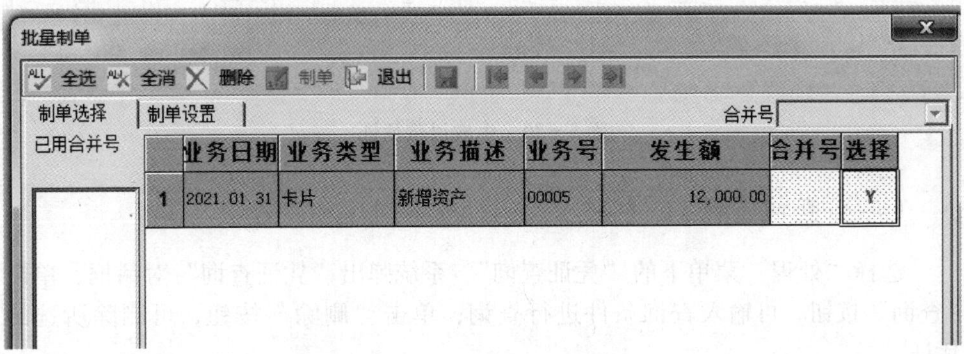

图5－18 “批量制单”窗口

2. 可单击“全选”按钮，或是在某记录的制单栏处双击鼠标，将需要制单的业务打上红色的“Y”标记。

3. 单击“制单设置”页签，如图5－19所示。

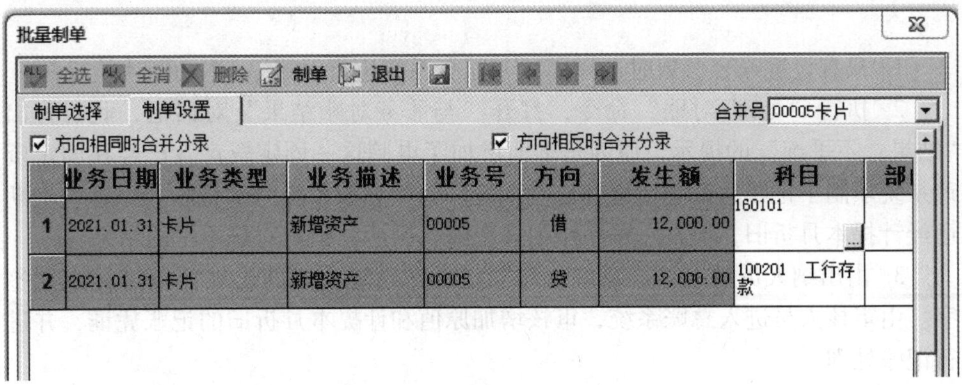

图5－19 “批量制单”窗口

4. 在此选择生成凭证的科目，注意借贷方向，单击“保存”按钮保存设置。

5. 单击“制单”按钮，在此选择所生成的凭证类别，填入分录的摘要内容“购入电脑”，修改凭证类别为“付款凭证”，单击“保存”按钮进行保存，该张凭证出现“已生成”字样，如图5－20所示。

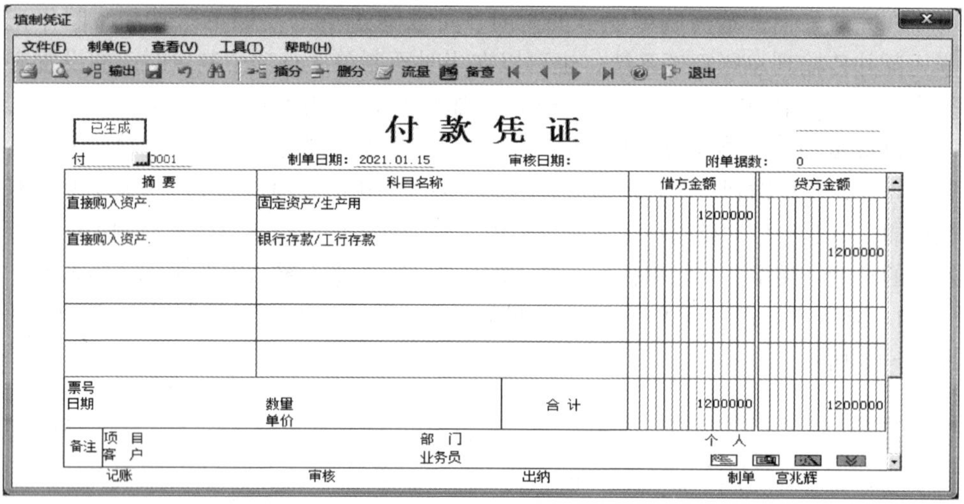

图5－20 生成付款凭证

（二）查询凭证

选择“处理”菜单下的“凭证查询”，系统弹出“凭证查询”对话框，单击“查询”按钮，可输入查询条件进行查询；单击“删除”按钮，可删除所选的凭证。

如果需要在固定资产管理系统中修改和删除在本系统中填制的凭证，应该先查看一下凭证是否已在总账管理系统中进行了审核、记账，需将总账管理系统中的审核与记账取消后，方可在本系统中进行修改和删除。

四、对账

1. 只有设置账套参数时选择了“与账务系统进行对账”，本功能才能操作。

2. 执行“处理/对账”命令，打开“与账务对账结果”对话框，此时弹出“结果：不平衡”的提示，原因是本期增加了电脑这一固定资产，已经在固定资产系统填制了记账凭证并传递到总账系统，但是总账系统尚未记账。另外，本期已经计提本月折旧，但在总账系统尚未记账，因此，出现对账不平的结果。

3. 由出纳人员进入总账系统，对固定资产系统生成的出纳凭证进行出纳签字。由审核人员进入总账系统，审核增加原值和计提本月折旧的记账凭证，并进行记账处理。

4. 再次执行“处理/对账”命令，出现“与账务对账结果”对话框，如

图 5－21 所示。

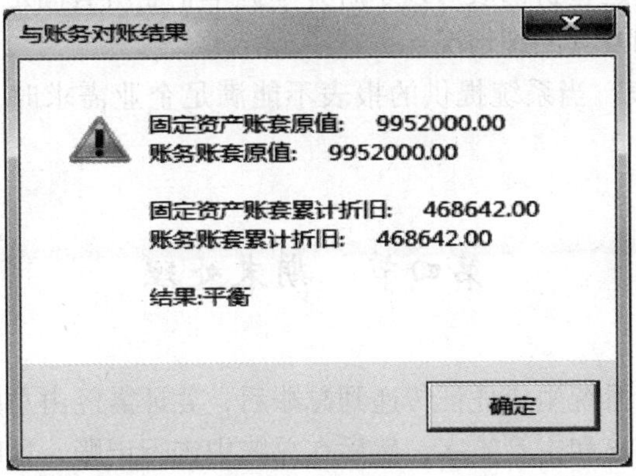

图 5－21　“与账务对账结果”对话框

五、账簿管理

在固定资产的管理过程中，需要及时掌握资产的统计、汇总和其他各方面的信息。本系统根据用户对系统的日常操作，自动提供这些信息，以报表的形式提供给财务人员和资产管理人员使用。本系统提供的账表主要包括账簿、折旧表、汇总表以及分析表等。另外，如果所提供的报表不能满足要求，系统还提供了自定义报表功能，可以根据用户的需要定义报表。

1. 分析表。分析表主要通过对固定资产的综合分析，为管理者提供管理和决策依据。系统提供了价值结构分析表、固定资产使用状况分析表、部门构成分析表和类别构成分析表四种形式的分析表。管理者可通过这些表了解本企业资产计提折旧的程度和剩余价值的大小。

2. 统计表。统计表是出于管理资产的需要，按管理目的统计的数据表。系统提供了固定资产原值一览表、固定资产到期提示表、固定资产统计表、评估汇总表、评估变动表、盘盈盘亏报告表、逾龄资产统计表、役龄资产统计表八种形式的统计表。这些统计表从不同的侧面对固定资产进行统计分析，使管理者可全面细致地了解企业资产的管理、分布情况，为及时掌握资产的价值、数据以及新旧程度等指标提供依据。

3. 减值准备表。减值准备表反映在某一期间内各固定资产的市价情况。系统提供了减值准备总账、减值准备明细表和减值准备余额表三种报表。

4. 账簿。系统自动生成的账簿有单个固定资产明细账、部门或类别明细账、固定资产登记簿、固定资产总账。这些账簿以不同方式、时序反映资产的变化情况。在查询过程中，可联查某时期（部门、类别）明细账及相应的原始凭证，从而获得所需的财务信息。

5. 折旧表。系统提供了（部门）折旧计提汇总表、固定资产及累计折旧表（一）、固定资产及累计折旧表（二）、固定资产折旧计算明细表和固定资产折旧清单表五种折旧表。通过这些折旧表可以了解并掌握本企业所有固定资产本期、本年乃至某部门计提折旧及其明细情况。

6. 自定义报表。当系统提供的报表不能满足企业需求时，用户也可自己定义报表。

第四节　期末处理

固定资产管理系统生成凭证传递到总账后，凭证需经由总账管理系统进行相应的出纳签字、审核和主管签字，然后在总账中进行记账，这时就可以在固定资产管理系统中进行对账，如果对账平衡，则开始进行固定资产的月末结账。对账操作不限制执行的时间，任何时候均可进行对账。系统在执行月末结账时自动对账一次，给出对账结果，并根据初始化或选项中的判断，确定不平情况下是否允许结账。

1. 月末结账。月末结账每月进行一次，结账后当期的数据不能修改。在对账不平的情况下是否可以执行月末结账，需要查看在固定资产管理系统的“设置选项”设置中，是否勾选了“在对账不平的情况下允许固定资产月末结账”的选项。选择“处理”菜单下的“月末结账”，系统弹出“月末结账”对话框，单击“开始结账”按钮，系统开始进行结账工作。单击“确定”按钮，系统提示“月末结账成功完成”。

2. 取消结账。因为结账后的数据是不能再进行修改的，所以如果需要修改结账后的数据，应启用“取消结账”功能。选择“处理”菜单下的“恢复月末前结账状态”（只有在本月已执行月末结账的情况下才显示），单击“是”，系统最终顺利完成取消月末结账功能。

不能跨年度恢复数据，即本系统年末结账后，不能利用本功能恢复至年末结转前的状态；如果成本管理系统从本系统提取了折旧费用数据，则该期不能取消结账。

第六章　会计信息系统模拟实验

第一节　系统管理与基础设置

为了更好地理解和掌握用友 ERP－U8 财务软件的操作，本章设计了一套纺织公司的原始财务核算资料，其所发生的经济业务全面、翔实、逼真、可操作性强。本实验资料既可以供学生会计电算化上机操作，也可以用于学生会计手工实验操作，两者可以相互配合，相互验证，理论与实践相结合，缩短学生就业适应期。

一、企业概况设计

（一）企业主体

名称：宏达纺织有限公司

地址：临海市亚运路 168 号

电话：31528888

开户行：中国工商银行临海市支行宝石花办事处

账户：1012250088－05

税务登记号：21060100822210

企业法人代表：陈明达

宏达纺织有限公司位于临海市亚运路 168 号，现有固定资产原值 10 092 万元，在岗职工 21 360 人，年产各种纱 1 250 吨，各种布 475 万米，年产值 2.36 亿元，年创利税 680 万元，是当地纺织行业的创利大户。

全厂设有三个基本生产车间：纺纱车间、捻线车间、织布车间。公司顺序生产加工单纱、股线和最终产品坯布；另设有机修和配电两个辅助生产车间，负责全厂房屋建筑物及机器设备的修理养护和全厂动力电的变压、记录及安全使用。

财务科共有 4 人，财务科长李明负责财务科的全面工作、会计报表的编制及其财务分析工作；出纳员李英负责货币资金的收付、出纳签字等出纳工作；张娟为总账会计，负责总账模块除了出纳业务以外日常账务的处理；会计主管白雪负责凭证的主管签字、资产的盘点及会计档案的保管等工作。

该实验资料是以该公司 2021 年 1 月份的全部会计实务为例，按照其经济业务的先后顺序提供其原始凭证。由于是模拟实验资料，所以对有关原始资料进行了提炼与取舍，并增加了新的内容，甚至在个别地方进行了虚拟和理论上的抽象，敬请谅解。

（二）企业会计制度设计

1. 记账方法：采用借贷记账法。

2. 会计科目：使用财政部统一规定的科目名称。

3. 库存现金限额：3 000 元。

4. 坏账损失采用备抵法转销，坏账准备采用“应收账款余额百分比法”，提取比率为3‰。

5. 原材料按计划成本组织日常核算，低值易耗品、包装物等周转材料和自制半成品等按实际成本核算，其出库单价采用加权平均法，包装物和低值易耗品等周转材料摊销采用一次或分期摊销法。

6. 辅助生产费用在“辅助生产成本”账户的借方归集，按受益对象采用直接分配法分配辅助生产费用。

7. 制造费用在“制造费用”账户的借方归集，并按生产车间设置明细账。基本车间制造费用按生产工时比例在本车间不同产品之间进行分配。

8. 产品成本计算采用综合结转分步法，完工产品与在产品之间的分配采用只计算其所耗用的原材料费用方法，产品的加工费用全部由完工产品成本负担，即各种产品的期末在产品成本为本月材料费用（半成品）的 10%，工资、制造费用、动力费等在各种产品、半成品之间的分配，采用工时比例法。

9. 固定资产折旧采用平均年限法，每月折旧费用按分类折旧率计提。

10. 无形资产摊销采用直线法。

11. 职工福利费、工会经费、教育经费分别按工资总额的 14%、2%、1.5% 的比例计提或列支。

12. 长期借款年利率 12%。

13. 税费的计算。

（1）增值税：本企业为一般纳税人，按基本税率 13% 计算缴纳。

（2）城市维护建设税：按增值税和消费税之和的 7% 计算缴纳。

（3）教育费附加：按增值税和消费税之和的 3% 计算缴纳。

（4）所得税：按应纳税所得额的 25% 计算缴纳。税法规定按季预缴。

14. 利润分配比例。

（1）盈余公积金：按净利润的 10% 计提。

（2）向投资者分利：按计提公积金及公益金后所剩利润的 80% 再按投资者的出资比例分配。

（三）账簿组织程序设计

1. 记账凭证组织：该厂采用科目汇总表核算形式，因此，其记账凭证组织设置收、付、转（或通用）记账凭证和科目汇总表等。凭证编号按实验业务的顺序编号。

2. 账簿组织：分别开设总账、日记账、明细账。总账、日记账、往来款项明细账等采用三栏式账页，存货类、固定资产等采用数量金额式明细账，增值税、基本生产成本等采用专用格式的多栏式明细账，管理费用、制造费用、财务费用等采用多栏式明细账。

（四）操作程序设计

1. 根据宏达纺织有限公司2021年1月1日各总分类账及明细账的余额，练习建账。根据各账户所反映的经济内容，选择不同格式的账簿，并登记期初余额。没有期初余额的账户，在实际经济业务发生时陆续开设。

2. 根据原始凭证及原始凭证汇总表，填制记账凭证并进行审核。

3. 根据审核无误的记账凭证，逐笔登记“现金日记账”“银行存款日记账”和其他明细分类账。

4. 根据记账凭证按旬进行汇总，编制科目汇总表，并据以登记有关的总分类账。

5. 根据有关资料及账簿记录进行费用的分配和成本计算。月末采用综合结转分步法计算完工产品的生产成本，其中，辅助生产车间的费用采用直接分配法，各车间的制造费用按生产工时比例进行分配。（注：计算分配率时应精确到小数点后四位，材料成本差异率精确到小数点后四位）

6. 该厂采用“账结法”计算每月利润总额和净利润，年终对全年利润总额进行分配，并结清除了“未分配利润”以外的所有“利润分配”的明细账户。

7. 月末结算出日记账、明细账、总账的本月发生额及月末余额，并进行对账。

8. 根据有关资料编制资产负债表、利润表和现金流量表。

9. 根据有关资料计算财务指标，并对报表进行简要的分析说明。

宏达纺织有限公司生产工艺流程如图6-1所示；宏达纺织有限公司成本核算示意如图6-2所示。

二、账套的建立

1. 账套信息。账套号：666；账套名称：宏达纺织有限公司；采用默认账套路径；启用会计期间：2021年1月；会计期间设置：1月1日至12月31日。

2. 单位信息。单位名称：宏达纺织有限公司，简称宏达纺织；单位地址：临海市亚运路168号；法定代表人：陈明达；邮政编码：510200；联系电话：31528888；传真：31528888；电子邮件：hdfzc@126.com；纳税登记号：210602021008222108。

3. 核算类型。该公司记账本位币为人民币（RMB）；企业类型为工业；采用2007年新会计制度科目。

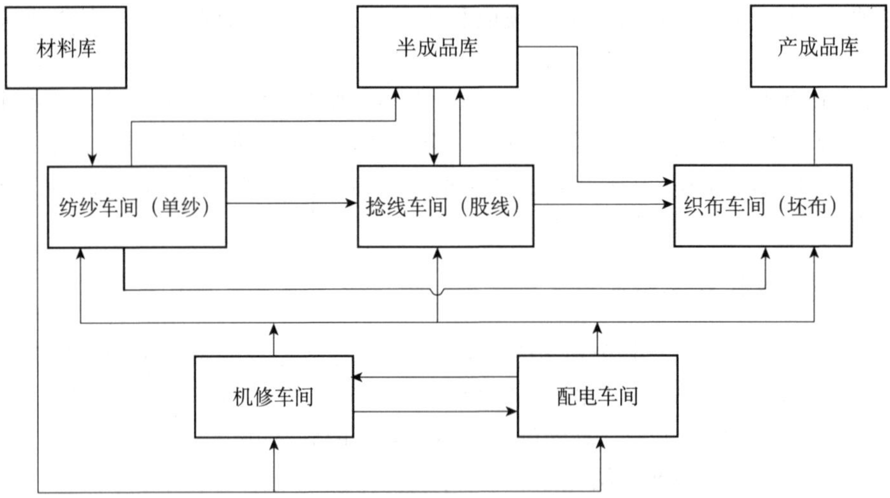

图6－1　宏达纺织有限公司生产工艺流程

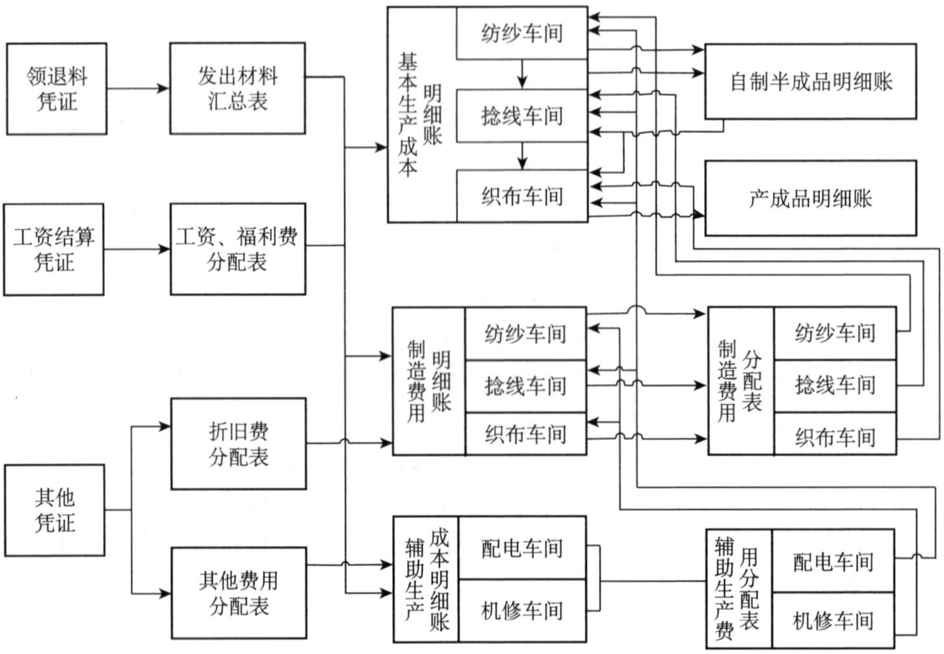

图6－2　宏达纺织有限公司成本核算示意

4. 基础信息。该厂进行会计处理时，需对存货、客户、供应商进行分类。

5. 该公司会计科目编码级次为4－2－2－2－2－2；客户分类编码级次为2－2－2；供应商分类编码级次为2－2－2；部门编码级次为2－2；结算方式编码级次为1－2；其余编码级次按系统默认设置。“数据精度”中，存货数量、存货单位、开票单价、件数及换算的小数位均为2。

6. 启用总账系统。

三、设置操作员

1. 账套主管：001，学生本人，口令001。

账套主管负责财务软件运行环境的建立，以及各项初始设置工作；负责财务软件的日常运行管理工作，监督并保证系统的有效、安全、正常运行；负责总账系统记账、账簿查询、月末结账工作；负责报表管理及其财务分析工作。

2. 出纳：002，李英，口令002。

出纳具有“总账—出纳”和“总账—凭证—出纳签字”的全部权限。

3. 总账会计：003，张娟，口令003。

总账会计具有“总账”中除“出纳”及“凭证—出纳签字”外的全部权限；具有公共单据及公用目录设置的权限。

4. 会计主管：004，白雪，口令004。

会计主管具有主管签字等“账套主管”的权限。

四、基础档案的设置

基础档案的设置如表6-1～表6-9所示。

表6-1　部门档案

编号	名称	部门属性	负责人	备注
01	办公室	行政管理	陈明达	
02	财务部	财务管理	李　明	
03	供应部	仓储管理	李春明	
04	销售部	市场管理	张小杰	
05	制造部	生产管理	王　虎	
0501	纺纱车间	基本生产	王大庄	
0502	捻线车间	基本生产	李京丹	
0503	织布车间	基本生产	江　扬	
0504	机修车间	辅助生产	刘　刚	
0505	配电车间	辅助生产	张　伟	

表6-2　职员档案

职员编码	姓名	所属部门	职务	人员类别
0101	陈明达	办公室	总经理	管理人员
0201	李　明	财务部	会计主管	部门经理
0202	李　英	财务部	总账会计	管理人员
0203	张　娟	财务部	出纳	管理人员
0204	白　雪	财务部	审核	管理人员
0301	李春明	供应部	主任	经营人员

续表

职员编码	姓名	所属部门	职务	人员类别
0302	王　刚	供应部	职员	采购员
0303	张　岩	供应部	职员	采购员
0401	张小杰	销售部	主任	部门经理
0402	顾秋雪	销售部	职员	销售人员
0501	王　虎	纺纱车间	部长	部门经理
0502	王大庄	纺纱车间	主任	生产人员
0503	谭世文	纺纱车间	工人	生产人员
0504	李京丹	捻线车间	主任	部门经理
0505	王玉宽	捻线车间	工人	生产人员
0506	江　扬	织布车间	主任	部门经理
0507	赵　军	织布车间	工人	生产人员
0508	刘　刚	机修车间	主任	部门经理
0509	徐高友	机修车间	工人	生产人员
0510	张　伟	配电车间	主任	部门经理
0511	李恒月	配电车间	工人	生产人员

表 6－3　　客户分类

01	工业	0101	本地	0102	外地	
02	商业	0201	本地	0202	外地	
03	其他	0301	本地	0202	外地	

表 6－4　　客户档案

管理部门——销售部　　发展日期：2020 年 12 月 5 日　　专管员：顾秋雪

010101 临海市棉印厂 账号 10101250066-08	纳税号 210604100822238 地址 临海市山上街 96 号	开户银行　工行临海市支行山上办事处
010102 临海服装厂 账号 1012250076-11	纳税号 210602100822320 地址 临海市新源路 88 号	开户银行　工行新源办事处
010103 伟达印染厂 账号 1023345111	纳税号 312503678905212 地址 临海市珠江大街 20 号	开户银行　工行珠江办事处
010201 东林织布厂 账号 1081181681-01	纳税号 210602100822352 地址 东林市临江街 25 号	开户银行　工行东林办事处
010202 江阳铝材厂 账号 1081181681-01	纳税号 440602100822352 地址 江阳临江东街 25 号	开户银行　工行江阳办事处
010203 四通印染厂 账号 2023260065-03	纳税号 210602100823527 地址 大连市沙河街 27 号	开户银行　工行大连沙河办事处
010204 三丰印染厂 账号 1012250555-02	纳税号 210602100525545 地址 大连市星海街 11 号	开户银行　工行大连星海办事处
010205 河口印染厂 账号 1012250549-02	纳税号 210602100854548 地址 杭州市西湖街 12 号	开户银行　工行四街办事处
010206 天津市宏达织布厂 账号 1036660055-01	纳税号 238970892253339 地址 天津市西站 5 号	开户银行　工行西站办事处

续表

010207 山东河西织布厂 账号 1023344001	纳税号 312503678900922 地址 河西六和里 1 号	开户银行　工行河西六合里办事处
010208 洪兴织布厂 账号 2018833111-01	纳税号 210802100323210 地址 盘山县古河街 26 号	开户银行　工行古河办事处
010209 江西华达纺织公司 账号 2018889900	纳税号 417897022233214 地址 江西市东江路 12 号	开户银行　工行东江办事处
010210 丹阳棉印厂 账号 2018885840	纳税号 417897022555154 地址 丹阳市东江路 50 号	开户银行　工行丹阳办事处
030101 三联公司 账号 1012250038-02	纳税号 210602100822615 地址　临海市五纬路 36 号	开户银行　工行五纬办事处

表 6－5　　供应商分类

01	工业	0101	本地	0102	外地	
02	商业	0201	本地	0202	外地	
03	其他	0201	本地	0202	外地	

表 6－6　　供应商档案

管理部门——供应部　　发展日期：2020 年 12 月 7 日　　专管员：李春明

010101 临海市化纤公司 账号 1012250075-06	纳税号 210602100822321 地址 临海市沿江街 28 号	开户银行　工行临海支行沿江办事处
010201 汝阳化纤厂 账号 3010800721-09	纳税号 452654088888226 地址 汝阳市中山街 37 号	开户银行　工行汝阳市中山街办事处
010202 泉城棉麻公司 账号 310635766-29	纳税号 310602100822370 地址 泉城市登封街 115 号	开户银行　工行泉城支行登封办事处
010203 新疆棉麻公司 账号 7011012456-09	纳税号 3721100456003210 地址 新疆哈密四通街 25 号	开户银行　工行哈密办事处
010204 龙江省化纤公司 账号 3021150299-02	纳税号 310704200823423 地址 龙江省新民市白山路 29 号	开户银行　工行新民分行白山办事处
010205 金冠纺织机械厂 账号 5367850299-03	纳税号 32580420045847 地址 辽宁塔山市兴安街 36 号	开户银行　工行塔山办事处
010206 伊通化纤 账号 1251680101-11	纳税号 310602100825245 地址 伊通市振兴街 88 号	开户银行　工行伊通市支行振兴办事处
010207 林阳棉麻公司 账号 203020098-03	纳税号 210403211743108 地址 林阳市黄河大街 79 号	开户银行　工行林阳市黄河街办事处
010208 佛山高压开关厂 账号 5367850299-03	纳税号 434600420045847 地址 南海区兴安北街 58 号	开户银行　工行南海办事处

表 6－7　　凭证类别

类别字	类别名称	限制类型	限制科目
收	收款凭证	借方必有	1001，1002
付	付款凭证	贷方必有	1001，1002
转	转账凭证	凭证必无	1001，1002

表 6－8　　结算方式

编码	结算方式	编码	结算方式
1	现金结算	402	商业承兑汇票
2	支票结算	5	汇兑
201	现金支票（票据管理）	501	信汇
202	转账支票（票据管理）	502	电汇
3	委托收款	6	银行汇票
4	商业汇兑	7	托收承付
401	银行承兑汇票	8	其他

表 6－9　　本单位开户银行

开户银行编码	开户银行名称	银行账号	暂封标志
001	工行宝石花办事处	101250088－05	否

五、会计科目的设置及期初余额

先增加下列明细科目，再添加辅助项，最后填写期初余额。2021 年 1 月 1 日宏达纺织有限公司的会计科目和期初余额有关资料如表 6－10～表 6－22 所示。

表 6－10　　会计科目及期初余额

科目名称	方向	辅助核算	币别/计量	期初余额
库存现金（1001）	借	日记、指定科目		800
银行存款（1002）	借	银行、日记、指定科目		645 000
工行存款（100201）	借	银行、日记		645 000
其他货币资金（1012）	借			106 904
外埠存款（101201）	借			2 000
银行汇票存款（101202）	借			3 500
银行本票存款（101203）	借			1 404
存出投资款（101204）	借			100 000
交易性金融资产（1101）	借			475 557.84
成本（110101）	借			475 557.84
公允价值变动（110102）	借			0
应收票据（1121）	借			194 000
三丰印染（112101）	借	客户往来		13 600
河口印染（112102）	借	客户往来		40 000
丹阳棉印厂（112103）	借	客户往来		140 400
洪兴织布（112104）	借	客户往来		0
应收账款（1122）	借	客户往来		157 500
三联公司（112201）	借	客户往来		3 000
宏达织布厂（112202）	借	客户往来		42 500
东林织布厂（112203）	借	客户往来		76 000

续表

科目名称	方向	辅助核算	币别/计量	期初余额
四通印染厂（112204）	借	客户往来		36 000
江西华达（112205）	借	客户往来		0
山东河西（112206）	借	客户往来		0
三丰印染（112207）	借	客户往来		0
预付账款（1123）	借	供应商往来		3 000
金冠纺织机械厂（112301）	借	供应商往来		3 000
佛山高压开关厂（112302）	借	供应商往来		0
应收股利（1132）	借			1 200
其他应收款（1221）	借			8 400
个人（122101）	借	个人往来		8 400
陈明达（12210101）	借	个人往来		8 000
王刚（12210102）	借	个人往来		400
李春明（12210103）	借	个人往来		0
张岩（12210104）	借	个人往来		0
顾秋雪（12210105）	借	个人往来		0
单位（122102）	借			0
坏账准备（1231）	贷			1 500
材料采购（1401）	借			556 400
原料（140101）	借			556 400
棉花（14010101）	借			185 000
涤纶（14010102）	借			371 400
电气材料（140102）	借			0
电线（14010201）	借			0
开关（14010202）	借			0
插座（140100203）	借			0
轻化工材料（140103）	借			0
香蕉水（14010301）	借			0
调和漆（14010302）	借			0
汽油（14010303）	借			0
修理用备件（140104）	借			0
轴承（14010401）	借			0
传动材料（14010402）	借			0
纺织专用工具（14010403）	借			0
金属材料（140105）	借			0
镀锌板（14010502）	借			0
原材料（1403）	借			1 197 540
原料（140301）	借			1 110 000
棉花（14030101）	借			600 000
	借	数量核算	吨	40
涤纶（14030102）	借			510 000

续表

科目名称	方向	辅助核算	币别/计量	期初余额
	借	数量核算	吨	60
电气材料（140302）	借			5 280
电线（14030201）	借			4 800
	借	数量核算	米	1 200
开关（14030202）	借			300
	借	数量核算	个	20
插座（14030203）	借			180
	借	数量核算	个	30
轻化工材料（140303）	借			6 325
香蕉水（14030301）	借			3 000
	借	数量核算	桶	25
调和漆（14030302）	借			1 375
	借	数量核算	桶	55
汽油（14030303）	借			1 950
	借	数量核算	桶	16
修理用备件（140304）	借			8 810
轴承（14030401）	借			4 950
	借	数量核算	套	110
传动材料（14030402）	借			2 900
	借	数量核算	公斤	145
纺织专用工具（14030403）	借			960
	借	数量核算	组	20
金属材料（140305）	借			67 125
角铁（14030501）	借			28 000
	借	数量核算	吨	8
镀锌板（14030502）	借			21 125
	借	数量核算	公斤	845
圆钢（14030503）	借			18 000
	借	数量核算	吨	6
材料成本差异（1404）	借			9 894.59
原料（140401）	借			11 100
电气材料（140402）	借			-105.6
轻化工材料（140403）	借			99.40
修理用备件（140404）	借			-192.33
金属材料（140405）	借			-1 006.88
库存商品（1405）	借			193 500
棉平布28T（140501）	借	数量核算		42 000
	借		百米	150
棉平布28T*2（140502）	借	数量核算		64 000
	借		百米	200

续表

科目名称	方向	辅助核算	币别/计量	期初余额
涤平布 14T（140503）	借	数量核算		60 000
	借		百米	250
涤平布 14T*2（140504）	借	数量核算		27 500
	借		百米	100
自制半成品（1409）	借			2 695 000
棉纱 28T（140901）	借			875 000
	借	数量核算	吨	50
棉股线 28T*2（140902）	借			1 170 000
	借	数量核算	吨	60
涤纱 14T（140903）	借			420 000
	借	数量核算	吨	40
涤股线 14T*2（140904）	借			230 000
	借	数量核算	吨	20
周转材料（1411）	借			19 400
劳保用品（141101）	借			12 900
办公用品（141102）	借			800
包装物（141103）	借			5 700
固定资产（1601）	借			10 092 000
生产用（160101）	借			8 680 000
非生产（160102）	借			1 260 000
不需用（160103）	借			152 000
累计折旧（1602）	贷			436 000
在建工程（1604）	借			136 800
无形资产（1701）	借			71 492. 12
专利权（170101）	借			20 500
商标权（170102）	借			33 000
土地使用权（170103）	借			17 992. 12
递延所得税资产（1811）	借			18 000
短期借款（2001）	贷			120 000
应付票据（2201）	贷	供应商往来		191 000
伊通化纤（220101）	贷	供应商往来		95 000
林阳棉麻（220102）	贷	供应商往来		96 000
临海化工（220103）	贷	供应商往来		0
应付账款（2202）	贷	供应商往来		158 680
汝阳化纤（220201）	贷	供应商往来		93 680
泉城棉麻（220202）	贷	供应商往来		65 000
预收账款（2203）	贷	客户往来		105 300
伟达印染厂（220301）	贷	客户往来		105 300
江阳铝材厂（220302）	贷	客户往来		0
应付职工薪酬（2211）	贷			230 110

续表

科目名称	方向	辅助核算	币别/计量	期初余额
工资（221101）	贷			131 560
福利费（221102）	贷			36 800
社会保险费（221103）	贷			57 750
住房公积金（221104）	贷			0
职工教育经费（221105）	贷			2 000
工会经费（221106）	贷			2 000
其他（221107）	贷			0
应交税费（2221）	贷			322 140
应交增值税（222101）	贷			0
进项税额（22210101）	贷			0
销项税额（22210102）	贷			0
进项税额转出（22210103）				0
未交增值税（222102）	贷			147 400
应交城建税（222103）	贷			10 318
应交所得税（222104）	贷			160 000
应交教育费附加（222105）	贷			4 422
其他应付款（2241）	贷			0
保险公司（224101）	贷			0
代扣工资项目（224102）	贷			0
长期借款（2501）	贷			2 500 000
应付债券（2502）	贷			1 110 000
面值（250201）	贷			1 110 000
利息调整（250202）	贷			0
长期应付款（2701）	贷			333 500
租赁费（270101）	贷			333 500
实收资本（4001）	贷			10 318 300
国家资本（400101）	贷			9 418 300
中兴印染公司（400102）	贷			900 000
资本公积（4002）	贷			134 120
盈余公积（4101）	贷			161 000
本年利润（4103）	贷			500 000
利润分配（4104）	贷			10 628. 55
未分配利润（410401）	贷			10 628. 55
生产成本（5001）	借			49 890
基本生产成本（500101）	借			49 890
纺纱车间（50010101）	借			6 160
棉纱 28T（5001010101）	借			3 800
涤纱 14T（5001010102）	借			2 360
捻线车间（50010102）	借			17 400
棉股线 28T*2（5001010201）	借			11 000

续表

科目名称	方向	辅助核算	币别/计量	期初余额
涤股线 14T*2（5001010202）	借			6 400
织布车间（50010103）	借			26 330
棉平布 28T（5001010301）	借			4 720
棉平布 28T*2（5001010302）	借			8 560
涤平布 14T（5001010303）	借			7 160
涤平布 14T*2（5001010304）	借			5 890
辅助生产成本（500102）	借			0
配电车间（50010201）	借			0
机修车间（50010202）	借			0
制造费用（5101）	借			0
纺纱车间（510101）	借			0
捻线车间（510102）	借			0
织布车间（510103）	借			0
配电车间（510104）	借			0
机修车间（510105）	借			0
主营业务收入（6001）	贷	数量核算	百米	0
棉平布 28T（600101）	贷	数量核算	百米	0
棉平布 28T*2（600102）	贷	数量核算	百米	0
涤平布 14T（600103）	贷	数量核算	百米	0
涤平布 14T*2（600104）	贷	数量核算	百米	0
主营业务成本（6401）	贷	数量核算	百米	0
棉平布 28T（600101）	贷	数量核算	百米	0
棉平布 28T*2（640102）	贷	数量核算	百米	0
涤平布 14T（640103）	贷	数量核算	百米	0
涤平布 14T*2（640104）	贷	数量核算	百米	0
其他业务收入（6051）	贷			0
棉股线 28T*2（605101）	贷	数量核算	吨	0
其他（605102）	贷			0
管理费用（6602）	借			0
工资（660201）	借			0
福利费（660202）	借			0
办公费（660203）	借			0
差旅费（660204）	借			0
招待费（660205）	借			0
折旧费（660206）	借			0
税费（660207）	借			0
保险费（660208）	借			0
通信费（660209）	借			0
其他（660210）	借			0
财务费用（6603）	借			0

续表

科目名称	方向	辅助核算	币别/计量	期初余额
手续费（660301）	借			0
利息（660302）	借			0
营业外支出（6711）	借			0
处理固定资产净损益（671101）	借			0
固定资产盘亏（671102）	借			0

表 6－11　　　“原材料”总分类账户的有关明细账余额

材料名称	计量单位	结存数量	计划单价	期初余额
原料				1110 000
棉花	吨	40	15 000	600 000
涤纶	吨	60	8 500	510 000
金属材料				67 125
角铁	吨	8	3 500	28 000
镀锌板	公斤	845	25	21 125
圆钢	吨	6	3 000	18 000
电气材料				5 280
电线	米	1200	4	4 800
开关	个	20	15	300
插座	个	30	6	180
轻化工材料				6 325
香蕉水	桶	25	120	3 000
调和漆	桶	55	25	1 375
汽油	桶	16	130	1950
修理用备件				9 050
轴承	套	110	45	4 950
传动材料	公斤	145	20	2 900
纺织专用工具	组	20	60	1 200

表 6－12　　　“库存商品”明细分类账户期初余额

产品名称	计量单位	结存数量	单位成本	期初余额
棉平布 28T	百米	150	280	42 000
棉平布 28T*2	百米	200	320	64 000
涤平布 14T	百米	250	240	60 000
涤平布 14T*2	百米	100	275	27 500

表 6－13　　　“自制半成品”明细分类账户期初余额

产品名称	计量单位	结存数量	单位成本	期初余额
棉纱 28T	吨	50	17 500	875 000
棉股线 28T*2	吨	60	19 500	1 170 000
涤纱 14T	吨	40	10 500	420 000
涤股线 14T*2	吨	20	11 500	230 000

表 6－14　　　　　　　　“周转材料”明细分类账户期初余额

明细账户及名称	计量单位	结存数量	实际单价	结存金额
劳动保护用品				12 900
工作服	套	110	60	6 600
工作帽	顶	100	12	1 200
棉大衣	件	60	80	4 800
线手套	付	120	2.5	300
办公用品				800
账簿	本	50	4.8	240
凭证	本	200	2.5	500
报表	本	12	5	60
包装物				5 700
包装布	块	260	15	3 900
塑料管	个	1 200	1.5	1 800

表 6－15　　　　　　“生产成本”总分类账户的有关明细账余额

（月初在产品成本资料）　　　　　　　　　　　　　单位：元

成本项目 车间　　产品		直接材料	自制半成品
纺纱车间	棉纱 28T	3 800	
	涤纱 14T	2 360	
捻线车间	棉股线 28T*2		11 000
	涤股线 14T*2		6 400
织布车间	棉平布 28T		4 720
	棉平布 28T*2		8 560
	涤平布 14T		7 160
	涤平布 14T*2		5 890

表 6－16　　　　　　　　　　　　会计凭证

会计科目：1221　其他应收款　　　　　　　　　　　　余额：借　8 400 元

日期	凭证号	部门	个人	摘要	方向	期初余额
2020－12－25	付－118	办公室	陈明达	出差借款	借	8 000.00
2020－12－26	付－156	供应部	王　刚	出差借款	借	400.00

表 6－17　　　　　　　　　　　　会计凭证

会计科目：1121　应收票据　　　　　　　　　　　　余额：借　194 000 元

日期	凭证号	客户	摘要	方向	金额	业务员	票号	票据日期
2020－12－26	转－118	三丰印染	销售商品	借	13 600	顾秋雪	P125	2020－12－26
2020－12－26	转－15	河口印染	销售商品	借	40 000	顾秋雪	Z356	2020－12－26
2020－12－25	转－48	丹阳棉印	销售商品	借	140 400	顾秋雪	D005	2020－12－25

表 6－18　　　　　　　　　　　　会计凭证

会计科目：1122　应收账款　　　　　　　　　　　　余额：借　157 500 元

日期	凭证号	客户	摘要	方向	金额	业务员	票号	票据日期
2020－12－26	转－156	三联公司	销售商品	借	3 000	顾秋雪	P111	2020－12－26
2020－12－26	转－152	宏达织布	销售商品	借	42 500	顾秋雪	Z111	2020－12－26

续表

日期	凭证号	客户	摘要	方向	金额	业务员	票号	票据日期
2020－12－26	转－035	东林织布	销售商品	借	76 000	顾秋雪	P123	2020－12－26
2020－12－26	转－154	四通印染	销售商品	借	36 000	顾秋雪	P126	2020－12－26

表 6－19　　会计凭证

会计科目：2203　预收账款　　　　余额：贷　105 300 元

日期	凭证号	客户	摘要	方向	金额	业务员	票号	票据日期
2020－12－27	转－86	伟达	销售商品	贷	105 300	顾秋雪	P136	2020－12－27

表 6－20　　会计凭证

会计科目：2201　应付票据　　　　余额：贷　191 000 元

日期	凭证号	客户	摘要	方向	金额	业务员	票号	票据日期
2020－12－22	转－45	伊通	购买材料	贷	95 000	李春明	F125	2020－12－22
2020－12－22	转－42	林阳	购买材料	贷	96 000	李春明	F127	2020－12－22

表 6－21　　会计凭证

会计科目：2202　应付账款　　　　余额：贷　158 680 元

日期	凭证号	客户	摘要	方向	金额	业务员	票号	票据日期
2020－12－27	转－76	汝阳	购买材料	贷	93 680	李春明	F126	2020－12－27
2020－12－27	转－82	泉城	购买材料	贷	65 000	李春明	F129	2020－12－27

表 6－22　　会计凭证

会计科目：1123　预付账款　　　　余额：借　3 000 元

日期	凭证号	客户	摘要	方向	金额	业务员	票号	票据日期
2020－12－27	转－77	金冠	购买材料	借	3 000	李春明	F132	2020－12－27

六、总账控制参数

总账控制参数具体如表 6－23 所示。

表 6－23　　总账控制参数

选项卡	参数设置
凭证	制单序时控制 支票控制 资金及往来科目赤字控制 可以使用应收、应付受控科目 自动填补凭证断号 凭证编号采用系统编号
权限	凭证审核控制到操作员 出纳凭证必须经由出纳签字 凭证必须经由会计主管签字 允许修改、作废他人填制的凭证 明细查询权限控制到科目 外币核算采用固定汇率 其他按系统默认设置

续表

选项卡	参数设置
账簿	账簿打印位数、每页打印行数按软件默认的标准设定 明细账打印按年排页
会计日历	会计日历为1月1日至12月31日
其他	数量及单价小数位设为2位；部门、个人、项目按编码排序

第二节　总账账务处理系统

一、宏达纺织有限公司2021年1月经济业务的原始凭证

1.

海财会账证54号

借　款　单（记账）

2021年1月1日　　　　顺序第　1　号

借款单位	* 供应部	姓名	* 李春明	级别	*	出差地点　*　珠海 天　　数
事由	考察	借款金额（大　写）	伍佰元整			￥500
单　位负责人签署	同意 陈明达	借款人签　章	李春明		注意事项	一、有*者由借款人填写 二、凡借用公款必须使用本单 三、第三联为正式借据由借款人和单位负责人签章 四、出差返回后三日内结算
机关首长或授权人批　示		审核意见	同意			

第三联　借款记账凭证

2.

中国工商银行他行进账单（回单）　　**1**　第　　号

委托日期　2021年1月1日		收款单位名称	临海市宏达纺织有限公司
		收款单位账号	1012250088—05
付款行名	工行临海市支行山上办事处	收款单位开户行	工行临海市支行宝石花办事处

人民币（大写）：肆万陆仟叁佰叁拾元整	千	百	十	万	千	百	十	元	角	分
			￥	4	6	3	3	0	0	0

付款单位名称	票据号码	金额	付款单位名称	票据号码	金　额	你单位交存同城他行支票共　张，待交换划回后，给你单位进账。
临海市棉印厂	7698	4797000				
						（银行盖章）

收款单位回单收账通知

2106953563 临海市增值税专用发票 No 00170926

开票日期：2021 年1 月1 日　　此联不作报销、扣税凭证使用

购货单位	名称	临海市棉印厂				税务登记号	210604100822238														
	地址、电话	临海市山上街 96 号 2130759				开户银行及账号	工行临海市支行山上办事处 1012250066—08														
货物或应税劳务名称		规格型号	计量单位	数量	单价	金额 万	千	百	十	元	角	分	税率（%）	税额 万	千	百	十	元	角	分	
棉平布		28T*2	百米	100	410	4	1	0	0	0	0	0	13		5	3	3	0	0	0	
合计						4	1	0	0	0	0	0			5	3	3	0	0	0	
价格合计		零拾肆万陆仟叁佰叁拾零元零角零分　　¥ 46 330.00																			
备注																					
销货单位	名称	宏达纺织有限公司				税务登记号	210602100822210														
	地址、电话	临海市亚运路 168# 电话 31528888				开户银行及账号	工行临海市支行宝石花办事处 1012250088—05														

销货单位（章）：　　收款人：白雪　　复核：赵辉　　开票人：杨利

国税发（2020）225 号华夏造币厂

第四联：记账联　销货方记账凭证

3.

中国工商银行 转账支票存根 IV II 002764	（海）
科目________ 对方科目 管理费用 出票日期：2021 年 1 月 1 日	
收款人：友谊商场	
金　额：300.00	
用　途：办公用品	

单位主管　陈明达　会计　张娟

2020 华夏造币厂证券印刷公司印制

临海市商业零售统一发票　　0078166

发　票　联

客户名称：宏达纺织有限公司　　2021 年 1 月 1 日　　海国税（2021）第 7 版（2）

货号	品名及规格	单位	数量	单价	超万元无效	金额 千	百	十	元	角	分
	稿纸	本	100	2.00			2	0	0	0	0
	笔	个	50	2.00			1	0	0	0	0
合计金额（大写）	零仟叁佰零拾零圆零角零分					¥	3	0	0	0	0
结算方式	转账	开户银行及账号	工行临海市支行宝石花办事处								

收款企业（盖章有效）：　　收款人：刘君　　开票人：宋晓艳

税校印刷厂 2009 年 9 月印制

②报销凭证

4.

海财会账证 55 号

借　款　单（结算）

2021 年 1 月 2 日　　　　顺序第　3　号

借款单位	* 供应部	姓名	* 王刚	级别	*	出差地点	* 佛山
						天　　数	
事由	采购	借款金额（大　写）	肆佰元整		¥ 400		
实际报销金额	¥ 350.00	结余金额	¥ 50.00	注意事项	一、有*者由借款人填写 二、凡借用公款必须使用本单 三、第三联为正式借据由借款人和单位负责人签章 四、出差返回后三日内结算		
		超支金额	¥				
收款单位公　章							

经办人：白雪　　　2021 年 1 月 2 日

第二联　会计结算记账凭证

海财会账证 50 号

出差旅费报销单

单位：　　　　　　　　　　　　　　　　2021 年 1 月 2 日填

月	日	时间	出发地	月	日	时间	到达地	机票费	车(船)费	卧铺费	夜行车补助		市内交通费		宿　费			出差补助		其他	合计
											小时	金额	实支	包干	标准	实支	提成扣减	天数	金额		
11	26		临海市				佛山市		50				3×5		32×5			15×5			300
21	1		佛山市				临海市		50												50
			合　计						100				15		160			75			350

出差任务	采购	报销金额（大写）	人民币：　零仟　叁　佰　伍　拾　零　元零角零分			预借金额	400
		单位领导		部门负责人	李春明	报销金额	350
				出差人	王刚	结余或超支	50

会计主管人员：李明　　　记　账：张娟　　　审　核：程军　　　附单据　4　张

5.

中国工商银行 转账支票存根 IV II 002765	（海）
科目＿＿＿＿＿＿	
对方科目＿＿＿＿＿＿	
出票日期：2021 年 1 月 2 日	
收款人：临海市化纤公司	
金　额：94 920.00	
用　途：购材料	

单位主管　陈明达　会计　张娟

2020 华夏造币厂证券印刷公司印制

2106955468 临海市增值税专用发票 No 00270387

发 票 联

开票日期：2021 年 1 月 2 日

购货单位	名称	临海市宏达纺织有限公司	税务登记号	210602100822210
	地址、电话	临海市亚运路168号315288888	开户银行及账号	工行临海市支行宝石花办事处1012250088—05

货物或应税劳务名称	规格型号	计量单位	数量	单价	金额 万	千	百	十	元	角	分	税率（%）	税额 万	千	百	十	元	角	分
涤纶		吨	10	8400	8	4	0	0	0	0	0	13	1	0	9	2	0	0	0
合计					8	4	0	0	0	0	0		1	0	9	2	0	0	0

价格合计	零 拾 玖 万 肆 仟 玖 佰 贰 拾 零 元 零 角 零 分 ￥94 920.00
备注	

销货单位	名称	临海市化纤公司	税务登记号	210602100822321
	地址、电话	临海市滔江街28号 电话2150498	开户银行及账号	工行临海市支行滔江办事处1012250075—06

销货单位（章）： 收款人：许进 复核：张晓强 开票人：王艳芳

国税发（2009）225 号华夏造币厂

第二联：发票联 购货方记账凭证

6.

2106756892 临海市增值税专用发票 No 0017892

发 票 联

开票日期：2021 年 1 月 2 日

购货单位	名称	临海市宏达纺织有限公司	税务登记号	210602100822210
	地址、电话	临海市亚运路168号31528888	开户银行及账号	工行临海市支行宝石花办事处1012250088—05

货物或应税劳务名称	规格型号	计量单位	数量	单价	金额 十	万	千	百	十	元	角	分	税率（%）	税额 万	千	百	十	元	角	分
棉花		吨	20	14500.00	2	9	0	0	0	0	0	0	13	3	7	7	0	0	0	0
合计					2	9	0	0	0	0	0	0		3	7	7	0	0	0	0

价格合计	叁 拾 贰 万 柒 仟 柒 佰 零 拾 零 元 零 角 零 分 ￥327 700.00
备注	

销货单位	名称	林阳棉麻公司	税务登记号	210403211743108
	地址、电话	林阳市黄河大街79号 4189203	开户银行及账号	工行林阳支行黄河办事处203020098—03

销货单位（章）： 收款人：张勇 复核：刘军 开票人：李伟

国税发（2009）225 号华夏造币厂

第二联：发票联 购货方记账凭证

中国工商银行托收承付凭证（承付/支款 通知）

委托日期：2021 年 1 月 2 日

付款人	全称	临海市宏达纺织有限公司	收款人	全称	林阳棉麻公司
	账号或地址	临海市亚运路 1012250088—05		账号	2013020098—03
	开户银行	工行临海支行宝石花办事处		开户银行	工行林阳支行黄河办事处 行号

托收金额	人民币（大写）：叁拾贰万捌仟玖佰元整	千	百	十	万	千	百	十	元	角	分
			￥	3	2	8	9	0	0	0	0

附件		商品发运情况	合同名称号码
附寄单证张款或册数			

备注：	付款人注意：
	1. 根据结算办法规定，上列托收款项，在承付期限内未拒付时，即现同全部承付。如系金额支付即以此联代支款通知；如遇延付或部分支付，再由银行另送延付或部分支付的支款通知。 2. 如需提前承付或多承付，应另写书面通知送银行办理。 3. 如系全部或部分拒付，应在承付期限内另填拒绝承付理由书送银行办理。

单位主管：陈明达 会计：张娟 复核：于红 记账：程晨 付款人开户银行盖章 月 日

此联是付款人开户银行通知付款人按期承付货款的承付（支款）通知

林　阳　铁　路　局

丙联
A

第　　号

托收号码：

承付期限
到期2021年1月5日

货　　票

№　042987

承运凭证：发站→发票报销用

计划号码或运输号码　　　　货物运到期限　　　　日

发站		林阳	到站（局）		临海	号种车号		货车标重	承运人/托运人装车
托运人	名称	林阳棉麻公司				施封号码			承运人/托运人施封
托运人	住址	林阳市黄河大街79号	电话		4189203	铁路货车篷布号码			
收货人	名称	临海市宏达纺织有限公司				集装箱号码			
收货人	住址	临海市亚运路168号	电话		31528888	经由		运价里程	

货物名称	件数	包装	货物重量（公斤）托运人确定	货物重量（公斤）承运人确定	计费重量	运价号	运价率	现付 费别	现付 金额
棉花	200件		20 000		20 000		6%	运费	1 200
								装费	
								过秤费	
合计									
记事								合计	1 200

发站承运日期戳
经办人盖章

7.

2020 华夏造币厂证券印刷公司印制

中国工商银行 现金支票存根 （海） IV II 001700 科　　目__________ 对方科目__________ 出票日期：2021 年 1 月 2 日
收款人：临海市宏达纺织有限公司 金　额：1 000.00 用　途：备用 单位主管 陈明达　会计 张娟

8.

中国人民保险公司

保险费、代扣印花税收据

2021 年 1 月 3 日

今收到__宏达纺织有限公司__交纳__2021 年财产__保险费__60 000.00__元

并代扣印花税______元

总计人民币__陆万元整__（大写）　　¥：__60 000.00__

2020 华夏造币厂证券印刷公司印制

中国工商银行 转账支票存根 （海） IV II 002766 科　　目__________ 对方科目__________ 出票日期：2021 年 1 月 2 日
收款人：临海市人保 金　额：60 000.00 用　途：保险费 单位主管 陈明达　会计 张娟

9.

海财会账证 56 号

借 款 单（记账）

2021 年 1 月 3 日　　　　顺序第 5 号

借款单位	* 供应部	姓名	* 张岩	级别	*	出差地点 * 大连	天 数
事由	购轴承	借款金额（大 写）	壹仟元整 ¥1 000.00				
单 位 负责人 签 署	同意 陈明达	借款人 签 章	张岩	注意事项	一、有*者由借款人填写 二、凡借用公款必须使用本单 三、第三联为正式借据由借款人和单位负责人签章 四、出差返回后三日内结算		
机关首长或授权人批示		审核意见	同意				

第三联 借款记账凭证

10.

中国工商银行汇票委托书（存 根）

第 1 号

委托日期：2021 年 1 月 4 日

汇款人	临海市宏达纺织有限公司		收款人	大连轴承厂	
账 号 或住址	临海市亚运路 168 号 101250088—05		账 号 或住址	大连市星海路 16 号 102339—0016	
总付地址	临海市 市/县	兑付行 工行星海支行	汇款用途	购轴承	
汇款金额	人民币（大写） 伍仟壹佰元整			千百十万千百十元角分	¥ 5 1 0 0 0 0
备 注：张岩携往大连 购买轴承			科 目 ………… 对方科目 ………… 财务主管 复核 经办		

此联由汇款人留存作记账凭证

11.

工商银行（短期　　贷款）凭证　（回单）　③

单位编号：　　　　日期：2021 年 1 月 5 日　　　　银行编号：

此联系核定放款回单代借款单位往来户收款通知

收款单位	名　称	临海市宏达纺织有限公司	借款单位	名　称	同左
	往来户账号	101250088－05		放款户账号	
	开户银行	工行临海支行宝石花办事处		开户银行	
借款期限（最后还款日）	半年	利率	8%	起息日期	

		千	百	十	万	千	百	十	元	角	分
借款申请金额	人民币（大写）捌拾万元整		¥	8	0	0	0	0	0	0	0
借款原因及用途	流动资金										
银行核定金额			¥	8	0	0	0	0	0	0	0

备　注：	期　限	计划还款日期	计划还款金额
	上述借款已同意贷给并转入你单位往来户，此借款到期时应按期归还。此致借款单位。 （银行盖章）　　年　月　日		

12.

2106958935　临海市增值税专用发票　No　00170627

发　票　联

开票日期：2021 年 1 月 5 日

国税发（2009）225 号华夏造币厂

购货单位	名称	临海市宏达纺织有限公司	税务登记号	210602100822210
	地址、电话	临海市亚运路168号31528888	开户银行及账号	工行临海市支行宝石花办事处1012250088—05

货物或应税劳务名称	规格型号	计量单位	数量	单价	金额 万	千	百	十	元	角	分	税率（%）	税额 万	千	百	十	元	角	分
香蕉水		桶	8	130	¥	1	0	4	0	0	0	13			1	3	5	2	0
调合漆		桶	4	30			1	2	0	0	0					1	5	6	0
合　计					¥	1	1	6	0	0	0			¥	1	5	0	8	0

价格合计	零拾零万壹仟叁佰壹拾捌元零角零分　¥ 1 310.80			
备　注				
销货单位 名称	临海市化工材料商店	税务登记号	210603218008111	
销货单位 地址、电话	临海市沿江街18号 电话 4189203	开户银行及账号	工行临海市支行元宝办事处	

销货单位（章）：　　收款人：王丹　　复核：李阳　　开票人：王伟

第二联：发票联　购货方记账凭证

商业承兑汇票（卡片） 1

汇票号码 第 号

出票日期（大写） 贰仟壹贰年壹月伍日

付款人	全称	临海市宏达纺织有限公司	收款人	全称	临海市化工材料商店	
	账号	101250088－05		账号	1113530101—07	
	开户银行	工行临海支行宝石花办事处		开户银行	工行临海支行元宝行	行号
出票金额	人民币（大写）壹仟叁佰壹拾零元捌角整				千百十万千百十元角分	¥131080
汇票到期日	6个月		交易合同号码			
出票人签章			备注：			

此联承兑人留存

13.

临海市商业零售统一发票

发票联

客户名称：宏达纺织有限公司　2021年1月5日　海国税（2021）第7版（2）

货号	品名及规格	单位	数量	单价	超万元无效	千	百	十	元	角	分
	办公桌椅	套	5	600		3	0	0	0	0	0
合计金额（大写）	叁仟零佰零拾零圆零角零分					3	0	0	0	0	0
结算方式	转账支票	开户银行及账号	工行临海支行宝石花办101250088－05								

收款企业（盖章有效）　收款人：许华　开票人：赵丹

②报销凭证

税校印刷厂2009年9月印制

中国工商银行（海）
转账支票存根
IV II 002767

科　　目＿＿＿＿＿＿

对方科目 管理费用

出票日期：2021年1月5日

收款人：北方家俱厂

金　额：3 000.00

用　途：办公用品

单位主管 陈明达　会计 张娟

2020华夏造币厂证券印刷公司印制

14.

困难补助 明细

组别：　　　　　　　　2021 年 1 月 5 日

姓（品）名	摘　要	单 位	数 量	单 价	金　额	领（投）印
张　军					150.00	张　军
刘大强					100.00	刘大强
王　刚					50.00	王　刚
合　计					300.00	

制表人　白雪　　　　　　　　　　会计　张娟

15.

中国银行信汇凭证（支款凭证）　2

第　　号
应解汇款编号

汇款单位编号：　　　　委托日期：2021 年 1 月 5 日

收款单位	全　称	汝阳化纤厂	汇款单位	全　称	临海市宏达纺织有限公司	
	账　号或住址	3010800721—09		账　号或住址	工行临海支行宝石花办事处 101250088—05	
	汇　入地　点	长江省 汝阳 市县　汇入行名称 工行汝阳支行		汇　入地　点	临海市 市县　汇入行名称 宝石花办事处	
出票金额	人民币（大写）	玖万叁仟陆佰捌拾元整			千 百 十 万 千 百 十 元 角 分	¥ 9 3 6 8 0 0 0
汇款用途：	还贷款					

上列款项请在本单位账户内支，并按照汇兑结算方式规定拨给收款单位。 （汇款单位盖章）	科目（付）…………… 对方科目（收）…………… 汇出行汇出日期 2021 年 1 月 4 日 复核员　　　记账员

此联是汇款单位委托开户银行办理信汇的支款凭证

16.

中国工商银行他行进账单（回单）　1

第　　号

委托日期　2021 年 1 月 5 日		收款单位名称	临海市宏达纺织有限公司
		收款单位账号	1012250088—05
付款行名	工行临海市支行山上办事处	收款单位开户行	工行临海市支行宝石花办事处
人民币（大写）：陆仟元整		千 百 十 万 千 百 十 元 角 分	¥ 6 0 0 0 0 0

付款单位名称	票据号码	金额	付款单位名称	票据号码	金　额	
江阳铝材厂	6789#	600000				你单位交存同城他行支票共　张，待交换划回后，给你单位进账。
						（银行盖章）

收款单位回单收账通知

海结 4（94.1）

固定资产租赁合同

2021 年 1 月 5 日　　　　　　　　第　　号

出租单位名称	宏达纺织有限公司		租入单位名称	江阳铝材厂	
固定资产名称	房屋	类别		原始价值	96 000元
租　金	年租金6 000元	租赁期限	二年（2021.02～2023.02）	备　注	

设备科长：江阳　　　　财务科长：李明　　　　经手人　吴雪

17.

收　款　凭　证

No　0052457

台照　　　　2021 年 1 月 5 日

兹　收　到　王玉宽因违反规定在厂内吸烟交来罚　款

人　民　币　贰佰元整　　　　¥200.00

附记事项

收款单位　　　　会计主管　李明　　开票　白雪

第二联：会计收款凭证

本收据不得随便撕下，作废也要原样保管。

18.

中国工商银行
现金支票存根　（海）
IV II 001701
科　　目
对方科目
出票日期：2021 年 1 月 5 日

收款人：
金　额：1 150.00
用　途：备用
单位主管　陈明达　会计　张娟

2020 华夏造币厂证券印刷公司印制

19.

临海市报刊发行专用发票

段别　户名　　　　　　　　发　票　联　　　　　　No　003287

地址　　　　　　自费/公费订阅　　　　×税（0×）第×版（5）

报纸代号	报刊名称	订阅份数	起止订期	第　份　月/年　价	共计款额								
					百	十	万	千	百	十	元	角	分
	人民日报	4	2021.1.1～12.31					¥	6	0	0	0	0
金额合计（大写）	：陆佰零拾零角零分							¥	6	0	0	0	0

②报销凭证

收款单位：（盖章有效）　　　　收款人：刘丰　　　　开票人：于洋

20.

上海证券中央登记结算公司

2021年1月6日　　　　广发证券有限责任公司营业部　　　　[买入]

成交编号：82480 股东账号：A2628763888	类别：A 证券名称：600708—曙光车桥 成交数量：2000
股东姓名：宏达纺织有限公司 申请编号：42 公司代码：R55	成交价格：23.80 成交金额：47 600.00 标准佣金：161.00
申报时间：09：32：14 成交时间：09：57：23 实际金额：48 000.00 资金余额：52 000.00 资金账号：2056	印花税：238.00 过户费：1.00 股票余额：4 000

②留存款

经办单位 ______________　　　　客户签章 ____________

21.

第　　号

中国工商银行托收承付结算凭证（收账通知）　4

托收号码：

承 付 期 限
到期 2021 年 1 月 8 日

委托日期：2021 年 1 月 6 日

收款人	全　称	临海市宏达纺织有限公司	付款人	全　称	大连四通印染厂
	账号或地址	临海市亚运路 1012250088—08		账　号	2023260065—03
	开户银行	工行临海支行宝石花办事处		开户银行	工行大连沙河办事处
托收金额	人民币（大写）：叁万陆仟元整			千百十万千百十元角分	¥3600000
附　件	商 品 发 运 情 况			合 同 名 称 号 码	
附寄单证张款或册数					
备　注：	上列款项已由付款单位开户行全额划回并收入你方账户内。此致 收款单位 （放款单位开户行盖章） 月　日			科目 对方科目 转账 20　年　月　日 单位主管　会计 复核　记账	

付款单位开户行　　收到日期 2021 年 1 月 8 日　支付日期 2021 年 1 月 8 日

此联是收款单位银行在款项收妥后给收款单位的收账通知

22.

有价证券代保管单　　No　00117001

2021 年 1 月 8 日

申请保管人	宏达纺织有限公司	单位及电话	31528888	保 管 明 细 表		
面值总额	（大写）：壹拾万元整	十万千百十元角分	10000000	名　称	张数	面值
保管期限	自 2021 年 1 月 8 日至 2021 年 8 月 19 日 止			公司债券	10 000	10
保管费率‰		保管费				
备　注： 1. 一年为一个保管期，不足一年按一年收费，逾期不足一年，逾期时间按一年算。 2. 本保管单不得流通、抵押、转让。 3. “名称”栏内应填写何种债券及具体单位。 4. 提取证券时凭身份证办理。		受托单位： 经办员： 复核员：				

2020 华夏造币厂证券印刷公司印制

中国工商银行
转账支票存根　（海）
IV II 002769

科　　目＿＿＿＿＿＿

对方科目＿＿＿＿＿＿

出票日期：2021 年 1 月 8 日

收款人：爱华股份有限公司

金　额：100 000.00

用　途：买债券

单位主管 陈明达　会计 张娟

23.

中国工商银行他行进账单（回单）　1　第　号

委托日期　2021 年 1 月 8 日		收款单位名称	临海市宏达纺织有限公司
		收款单位账号	1012250088—05
付款行名：	工行临海市支行山上办事处	收款单位开户行	工行临海市支行宝石花办事处
人民币（大写）：伍仟元整		千百十万千百十元角分	¥500000

付款单位名称	票据号码	金额	付款单位名称	票据号码	金额	
利民商场	5987	500000				你单位交存同城他行支票共　张，待交换划回后，给你单位进账。
						（银行盖章）

收款单位回单收账通知

海结 4（94.1）

2020 华夏造币厂证券印刷公司印制

中国工商银行
转账支票存根　（海）
IV II 002770

科　　目＿＿＿＿＿＿

对方科目＿＿＿＿＿＿

出票日期：2021 年 1 月 8 日

收款人：临海拆卸公司

金　额：4 000.00

用　途：拆卸费

单位主管 陈明达　会计 张娟

固定资产清理报废单

2021 年 1 月 8 日　　签发　　编号：324

主管部门：临海纺织局					使用单位：临海市宏达纺织有限公司				
名称及型　号	单位	数量	原始价值	已提折旧	净值	预计使用年限	实际使用年限	支　付清理费	收回变价收入
锅　炉	个	1	187 000.00	185 000.00	2 000.00	20	20	4 000.00	5 000.00
建造单位	建造年份		出厂号	申请报废原因	使用期满				
临海二建	1977　12		7988						

调出单位公章：　主管人：乔斯海　调入单位公章：　主管人：于得水

24.

收　款　凭　证

No　0052457

台照　　2021 年 1 月 8 日

兹　收　到　出纳员白雪赔偿现金短缺　款

人　民　币　叁拾元整　￥30.00

附 记 事 项　赔偿

收款单位　财会　会计主管　李明　制票　张娟

第二联：会计收款凭证

本收据不得随便撕下，作废也要原样保管。

现金盘点报告表

单位名称：　2021 年 1 月 9 日

实存金额	账存金额	对比结果		备　注
		盘盈	盘亏	
770.00	800.00		30.00	

盘点人：宋　平　出纳员：王　华

25.

中国工商银行
现金支票存根　（海）
IV II 001703
科　　目
对方科目
出票日期：2021 年 1 月 9 日

收款人：宏达纺织有限公司
金　额：123 600.00
用　途：发工资
单位主管　陈明达　会计　张娟

2020 华夏造币厂证券印刷公司印制

二〇二一年一月份工资明细

单位：　　　　　　　　班组：　　　　　　　　日期：2021 年 1 月 9 日　制表：张娟

姓名	岗位工资	技能工资	劳效工资	扣发工资	病伤产假工资	特殊工资（各种补贴）						加班工资		书报	奖金			应发合计	奖金			实领工资	领印
						粮煤	物生	副食	肉菜	煤价	煤电	日	金额		浮动	综合	三项		房租	储蓄	托费		
陈明达	530					17		9	6				80	20		150		812	30		40	742	陈明达
姓名	岗位工资	技能工资	劳效工资	扣发工资	病伤产假工资	特殊工资（各种补贴）						加班工资		书报	奖金			应发合计	奖金			实领工资	领印
						粮煤	物生	副食	肉菜	煤价	煤电	日	金额		浮动	综合	三项		房租	储蓄	托费		
张利	490					17		9	6				80	20		100		722	18		35	669	张利
姓名	岗位工资	技能工资	劳效工资	扣发工资	病伤产假工资	特殊工资（各种补贴）						加班工资		书报	奖金			应发合计	奖金			实领工资	领印
						粮煤	物生	副食	肉菜	煤价	煤电	日	金额		浮动	综合	三项		房租	储蓄	托费		
李春明	490					17		9	6				80	20		100		722	18		35	669	李春明
姓名	岗位工资	技能工资	劳效工资	扣发工资	病伤产假工资	特殊工资（各种补贴）						加班工资		书报	奖金			应发合计	奖金			实领工资	领印
						粮煤	物生	副食	肉菜	煤价	煤电	日	金额		浮动	综合	三项		房租	储蓄	托费		
宋平	470					17		9	6				80	15				597	15		35	647	宋平
姓名	岗位工资	技能工资	劳效工资	扣发工资	病伤产假工资	特殊工资（各种补贴）						加班工资		书报	奖金			应发合计	奖金			实领工资	领印
						粮煤	物生	副食	肉菜	煤价	煤电	日	金额		浮动	综合	三项		房租	储蓄	托费		
王华	430					17		9	6				50	10				522	12		35	475	王华
姓名	岗位工资	技能工资	劳效工资	扣发工资	病伤产假工资	特殊工资（各种补贴）						加班工资		书报	奖金			应发合计	奖金			实领工资	领印
						粮煤	物生	副食	肉菜	煤价	煤电	日	金额		浮动	综合	三项		房租	储蓄	托费		
程果	430					17		9	6				50	10				522	12		30	470	程果
姓名	岗位工资	技能工资	劳效工资	扣发工资	病伤产假工资	特殊工资（各种补贴）						加班工资		书报	奖金			应发合计	奖金			实领工资	领印
						粮煤	物生	副食	肉菜	煤价	煤电	日	金额		浮动	综合	三项		房租	储蓄	托费		
于红	430					17		9	6				50	10				432	8		40	384	于红
姓名	岗位工资	技能工资	劳效工资	扣发工资	病伤产假工资	特殊工资（各种补贴）						加班工资		书报	奖金			应发合计	奖金			实领工资	领印
						粮煤	物生	副食	肉菜	煤价	煤电	日	金额		浮动	综合	三项		房租	储蓄	托费		
王丽艳	350					17		9	6				50					432	8		30	394	王丽艳
姓名	岗位工资	技能工资	劳效工资	扣发工资	病伤产假工资	特殊工资（各种补贴）						加班工资		书报	奖金			应发合计	奖金			实领工资	领印
						粮煤	物生	副食	肉菜	煤价	煤电	日	金额		浮动	综合	三项		房租	储蓄	托费		
于洋	350					17		9	6				50					432	8		30	394	于洋
姓名	岗位工资	技能工资	劳效工资	扣发工资	病伤产假工资	特殊工资（各种补贴）						加班工资		书报	奖金			应发合计	奖金			实领工资	领印
						粮煤	物生	副食	肉菜	煤价	煤电	日	金额		浮动	综合	三项		房租	储蓄	托费		
																		⋮	⋮	⋮	⋮	⋮	⋮
合计																		131560	3600		4360	123600	

劳资处负责人：　　　　　　　　车间（处）负责人：　　　　　　　　工资员：

26.

2020 华夏造币厂证券印刷公司印制

中国工商银行 转账支票存根 （海）
IV II 002771
科　　目________
对方科目________
出票日期：2021 年 1 月 9 日
收款人：太平洋保险公司
金　额：57 750.00
用　途：统筹保险费
单位主管 陈明达　会计 张娟

海财会账证 49 号

专用收款收据

（2021）　No　0054031

收款日期　2021 年 1 月 9 日

付款单位（交款人）	宏达纺织有限公司	收款单位（领 款 人）	太平洋保险公司	收款项目	统筹保险金
人 民 币（大　写）	伍万柒仟柒佰伍拾元整	千 百 十 万 千 百 十 元 角 分：¥ 5 7 7 5 0 0 0		结算方式	
收款理由	统筹保险公司	经办	部门 人员	财会 张洪涛	
上述款项照数收讫无误。收款单位财会专用章：（领款人签章）		会计主管	稽　核	出　纳	交款人 王　华

第三联　给付款单位作收据

使用规定：

1. 本收据只作非经营性专用收款收据，不能代替发票使用。
2. 结算方式按现金、转账、付委、信汇、电汇、托收无承付等方式分别填列。
3. 本收据一式三联填写，不得涂改，如写错，不得撕掉，要保留备查。

27.

隶属关系：
经济类型：

中华人民共和国 税收缴款书

地 （2021）海地缴 No 1577000

填发日期：2021年1月10日　　征收机会：临海市地税局

缴款单位（人）	代码	708	预算科目	款	
	全称	宏达纺织有限公司		项	
	开户银行	工行临海市支行		级次	
	账号	101250088—05	收缴国库：临海市交通银行 1043582003—79		
税款所属时期 2021年1月9日			税款限缴日期 2021年1月10日		

品目名称	课税数量	计税金额或销售收入	税率或单位税额	已缴或扣除额	亿	千	百	十	万	千	百	十	元	角	分
房产税									2	1	3	0	0	0	0
土地使用税									1	3	1	9	0	0	0
车船税印花税										2	7	7	5	0	0
金额合计（大写）	零亿零仟零佰零拾叁万柒仟贰佰陆拾伍元零角零分							¥	3	7	2	6	5	0	0

（表头“实缴金额”统辖亿至分各栏。）

缴款单位（人）	税务机关		会计分录	备注：
缴款单位（人） 经办人（章）	税务机关 （盖章） 填票人（章）	上列款项已从缴款单位（人）账户支付并划转收款单位账户。 国库（银行）盖章　年　月　日	借方： 贷方： 转账日期 年　月　日 复核员　记账员	

无银行收讫章无效

第二联（凭证）付款缴款单位（人）的支付凭证　开户银行借方传票

逾期不缴按税法规定加收滞纳金

地方各税纳税申报表

编码：708　　东税申表三

申报单位：宏达纺织有限公司　　申报　2021年1月10日　　金额单位：元（列至角分）

	税目	计税依据	税率	应纳税额	减免税额	批准缓税额	本期申报税额	税款所属期
城市维护建设税		147 400	7%	10 318				
教育附加		147 400	3%	4 422				

房产税	从值征收							从税征收			本期减免税额	本期应纳税额	税款所属期
	项目	房产原值	应税房产原值	计算房产原值	年税率	年应纳税额	本期计算税额	租金收入	税率	本期计算税额			
		355 000	355 000		1.2%	21 300	21 300					21 300	

土地使用税	项目	地段等级	占地总面积m	免税面积m	应税面积m	年单位税额	年应纳税额	本期计算税额	本期减免税额	本期应纳税额	税款所属期
					50			13 190		13190	

车船税	类别	项目	数量（辆、艘）	计提依据（辆、吨）	年单位税额	年应纳税额	本期应纳税额	税款所属期
	卡车		5	30吨	40元/吨	1200	1200	
	客车		5	5辆	300元/辆	1500	1500	

印花税	类别	计税依据	税率	应纳税额			税款所属期
	账	15本	5元/本	75.00			

单位负责人：　　财务负责人：　　经办人：　　税务机关受理日期：　　税务审核人：

隶属关系：
经济类型：

中华人民共和国 **地** 税收缴款书

（2021）海地缴　No 1576999

填发日期：2021年1月10日　　征收机会：临海市地税局

缴款单位（人）	代　码	706	预算科目	款
	全　称	宏达纺织有限公司		项
	开户银行	工行临海市支行		级次
	账　号	101250088－05	收缴国库：临海市交通银行 1043582003—79	
税款所属时期	2021年1月9日		税款限缴日期	2021年1月10日

品目名称	课税数量	计税金额或销售收入	税率或单位税额	已缴或扣除额	实缴金额 亿	千	百	十	万	千	百	十	元	角	分
城建税		147 000	7%						1	0	3	1	8	0	0
教育费附加		147 000	3%							4	4	2	2	0	0
金额合计（大写）	零亿零仟零佰零拾壹万肆仟柒佰肆拾零元零角零分							¥	1	4	7	4	0	0	0

缴款单位（人）	税务机关		会计分录	备注：
经办人（章）	（盖章） 填票人（章）	上列款项已从缴款单位（人）账户支付并划转收款单位账户。 国库（银行）盖章　年　月　日	借方： 贷方： 转账日期 年　月　日 复核员　记账员	

无银行收讫章无效

第二联（凭证）付款缴款单位（人）的支付凭证

开户银行借方传票

逾期不缴按税法规定加收滞纳金

隶属关系：
经济类型：

中华人民共和国 **国** 税收缴款书

（2021）海国缴　No 1576876

填发日期：2021年1月10日　　征收机会：临海市国税局

缴款单位（人）	代　码	210	预算科目	款
	全　称	宏达纺织有限公司		项
	开户银行	工行临海市支行		级次
	账　号	101250088－05	收缴国库：临海市交通银行 1043582003—79	
税款所属时期	2021年1月9日		税款限缴日期	2021年1月10日

品目名称	课税数量	计税金额或销售收入	税率或单位税额	已缴或扣除额	实缴金额 亿	千	百	十	万	千	百	十	元	角	分
增值税								1	4	7	4	0	0	0	0
金额合计（大写）	零亿零仟零佰壹拾肆万柒仟肆佰零拾零元零角零分						¥	1	4	7	4	0	0	0	0

缴款单位（人）	税务机关		会计分录	备注：
经办人（章）	（盖章） 填票人（章）	上列款项已从缴款单位（人）账户支付并划转收款单位账户。 国库（银行）盖章　年　月　日	借方： 贷方： 转账日期 年　月　日 复核员　记账员	

无银行收讫章无效

第二联（凭证）付款缴款单位（人）的支付凭证

开户银行借方传票

逾期不缴按税法规定加收滞纳金

28.

利息付出凭证

铜版号：

存单号：______ 公元 2021年1月11日

姓名	本金	利率	金额								出纳付讫
			十	万	千	百	十	元	角	分	
宏达纺织有限公司	120 000	年 12%		¥	3	6	0	0	0	0	
人民币（大写）	叁仟陆佰元整										

①回执

东证（91）印 复核：张东晓 制票：李玉琴

29.

临海市饮食业统一发票

发 票 联 No 0195820

客户名称：宏达纺织有限公司 2021年1月11日 海地税(2021)第2版(32)

经营项目	单位	数量	单价	金额						代扣税金						
				千	百	十	元	角	分	税率	千	百	十	元	角	分
餐费					9	3	5	0	0							
										筵席税额：						
合计金额（大写）	零仟玖佰叁拾伍元零角零分			¥	3	0	0	0	0							

②报销凭证

临海市印刷厂 2021年5月印制

收款单位（盖章有效）： 收款人：张琴 开票人：刘云

中国工商银行
转账支票存根 （海）
IV II 002772
科 目______
对方科目______
出票日期：2021年1月11日

收款人：临海大酒店
金 额：935.00
用 途：餐费
单位主管 陈明达 会计 张娟

2020 华夏造币厂证券印刷公司印制

30.

移动通信专用

同城特约委托收款 结算凭证（支款通知 / 代收款） 3

委托日期：2021年1月11日

借方	全　称	宏达纺织有限公司	贷方	全　称	临海移动电话公司
	账号地址	101250088—05		账　号	2380198
	开户银行	工行临海支行宝石花办事处		开户银行	石牌办理处
委收金额	人民币（大写）：叁仟捌佰元整				3 800.00

款项内容		电信资费		协议号		附寄单证张数	
通话费	1 250.00	月租费		收款单位盖章	注意事项： 1. 上述款项全额付款。 2. 上述款项与收款单位协商解决。 付款单位开户行盖章：		
话费	2 500.00	168					
漫游费		特服费					
		滞纳金					
其　他		上频费	50.00				

此联付款人开户银行给付款人的付款通知

单位主管：　会计：　复核：　记账：　付款人开户行盖章：　年　月　日

31.

临海市增值税专用发票 No 0018092

发　票　联

开票日期：2021年1月11日

购货单位	名称	临海市宏达纺织有限公司	税务登记号	210602100822210	
	地址、电话	临海市亚运路168号 31528888	开户银行及账号	工行临海市支行宝石花办事处1012250088—05	

货物或应税劳务名称	规格型号	计量单位	数量	单价	金额	税率（%）	税额
镀锌板		公斤	100	30	300000	13	39000
合　计					¥300000		¥39000
价格合计	零拾零万叁仟叁佰玖拾零元零角零分　¥ 3 390.00						
备　注							

销货单位	名称	临海市五金交电公司	税务登记号	210602100822239
	地址、电话	临海市青年大街2号 电话4144297	开户银行及账号	工行临海市支行宝石花办事处1082760077—01

销货单位（章）：　收款人：李强　复核：周丽媛　开票人：张树明

国税发（2009）225号华夏造币厂

第二联：发票联　购货方记账凭证

2020 华夏造币厂证券印刷公司印制

中国工商银行（海）
转账支票存根
IV II 002773
科　　目__________
对方科目__________
出票日期：2021 年 1 月 11 日

收款人：临海市五金交电公司
金　额：3 390.00
用　途：货款
单位主管 陈明达　会计 张娟

32.

海财会账证 50 号

出差旅费报销单

单位：　　　　　　　　　　　　2021 年 1 月 11 日填

月	日	时间	出发地	月	日	时间	到达地	机票费	车（船）费	卧铺费	夜行车补助		市内交通费		宿费			出差补助		其他	合计
											小时	金额	实支	包干	标准	实支	提成扣减	天数	金额		
11	21		临海				上海	1200	×2				300		100×20			20×20	×2	400	5 900
21	11		上海				临海		1200	×2											2 400
合计									4800				300		2000			800		400	8 300

出差任务	开会	报销金额（大写）　人民币：捌仟 叁佰 零拾 零元 零角 零分	预借金额	8 000
		单位领导 丁会有　部门负责人 李明　出差人 陈明达 吕广	报销金额	8 300
			结余或超支	300

会计主管人员 李明　　记　账 张娟　　审　核 程军　　附单据　　张

33.

中国工商银行他行进账单（回单）　1　第　号

委托日期　2021 年 1 月 12 日		收款单位名称	临海市宏达纺织有限公司
		收款单位账号	1012250088—05
付款行名	工商银行临海支行	收款单位开户行	工行临海市支行宝石花办事处
人民币（大写）：壹佰万元整		千 百 十 万 千 百 十 元 角 分	¥ 1 0 0 0 0 0 0 0 0

付款单位名称	票据号码	金额	付款单位名称	票据号码	金额	你单位交存同城他行支票共　张，待交换划回后，给你单位进账。（银行盖章）

收款单位回单收账通知

海结 4（P4.1）

临海市工业加工统一发票

发　票　联

客户名称：宏达纺织有限公司　　2021 年 1 月 12 日　　海国税（2021）第 7 版（2）

税校印刷厂 2009 年 9 月印制

货号	品名及规格	单位	数量	单价		金额 千	百	十	元	角	分
	债券印刷费				超万元无效	2	2	3	4	0	0
合计金额（大写）	贰仟贰佰叁拾肆元零角零分					2	2	3	4	0	0
结算方式	转账	开户银行及账号									

收款企业（盖章有效）　　收款人：李阳　　开票人：李日升

②报销凭证

中国工商银行结算手续费计数单

2021 年 1 月 11 日

户名	宏达纺织有限公司		账号	101250088－05							开户行	工行临海支行
收费种类	单价		笔数	金额 万	千	百	十	元	角	分	结算单位签章	
委托收款（邮、电寄）	1.00											
发行	0.50			1	2	0	0	0	0	0		
合计				1	2	0	0	0	0	0		

第二联：代银行扣收凭证附件

2020 华夏造币厂证券印刷公司印制

中国工商银行　（海）
转账支票存根
IV II 002774

科　　目＿＿＿＿＿＿

对方科目 财务费用

出票日期：2021 年 1 月 11 日

收款人：工商银行

金　额：12 000.00

用　途：债券发行费

单位主管 李明　会计 白雪

2020 华夏造币厂证券印刷公司印制

中国工商银行　（海）
转账支票存根
IV II 002775

科　　目＿＿＿＿＿＿

对方科目 财务费用

出票日期：2021 年 1 月 11 日

收款人：临海市印刷公司

金　额：2 234.00

用　途：印刷费

单位主管 李明　会计 白雪

34.

2106952596 新疆增值税专用发票 No 0017892

发 票 联

开票日期：2021 年 1 月 14 日

购货单位	名称	临海市宏达纺织有限公司			税务登记号	210602100822210		
	地址、电话	临海市亚运路168号31528888			开户银行及账号	工行临海市支行宝石花办事处1012250088—05		
货物或应税劳务名称	规格型号	计量单位	数量	单价	金额（十万千百十元角分）	税率（%）	税额（万千百十元角角分）	
棉花		吨	20	15500	31000000	13	4030000	
合计					31000000		4030000	
价格合计	叁拾伍万零仟叁佰零拾零元零角零分					¥ 350 300.00		
备注								
销货单位	名称	新疆棉麻公司			税务登记号	372100456003210		
	地址、电话	新疆哈密 电话 7163456			开户银行及账号	工行新疆分行 7011012456—09		

销货单位（章）： 收款人：张一 复核：丁伟 开票人：李玉

国税发（2009）225 号华夏造币厂

第二联：发票联 购货方记账凭证

委邮 委托收款结算凭证（支款通知） 5

第 号

委托号码：

付款期限 年 月 日

委托日期：2021 年 1 月 14 日

收款人	全称	新疆棉麻公司	付款人	全称	临海市宏达纺织有限公司	
	账号或地址	7011012456—09		账号	101250088－05	
	开户银行	工行新疆分行 行号		开户银行	工行临海支行宝石花办事处	
委托金额	人民币（大写）：叁拾伍万壹仟伍佰元整				千百十万千百十元角分：¥35150000	
款项内容	购材料	委托收款凭据名称		附寄单证张数		
备注：			付款人注意： 1．根据结算办法，上列委托收款，如在付款期限内未拒付时，即视同全部同意付款，以此联代付款通知。 2．如需提前信款或多付款时，应另外书面通知送银行办理。 3．如系全部或部分拒付，应在付款期限内另填拒绝付款理由书送银行办理。			

此联是付款人单位开户银行通知付款单位按期付款的通知

单位主管：吴雪秀 会计：刘东 复核：李丽 记账：张丽霞 付款人开户银行盖章 12月4日

丙联
A

新　疆　铁　路　局

货　　票

№　042989

承运凭证：发站→发票报销用

计划号码或运输号码　　　　货物运到期限　　　　日

发　站	新疆哈密		到站（局）	临海市	号种车号		货车标重		承运人/托运人装车
托运人 名　称	新疆棉麻公司				施封号码				承运人/托运人施封
托运人 住　址	新疆哈密		电　话	7163456	铁路货车篷布号码				
收货人 名　称	临海市宏达纺织有限公司				集装箱号码				
收货人 住　址	临海市亚运路168号		电　话	31528888	经　由			运价里程	
货物名称	件数	包装	货物重量（公斤）		计费重量	运价号	运价率	现　付	
			托运人确定	承运人确定				费　别	金额
棉　花	200件		20 000		20 000		0.06	运　费	1 200
								装　费	
								过秤费	
合　计									
记　事								合　计	1 200

发站承运日期戳
经办人盖章

35.

丙联
A

龙 江 铁 路 局

货 票

№ 042887

承运凭证：发站→发票报销用

计划号码或运输号码　　　　货物运到期限　　　　日

<table>
<tr><td colspan="2">发 站</td><td colspan="2">龙工省白山</td><td colspan="2">到站（局）</td><td colspan="2">临海市</td><td>号种车号</td><td></td><td>货车标重</td><td></td><td colspan="2">承运人/托运人装车</td></tr>
<tr><td rowspan="2">托运人</td><td>名 称</td><td colspan="6">龙江省化纤公司</td><td>施封号码</td><td colspan="3"></td><td colspan="2">承运人/托运人施封</td></tr>
<tr><td>住 址</td><td colspan="3">新民市白山路29号</td><td colspan="2">电 话</td><td>5798622</td><td>铁路货车篷布号码</td><td colspan="5"></td></tr>
<tr><td rowspan="2">收货人</td><td>名 称</td><td colspan="6">临海市宏达纺织有限公司</td><td>集装箱号码</td><td colspan="5"></td></tr>
<tr><td>住 址</td><td colspan="3">临海市亚运路168号</td><td colspan="2">电 话</td><td>31528888</td><td>经 由</td><td colspan="2"></td><td colspan="2">运价里程</td><td></td></tr>
<tr><td colspan="2" rowspan="2">货物名称</td><td rowspan="2">件数</td><td rowspan="2">包装</td><td colspan="4">货物重量（公斤）</td><td rowspan="2">计费重量</td><td>运价号</td><td>运价率</td><td colspan="3">现 付</td></tr>
<tr><td colspan="2">托运人确定</td><td colspan="2">承运人确定</td><td></td><td></td><td>费 别</td><td colspan="2">金 额</td></tr>
<tr><td colspan="2">涤 纶</td><td>240件</td><td></td><td colspan="2">24 000</td><td colspan="2"></td><td>24 000</td><td></td><td>0.025</td><td>运 费</td><td colspan="2">600.00</td></tr>
<tr><td colspan="2"></td><td></td><td></td><td colspan="2"></td><td colspan="2"></td><td></td><td></td><td></td><td>装 费</td><td colspan="2"></td></tr>
<tr><td colspan="2"></td><td></td><td></td><td colspan="2"></td><td colspan="2"></td><td></td><td></td><td></td><td>过秤费</td><td colspan="2"></td></tr>
<tr><td colspan="2">合 计</td><td></td><td></td><td colspan="2"></td><td colspan="2"></td><td></td><td></td><td></td><td></td><td colspan="2"></td></tr>
<tr><td colspan="2">记 事</td><td></td><td></td><td colspan="2"></td><td colspan="2"></td><td></td><td></td><td></td><td>合 计</td><td colspan="2">600.00</td></tr>
</table>

发站承运日期戳
经办人盖章

中国银行信汇凭证（支款凭证） 1 第 号

汇款单位编号：　　委托日期：2021年1月14日

收款单位	全称	龙江省化纤公司			汇款单位	全称	临海市宏达纺织有限公司	
	账号或住址	3021150099—02				账号或住址	工行临海支行宝石花办事处101250088—05	
	汇入地点	龙江省新民市县	汇入行名称	龙江支行		汇入地点	临海市市县	汇入行名称 宝石花办事处
出票金额	人民币（大写）	贰拾叁万柒仟玖佰元整					千百十万千百十元角分	¥23790000
汇款用途：购材料								
上列款项已根据委托办理，如须查询，请持此回单来行回单。							2021年1月14日	
单位主管　会计　复核　记账								

此联是汇出银行给汇款单位的回单

2106951572 临海市增值税专用发票 No 0012092

发票联

开票日期：2021年1月14日

购货单位	名称	临海市宏达纺织有限公司		税务登记号	210602100822210			
	地址、电话	临海市亚运路168号 31528888		开户银行及账号	工行临海市支行宝石花办事处1012250088—05			
货物或应税劳务名称	规格型号	计量单位	数量	单价	金额（十万千百十元角分）	税率（%）	税额（万千百十元角分）	
涤纶		吨	24	8750	21000000	13	2730000	
合计					21000000		2730000	
价格合计	贰拾叁万柒仟叁佰零拾零元零角零分				¥237 300.00			
备注								
销货单位	名称	龙江省化纤公司		税务登记号	310704200823423			
	地址、电话	新民市白山路29号 电话 5798622		开户银行及账号	工行龙省分行白山办事处3021150299—02			

销货单位（章）：　收款人：刘利　复核：张晓杰　开票人：徐新

国税发（2009）225号华夏造币厂

第二联：发票联　购货方记账凭证

36.

中国工商银行他行进账单（回单） 1 第 号

委托日期 2021年1月14日			收款单位名称	临海市宏达纺织有限公司		
			收款单位账号	1012250088—05		
付款行名	工行丹阳支行		收款单位开户行	工行临海市支行宝石花办事处		
人民币（大写）：壹拾肆万零肆佰元整				千百十万千百十元角分	¥14040000	
付款单位名称	票据号码	金额	付款单位名称	票据号码	金额	你单位交存同城他行支票共 张，待交换划回后，给你单位进账。
丹阳棉印厂		14040000				
						（银行盖章）

海结4（94.1）

收款单位回单收账通知

37.

坏账损失核销批准书

由于三联公司破产倒闭，经调查批准，此公司所欠 3 000 元应收账款，准予核销。

临海市工信局（盖章）

2021.01.15

38.

贴 现 凭 证（收 账 通 知）

填写日期:2021 年 1 月 15 日　　　　第　　号

<table>
<tr><td rowspan="3">申请人</td><td>全　称</td><td colspan="12">宏达纺织有限公司</td><td rowspan="3">贴现汇票</td><td colspan="2">种　类</td><td colspan="6">商业承兑汇票</td><td colspan="2">号　码</td><td colspan="2"></td></tr>
<tr><td>账　号</td><td colspan="12">101250088－05</td><td colspan="2">发票日</td><td colspan="10">2021 年 1 月 15 日</td></tr>
<tr><td>开户银行</td><td colspan="12">工行临海支行宝石花办事处</td><td colspan="2">到期日</td><td colspan="10">2021 年 3 月 15 日</td></tr>
<tr><td colspan="2">汇票承兑人（即贴现金额）</td><td>名称</td><td colspan="11">河口印染厂</td><td>账号</td><td colspan="2">3112079816</td><td colspan="4">开户银行</td><td colspan="6"></td></tr>
<tr><td colspan="2" rowspan="2">汇票金额（即贴现金额）</td><td colspan="13" rowspan="2">肆万元整</td><td colspan="2"></td><td>千</td><td>百</td><td>十</td><td>万</td><td>千</td><td>百</td><td>十</td><td>元</td><td>角</td><td>分</td></tr>
<tr><td colspan="2"></td><td></td><td></td><td>¥</td><td>4</td><td>0</td><td>0</td><td>0</td><td>0</td><td>0</td><td>0</td></tr>
<tr><td rowspan="2">贴现率每　年</td><td rowspan="2">12%</td><td rowspan="2">贴现利息</td><td>千</td><td>百</td><td>十</td><td>万</td><td>千</td><td>百</td><td>十</td><td>元</td><td>角</td><td>分</td><td colspan="3" rowspan="2">实付金额</td><td>千</td><td>百</td><td>十</td><td>万</td><td>千</td><td>百</td><td>十</td><td>元</td><td>角</td><td>分</td></tr>
<tr><td></td><td></td><td></td><td></td><td>¥</td><td>8</td><td>0</td><td>0</td><td>0</td><td>0</td><td></td><td></td><td>¥</td><td>3</td><td>9</td><td>2</td><td>0</td><td>0</td><td>0</td><td>0</td></tr>
<tr><td colspan="4">上述款项已入你单位账户
此致
银行盖章
2021 年 1 月 14 日</td><td colspan="22"></td></tr>
</table>

39.

银行汇票（多余款收账通知）　4

签发日期：2021 年 1 月 15 日　兑付地点：临海市　兑付行：工行宝石花办事处　行号：

此联签发行结清后交汇款人

收款人：大连轴承厂　账号或地址：26285335										
汇款金额人民币（大写）伍仟壹佰元整										
实际结算金额人民币（大写）肆仟陆佰伍拾伍元陆角零分	千	百	十	万	千	百	十	元	角	分
				¥	4	6	5	5	6	0

汇款人：宏达纺织有限公司　账号或地址：1012250088—5

	多余金额								退回金额已收入你账户内。
签发行：＿＿　行号：＿＿									
汇款用途：退回多余款	百	十	万	千	百	十	元	角	分
签发行盖章 2021 年 1 月 15 日				¥	4	4	4	4	0	财务主管　经办

9.5　18.5 公斤　（白纸紫油墨）

注：汇票号码前加印省别代号

2105895236　临海市增值税专用发票　No　0018098

发　票　联

开票日期：2021 年 1 月 15 日

国税发（2009）225 号华夏造币厂

第二联：发票联　购货方记账凭证

购货单位	名称	临海市宏达纺织有限公司	税务登记号	210602100822210
	地址、电话	临海市亚运路 168 号 31528888	开户银行及账号	工行临海市支行宝石花办事处 1012250088—05

货物或应税劳务名称	规格型号	计量单位	数量	单价	金额（万千百十元角分）	税率（%）	税额（万千百十元角分）
轴承		套	100	41.20	4 1 2 0 0 0	13	5 3 5 6 0
合　计					4 1 2 0 0 0		5 3 5 6 0
价格合计	零拾零万肆仟陆佰伍拾伍元陆角零分　¥ 4 655.60						
备　注							

销货单位	名称	大连轴承厂	税务登记号	210232945743330
	地址、电话	大连星海路　16 号	开户银行及账号	工行大连支行星海办事处 2034061122

销货单位（章）：　收款人：纪新华　复核：刘艳　开票人：孙长军

40.

海财会账证 50 号

出差旅费报销单

单位：　　　　　　　　　　　　　　　　　　　　　　　2021 年 1 月 15 日填

月	日	时间	出发地	月	日	时间	到达地	机票费	车(船)费	卧铺费	夜行车补助		市内交通费		宿费			出差补助		其他	合计
											小时	金额	实支	包干	标准	实支	提成扣减	天数	金额		
11	21		临海市				大连市		75			37.50	3×10	30	40×10	400		10×15	150	155	847.50
21	11		大连市				临海市		75			37.50									112.50
合计									150			75.00		30		400			150	155	960.00

出差任务	采购	报销金额（大写） 人民币：零仟 玖佰 陆拾 零元 零角 零分	预借金额	1 000
		单位领导　　部门负责人 李春明　　出差人 张岩	报销金额	960
			结余或超支	40

会计主管人员：李明　　记　账：张娟　　审　核：程果　　附单据 10 张

41.

2106953259 **临海市增值税专用发票** No 00170927

发　票　联

开票日期：2021 年1 月16 日

国税发（2020）225 号华夏造币厂

购货单位	名称	天津市宏达织布厂	税务登记号	238970892253339
	地址、电话	天津市西站路 5 号　47856668	开户银行及账号	工行天津支行西站办事处 1036660055—01

货物或应税劳务名称	规格型号	计量单位	数量	单价	金额 十	万	千	百	十	元	角	分	税率（%）	税额 万	千	百	十	元	角	分
棉股线 28T*2		吨	10	25 000	2	5	0	0	0	0	0	0	13	3	2	5	0	0	0	0
合计					2	5	0	0	0	0	0	0		3	2	5	0	0	0	0

价格合计	贰拾捌万贰仟伍佰零拾零元零角零分　¥ 282 500.00			
备注				
销货单位	名称	临海市宏达纺织有限公司	税务登记号	210602100822210
	地址、电话	临海市亚运路 168 号　电话 31528888	开户银行及账号	工行临海市支行宝石花办事处 1012250088—05

销货单位（章）：　　收款人：　　复核：　　开票人：

第四联：记账联　销货方记账凭证

2020 华夏造币厂证券印制公司印制

中国工商银行（海）
转账支票存根
IV II 002776

科　　目＿＿＿＿＿＿

对方科目＿＿＿＿＿＿

出票日期：2021 年 1 月 16 日

收款人：铁路分局

金　额：1 300.00

用　途：代垫运费

单位主管 陈明达　会计 张娟

中国工商银行托收承付结算凭证（回　单）　1

第　　号

委托号码：

委托日期：2021年1月16日

收款单位	全称	临海市宏达纺织有限公司	付款单位	全称	天津宏达织布厂
	账号	1012250088—08		账号或地址	天津西站 1036660055—01
	开户银行	工行临海支行宝石花办事处		开户银行	工行天津西站办事处

托收金额	人民币（大写）：贰拾捌万叁仟捌佰元整	千	百	十	万	千	百	十	元	角	分
			¥	2	8	3	8	0	0	0	0

附件	商品发运情况	合同名称号码
附寄单证张款或册数		

备注：	款项 2021年　月　日	（收款单位开户行盖章） 月　日

单位主管　　会计　　复核　　记账

此联是收款单位开户银行给收款单位的回单

42.

报销（月票）交通费明细表

组别：　　2021年1月16日

姓（品）名	单价	金额	领（投）印
张晶		15.00	张晶
王晶		15.00	王晶
李磊		15.00	李磊
王玉		15.00	王玉
李季		15.00	李季
合计		75.00	

制表人：刘江　　　　会计：白雪

43.

邮 4151　　**报刊发行收据**　　No　0019843

单　位	宏达纺织有限公司		
报刊名称	张（册）数	单　价	款　额
企业家　等			1 500.00
共产党员　等			1 500.00
合　计	叁仟零佰零拾零元零角零分		

中国工商银行
转账支票存根　（海）
IV II 002777
科　　目＿＿＿＿＿＿
对方科目　管理费用
出票日期：2021 年 1 月 17 日

收款人：市邮局
金　额：3 000.00
用　途：报刊费
单位主管　陈明达　会计　张娟

2020 华夏造币厂证券印刷公司印制

44.

材　料　出　库　单

领料：厂部　　车间　　班　　2021 年 1 月 18 日　　第　　号

编　号	名　称	规格	单位	请领数	实发数	实际价格		用　途
						单价	总额	
	账　簿		本	50	50	4.8	240.00	办公用
	凭　证		本	160	160	2.5	400.00	
	报　表		本	10	10	5.0	50.00	

45.

商业承兑汇票（卡片）　2

汇票号码 第　号

出票日期（大写）　贰仟壹贰年壹月拾捌日

<table>
<tr><td rowspan="3">付款人</td><td>全　称</td><td colspan="3">临海市宏达纺织有限公司</td><td rowspan="3">收款人</td><td>全　称</td><td colspan="3">伊通化纤公司</td></tr>
<tr><td>账　号</td><td colspan="3">101250088－05</td><td>账　号</td><td colspan="3">1251680101—11</td></tr>
<tr><td>开户银行</td><td>工行临海支行</td><td>行号</td><td></td><td>开户银行</td><td>工行振兴办</td><td>行号</td><td></td></tr>
<tr><td colspan="2">出票金额</td><td colspan="6">人民币（大写）玖万伍仟元整</td><td colspan="2">千 百 十 万 千 百 十 元 角 分
¥ 9 5 0 0 0 0 0</td></tr>
<tr><td colspan="2">汇票到期日</td><td colspan="3">2021.01.18</td><td colspan="3">交易合同号码</td><td colspan="2"></td></tr>
<tr><td colspan="5">本汇票已经承兑，到期无条件支付款。
承兑人签章
承兑日期　2021年1月18日</td><td colspan="5">本汇票请予以承兑于到期日付款。
出票人签章</td></tr>
</table>

此联持票人开户行随托收款凭证

46.

银行承兑汇票（卡片）　1

汇票号码 第　号

出票日期（大写）　贰仟壹贰年壹月拾捌日

<table>
<tr><td>出票人全称</td><td colspan="3">临海市宏达纺织有限公司</td><td rowspan="3">收款人</td><td>全　称</td><td colspan="3">新疆棉麻公司</td></tr>
<tr><td>出票人账号</td><td colspan="3">101250088－05</td><td>账　号</td><td colspan="3">4010023041—01</td></tr>
<tr><td>付款行全称</td><td>工行临海支行</td><td>行号</td><td></td><td>开户行</td><td>工行新疆分行</td><td>行号</td><td></td></tr>
<tr><td>出票金额</td><td colspan="6">人民币（大写）陆拾捌万零仟叁佰元整</td><td colspan="2">千 百 十 万 千 百 十 元 角 分
¥ 6 8 0 3 0 0 0 0</td></tr>
<tr><td>汇票到期日</td><td colspan="2">三个月</td><td rowspan="2" colspan="3">
备注：</td><td colspan="3">承兑协议编号</td></tr>
<tr><td colspan="3">本汇票请代行承兑，此项汇票款我单位按承兑协议于到期日前足额交存你行，到期请予以支付。
出票人签章
2021年1月18日</td><td colspan="3">科目（借）
对方科目（贷）
转账　年　月　日
复核　记账</td></tr>
</table>

此联承兑人存查

中国工商银行结算手续费计数单

2021年1月18日

户名	临海市宏达纺织有限公司	账号	101250088－05	开户行	工行临海支行					
收费种类	单价	笔数	金额							结算单位签章
			万	千	百	十	元	角	分	
委托手续费	1‰				6	8	0	3	0	
合计				¥	6	8	0	3	0	

第二联：代银行扣收凭证附件

47.

银行承兑汇票　3

汇票号码

第　　号

出票日期（大写）　贰仟壹贰年壹月拾捌日

出票人全称	临海市宏达纺织有限公司	收款人	全称	新疆棉麻公司
出票人账号	101250088－05		账号	4010023041—01
付款行全称	工行临海支行　行号		开户行	工行新疆分行　行号

出票金额	人民币（大写）陆拾捌万零仟叁佰元整	千	百	十	万	千	百	十	元	角	分
			¥	6	8	0	3	0	0	0	0

汇票到期日	三个月	本汇票已经承兑，到期日由本行付款。 承兑行签章 承兑日期　2021年1月18日	承兑协议编号	
本汇票请你行承兑，到期无条件付款。 出票人签章 2021年1月18日		备注：	科目（借） 对方科目（贷） 转账　年　月　日 复核　记账	

此联出票人存查

丙联

A

新　疆　铁　路　局

货　　票

№　043937

承运凭证：发站→发票报销用

计划号码或运输号码　　　　货物运到期限　　　　日

发　站		新疆哈密	到站（局）	临海	号种车号		货车标重	承运人/托运人装车
托运人	名　称	新疆棉麻公司			施封号码			承运人/托运人施封
	住　址	新疆哈密	电　话	7163456	铁路货车篷布号码			
收货人	名　称	临海市宏达纺织有限公司			集装箱号码			
	住　址	临海市亚运路168号	电　话	31528888	经　由		运价里程	

货物名称	件数	包装	货物重量（公斤）托运人确定	货物重量（公斤）承运人确定	计费重量	运价号	运价率	现付 费别	现付 金额
棉　花	400件		40 000		40 000		0.6225	运　费	24 900
								装　费	
								过秤费	
合　计									
记　事								合　计	24 900.00

发站承运日期戳

经办人盖章

2106969832 临海市增值税专用发票 No 0017029

发 票 联

开票日期：2021 年 1 月 16 日

购货单位	名称	临海市宏达纺织有限公司			税务登记号	210602100822210		
	地址、电话	临海市亚运路 168 号 31528888			开户银行及账号	工行临海市支行宝石花办事处1012250088—05		
货物或应税劳务名称	规格型号	计量单位	数量	单价	金额	税率（%）	税额	
棉花		吨	40	14500	580000.00	13	75400.00	
合计					580000.00		75400.00	
价格合计	陆拾伍万伍仟肆佰零拾零元零角零分					¥ 655 400.00		
备注								
销货单位	名称	新疆棉麻公司			税务登记号	210403211743108		
	地址、电话	新疆哈密 电话 7163456			开户银行及账号	工行新疆支行 7011012456—09		

销货单位（章）： 收款人：张一 复核：丁伟 开票人：李玉

国税发（2009）225 号华夏造币厂

第二联：发票联 购货方记账凭证

48.

临海市道路汽车出租客票

0320339

顺号	1.00	2.00	3.00	4.00	5.00	6.00	7.00	8.00	9.00	10.00
票价	一元	二元	三元	四元	五元	六元	七元	八元	九元	十元
内部结算		1.00	2.00	3.00	4.00	5.00	6.00	7.00	8.00	9.00

至

月 日

49.

中国工商银行他行进账单（回单） 1 第 号

委托日期 2021 年 1 月 21 日			收款单位名称	临海市宏达纺织有限公司	
			收款单位账号	1012250088—05	
付款行名	工行临海市支行山上办事处		收款单位开户行	工行临海市支行宝石花办事处	
人民币（大写）：壹仟贰佰元整				千百十万千百十元角分 ¥1200.00	
付款单位名称	票据号码	金额	付款单位名称	票据号码	金额
欧亚股份公司		1 200.00			
股利					

你单位交存同城他行支票共 张，待交换划回后，给你单位进账。

（银行盖章）

收款单位回单收账通知

海结 4（94.1）

50.

中国工商银行他行进账单（回单） **1** 第 号

委托日期 2021年1月21日			收款单位名称	临海市宏达纺织有限公司	
			收款单位账号	1012250088—05	
付款行名	工行锦泰办事处		收款单位开户行	工行临海市支行宝石花办事处	
人民币（大写）：壹仟贰佰元整				千百十万千百十元角分 ¥120000	
付款单位名称	票据号码	金额	付款单位名称	票据号码	金额
临海市棉印厂	1234	120000			

你单位交存同城他行支票共 张，待交换划回后，给你单位进账。

（银行盖章）

收款单位回单收账通知

海结4（94.1）

临海市技术贸易专用票

发 票 联 No 0028

付款单位（人）：客村棉纺厂 开票日期：2021年1月21日 海税（2021）第×版（4）

合同项目名称												
合同类型	合同登记号	支付方式	技术交易额	合同成交金额								
				百	十	万	千	百	十	元	角	分
专利权						¥	1	2	0	0	0	0
（转让使用权）												
合计金额（大写）	壹仟贰佰元整											

第三联 收款单收记账凭证

收款单位： 收款人：华夏 复核人：杨小辉 制票人：李英

51.

中国工商银行
转账支票存根 （海）
IV II 002778
科　　目＿＿＿＿＿＿
对方科目 营业外支出
出票日期：2021年1月21日

收款人：希望小学
金　额：5 000.00
用　途：捐赠
单位主管 陈明达 会计 张娟

2020 华夏造币厂证券印刷公司印制

海财会账证 49 号

专用收款收据

（2021）　No　00015386

收款日期　2021 年 1 月 21 日

付款单位（交款人）	宏达纺织有限公司	收款单位（领 款 人）	临海希望小学			收款项目										
人 民 币（大 写）	伍仟元整			千	百	十	万	千	百	十	元	角	分	结算方式		
							¥	5	0	0	0	0	0	转账		
收款理由	捐赠			经办	部门											
					人员											
上述款项照数收讫无误。 收款单位财会专用章： （领款人签章）				会计主管	稽 核	出 纳	交款人									

第三联　给付款单位做收据

使用规定：

1. 本收据只做非经营性专用收款收据，不能代替发票使用。
2. 结算方式按现金、转账、付委、信汇、电汇、托收无承付等方式分别填列。
3. 本收据一式三联填写，不得涂改，如写错，不得撕掉要保留备查。

52.

中 国 银 行 **信汇** 凭证（支款凭证）

1　　第　　号

汇款单位编号：　　　　委托日期：2021 年 1 月 21 日

收款单位	全 称	宏达纺织有限公司采购专户			汇款单位	全 称	临海市宏达纺织有限公司	
	账 号或住址					账 号或住址	临海市亚运路 168 号　101250088—05	
	汇 入地 点	山东 省 东林 市县	汇入行名 称	工行和平支行		汇 入地 点	临海市 市县	汇入行名 称　临海支行

出票金额	人民币（大写）伍万陆仟元整	千	百	十	万	千	百	十	元	角	分
				¥	5	6	0	0	0	0	0

汇款用途：采购传动材料	科目（付） 对方科目（收） 汇出行汇出日期 2021 年 1 月 21 日 复核　　记账
上列款项请在本单位账户内支付，并按照汇兑结算拨给收款单位。 （汇款单位盖章）	

此联是汇款单位委托开户银行办理信汇的支款凭证

53.

中国银行信汇凭证（收款通知或取款收据）　4

第　　号
应解汇款编号

委托日期:2021年1月21日

收款单位	全　称	临海市宏达纺织有限公司		汇款单位	全　称	东林织布厂		
	账　号或住址	临海市亚运路168号 101250088—05			账　号或住址	1081181681—01		
	汇　入地　点	临海市　市县	汇入行名　称：工行临海支行		汇　入地　点	山东省东林市　市县	汇入行名　称：工行东林支行	
出票金额	人民币（大写）	柒万陆仟元整				千百十万千百十元角分	¥76000000	
汇款用途：	贷款					留行待取预留收款人印鉴		

上列款项已代进账，如有错误，请持此联来行面洽。 汇入行盖章 年　月　日	上列款项已照收无误 收款人盖章 年　月　日	科目（借） 对方科目（贷） 汇出行汇出日期　年　月　日 复核员　记账　出纳

此联是给收款人的收账通知或代取款收据

54.

临海市工业加工统一发票

发　票　联

客户名称：宏达纺织有限公司　　2021年1月21日　　海国税（2021）第7版（2）

货　号	品名及规格	单位	数量	单　价	超万元无效	千	百	十	元	角	分
	修理费					2	5	8	0	0	0
	（办公室）										
合计金额（大写）	贰仟伍佰捌拾零圆零角零分					2	5	8	0	0	0
结算方式		开户银行及账号									

收款企业（盖章有效）：　　收款人：刘开庆　　开票人：张平

税校印刷厂 2020年9月印制

②报销凭证

中国工商银行
转账支票存根　（海）
IV II 002779

科　　目________

对方科目　管理费用

出票日期：2021年1月21日

收款人：

金　额：2 580.00

用　途：修理费

单位主管　陈明达　会计　张娟

2020 华夏造币厂证券印制公司印制

55.

中国工商银行他行进账单（回单） **1** 第 号

委托日期 2021年1月21日			收款单位名称	临海市宏达纺织有限公司	
			收款单位账号	1012250088—05	
付款行名	工行临海市支行元宝分理处		收款单位开户行	工行临海市支行宝石花办事处	
人民币（大写）：贰仟伍元整				千 百 十 万 千 百 十 元 角 分	¥ 2 5 0 0 0 0
付款单位名称	票据号码	金额	付款单位名称	票据号码	金额
前进纺织厂	7810#	250000			

你单位交存同城他行支票共 张，待交换划回后，给你单位进账。

（银行盖章）

收款单位回单收账通知

海结4（94.1）

固定资产转移单

转出单位：宏达纺织有限公司

接受单位：前进纺织厂　　2021年1月21日　　转移单号

转移原因	不需用				税金		评估价值	
名称	型号	单位	数量	预计使用年限	已使用年限	原值	已提折旧	净值
纺织机				8	6	100 000	87 000	13 000
调出收入				2 500				
调出单位					调入单位			
财务科长：张利 设备科长：于得水					财务科长：余华清 设备科长：秋云			

56.

2106958191 **临海市增值税专用发票** No 00170928

发 票 联

开票日期：2021年1月22日

购货单位	名称	临海服装厂			税务登记号	210602100822320		
	地址、电话	临海新源路88号 3124001			开户银行及账号	工行新源办事处1012250076—11		
货物或应税劳务名称		规格型号	计量单位	数量	单价	金额（十万千百十元角分）	税率（%）	税额（十万千百十元角分）
棉平布 28T			百米	500	400	20000000	13	2600000
合计						20000000		2600000
价格合计	贰拾贰万陆仟零佰零拾零元零角零分					¥ 226 000.00		
备注								
销货单位	名称	宏达纺织有限公司			税务登记号	210602100822210		
	地址、电话	临海市亚运路168号 电话31528888			开户银行及账号	工行临海市宝石花浴江办事处1012250075—06		

销货单位（章）：　　收款人：　　复核：　　开票人：

第四联：记账联 销货方记账凭证

国税发（2020）225号华夏造币厂

中国工商银行他行进账单（回单）

第　　号

委托日期　2021 年 1 月 22 日		收款单位名称	宏达纺织有限公司
		收款单位账号	1012250088—05
付款行名	工行锦泰办事处	收款单位开户行	工行临海市支行宝石花办事处
人民币（大写）：贰拾贰万陆仟元整		千百十万千百十元角分	¥ 2 2 6 0 0 0 0 0

付款单位名称	票据号码	金额	付款单位名称	票据号码	金额	你单位交存同城他行支票共　张，待交换划回后，给你单位进账。（银行盖章）
临海服装厂	2865	22600000				

收款单位回单收账通知

海结 4（94.1）

57.

2106257868　临海市增值税专用发票　No　00170929

发　票　联

开票日期：2021 年 1 月 22 日

购货单位	名称	山东河西织布厂	税务登记号	312503678900922
	地址、电话	山东河西六合里 2345688	开户银行及账号	工行河西六合里办事处 1023344001

货物或应税劳务名称	规格型号	计量单位	数量	单价	金额	税率（%）	税额
棉平布 28T*2		百米	1200	500	600000000	13	7800000
合　计					600000000		7800000
价格合计	陆拾柒万捌仟零佰零拾零元零角零分				¥ 678 000.00		
备　注							

销货单位	名称	宏达纺织有限公司	税务登记号	210602100822210
	地址、电话	临海市亚运路 168 号 电话 31528888	开户银行及账号	工行临海市支行宝石花办事处 101250088—05

销货单位（章）：　　收款人：　　复核：　　开票人：

第四联：记账联　销货方记账凭证

国税发（2009）225 号华夏造币厂

中国工商银行托收承付结算凭证（收账通知）　4

第　　号

托收号码：

委托日期：2021 年 1 月 22 日

收款单位	全　称	宏达纺织有限公司		付款人	全　称	山东河西织布厂
	账　号	工行临海支行宝石花办事处			账　号	山东河西六合里 1023344001
	开户银行	工行广临海支行宝石花办事处	行号		开户银行	工行河西支行六合里办事处
托收金额	人民币（大写）：陆拾捌万贰仟陆佰元整				千百十万千百十元角分	¥ 6 8 2 6 0 0 0 0
附　件		商品发运情况			合同名称号码	
附寄单证张款或册数						
备　注：		收妥日期 2021 年　月　日			（收款单位开户行盖章）月　日	

单位主管　　会计　　复核　　记账

此联是收款单位开户银行给收款单位的回单

2020 华夏造币厂证券印刷公司印制

中国工商银行 转账支票存根（海） IV II 002780
科　　目
对方科目
出票日期：2021 年 1 月 22 日
收款人：临海铁路局
金　额：4 600.00
用　途：运费
单位主管 陈明达 会计 张娟

58.

2106953721 临海市增值税专用发票 No 00170930

发　票　联

开票日期：2021 年 1 月 22 日

国税发（2009）225 号华夏造币厂

购货单位	名称	洪兴织布厂			税务登记号	210802100323210		
	地址、电话	盘山县古河街 26 号 6166784			开户银行及账号	工行盘山支行古河办事处 2018833111—01		
货物或应税劳务名称	规格型号	计量单位	数量	单价	金额	税率（%）	税额	
棉平布 28T*2		百米	800	500	40000000	13	5200000	
合　计					40000000		5200000	
价格合计	肆拾伍万贰仟零佰零拾零元零角零分					¥ 452 000.00		
备　注								
销货单位	名称	临海市宏达纺织有限公司			税务登记号	210602100822210		
	地址、电话	临海市亚运路 168 号 电话 31528888			开户银行及账号	工行临海市支行宝石花办事处 101250088—05		

第四联：记账联　销货方记账凭证

销货单位（章）：　　收款人：白雪　　复核：宋杰　　开票人：于丽

中国工商银行他行进账单（回单）　1　第　号

委托日期 2021 年 1 月 22 日				收款单位名称	宏达纺织有限公司	
				收款单位账号	101250088－05	
付款行名	工行盘山支行古河办事处			收款单位开户行	工行临海市支行宝石花办事处	
人民币（大写）：肆拾伍万贰仟元整					千百十万千百十元角分：¥45200000	
付款单位名称	票据号码	金额	付款单位名称	票据号码	金额	你单位交存同城他行支票共　张，待交换划回后，给你单位进账。 （银行盖章）
洪兴织布厂		46800000				

收款单位回单收账通知

海结 4（P4.1）

59.

海财会账证 55 号

专用收款收据

(2021)　No　0803351

收款日期　2021 年 1 月 22 日

付款单位（交款人）	伟达印染厂	收款单位（领款人）	临海市宏达纺织有限公司	收款项目	
人民币（大写）	伍万元整		千百十万千百十元角分 ¥5000000	结算方式	
收款理由	预收货款		经办 部门 / 人员		
上述款项照数收讫无误。 收款单位财会专用章： （领款人签章）	会计主管	稽核	出纳	交款人	
			白雪		

第三联　给付款单位做收据

使用规定：

1. 本收据只做非经营性专用收款收据，不能代替发票使用。
2. 结算方式按现金、转账、付委、信汇、电汇、托收无承付等方式分别填列。
3. 本收据一式三联填写，不得涂改，如写错，不得撕掉要保留备查。

中国工商银行他行进账单

（回单）　**1**　第　号

委托日期　2021 年 1 月 22 日		收款单位名称	宏达纺织有限公司
		收款单位账号	101250088－05
付款行名	工行盘山支行古河办事处	收款单位开户行	工行临海市支行宝石花办事处
人民币（大写）：伍万元整		千百十万千百十元角分	¥5000000

付款单位名称	票据号码	金额	付款单位名称	票据号码	金额	
伟达印染厂		500000				你单位交存同城他行支票共　张，待交换划回后，给你单位进账。
						（银行盖章）

收款单位回单收账通知

海结 4（P4.1）

60.

商业承兑汇票（卡片）

汇票号码
第　　号

出票日期（大写）　贰仟壹贰年壹月贰拾贰日

付款人	全称	洪兴织布厂			收款人	全称	临海市宏达纺织有限公司		
	账号	2018833111—01				账号	1012250088-05		
	开户银行	工行盘山支告诚古河办事处	行号			开户银行	工行临海支行元宝行	行号	

出票金额	人民币（大写）贰拾零万叁仟肆佰元整	千	百	十	万	千	百	十	元	角	分
			¥	2	0	3	4	0	0	0	0

汇票到期日		交易合同号码	
出票人签章		备注：	

此联承兑人留存

2106958693 临海市增值税专用发票 No 00170931

发票联

开票日期：2021年1月22日

购货单位	名称	洪兴织布厂	税务登记号	210802100323210
	地址、电话	盘山县古河街26号 6166784	开户银行及账号	工行盘山支行古河办事处2018833111—01

货物或应税劳务名称	规格型号	计量单位	数量	单价	金额	税率（%）	税额
涤平布 14T		百米	500	360	18000000	13	2340000
合计					18000000		2340000
价格合计	贰拾零万叁仟肆佰零拾零元零角零分				¥ 203 400.00		
备注							

销货单位	名称	宏达纺织有限公司	税务登记号	210602100822210
	地址、电话	临海市亚运路168号 电话 31528888	开户银行及账号	工行临海市支行宝石花办事处101250088—05

销货单位（章）：　收款人：白雪　复核：宋杰　开票人：于丽

第四联：记账联　销货方记账凭证

国税发（2009）225号华夏造币厂

61.

2106935698　**临海市增值税专用发票**　No　00170932

发　票　联

开票日期：2021年1月22日

国税发（2009）225号华夏造币厂

购货单位	名称	山东河西织布厂			税务登记号	312503678900922	
	地址、电话	山东河西六合里1号 2345688			开户银行及账号	工行河西六合里办事处 1023344001	
货物或应税劳务名称	规格型号	计量单位	数量	单价	金额（十万千百十元角分）	税率（%）	税额（十万千百十元角分）
涤平布 14T*2		百米	1000	450	4 5 0 0 0 0 0 0	13	5 8 5 0 0 0 0
合　计					4 5 0 0 0 0 0 0		5 8 5 0 0 0 0
价格合计	伍拾零万捌仟伍佰零拾零元零角零分　¥508 500.00						
备　注							
销货单位	名称	宏达纺织有限公司			税务登记号	210602100822210	
	地址、电话	临海市亚运路168号 电话31528888			开户银行及账号	工行临海市支行宝石花办事处 101250088－05	

销货单位（章）：　　收款人：白雪　　复核：宋杰　　开票人：于丽

第四联：记账联　销货方记账凭证

委托号码：

委邮　**委托收款**凭证（回　单）　1　　第　　号

委托日期：2021年1月22日

付款人	全称	临海市宏达纺织有限公司	收款人	全称	山东河西织布厂
	账号或地址	1012250088—08		账号	1023344001
	开户银行	工行临海宝石花支行　行号		开户银行	六道办理处
委托金额	人民币（大写）：伍拾壹万壹仟伍佰元整			（千百十万千百十元角分）	¥ 5 1 1 5 0 0 0 0
款项内容		委托收款凭据名称		附寄单证张数	
备注：		日期 2021年　月　日		收款人开户银行盖章 月　日	

单位主管　　会计　　复核　　记账

此联承兑人留存

2020　华夏造币厂证券印制公司印制

中国工商银行（海）
转账支票存根
IV II 002781

科　　目＿＿＿＿＿＿
对方科目＿＿＿＿＿＿
出票日期：2021年1月22日

收款人：临海铁路局
金　额：3 000.00
用　途：运费
单位主管　陈明达　会计　张娟

62.

2021年6月23日所收大连三丰印染厂半年期无息商业承兑汇票到期，对方无力支付，将该汇票款项13 600.00元转应收账款。

财务科长：李明　　会计：张娟

63.

临海市工业加工统一发票

发　票　联

客户名称：宏达纺织有限公司　　2021年1月23日　　海国税（2021）第7版（2）

税校印刷厂 2020年9月印制

货号	品名及规格	单位	数量	单价	超万元无效	金额 千	百	十	元	角	分
	塑料管	个	200	12.00		2	4	0	0	0	0
合计金额（大写）	贰仟肆佰零拾零圆零角零分					2	4	0	0	0	0
结算方式	支票	开户银行及账号	工行临海支行珍珠办事处 1012250077—02								

②报销凭证

收款企业（盖章有效）：　　收款人：张妹　　开票人：肖东梅

2020 华夏造币厂证券印刷公司印制

中国工商银行
转账支票存根　（海）
IV II 002782

科　　目＿＿＿＿＿＿

对方科目　销售费用

出票日期：2021年1月23日

收款人：五金交电公司

金　额：2 400.00

用　途：包装费

单位主管　陈明达　会计　张娟

64.

偿还贷款凭证（第一联）

2021 年1 月23 日

<table>
<tr><td>借款单位名称</td><td>宏达纺织有限公司</td><td>贷款账号</td><td>1012253356—01</td><td>结算账号</td><td colspan="10">101250088－05</td><td rowspan="4">收款单位回单</td></tr>
<tr><td rowspan="2">还款金额（大写）</td><td rowspan="2" colspan="4">壹拾贰万元整</td><td>千</td><td>百</td><td>十</td><td>万</td><td>千</td><td>百</td><td>十</td><td>元</td><td>角</td><td>分</td></tr>
<tr><td></td><td>¥</td><td>1</td><td>2</td><td>0</td><td>0</td><td>0</td><td>0</td><td>0</td><td>0</td></tr>
<tr><td>贷款种类</td><td>短期</td><td>借出日期</td><td>2020 年7 月23 日</td><td>原约定还款日期</td><td colspan="10">2021 年1 月23 日</td></tr>
<tr><td colspan="3">上列款项请由本单位偿还到期贷款
此致
借款单位盖章</td><td colspan="12">会计分录：
收：
付：
复核员 记账员</td></tr>
</table>

海结 11（87.3）

65.

托收承付结算全部/部分拒绝承付理由书（代通知或收账通知）

④ 拒付日期 2021 年1 月23 日 原托收号码：

<table>
<tr><td rowspan="3">收款单位</td><td>全 称</td><td colspan="3">临海市宏达纺织有限公司</td><td rowspan="3">付款人</td><td>全 称</td><td colspan="10">天津市宏达织布厂</td><td rowspan="7">（代收账通知或拒付通知书）</td></tr>
<tr><td>账 号</td><td colspan="3">101250088－05</td><td>账 号</td><td colspan="10">天津西街 1036660055—01</td></tr>
<tr><td>开户银行</td><td>工行临海支行</td><td>行号</td><td></td><td>开户银行</td><td>工行天津支行</td><td>行号</td><td colspan="8"></td></tr>
<tr><td rowspan="2">原托金额</td><td rowspan="2" colspan="2">¥282 500.00</td><td rowspan="2">拒付金额</td><td rowspan="2" colspan="2">¥28 250.00</td><td rowspan="2">部分承付金额</td><td>千</td><td>百</td><td>十</td><td>万</td><td>千</td><td>百</td><td>十</td><td>元</td><td>角</td><td>分</td></tr>
<tr><td></td><td>¥</td><td>2</td><td>5</td><td>4</td><td>2</td><td>5</td><td>0</td><td>0</td><td>0</td></tr>
<tr><td>附寄单证</td><td>张</td><td>部分承付金额（大写）</td><td colspan="14">贰拾伍万肆仟贰佰伍拾元整</td></tr>
<tr><td colspan="7">拒付理由：质量不合格，且对方不再调换。
（付款单位盖章）
银行意见：
（银行盖章） 年 月 日</td><td colspan="10"></td></tr>
</table>

企业进货退出及索取折让证明　　No 0000118

销货单位	全　称	临海市宏达纺织有限公司			
	税务登记号	210602100822210			
进货单位	货物名称	单　价	数　量	货　款	税　额
	棉股线 28T*2	25 000	10 吨	250 000	32 500
索取折让	货物名称	货　款	税　额	要　求	
				折让金额	折让税额
	棉股线 28T*2			25 000	3 250
退货或索取折让理由	质量不合格，且对方不再调换 同意降价 经办人： 单位签章： 2021 年 1 月 23 日		税务征收机关签章	经办人： 年　月　日	
购货单位	全　称				
	税务登记号				

※本证明单一式三联：

第一联，征收机关留存；第二联，交销货单位；第三联，购货单位留存。

2106953245　临海市增值税专用发票　No　00270933

开票日期：2021 年 1 月 23 日　　　　发　票　联

购货单位	名称	天津宏达织布厂	税务登记号	238976893153339
	地址、电话	天津市西站 2711890	开户银行及账号	工行天津支行西站办事处 101250088－05

货物或应税劳务名称	规格型号	计量单位	数量	单价	金额 万	千	百	十	元	角	分	税率（%）	税额 万	千	百	十	元	角	分
棉股线 28T*2					2	5	0	0	0	0	0	13		3	2	5	0	0	0
合　计					2	5	0	0	0	0	0			3	2	5	0	0	0

价格合计	零 拾 贰 万 捌 仟 贰 佰 伍 拾 零 元 零 角 零 分　　¥ 28 250.00
备　注	

销货单位	名称	宏达纺织有限公司	税务登记号	210602100822210
	地址、电话	临海市亚运路 168 号　电话 31528888	开户银行及账号	工行临海市支行元宝办事处 101250088－05

销货单位（章）：　　　收款人：　　　复核：　　　开票人：

第二联：发票联　购货方记账凭证

国税发（2009）225 号华夏造币厂

66.

固定资产验收交接单

No 0008757

2021 年 1 月 24 日 金额单位：

资产编号	资产名称	型号规格或结构面积	计量单位	数量	设备价值或工程造价	设备基础及安装费用	附加费用	合计
	库房	砖瓦结构 300m²	m²	1 栋	136 800	0	0	136 800

资金来源	自筹	耐用年限	30 年	主要附属设备	1.
制造厂名	一建二处	估计残值	5 000		2.
制造日期		基本折旧率	4%		3.
工程项目或使用部门	供应部	复杂系数	机械电气		4.

67.

中国工商银行托收承付结算凭证（回 单）

1 托收号码：

委托日期：2021 年 1 月 25 日

收款单位	全称	临海市纺织厂	付款人	全称	江西华达纺织公司
	账号	101250088－05		账号	201889900
	开户银行	工行临海支行		开户银行	工行江西分行东江办事处 行号
托收金额	人民币（大写）：伍拾壹万壹仟伍佰元整			千百十万千百十元角分	¥ 5 1 1 5 0 0 0 0
附件		商品发运情况		合同名称号码	
附寄单证张款或册数					
备注：		款项收妥日期 2021 年 月 日		（收款单位开户行盖章） 月 日	

此联是收款单位开户银行给收款单位的回单

单位主管： 会计： 复核： 记账：

2106936271 临海市增值税专用发票 No 00170934

发 票 联

开票日期：2021 年 1 月 25 日

购货单位	名称	江西华达纺织公司		税务登记号	417897022233214		
	地址、电话	江西东江路 5172222		开户银行及账号	江西分行东江办事处 2018889900		
货物或应税劳务名称	规格型号	计量单位	数量	单价	金额（十万千百十元角分）	税率（%）	税额（十万千百十元角分）
涤平布	14T*2	百米	1000	450	4 5 0 0 0 0 0 0	13	5 8 5 0 0 0 0
合计					4 5 0 0 0 0 0 0		5 8 5 0 0 0 0
价格合计	伍拾零万捌仟伍佰零拾零元零角零分						¥ 508 500.00
备注							
销货单位	名称	宏达纺织有限公司		税务登记号	210602100822210		
	地址、电话	临海市亚运路168号 电话31528888		开户银行及账号	工行临海市支行元宝办事处101250088－05		

国税发（2009）225 号华夏造币厂

第四联：记账联 销货方记账凭证

销货单位（章）： 收款人： 复核： 开票人：

2020 华夏造币厂证券印刷公司印制

中国工商银行
转账支票存根（海）
IV II 002783
科　　目＿＿＿＿＿＿＿
对方科目＿＿＿＿＿＿＿
出票日期：2021 年 1 月 25 日
收款人：临海铁路局

金　额：3 000.00
用　途：代垫运费
单位主管 陈明达 会计 张娟

68.

临海市技术贸易专用票

发　票　联　　　　No　0028

付款单位（人）：宏达纺织有限公司　　　开票日期：2021 年 1 月 25 日　　　海税（2021）第×版（4）

合同项目名称												
合同类型	合同登记号	支付方式	技术交易额	合同成交额								
				百	十	万	千	百	十	元	角	分
纺织专利	97129	支票			¥	3	8	6	0	0	0	0
合计金额（大写）	叁万捌仟陆佰元整											

收款单位：　　　收款人：于晶　　　复核人：孙秀艳　　　制票人：李东丹

2020 华夏造币厂证券印刷公司印制

中国工商银行
转账支票存根（海）
IV II 002786
科　　目＿＿＿＿＿＿＿
对方科目 无形资产
出票日期：2021 年 1 月 25 日

收款人：临海科研所
金　额：38 600.00
用　途：购买纺织专利
单位主管 陈明达 会计 张娟

69.

中国工商银行临海市分行邮、电、手续费收费凭证（付款通知）　②

2021 年 1 月 25 日

缴款人名称：宏达纺织有限公司										信（电）汇　笔　汇票　笔　其他　笔										
账号：1012250088—5										异托、委托　1 笔　支票						笔本		专用托收　笔		
邮费金额					电报费金额					手续费金额					合计金额					
百	十	元	角	分	百	十	元	角	分	百	十	元	角	分	千	百	十	元	角	分
															1	3	5	0	0	0
合计金额	人民币（大写）：壹仟叁佰伍拾元整																			

对方科目：__________

复核　　记账

复票　　制票

70.

第　　号

托收号码：

承付期限　到期 2021 年 1 月 28 日

中国工商银行托收承付结算凭证（收账通知）　4

委托日期：2021 年 1 月 28 日

收款人	全称	临海市宏达纺织有限公司	付款人	全称：江西华达纺织公司
	账号或地址	101250088－05		账号：2018889900
	开户银行	工行临海支行		开户银行：工行江西分行临海办事处　行号

	千	百	十	万	千	百	十	元	角	分
托收金额 人民币（大写）：伍拾壹万壹仟伍佰元整		¥	5	1	1	5	0	0	0	0

附件	商品发运情况	合同名称号码
附寄单证张款或册数		

备注：	上列款项已由付款单位开户行全额划回并收入你方账户内。此致收款单位。 （放款单位开户行盖章） 月　日	科目__________ 对方科目__________ 转账 20　年　月　日 单位主管　会计 复核　记账

此联是收款单位银行在款项收妥后给收款单位的收账通知

付款单位开户行　　收到日期：20　年　月　日　支付日期：20　年　月　日

71.

中国工商银行转账支票存根（海）	中国工商银行转账支票存根（海）
IV II 002785	IV II 002786
科　目__________	科　目__________
对方科目__________	对方科目__________
出票日期：2021 年 1 月 28 日	出票日期：2021 年 1 月 28 日
收款人：市房产所	收款人：托儿所
金　额：3 600.00	金　额：4 360.00
用　途：房租	用　途：托儿费
单位主管　陈明达　会计　张娟	单位主管　陈明达　会计　张娟

2020 华夏造币厂证券印制公司印制

2020 华夏造币厂证券印制公司印制

海财会账证 59 号

专用收款收据

（2021）　No　0805232

收款日期　2021 年 1 月 28 日

<table>
<tr><td>付款单位（交款人）</td><td colspan="3">宏达纺织有限公司</td><td colspan="4">收款单位（领 款 人）</td><td colspan="4">临海市房产所</td><td>收款项目</td><td></td></tr>
<tr><td rowspan="2">人 民 币（大　写）</td><td rowspan="2" colspan="2">叁仟陆佰元整</td><td>千</td><td>百</td><td>十</td><td>万</td><td>千</td><td>百</td><td>十</td><td>元</td><td>角</td><td>分</td><td>结算方式</td></tr>
<tr><td></td><td></td><td></td><td>¥</td><td>3</td><td>6</td><td>0</td><td>0</td><td>0</td><td>0</td><td></td></tr>
<tr><td rowspan="2">收款理由</td><td rowspan="2" colspan="2">房租</td><td rowspan="2" colspan="3">经办</td><td colspan="4">部门</td><td colspan="4">财会</td></tr>
<tr><td colspan="4">人员</td><td colspan="4">白雪丽</td></tr>
<tr><td rowspan="2" colspan="3">上述款项照数收讫无误。
收款单位财会专用章：
（领款人签章）</td><td colspan="3">会计主管</td><td colspan="3">稽　核</td><td colspan="3">出　纳</td><td colspan="2">交款人</td></tr>
<tr><td colspan="3">张新壮</td><td colspan="3">齐晓荣</td><td colspan="3">曹小敏</td><td colspan="2">白雪</td></tr>
</table>

第三联　付款单位记账依据

使用规定：

1. 本收据只做非经营性专用收款收据，不能代替发票使用。
2. 结算方式按现金、转账、付委、信汇、电汇、托收无承付等方式分别填列。
3. 本收据一式三联填写，不得涂改，如写错，不得撕掉要保留备查。

海财会账证 63 号

专用收款收据

（2021）　No　0056789

收款日期　2021 年 1 月 28 日

<table>
<tr><td>付款单位（交款人）</td><td colspan="3">宏达纺织有限公司</td><td colspan="4">收款单位（领 款 人）</td><td colspan="4">临海市托儿所</td><td>收款项目</td><td></td></tr>
<tr><td rowspan="2">人 民 币（大　写）</td><td rowspan="2" colspan="2">肆仟叁佰陆拾元整</td><td>千</td><td>百</td><td>十</td><td>万</td><td>千</td><td>百</td><td>十</td><td>元</td><td>角</td><td>分</td><td>结算方式</td></tr>
<tr><td></td><td></td><td></td><td>¥</td><td>4</td><td>3</td><td>6</td><td>0</td><td>0</td><td>0</td><td>转</td></tr>
<tr><td rowspan="2">收款理由</td><td rowspan="2" colspan="2">托儿费</td><td rowspan="2" colspan="3">经办</td><td colspan="4">部门</td><td colspan="4">财会</td></tr>
<tr><td colspan="4">人员</td><td colspan="4">白雪丽</td></tr>
<tr><td rowspan="2" colspan="3">上述款项照数收讫无误。
收款单位财会专用章：
（领款人签章）</td><td colspan="3">会计主管</td><td colspan="3">稽　核</td><td colspan="3">出　纳</td><td colspan="2">交款人</td></tr>
<tr><td colspan="3">杨波</td><td colspan="3">赵淑荣</td><td colspan="3">洪霞</td><td colspan="2">白雪</td></tr>
</table>

第三联　付款单位记账依据

使用规定：

1. 本收据只做非经营性专用收款收据，不能代替发票使用。
2. 结算方式按现金、转账、付委、信汇、电汇、托收无承付等方式分别填列。
3. 本收据一式三联填写，不得涂改，如写错，不得撕掉要保留备查。

72.

2020 华夏造币厂证券印制公司印制

中国工商银行　（海）
转账支票存根

IV II 002787

科　　目 ________

对方科目 管理费用

出票日期：2021 年 1 月 28 日

收款人：天河审计所

金　额：386.00

用　途：审计费

单位主管 陈明达　会计 张娟

海财会账证 68 号

专用收款收据

(2021) No 234567

收款日期 2021 年 1 月 28 日

付款单位（交款人）	宏达纺织有限公司	收款单位（领款人）	临海市房产所	收款项目	
人民币（大写）	叁佰捌拾陆元整	千百十万千百十元角分：¥38600		结算方式	转账
收款理由	审计费	经办	部门：财会	人员：宫风清	
上述款项照数收讫无误。 收款单位财会专用章： （领款人签章）	会计主管：史红	稽核：王利	出纳：范丽新	交款人：白雪	

第三联 付款单位记账依据

使用规定：

1. 本收据只做非经营性专用收款收据，不能代替发票使用。
2. 结算方式按现金、转账、付委、信汇、电汇、托收无承付等方式分别填列。
3. 本收据一式三联填写，不得涂改，如写错，不得撕掉要保留备查。

73.

2106955899 临海市增值税专用发票 No 00170935

开票日期：2021 年 1 月 28 日　　发　票　联

购货单位	名称	利民物资回收公司		税务登记号	210602100823233		
	地址、电话	临海市人民路 3145804		开户银行及账号	工行临海支行人民路办事处		
货物或应税劳务名称	规格型号	计量单位	数量	单价	金额	税率（%）	税额
边角料		公斤	500	1.2	¥60000	13	¥7800
合　计					¥60000		¥7800
价格合计	零拾零万零仟陆佰柒拾捌元零角零分 ¥678.00						
备　注							
销货单位	名称	宏达纺织有限公司		税务登记号	210602100822210		
	地址、电话	临海市亚运路 168 号 电话 31528888		开户银行及账号	工行临海市支行元宝办事处 101250088－05		

销货单位（章）：　　收款人：白雪　　复核：　　开票人：

国税发（2020）225 号华夏造币厂

第二联：发票联 购货方记账凭证

现金存款凭证（回　单）　③

交款日期　2021 年 1 月 28 日　　　　第________号

款项来源	销售边角料	收款单位名称	宏达纺织有限公司
现金计划项目		收款单位账号	101250088－05
		收款单位开户行	工行临海支行宝石花办事处

人民币（大写）	陆佰柒拾捌元整	十	万	千	百	十	元	角	分
					6	7	8	0	0

券别	张数	金额	券别	张数	金额	券别	张数	金额	
壹佰元			贰元			壹角			上项现金收讫无误
伍拾元			壹元			伍分			
拾　元			伍角			贰分			收款员
伍　元			贰角			壹分			

（无收款员章及收讫章无效）

74.

2020华夏造币厂证券印刷公司印制

中国工商银行
现金支票存根　（海）
IV II 001704
科　　目____________
对方科目____________
出票日期：2021 年 1 月 28 日

收款人：宏达纺织有限公司
金　额：2 000.00
用　途：备用
单位主管 陈明达　会计 张娟

75.

海财综合（东）检字第　　号

临海市行政事业性收费
（　　　）统一收费收据（2021）　　No　021360

收款日期　2021 年 1 月 28 日

交款单位	宏达纺织有限公司	结算方式							
人民币（大写）	伍佰陆拾元整	十	万	千	百	十	元	角	分
				¥	5	6	0	0	0

收　费　项　目	收费标准	收费数量
李春峨学费		

收款单位财会专用章：	收款单位开户行：工行新兴办事处	经办	收款人：王开心
	账　　号：1012240096—01		交款人：李春峨

第三联　缴款凭证

注：收费标准采用复合计量单位，如元/月、元/人、元/吨等。

2020 华夏造币厂证券印制公司印制

中国工商银行　（海）
转账支票存根
IV II 002788
科　　目＿＿＿＿＿＿
对方科目＿＿＿＿＿＿
出票日期：2021 年 1 月 28 日

收款人：立新计算机学校
金　额：560.00
用　途：学费
单位主管 陈明达　会计 张娟

76.

借　　据

2021 年 1 月 28 日

人民币 捌佰元整　元　　¥ 800.00 元

上款系：借培训费

借款人印 顾秋雪

77.

临海市广告业专用发票

客户名称：宏达纺织有限公司　　2021 年 1 月 28 日　　No 08674

项　目	单　位	数　量	单　价	金额 万	千	百	十	元	角	分
产品广告费	处	10	3 650	3	6	5	0	0	0	0
合　计				3	6	5	0	0	0	0
合计金额（大写）：叁万陆仟伍佰元整										

②报销凭证

2020 华夏造币厂证券印制公司印制

中国工商银行 转账支票存根（海）
IV II 002770
科　　目
对方科目
出票日期：2021 年 1 月 28 日
收款人：临海市广告公司
金　额：36 500.00
用　途：广告费
单位主管 陈明达　会计 张娟

78.

海财综合（临）检字第　号

临海市行政事业性收费

（　　　）统一收费收据（2021）　　No　0212700

收款日期　2021 年 1 月 28 日

交款单位	宏达纺织有限公司			结算方式							
人民币（大写）	肆佰叁拾元整			十	万	千	百	十	元	角	分
						¥	4	3	0	0	0
收费项目		收费标准		收费数量							
卫生罚款											
收款单位财会专用章：	收款单位开户行：临海支行青山支行	经办	收款人：刘宜								
	账　号：1012250063—04		交款人：白雪								

第三联　缴款凭证

注：收费标准采用复合计量单位，如元/月、元/人、元/吨等。

79.

收　款　凭　证　　No　0052457

台照　　2021 年 1 月 28 日

兹收到	顾秋雪培训费剩余	款
人民币	壹佰伍拾元整	¥150.00
附记事项		
收款单位 宏达纺织有限公司	会计主管 李明	制票 白雪

第二联：会计收款凭证

注：本收据不得随便撕下，作废也要原样保管。

海财会账证 75 号

专用收款收据

（2021）　No　2856346

收款日期　2021 年 1 月 28 日

付款单位（交款人）	宏达纺织有限公司	收款单位（领款人）	太平洋保险公司	收款项目	统筹保险金
人民币（大写）	陆佰伍拾元整	千百十万千百十元角分：¥65000		结算方式	现金
收款理由	培训费（顾秋雪）	经办部门	财会	人员	王启白
上述款项照数收讫无误。收款单位财会专用章：（领款人签章）	会计主管：侯晓东	稽核：滕云	出纳：杨佳丽	交款人：顾秋雪	

第三联　给付款单位做收据

使用规定：

1．本收据只做非经营性专用收款收据，不能代替发票使用。
2．结算方式按现金、转账、付委、信汇、电汇、托收无承付等方式分别填列。
3．本收据一式三联填写，不得涂改，如写错，不得撕掉要保留备查。

80.

2020 华夏造币厂证券印刷公司印制

中国工商银行（海）
转账支票存根

IV II 002790

科　目______

对方科目______

出票日期：2021 年 1 月 28 日

收款人：佛山高压开关厂

金　额：1 000.00

用　途：预付电气材料款

单位主管　陈明达　会计　张娟

海财会账证 49 号

专用收款收据

（2021）No　5600123

收款日期　2021 年 1 月 28 日

付款单位（交款人）	宏达纺织有限公司	收款单位（领款人）	太平洋保险公司	收款项目	统筹保险金
人民币（大写）	壹仟元整	千百十万千百十元角分：¥100000		结算方式	转账
收款理由	预付电气材料款	经办部门	财会	人员	王道义
上述款项照数收讫无误。收款单位财会专用章：（领款人签章）	会计主管：	稽核：	出纳：	交款人：白雪	

第三联　给付款单位做收据

使用规定：

1．本收据只做非经营性专用收款收据，不能代替发票使用。
2．结算方式按现金、转账、付委、信汇、电汇、托收无承付等方式分别填列。
3．本收据一式三联填写，不得涂改，如写错，不得撕掉要保留备查。

81.

购买邮票出售品证明单

单位名称：宏达纺织有限公司　　　　　　　　　　　　　　　　收据 编号：

种　类	枚　数	款额	日　戳 经手人
邮费		¥30.00	
合　计	人民币（大写）：叁拾元整		
备　注	1. 此收据只作购买邮票和出售品用，可做报销凭证。 2. 款额涂改，必须加盖经手人章。 3. 无日戳，无经手人章无效。		

82.

第　　　号

委邮　**委托银行收款**结算凭证（付账通知）　5　委托号码：

付款期限　年　月　日

延期期限　年　月　日

委托日期：2021 年 1 月 28 日

收款单位	全　称	山东省泉城棉麻公司		付款单位	全　称	临海市宏达纺织有限公司
	账号或地址	310635766—29			账　号	101250088－05
	开户银行	工行泉城支行	行号		开户银行	工行临海支行宝石花办事处
委托金额	人民币（大写）：陆万伍仟元整				千百十万千百十元角分	¥6500000
款项内容	前欠货款	委托收款凭据名称			附寄单证张数	
备注：		上列款项 1. 已户。 2. 已视同款项入方账户。 3. 全部未。 （收款单位盖章） 月　日			科目 对方科目 转账 2021 年　月　日 单位主管　会计 复核　记账	

此联是收款单位开户银行在款项收妥后给收款单位的收账通知

付款单位开户行：　　　　　　收到日期：2021 年　月　日　支付日期：2021 年　月　日

83.

（电　　1002）

电报费收据

中华人民共和国

邮　　电　　部　　　　　　　　　　　　　　No　00358

收据号数______　　　　原来号数______

发往 深圳　　报类 普　　字数 450	中文 外文　　计费 字数　450
发报 1 月 28 日 时间 3:20　特别业务标识___	报费　120.00 译费　8.00 附带费
发报人住址姓名 临海市宏达纺织有限公司 于东	共计人民币（大写）：壹佰贰拾捌元整

一、此据须盖有电信局戳记方可生效。　　　　　　　　营业员：王芳

二、如有查询事项凭此据办理。

84.

2106954758　临海市增值税专用发票　No　0017082

发　票　联

开票日期：2021 年 1 月 29 日

购货单位	名称	宏达纺织有限公司	税务登记号	210602100822210
	地址、电话	临海市亚运路168 号31528888	开户银行及账号	工行临海市支行宝石花办事处1012250088—05

货物或应税劳务名称	规格型号	计量单位	数量	单价	金额 万	千	百	十	元	角	分	税率（%）	税额 万	千	百	十	元	角	分
电气材料　开关		个	100	9.00			9	0	0	0	0	13			1	1	7	0	0
合　计							9	0	0	0	0				1	1	7	0	0

价格合计	零拾零万壹仟零佰壹拾柒元零角零分　　¥ 1 017.00
备　注	

销货单位	名称	佛山高压开关厂	税务登记号	210601834257031
	地址、电话	佛山市开路特 52 号　电话 6853768	开户银行及账号	工行沈开办1032754327—04

销货单位（章）：　　　　收款人：　　　　复核：　　　　开票人：

第二联：发票联　购货方记账凭证

国税发（2009）225 号华夏造币厂

85.

第　　号

委邮　**委托银行收款**结算凭证（付账通知）　3

委托号码：

付款期限　年　月　日

延期期限　年　月　日

委托日期：2021 年1 月29 日

收款单位	全　称	临海市环保局		付款单位	全　称	临海市宏达纺织有限公司
	账号或地址	2106078346—47			账　号	101250088—05
	开户银行	中国银行	行号		开户银行	工行临海支行宝石花办事处
委托金额	人民币（大写）：玖佰肆拾柒元整					千 百 十 万 千 百 十 元 角 分：¥ 9 4 7 0 0
款项内容	排污费	委托收款凭据名称			附寄单证张数	
备注：		银行意见 （收款单位盖章）月　日			科目（付） 对方科目（收） 转账 2021 年　月　日 复核　记账	

此联是付款单位向开户银行支付款项的支款凭证

付款单位开户行收到日期：2021年　月　日

征收排污费收款收据

2021 年1 月29 日

付款单位	全　称	宏达纺织有限公司	收款单位	全　称	临海市环保局
	开户行	工行临海支行宝石花办事处		开户行	210678346—47
	账　号	101250088—05		账　号	工行临海支行元下田办事处

2021 年 月	日	项　目	摘　要	千	百	十	万	千	百	十	元	角	分
1	29	排污费	2021 年 1~12月					¥	9	4	7	0	0
合计金额（大写）：玖佰肆拾柒元整													

收款单位：环保局　　　　经办人：李艳

86.

材料盘点盘亏报告

2021 年 1 月 29 日

差异率 1%

材料类别	仓库	材料编号	材料名称及规格	计量单位	数量		计划单位成本	盈余		亏损					盘亏原因	审批意见
					账存	实存		数量	金额	数量	计划成本	成本差异	实际成本	进项税额		
			原棉				15 000			1 吨	15 000	150	15 150	1 969.50	丢失	
			涤纶				8 500			1 吨	8 500	85	8 585	1 116.05	丢失	
合计											23 500	235	23 735	3 085.55		

中国人民保险公司泰山分公司
出险损失计算表

<table>
<tr><td colspan="2">赔案编号</td><td>94060527</td><td>被保险人</td><td>宏达纺织有限公司</td></tr>
<tr><td colspan="2">保险单号码</td><td>94010065</td><td>起运通知单号</td><td></td></tr>
<tr><td colspan="2">批单号</td><td></td><td>保　　品</td><td>各种存货</td></tr>
<tr><td colspan="2">保险金额</td><td>820000.00元</td><td>承保条件</td><td></td></tr>
<tr><td colspan="2">保险期限</td><td>自 2020 年 7 月 1 日起
至 2021 年 7 月 1 日止</td><td>运输工具名称</td><td></td></tr>
<tr><td colspan="2">出险日期</td><td>2021 年1月30日　时　分</td><td>起讫地点</td><td>自经到</td></tr>
<tr><td colspan="5">出险地点：宏达纺织有限公司一号库</td></tr>
<tr><td colspan="5">赔款原因：根据财产保险合同条例及保险单 961 233 条，公安局丢失鉴定。</td></tr>
<tr><td colspan="5">赔款计算：丢失造成存货实际损失 23 735 元，应理赔金额 18 800 元。</td></tr>
<tr><td rowspan="6">本案责任</td><td>保品损失</td><td>26 820.55元</td><td colspan="2" rowspan="4">证明文件</td></tr>
<tr><td>第三者责任</td><td>事故单位负担 8 020.55元</td></tr>
<tr><td>施救费用</td><td></td></tr>
<tr><td>追偿款</td><td></td></tr>
<tr><td>损余收回</td><td></td><td colspan="2" rowspan="2">赔款日期
2021 年 1 月 30 日</td></tr>
<tr><td>共计金额（大写）</td><td>壹万捌仟陆佰元整</td></tr>
</table>

中国工商银行他行进账单（回单） 1 第 号

委托日期 2021 年 1 月 30 日		收款单位名称	临海市宏达纺织有限公司
		收款单位账号	1012250088—05
付款行名	交通银行	收款单位开户行	工行临海市支行宝石花办事处
人民币（大写）：壹万捌仟捌佰元整		千百十万千百十元角分	¥1880000

付款单位名称	票据号码	金额	付款单位名称	票据号码	金额	
保险公司泰山分公司		1880000				你单位交存同城他行支票共 张，待交换划回后，给你单位进账。
						（银行盖章）

收款单位回单收账通知

关于核销存货损失的批示

根据公安局丢失鉴定书及宏达纺织有限公司实存情况，允许宏达纺织有限公司将存货损失理赔后的余额列营业外支出，金额为 23 735 + 3 085.55 − 18 800 = 8 020.55（元）。

人民币：捌仟零贰拾元伍角伍分。

临海市工信局

2021.01.30

87.

第 号

委邮 委托收款凭证（付款通知） 5

委托号码：

付款期限 年 月 日

委托日期：2021 年 1 月 31 日

付款人	全称	宏达纺织有限公司	收款人	全称	临海市自来水公司
	账号或地址	1012250088—08		账号	1023350011—04
	开户银行	工行东海支行宝石花办事处		开户银行	六道办理处　行号
委托金额	人民币（大写）：肆仟陆佰肆拾元柒角壹分			千百十万千百十元角分	¥464071
款项内容	水费	委托收款凭据名称		附寄单证张数	
备注：			付款人注意： 1. 根据结算办法，上列委托收款，如在付款期限内未拒付时，即视同全部同意付款，以此联代付款通知。 2. 如需提前信款或多付款时，应另外书面通知送银行办理。 3. 如系全部或部分拒付，应在付款期限内另填拒绝付款理由书送银行办理。		

此联承兑人留存

单位主管：　会计：　复核：　记账：　付款人开户银行盖章　月　日

1月份自来水费收据

2021 年 1 月

<table>
<tr><td>用户名称</td><td colspan="3">宏达纺织有限公司</td><td>地址</td><td colspan="7">路　　号</td></tr>
<tr><td>水　价</td><td>上月指针</td><td>本月指针</td><td>当月用量</td><td>项　目</td><td colspan="7">金　额</td></tr>
<tr><td rowspan="2">元/立方米</td><td rowspan="2">25 738</td><td rowspan="2">30 378.71</td><td rowspan="2">4 640.71</td><td rowspan="2">自来水费</td><td>万</td><td>千</td><td>百</td><td>十</td><td>元</td><td>角</td><td>分</td></tr>
<tr><td></td><td>4</td><td>6</td><td>4</td><td>0</td><td>7</td><td>1</td></tr>
<tr><td></td><td colspan="3"></td><td>附加费</td><td></td><td></td><td></td><td></td><td></td><td></td><td></td></tr>
<tr><td>1.00元/立方米</td><td colspan="3"></td><td>水资源费</td><td></td><td></td><td></td><td></td><td></td><td></td><td></td></tr>
<tr><td>合计</td><td>人民币（大写）</td><td colspan="3">肆仟陆佰肆拾元柒角壹分</td><td>¥</td><td>4</td><td>6</td><td>4</td><td>0</td><td>7</td><td>1</td></tr>
</table>

自来水公司　　　　　　　　　　　　　　　收费员：白雪

用　水　量　记　录

2021 年 1 月

使用部门	单价（元/立方米）	用水量（立方米）
纺纱车间	1.00	800.71
捻线车间		900.00
织布车间		1 240.00
机修车间		250.00
配电车间		850.00
管理部门		600.00
合　计		4 640.71

记录员：王立

88.

材料入库通知单

发票号码：　　　　　　　　　　　　　　　凭证编号：

供货单位：临海化纤公司　　2021 年 1 月 2 日　　收料仓库：原料库

<table>
<tr><td rowspan="2">材料类别</td><td rowspan="2">材料名称及规格</td><td rowspan="2">材料编号</td><td rowspan="2">计量单位</td><td colspan="2">数量</td><td rowspan="2">单价</td><td rowspan="2">买价</td><td rowspan="2">运杂费</td><td rowspan="2">金额合计</td><td rowspan="2">计划成本</td><td rowspan="2">成本差异</td></tr>
<tr><td>发票</td><td>实收</td></tr>
<tr><td></td><td>涤纶</td><td></td><td>吨</td><td>10</td><td>10</td><td>8 400</td><td>84 000</td><td></td><td>84 000</td><td>85 000</td><td>－1 000</td></tr>
<tr><td></td><td></td><td></td><td></td><td></td><td></td><td></td><td></td><td></td><td></td><td></td><td></td></tr>
<tr><td></td><td></td><td></td><td></td><td></td><td></td><td></td><td></td><td></td><td></td><td></td><td></td></tr>
</table>

记账：王海　　　主管：李春明　　　收料：王丽艳　　　交库：刘江

材料入库通知单

发票号码：　　　　　　　　　　　　　　　凭证编号：

供货单位：林阳棉麻公司　　2021 年 1 月 2 日　　收料仓库：原料库

<table>
<tr><td rowspan="2">材料类别</td><td rowspan="2">材料名称及规格</td><td rowspan="2">材料编号</td><td rowspan="2">计量单位</td><td colspan="2">数量</td><td rowspan="2">单价</td><td rowspan="2">买价</td><td rowspan="2">运杂费</td><td rowspan="2">金额合计</td><td rowspan="2">计划成本</td><td rowspan="2">成本差异</td></tr>
<tr><td>发票</td><td>实收</td></tr>
<tr><td></td><td>涤纶</td><td></td><td>吨</td><td>20</td><td>20</td><td>14 500</td><td>290 000</td><td>1 116</td><td>291 116</td><td>300 000</td><td>－8 884</td></tr>
<tr><td></td><td></td><td></td><td></td><td></td><td></td><td></td><td></td><td></td><td></td><td></td><td></td></tr>
<tr><td></td><td></td><td></td><td></td><td></td><td></td><td></td><td></td><td></td><td></td><td></td><td></td></tr>
</table>

记账：王海　　　主管：李春明　　　收料：王丽艳　　　交库：刘江

发票号码： **材料入库通知单** 凭证编号：

供货单位：化工商店 2021 年 1 月 5 日 收料仓库：材料库

材料类别	材料名称及规格	材料编号	计量单位	数量		单价	买价	运杂费	金额合计	计划成本	成本差异
				发票	实收						
	香蕉水		桶	8	8	1 300	1 040		1 040	960	80
	调和漆		桶	4	4	30	120		120	100	20

记账：王海 主管：李春明 收料：王丽艳 交库：刘江

发票号码： **材料入库通知单** 凭证编号：

供货单位：江南棉麻公司 2021 年 1 月 6 日 收料仓库：原料库

材料类别	材料名称及规格	材料编号	计量单位	数量		单价	买价	运杂费	金额合计	计划成本	成本差异
				发票	实收						
	棉花		吨	12	12		185 000		185 000	180 000	5 000

记账：王海 主管：李春明 收料：王丽艳 交库：刘江

发票号码： **材料入库通知单** 凭证编号：

供货单位：沈丹化纤公司 2021 年 1 月 8 日 收料仓库：原料库

材料类别	材料名称及规格	材料编号	计量单位	数量		单价	买价	运杂费	金额合计	计划成本	成本差异
				发票	实收						
	涤纶		吨	11	11		93 600		93 600	93 500	100

记账：王海 主管：李春明 收料：王丽艳 交库：刘江

发票号码： **材料入库通知单** 凭证编号：

供货单位：吉通化纤公司 2021 年 1 月 10 日 收料仓库：原料库

材料类别	材料名称及规格	材料编号	计量单位	数量		单价	买价	运杂费	金额合计	计划成本	成本差异
				发票	实收						
	涤纶		吨	31	31		277 800		277 800	263 500	14 300

记账：王海 主管：李春明 收料：王丽艳 交库：刘江

发票号码： **材料入库通知单** 凭证编号：

供货单位：新疆棉麻公司 2021 年 1 月 14 日 收料仓库：原料库

材料类别	材料名称及规格	材料编号	计量单位	数量		单价	买价	运杂费	金额合计	计划成本	成本差异
				发票	实收						
	棉花		吨	20	20	15 500	310 000	1 116	311 116	300 000	11 116

记账：王海 主管：李春明 收料：王丽艳 交库：刘江

发票号码：　　　　　　　　　**材料入库通知单**　　　　　　　　凭证编号：

供货单位：大连轴承厂　　　　2021 年 1 月 15 日　　　　　　收料仓库：原料库

材料类别	材料名称及规格	材料编号	计量单位	数量		单价	买价	运杂费	金额合计	计划成本	成本差异
				发票	实收						
	轴承		套	100	100	4 120	4 120		4 120	4 500	−380

记账：王海　　　　　主管：李春明　　　　　收料：王丽艳　　　　　交库：刘江

发票号码：　　　　　　　　　**材料入库通知单**　　　　　　　　凭证编号：

供货单位：沈股压开关厂　　　　2021 年 1 月 29 日　　　　　　收料仓库：原料库

材料类别	材料名称及规格	材料编号	计量单位	数量		单价	买价	运杂费	金额合计	计划成本	成本差异
				发票	实收						
	电气开关		个	100	100	9	900		900	1 500	−600

记账：王海　　　　　主管：李春明　　　　　收料：王丽艳　　　　　交库：刘江

收料凭证汇总

2021 年 1 月 30 日

材料名称	原　料		金属材料		电气材料		轻化工材料		修理用备件		合　计	
	计划成本	实际成本	计划成本	实际成本	计划成本	实际成本	计划成本	实际成本	计划成本	实际成本	计划成本	实际成本
原材料 棉花 涤纶												
电气材料 开关												
轻化工材料 香蕉水 调和漆												
修理用备件 轴承												
合　计												
差异额												
差异率												

89.

材料出库单

领料：纺纱　车间　班　　　　2021 年 1 月 3 日　　　　第　　号

编　号	名　称	规格	单位	请领数	实发数	计划价格		用　途
						单价	总 额	
	电气开关		个	5	5	15	75	维修
	调和漆		桶	10	10	25	250	维修

审　批：　　　　　　　车间审批：王大庄　　　　　　领料员：于单

材料出库单

领料：纺纱　　车间　　班　　　2021年1月3日　　　　　　第　　号

编　号	名　称	规格	单位	请领数	实发数	计划价格		用　途
						单价	总 额	
	香蕉水		桶	8	8	120	960	消耗
	汽　油		桶	2	2	130	260	消耗

审　批：　　　　　车间审批：王大庄　　　　　领料员：于单

材料出库单

领料：纺纱　　车间　　班　　　2021年1月3日　　　　　　第　　号

编　号	名　称	规格	单位	请领数	实发数	计划价格		用　途
						单价	总 额	
	传动材料		公斤	100	100	20	2 000	设备用
	纺织专用工具		组	2	2	60	120	设备用

审　批：　　　　　车间审批：王大庄　　　　　领料员：于单

材料出库单

领料：捻线　　车间　　班　　　2021年1月3日　　　　　　第　　号

编　号	名　称	规格	单位	请领数	实发数	计划价格		用　途
						单价	总 额	
	调和漆		桶	20	20	25	500	消耗
	汽　油		桶	3	3	130	390	消耗

审　批：　　　　　车间审批：李京丹　　　　　领料员：王丹

材料出库单

领料：纺纱　　车间　　班　　　2021年1月12日　　　　　　第　　号

编　号	名　称	规格	单位	请领数	实发数	实际价格		用　途
						单价	总 额	
	工作服		套	10	10	60	600	劳保
	棉大衣		件	15	15	80	1 200	劳保

审　批：　　　　　车间审批：王大庄　　　　　领料员：于单

材料出库单

领料：纺纱　　车间　　班　　　2021年1月15日　　　　　　第　　号

编　号	名　称	规格	单位	请领数	实发数	实际价格		用　途
						单价	总 额	
	工作帽		顶	20	20	12	240	生产用

审　批：　　　　　车间审批：王大庄　　　　　领料员：于单

材料出库单

领料：纺纱　车间　班　　2021年1月3日　　第　号

编号	名称	规格	单位	请领数	实发数	计划价格		用途
						单价	总额	
	棉花		吨	60	60	15 000	900 000	生产用
	涤纶		吨	70	70	8 500	595 000	生产用

审批：　　车间审批：王大庄　　领料员：于单

材料出库单

领料：捻线　车间　班　　2021年1月16日　　第　号

编号	名称	规格	单位	请领数	实发数	计划价格		用途
						单价	总额	
	电气插座		个	10	10	6	60	维修
	香蕉水		桶	6	6	120	720	消耗

审批：　　车间审批：李京丹　　领料员：王丹

材料出库单

领料：捻线　车间　班　　2021年1月17日　　第　号

编号	名称	规格	单位	请领数	实发数	计划价格		用途
						单价	总额	
	传动材料		公斤	20	20	20	400	设备用
	纺织专用工具		组	3	3	60	180	设备用

审批：　　车间审批：李京丹　　领料员：王丹

材料出库单

领料：捻线　车间　班　　2021年1月18日　　第　号

编号	名称	规格	单位	请领数	实发数	实际价格		用途
						单价	总额	
	工作服		套	15	15	60	900	劳保
	工作帽		顶	13	13	12	156	劳保

审批：　　车间审批：李京丹　　领料员：王丹

材料出库单

领料：捻线　车间　班　　2021年1月18日　　第　号

编号	名称	规格	单位	请领数	实发数	实际价格		用途
						单价	总额	
	棉大衣		件	3	3	80	240	劳保
	手套		付	16	16	2.50	40	劳保

审批：　　车间审批：李京丹　　领料员：王丹

材料出库单

领料：织布　车间　班　2021年1月18日　第　号

编　号	名　称	规格	单位	请领数	实发数	计划价格		用　途
						单价	总额	
	电气开关		个	10	10	15	150	维修
	电气插座		个	6	6	6	36	维修

审　批：　车间审批：江扬　领料员：李力

材料出库单

领料：织布　车间　班　2021年1月20日　第　号

编　号	名　称	规格	单位	请领数	实发数	计划价格		用　途
						单价	总额	
	香蕉水		桶	5	5	120	600	消耗
	调和漆		桶	6	6	25	150	消耗

审　批：　车间审批：江扬　领料员：李力

材料出库单

领料：织布　车间　班　2021年1月20日　第　号

编　号	名　称	规格	单位	请领数	实发数	计划价格		用　途
						单价	总额	
	汽　油		桶	2	2	130	260	消耗
	工作服		套	20	20	60	1 200	劳保

审　批：　车间审批：江扬　领料员：李力

材料出库单

领料：织布　车间　班　2021年1月20日　第　号

编　号	名　称	规格	单位	请领数	实发数	计划价格		用　途
						单价	总额	
	工作帽		枯	30	30	12	360	劳保
	棉大衣		件	10	10	80	800	劳保

审　批：　车间审批：江扬　领料员：李力

材料出库单

领料：配电　车间　班　2021年1月20日　第　号

编　号	名　称	规格	单位	请领数	实发数	计划价格		用　途
						单价	总额	
	汽　油		桶	4	4	130	520	生产用
	手　套		付	24	24	2.50	60	劳保

审　批：　车间审批：张伟　领料员：刘光

材料出库单

领料：织布　　车间　　班　　　2021年1月21日　　　　　第　　号

编号	名称	规格	单位	请领数	实发数	计划价格		用途
						单价	总额	
	手套		付	10	10	2.50	25	劳保
	包装布		块	50	50	15	750	生产用

审批：　　　　车间审批：江扬　　　　领料员：李力

材料出库单

领料：机修　　车间　　班　　　2021年1月21日　　　　　第　　号

编号	名称	规格	单位	请领数	实发数	计划价格		用途
						单价	总额	
	角铁		吨	5	5	3 500	17 500	维修用
	镀锌板		公斤	100	100	25	2 500	维修用

审批：　　　　车间审批：刘刚　　　　领料员：于力

材料出库单

领料：机修　　车间　　班　　　2021年1月22日　　　　　第　　号

编号	名称	规格	单位	请领数	实发数	计划价格		用途
						单价	总额	
	圆钢		吨	4	4	3 000	12 000	生产用
	电气开关		个	3	3	15	45	生产用

审批：　　　　车间审批：刘刚　　　　领料员：于力

材料出库单

领料：机修　　车间　　班　　　2021年1月22日　　　　　第　　号

编号	名称	规格	单位	请领数	实发数	计划价格		用途
						单价	总额	
	工作服		套	30	30	60	1 800	劳保
	棉大衣		件	6	6	80	480	劳保

审批：　　　　车间审批：刘刚　　　　领料员：于力

材料出库单

领料：机修　　车间　　班　　　2021年1月22日　　　　　第　　号

编号	名称	规格	单位	请领数	实发数	计划价格		用途
						单价	总额	
	电气插座		个	4	4	6	24	生产用
	香蕉水		桶	5	5	120	600	生产用

审批：　　　　车间审批：刘刚　　　　领料员：于力

材料出库单

领料：机修　车间　班　2021年1月22日　第　号

编　号	名　称	规格	单位	请领数	实发数	计划价格		用　途
						单价	总 额	
	调和漆		桶	10	10	25	250	生产用
	汽　油		桶	5	5	130	650	生产用

审　批：　车间审批：刘刚　领料员：于力

材料出库单

领料：机修　车间　班　2021年1月23日　第　号

编　号	名　称	规格	单位	请领数	实发数	计划价格		用　途
						单价	总 额	
	轴　承		套	100	100	45	4 500	生产用
	手　套		付	60	60	2. 50	150	劳保

审　批：　车间审批：刘刚　领料员：于力

材料出库单

领料：配电　车间　班　2021年1月25日　第　号

编　号	名　称	规格	单位	请领数	实发数	计划价格		用　途
						单价	总 额	
	电　线		米	1 000	1 000	4	4 000	生产用
	开　关		个	2	2	15	30	维修

审　批：　车间审批：张伟　领料员：刘光

材料出库单

领料：配电　车间　班　2021年1月25日　第　号

编　号	名　称	规格	单位	请领数	实发数	计划价格		用　途
						单价	总 额	
	香蕉水		桶	3	3	120	360	生产用
	调和漆		桶	6	6	25	150	生产用

审　批：　车间审批：张伟　领料员：刘光

周转材料发出汇总

2021年1月25日

领用部门	低值易耗品					包装物		
	工作服	工作帽	棉大衣	线手套	合计	包装布	塑料管	合计
纺纱车间				—		—	—	—
捻线车间						—	—	—
织布车间							—	
配电车间	—	—	—			—	—	—
机修车间		—				—	—	—
合　计							—	

发料凭证汇总

2021 年 1 月 30 日

领料部门及用途		原料			金属材料			轻化工材料			电气材料			修理用备件			合计		
		计划成本	实际成本	差异额	计划成本	实际成本	差异额	计划成本	实际成本	差异额	计划成本	实际成本	差异额	计划成本	实际成本	差异额	计划成本	实际成本	差异额
基本生产成本	纺纱车间				—	—	—	—	—	—	—	—	—	—	—	—	—	—	—
	捻线车间	—	—	—	—	—	—	—	—	—	—	—	—	—	—	—	—	—	—
	织布车间	—	—	—	—	—	—	—	—	—	—	—	—	—	—	—	—	—	—
辅助生产成本	机修车间	—	—	—															
	配电车间	—	—	—	—	—	—												
制造费用	纺纱车间	—	—	—	—	—	—												
	捻线车间	—	—	—	—	—	—												
	织布车间													—	—	—			
厂部																			
合计																			

90.

工资结算汇总

单位：元

部门	金额 / 项目	标准工资	奖金		津贴		缺勤扣款		应付工资（按工时分配，4位小数）	代扣款项			实发工资
			节约奖	综合奖	夜班津贴	副食补贴	病假	事假		房租费	托儿费	养老保险	
纺纱车间	生产工人	27 000	2 450	4 600	500	90	250	350	34 040	810	981	540	31 709
	管理人员	3 000		320		10	65	20	3 245	90	109	60	2 986
捻线车间	生产工人	24 000	300	1 300	400	80	48	36	25 996	720	872	480	23 924
	管理人员	4 500		180		15	12	18	4 665	135	163.6	90	4 276.5
织布车间	生产工人	22 500	780	3 130	300	85	35	30	26730	765	926.5	510	24 528.5
	管理人员	6 000		150		20	60	45	6 065	180	218	120	5 547
机修车间	生产工人	9 000	650	145	180	30	20	15	9 970	270	327	180	9 193
	管理人员	2 400		360		8	30	18	2 720	72	87.2	480	2 080.8
配电车间	生产工人	6 000	240	160	120	20	20	12	6 508	180	218	120	5 990
	管理人员	1 800	50	30		12	6	5	1 881	54	65.4	360	1 401.6
管理部门		6 000		1 200		40	10	16	7 214	180	218	120	6 696
医务福利部门		1 800		360		12	20	24	2 128	54	65.4	360	1 648.6
长期病假人员		3 000				20			3 020	90	109	60	2 761
合计		117 000	4 470	11 935	1 500	442	576	589	134 182	3 600	4 360	3 480	122 742

91.

固定资产折旧计算

2021 年 1 月

固定资产类别	月折旧率（%）	纺纱车间（元）		捻线车间（元）		织布车间（元）		配电车间（元）		机修车间（元）		厂部（元）		合计（元）	
		原值	月折旧额	原值	月折旧额	原值	月折旧额	原值	月折旧额	原值	月折旧额	原值	月折旧额	原值	月折旧额
房屋及建筑物	0.6	1 000 000		1 500 000		2 400 000		800 000		800 000		1 200 000		7 700 000	
机器设备	0.9	700 000		400 000		500 000		170 000		150 000		50 000		1970 000	
其他	0.8	60 000		80 000		60 000		20 000		40 000		10 000		270 000	
合计															

92.

本月工时及产量记录

车间	产品名称	工 时	本月产量
纺纱车间（吨）	棉纱 28T	5 500	54
	涤纱 14T	6 800	63
捻线车间（吨）	棉股线 28T*2	5 950	58
	涤股线 14T*2	5 000	76
织布车间（百米）	棉平布 28T	200	750
	棉平布 28T*2	2 800	4 400
	涤平布 14T	1 892	450
	涤平布 14T*2	3 500	2 700

辅助生产车间提供产品劳务数量

辅助生产车间	纺纱车间		捻线车间		织布车间		配电车间	机修车间	厂 部	合计
	生产用	管理用	生产用	管理用	生产用	管理用				
配电车间（度）	11 000	1 405	9 500	800	12 500	750		206	994	37 155
机修车间（工时）		3 000		4 000		6 000	20		2 400	15 420
合计										

辅助生产费用分配

2021 年 1 月

辅助生产车间	应分配费用额	劳务用电数量	分配额															
			生产成本						制造费用						管理费用		合计	
			纺纱车间		捻线车间		织布车间		纺纱车间		捻线车间		织布车间		数量	金额	数量	金额
			数量	金额	数量	金额	数量	金额	数量	金额	数量	金额	数量	金额				
机修车间																		
配电车间																		
合计																		

制表：

电费分配

产品名称		工时	分配率	金额
纺纱车间	棉纱 28T	5 500		
	涤纱 14T	6 800		
	合计	12 300		
捻线车间	棉股线 28T*2	5 950		
	涤股线 14T*2	5 000		
	合计	10 950		
纺织车间	棉平布 28T	200		
	棉平布 28T*2	2 800		
	涤平布 14T	1 892		
	涤平布 14T*2	3 500		
	合计	8 392		

93.

制造费用分配

2021 年 1 月

车间		产品	工时	分配率	制造费用分配额
纺纱车间	棉纱 28T	5 500			
	涤纱 14T	6 800			
	合计	12 300			
捻线车间	棉股线 28T * 2	5 950			
	涤股线 14T * 2	5 000			
	合计	10 950			
织布车间	棉平布 28T	200			
	棉平布 28T * 2	2 800			
	涤平布 14T	1 892			
	涤平布 14T * 2	3 500			
	合计	8 392			

制表：

94.

车间制造成本计算单

车间名称：

产品名称：　　2021 年 1 月 31 日　　完工产量：54 吨

成本项目	月初在产品成本	本月生产费用	费用合计	完工产品成本	月末在产品成本
直接材料					
直接工资					
其他直接支出					
制造费用					
合计					

制表：

车间制造成本计算单

车间名称：

产品名称：　　2021 年 1 月 31 日　　完工产量：63 吨

成本项目	月初在产品成本	本月生产费用	费用合计	完工产品成本	月末在产品成本
直接材料					
直接工资					
其他直接支出					
制造费用					
合计					

制表：

自制半成品入库单

2021 年 1 月 31 日

图号	型号	品名	材质	计量单位	交库数量	内部结算单位	内部结算金额	备注
		棉纱 28T		吨	24			
		棉纱 28T		吨	30			
		合计			54			

车间会计：宫兆斌　　保管员：李光　　交库班组制票

自制半成品入库单

2021 年 1 月 31 日

图号	型号	品名	材质	计量单位	交库数量	内部结算单位	内部结算金额	备注
		涤纱 14T		吨	20			
		涤纱 14T		吨	20			
		涤纱 14T		吨	23			
		合计			63			

车间会计：宫兆斌　　保管员：李光　　交库班组制票

95.

出库单位：半成品库

领用单位：捻线车间

自制半成品领用单

2021 年 1 月 1 日

图号	型号	品名	材质	计量单位	领用数量	内部结算单位	内部结算金额	备注
		棉纱 28T		吨	20			
		涤纱 14T		吨	20			

出库单位：　会计：　保管员：赵莉

领用单位：　会计：　保管员：丁平

出库单位：半成品库

领用单位：捻线车间

自制半成品领用单

2021 年 1 月 7 日

图号	型号	品名	材质	计量单位	领用数量	内部结算单位	内部结算金额	备注
		棉纱 28T		吨	20			
		涤纱 14T		吨	20			

出库单位：　会计：　保管员：赵莉

领用单位：　会计：　保管员：丁平

出库单位：半成品库
领用单位：捻线车间

自制半成品领用单

2021 年 1 月 15 日

图号	型号	品名	材质	计量单位	领用数量	内部结算单位	内部结算金额	备注
		棉纱 28T		吨	20			
		涤纱 14T		吨	20			

出库单位：　会计：　保管员：赵莉
领用单位：　会计：　保管员：丁平

出库单位：半成品库
领用单位：捻线车间

自制半成品领用单

2021 年 1 月 23 日

图号	型号	品名	材质	计量单位	领用数量	内部结算单位	内部结算金额	备注
		涤纱 14T		吨	20			

出库单位：　会计：　保管员：赵莉
领用单位：　会计：　保管员：丁平

车间制造成本计算单

车间名称：
产品名称：　2021 年 1 月 31 日　完工产量：

成本项目	月初在产品成本	本月生产费用	费用合计	完工产品成本	月末在产品成本
直接材料					
直接工资					
其他直接支出					
制造费用					
合计					

制表：

车间制造成本计算单

车间名称：
产品名称：　2021 年 1 月 31 日　完工产量：

成本项目	月初在产品成本	本月生产费用	费用合计	完工产品成本	月末在产品成本
直接材料					
直接工资					
其他直接支出					
制造费用					
合计					

制表：

自制半成品入库单

2021 年 1 月 31 日

图号	型号	品名	材质	计量单位	交库数量	内部结算单　位	内部结算金　额	备注
		棉股线 28T*2		吨	27			
		棉股线 28T*2		吨	30			
		棉股线 28T*2		吨	1			
		合计			58			

车间会计：周園　　保管员：赵丹　　交库班组制票

自制半成品入库单

2021 年 1 月 31 日

图号	型号	品名	材质	计量单位	交库数量	内部结算单　位	内部结算金　额	备注
		涤股线 14T*2		吨	20			
		涤股线 14T*2		吨	20			
		涤股线 14T*2		吨	36			
		合计			76			

车间会计：周園　　保管员：赵丹　　交库班组制票

自制半成品发出成本计算

2021 年 1 月 31 日

自制半成品名称	期初结存			本期完工交库			捻线车间领用			织布车间领用		
	数量	单位成本	总成本	数量	单位成本	总成本	数量	单位成本	总成本	数量	单位成本	总成本
棉纱 28T	50	17 500	875 000	54			60			10		
棉股线 28T*2	60	19 500	1 170 000							70		
涤纱 14T	40	10 500	420 000	63			80			8		
涤股线 14T*2	20	11 500	230 000							60		
合　计												

96.

出库单位：半成品库

领用单位：织布车间

自制半成品领用单

2021 年 1 月 1 日

图号	型号	品名	材质	计量单位	领用数量	内部结算单　位	内部结算金　额	备注
		棉纱 28T		吨	3			
		涤纱 14T		吨	3			
		棉股线 28T*2		吨	20			
		涤股线 14T*2		吨	20			

出库单位：　　　　　　　　领用单位：织布车间

会计：　　保管员：赵莉　　　　会计：　　保管员：白英

出库单位：半成品库

领用单位：织布车间

自制半成品领用单

2021年1月7日

图号	型号	品名	材质	计量单位	领用数量	内部结算单位	内部结算金额	备注
		棉纱 28T		吨	3			
		涤纱 14T		吨	3			
		棉股线 28T*2		吨	20			
		涤股线 14T*2		吨	20			
出库单位： 会计：　保管员：赵莉					领用单位： 会计：　保管员：白英			

出库单位：半成品库

领用单位：织布车间

自制半成品领用单

2021年1月15日

图号	型号	品名	材质	计量单位	领用数量	内部结算单位	内部结算金额	备注
		棉纱 28T		吨	2			
		涤纱 14T		吨	1			
		棉股线 28T*2		吨	20			
		涤股线 14T*2		吨	10			
出库单位： 会计：　保管员：赵莉					领用单位： 会计：　保管员：白英			

出库单位：半成品库

领用单位：织布车间

自制半成品领用单

2021年1月23日

图号	型号	品名	材质	计量单位	领用数量	内部结算单位	内部结算金额	备注
		棉纱 28T		吨	2			
		涤纱 14T		吨	1			
		棉股线 28T*2		吨	10			
		涤股线 14T*2		吨	10			
出库单位： 会计：　保管员：赵莉					领用单位： 会计：　保管员：白英			

车间制造成本计算单

车间名称：

产品名称：　　2021年1月31日　　完工产量：

成本项目	月初在产品成本	本月生产费用	费用合计	完工产品成本	月末在产品成本
直接材料					
直接工资					
制造费用					
合计					

制表：

车间制造成本计算单

车间名称：

产品名称：　　2021 年 1 月 31 日　　完工产量：

成本项目	月初在产品成本	本月生产费用	费用合计	完工产品成本	月末在产品成本
直接材料					
直接工资					
制造费用					
合计					

制表：

车间制造成本计算单

车间名称：

产品名称：　　2021 年 1 月 31 日　　完工产量：

成本项目	月初在产品成本	本月生产费用	费用合计	完工产品成本	月末在产品成本
直接材料					
直接工资					
制造费用					
合计					

制表：

车间制造成本计算单

车间名称：

产品名称：　　2021 年 1 月 31 日　　完工产量：

成本项目	月初在产品成本	本月生产费用	费用合计	完工产品成本	月末在产品成本
直接材料					
直接工资					
制造费用					
合计					

制表：

产品交库单　　**凭证编号：**

交库部门：织布车间　　2021 年 1 月 31 日　　产成品库：

产品类别	产品名称及规格	产品编号	计量单位	实收数量	单位成本	实际成本
棉平布	28T		百米	750		
棉平布	28T*2		百米	4 400		
合　计						

记账：　　主管：　　保管：白英　　交库：王明

产品交库单　　**凭证编号：**

交库部门：织布车间　　2021 年 1 月 31 日　　产成品库：

产品类别	产品名称及规格	产品编号	计量单位	实收数量	单位成本	实际成本
涤平布	14T		百米	450		
涤平布	14T*2		百米	2 700		
合　计						

记账：　　主管：　　保管：白英　　交库：王明

97.

产品出库单　　　　凭证编号：

用途：销售　　　　2021 年 1 月 1 日　　　　产成品库：

类别	编号	名称及规格	计量单位	数量	单位成本	总成本	附注：
		棉平布 28T*2	百米	100			
合　计							

二 财务存

记账：王玉　　保管：王凡　　检验：王力　　制单：王刚

产品出库单　　　　凭证编号：

用途：销售　　　　2021 年 1 月 16 日　　　　产成品库：

类别	编号	名称及规格	计量单位	数量	单位成本	总成本	附注：
		棉股线 28T*2	百米	10			
合　计							

二 财务存

记账：王玉　　保管：王凡　　检验：王力　　制单：王刚

产品出库单　　　　凭证编号：

用途：销售　　　　2021 年 1 月 22 日　　　　产成品库：

类别	编号	名称及规格	计量单位	数量	单位成本	总成本	附注：
		棉平布 28T	百米	500			
合　计							

二 财务存

记账：王玉　　保管：王凡　　检验：王力　　制单：王刚

产品出库单　　　　凭证编号：

用途：销售　　　　2021 年 1 月 22 日　　　　产成品库：

类别	编号	名称及规格	计量单位	数量	单位成本	总成本	附注：
		棉平布 28T*2	百米	1 200			
合　计							

二 财务存

记账：王玉　　保管：王凡　　检验：王力　　制单：王刚

产品出库单　　　　凭证编号：

用途：销售　　　　2021 年 1 月 22 日　　　　产成品库：

类别	编号	名称及规格	计量单位	数量	单位成本	总成本	附注：
		棉平布 28T*2	百米	800			
合　计							

二 财务存

记账：王玉　　保管：王凡　　检验：王力　　制单：王刚

产品出库单

凭证编号：

用途：销售　　2021年1月22日　　产成品库：

类别	编号	名称及规格	计量单位	数量	单位成本	总成本	附注：
		涤平布 14T	百米	500			
合　计							

二财务存

记账：王玉　　保管：王凡　　检验：王力　　制单：王刚

产品出库单

凭证编号：

用途：销售　　2021年1月22日　　产成品库：

类别	编号	名称及规格	计量单位	数量	单位成本	总成本	附注：
		涤平布 14T*2	百米	1 000			
合　计							

二财务存

记账：王玉　　保管：王凡　　检验：王力　　制单：王刚

产品出库单

凭证编号：

用途：销售　　2021年1月16日　　产成品库：

类别	编号	名称及规格	计量单位	数量	单位成本	总成本	附注：
		涤平布 14T*2	百米	1 000			
合　计							

二财务存

记账：王玉　　保管：王凡　　检验：王力　　制单：王刚

出库单位：半成品库

领用单位：销售科

自制半成品领用单

2021年1月16日

图号	型号	品名	材质	计量单位	领用数量	内部结算单位	内部结算金额	备注
		棉股线 28T*2		吨	10			

出库单位：　　会计：　　保管员：赵莉

领用单位：　　会计：　　保管员：白英

产品销售成本计算单

2021年1月31日

产品名称	期初结存			本期完工入库			本期销售		
	数量	单位成本	总成本	数量	单位成本	总成本	数量	单位成本	总成本
棉平布 28T	150	280	42 000	750			500		
棉平布 28T*2	200	320	64 000	4 400			2 100		
涤平布 14T	250	240	60 000	450			500		
涤平布 14T*2	100	275	27 500	2 700			2 000		
棉股线 28T*2							10		
合计									

制表：　　财务科长：

98.

中国工商银行他行**进账单**　（回单）　**1**　第　号

委托日期　2021 年 1 月 31 日		收款单位名称	宏达纺织有限公司
		收款单位账号	1012250088—05
付款行名	建行福春办事处	收款单位开户行	工行临海市支行宝石花办事处
人民币（大写）：壹仟元整		千百十万千百十元角分	¥100000

付款单位名称	票据号码	金额	付款单位名称	票据号码	金额	你单位交存同城他行支票共　张，待交换划回后，给你单位进账。
联营分利		¥100000				
						（银行盖章）

收款单位回单收账通知

海结 4（04.1）

联营分利协议

经协议，宏达纺织有限公司将按投资比例分到税后利润 1 000 元。

甲方代表

乙方代表

二〇二一年一月三十一日

99. 结转期间损益。

二、操作要求

1. 完成宏达纺织有限公司 2021 年 1 月有关记账分录的编制。

2. 期末自定义结转“有关成本费用计提与计算”和“期间损益”定义与结转。

3. 练习凭证的修改、删除、查看、冲销、打印、汇总、生成及调用常用凭证等操作。

4. 对编制的记账凭证进行“出纳签字”“审核”“记账”等操作。

5. 练习账簿查询的操作。

三、参考答案

为了让学生更好地理解宏达纺织有限公司原始凭证的内容，我们根据《企业会计准则——基本准则》和《企业会计准则——应用指南》的规定，依据 2021 年 1 月份原始凭证做以下会计分录，仅供参考。

1. 1 月 1 日，李春明支借差旅费 500 元，以现金付讫。　（附件 1 张）

借：其他应收款——李春明　500

　　贷：库存现金　500

2. 1 月 1 日，销售棉平布 28T*2　100 百米，价款 41 000 元，税款 5 330 元，款项收到，存入银行。（附件 2 张）

借：银行存款　46 330

　　贷：主营业务收入——棉平布 28T*2　41 000

　　　　应交税费——应交增值税（销项税额）　5 330

3. 1 月 1 日，以转账支票购买办公用品一批，价款 300 元。（附件 2 张）

借：管理费用——办公费　300

　　贷：银行存款　300

4. 1 月 2 日，王刚报销差旅费 350 元，余款 50 元交回。（附件 2 张）

借：管理费用——差旅费　350

　　库存现金　50

　　贷：其他应收款——王刚　400

5. 1 月 2 日，向临海化纤采购涤纶 10 吨，价款 84 000 元，税款 10 920 元，以上款项用转账支票付讫。（附件 2 张）

借：材料采购——涤纶　84 000

　　应交税费——应交增值税（进项税额）　10 920

　　贷：银行存款　94 920

6. 1 月 2 日，向林阳棉麻采购棉花 20 吨，价款 290 000 元，税款 37 700 元，运费 1 200 元，款项承付。（附件 3 张）

借：材料采购——棉花　291 116

　　应交税费——应交增值税（进项税额）　37 784

　　贷：银行存款　328 900

7. 1 月 2 日，提取现金 1 000 元备用。（附件 1 张）

借：库存现金　1 000

　　贷：银行存款　1 000

8. 1 月 2 日，以转账支票支付保险费 60 000 元。（附件 2 张）

借：管理费用——保险费　60 000

　　贷：银行存款　60 000

9. 1 月 2 日，张岩出差预借差旅费 1 000 元，以现金付讫。（附件 1 张）

借：其他应收款——张岩　1 000

　　贷：库存现金　1 000

10. 1 月 4 日，开出银行汇票一张，金额 5 100 元，采购轴承。（附件 1 张）

借：其他货币资金——银行汇票存款　5 100

　　贷：银行存款　5 100

11. 1 月 5 日，向工行借款 800 000 元，期限半年，年利率 8%，款项收到。（附件 1 张）

借：银行存款　800 000

　　贷：短期借款　800 000

12. 1 月 5 日，向临海化工材料商店购香蕉水 8 桶，价款 10 400 元，税款 135. 20 元；调和漆 4 桶，价款 120 元，税款 15. 6 元，开具一张商业汇票抵付。

（附件 2 张）

借：材料采购——香蕉水　　1 040

　　　　　　——调和漆　　120

　　应交税费——应交增值税（进项税额）　　150. 80

　　贷：应付票据——临海化工　　1 310. 80

13. 1 月 5 日，购办公桌椅 5 套，价款 30 000 元，以转账支票付讫。

（附件 2 张）

借：管理费用——办公费　　3 000

　　贷：银行存款　　3 000

14. 1 月 5 日，以现金发放困难补助 300 元。（附件 1 张）

借：应付职工薪酬——职工福利　　300

　　贷：库存现金　　300

15. 1 月 5 日，以信汇方式支付汝阳化纤前欠货款 93 680 元。（附件 1 张）

借：应付账款——汝阳化纤　　93 680

　　贷：银行存款　　93 680

16. 1 月 5 日，预收江阳铝材厂预付房屋租金 6 000 元，存入银行。

（附件 2 张）

借：银行存款　　6 000

　　贷：预收账款——江阳铝材厂　　6 000

17. 1 月 5 日，收职工违纪罚款 200 元。（附件 1 张）

借：库存现金　　200

　　贷：营业外收入　　200

18. 1 月 5 日，提取现金 1 150 元，以备零星开支使用。（附件 1 张）

借：库存现金　　1 150

　　贷：银行存款　　1 150

19. 1 月 5 日，订阅报刊 600 元，以现金付讫。（附件 1 张）

借：管理费用——办公费　　600

　　贷：库存现金　　600

20. 1 月 6 日，购股票一批，买价 4 760 元，佣金、税款等杂费 400 元。

（附件 1 张）

借：交易性金融资产——成本　　47 600

　　贷：投资收益　　400

　　　　其他货币资金——存出投资款　　48 000

21. 1 月 6 日，收到四通印染厂前欠货款 3 600 元，存入银行。（附件 1 张）

借：银行存款　　36 000

贷：应收账款——四通印染 36 000

22. 1 月 6 日，购买债券 100 000 元，以转账支票支付。（附件 2 张）

借：交易性金融资产——成本 100 000

贷：银行存款 100 000

23. 固定资产报废清理。

（1）1 月 8 日，报废锅炉一台，原值 187 000 元，已提折旧 185 000 元，现转入清理。（附件 1 张）

借：固定资产清理 2 000

累计折旧 185 000

贷：固定资产 187 000

（2）以现金支付固定资产清理拆卸费 4 000 元。（附件 1 张）

借：固定资产清理 4 000

贷：银行存款 4 000

（3）收到出售固定资产变价价款 5 000 元，存入银行。（附件 1 张）

借：银行存款 5 000

贷：固定资产清理 5 000

（4）确认固定资产清理损失。（附件 1 张）

借：营业外支出 1 000

贷：固定资产清理 1 000

24. 盘点现金短缺。

（1）1 月 8 日，盘点现金短缺 30 元，原因待查。（附件 1 张）

借：待处理财产损溢 30

贷：库存现金 30

（2）原因查明，收到白雪赔偿现金 30 元。（附件 1 张）

借：库存现金 30

贷：待处理财产损溢 30

25. 1 月 9 日，以转账支票支付 2020 年 12 月工资款 123 600 元，代扣房租、托费 7 960 元。（附件 2 张）

借：应付职工薪酬——工资 131 560

贷：银行存款 123 600

其他应付款——代扣工资项目 7 960

26. 1 月 9 日，以转账支票支付社会保险费 57 750 元。（附件 2 张）

借：应付职工薪酬——社会保险费 57 750

贷：银行存款 57 750

27. 1 月 10 日，上缴各种税费。

（1）支付房产税、土地使用税、车船税和印花税 37 265 元。（附件 1 张）

借：管理费用——税费 37 265

贷：银行存款 37 265

（2）支付城建税及教育费附加 10 318 元。　（附件 1 张）

借：应交税费——应交城建税　10 318

　　　　　　——应交教育费附加　4 422

　　贷：银行存款　14 740

（3）支付增值税 147 400 元。　（附件 1 张）

借：应交税费——未交增值税　147 400

　　贷：银行存款　147 400

28. 1 月 11 日，银行划扣贷款利息 3 600 元。　（附件 1 张）

借：财务费用——利息　3 600

　　贷：银行存款　3 600

29. 1 月 11 日，以转账支票支付业务招待费 935 元。　（附件 2 张）

借：管理费用——招待费　935

　　贷：银行存款　935

30. 1 月 11 日，银行划扣本月通信费 3 800 元。　（附件 1 张）

借：管理费用——通信费　3 800

　　贷：银行存款　3 800

31. 1 月 11 日，向临海市五金交电公司购镀锌板 100 公斤，价款 3 000 元，税款 390 元。以上款项以转账支票付讫。　（附件 2 张）

借：材料采购——金属材料——镀锌板　3 000

　　应交税费——应交增值税（进项税额）　390

　　贷：银行存款　3 390

32. 1 月 11 日，陈明达报销差旅费 8 300 元，差额 300 元，以现金付讫。

（附件 1 张）

借：管理费用——差旅费　8 300

　　贷：其他应收款——陈明达　8 000

　　　　库存现金　300

33. 1 月 12 日，发行债券。

（1）发行债券 1 000 000 元，款项存入银行。　（附件 1 张）

借：银行存款　1 000 000

　　贷：应付债券——面值　1 000 000

（2）以转账支票支付发行债券手续费、印刷费 14 234 元。　（附件 4 张）

借：财务费用　14 234

　　贷：银行存款　14 234

34. 1 月 14 日，向新疆棉麻公司购棉花 20 吨，价款 310 000 元，税款 40 300 元，运费 1 200 元，款项承付。　（附件 3 张）

借：材料采购——棉花　311 116

　　应交税费——应交增值税（进项税额）　40 384

　　贷：银行存款　351 500

35. 1 月 14 日，向黑龙江省化纤公司购涤纶 24 吨，价款 210 000 元，税款 35 700元，运费 600 元，款项通过信汇方式承付。（附件 3 张）

借：材料采购——涤纶　210 558

　　应交税费——应交增值税（进项税额）　27 342

　　贷：银行存款　237 900

36. 1 月 14 日，丹阳棉印厂应收票据到期，款项收到，存入银行。（附件 1 张）

借：银行存款　140 400

　　贷：应收票据——丹阳棉印厂　140 400

37. 1 月 15 日，核销坏账损失三联公司 3 000 元。（附件 1 张）

借：坏账准备　3 000

　　贷：应收账款——三联公司　3 000

38. 1 月 15 日，河口印染厂 40 000 元应收票据贴现，其中，贴现净值 39 200 元，贴现息 800 元。（附件 1 张）

借：银行存款　39 200

　　财务费用　800

　　贷：应收票据——河口印染厂　40 000

39. 1 月 15 日，向大连轴承厂购轴承 100 套，价款 4 120 元，税款 535. 6 元，余款 444. 4 元退回。（附件 2 张）

借：银行存款　444. 4

　　材料采购——轴承　4 120

　　应交税费——应交增值税（进项税额）　535. 6

　　贷：其他货币资金——银行汇票存款　5 100

40. 1 月 15 日，张岩报销差旅费 960 元，余款 40 元退回。（附件 1 张）

借：管理费用——差旅费　960

　　库存现金　40

　　贷：其他应收款——张岩　1 000

41. 1 月 16 日，向天津宏达销售棉股线 28T*2　10 吨，价款 250 000 元，税款 32 500 元，另以转账支票支付代垫运费 1 300 元，已办妥托收手续。（附件 3 张）

借：应收账款——宏达纺织厂　283 800

　　贷：其他业务收入——棉线 28T*2　250 000

　　　　应交税费——应交增值税（销项税额）　32 500

　　　　银行存款　1 300

42. 1 月 16 日，报销市内交通费 75 元，以现金付讫。（附件 1 张）

借：管理费用——其他　75

　　贷：库存现金　75

43. 1 月 17 日，以转账支票支付报刊费 3 000 元。（附件 1 张）

借：管理费用——办公费　　3 000
　　贷：银行存款　　3 000

44. 1 月 18 日，领用账簿等办公物品 690 元。（附件 1 张）

借：管理费用——办公费　　690
　　贷：周转材料——办公用品　　690

45. 1 月 18 日，商业承兑汇票到期，以银行存款兑付 95 000 元。（附件 1 张）

借：应付票据——伊通化纤　　95 000
　　贷：银行存款　　95 000

46. 1 月 18 日，银行划扣银行承兑汇票手续费 680. 30 元。（附件 2 张）

借：财务费用——手续费　　680. 30
　　贷：银行存款　　680. 30

47. 1 月 18 日，向新疆棉麻公司购棉花 40 吨，价款 580 000 元，税款 75 400 元，运费 24 900 元，开具一张银行承兑汇票抵付。（附件 3 张）

借：材料采购——棉花　　603 157
　　应交税费——应交增值税（进项税额）　　77 143
　　贷：应付票据——新疆棉麻　　680 300

48. 1 月 18 日，报销交通费 10 元，以现金付讫。（附件 1 张）

借：管理费用——其他　　10
　　贷：库存现金　　10

49. 1 月 21 日，收到欧亚股份公司股利 1 200 元，存入银行。（附件 1 张）

借：银行存款　　1 200
　　贷：应收股利　　1 200

50. 1 月 21 日，转让专利使用权一项，金额 1 200 元，款项收到，存入银行。（附件 2 张）

借：银行存款　　1 200
　　贷：营业外收入　　1 200

51. 1 月 21 日，向临海希望小学捐赠 5 000 元，以转账支票付讫。（附件 2 张）

借：营业外支出　　5 000
　　贷：银行存款　　5 000

52. 1 月 21 日，以信汇方式汇出 56 000 元，建立采购专户。（附件 1 张）

借：其他货币资金——外埠存款　　56 000
　　贷：银行存款　　56 000

53. 1 月 21 日，收到东林织布厂前欠货款 76 000 元。（附件 1 张）

借：银行存款　　76 000
　　贷：应收账款——东林织布厂　　76 000

54. 1 月 21 日，以转账支票支付厂部修理费 2 580 元。（附件 2 张）

借：管理费用——修理费　　2 580

贷：银行存款　　2 580

55. 1 月 21 日，报废纺织机一台，原值 100 000 元，已提折旧 87 000 元，净值 13 000 元，前进纺织厂以 2 500 元的价格购买，款项收到，存入银行。

（1）清理固定资产。　　（附件 1 张）

借：固定资产清理　　13 000

累计折旧　　87 000

贷：固定资产　　100 000

（2）收到固定资产变价款 2 500 元。　　（附件 1 张）

借：银行存款　　2 500

贷：固定资产清理　　2 500

（3）确认固定资产清理损益。　　（附件 1 张）

借：营业外支出　　10 500

贷：固定资产清理　　10 500

56. 1 月 22 日，向临海服装厂销售棉平布 28T　500 百米，价款 200 000 元，税款 26 000 元，款项收到，存入银行。　　（附件 2 张）

借：银行存款　　226 000

贷：主营业务收入——棉平布 28T　　200 000

应交税费——应交增值税（销项税额）　　26 000

57. 1 月 22 日，向河西织布厂销售棉平布 28T*2　1 200 百米，价款 600 000 元，税款 78 000 元，另以转账支票垫付运费 4 600 元，现已办妥银行托收手续。

（附件 3 张）

借：应收账款——山东河西织布　　682 600

贷：主营业务收入——棉平布 28T*2　　600 000

应交税费——应交增值税（销项税额）　　78 000

银行存款　　4 600

58. 1 月 22 日，向洪兴织布厂销售棉平布 28T*2　800 百米，价款 400 000 元，税款 52 000 元，款项收到，存入银行。　　（附件 2 张）

借：银行存款　　452 000

贷：主营业务收入——棉平布 28T*2　　400 000

应交税费——应交增值税（销项税额）　　52 000

59. 1 月 22 日，预收伟达印染货款 50 000 元，款项收到，存入银行。

（附件 2 张）

借：银行存款　　50 000

贷：预收账款——伟达印染　　50 000

60. 1 月 22 日，向洪兴织布厂销售涤平布 14T　500 百米，价款 180 000 元，税款 23 400 元，收到商业汇票一张。　　（附件 2 张）

借：应收票据——洪兴织布　　203 400

贷：主营业务收入——涤平布 14T　　180 000

　　　　应交税费——应交增值税（销项税额）　　　　23 400

61. 1 月 22 日，向山东河西织布厂销售涤平布 14T*2　1 000 百米，价款 450 000元，税款 58 500 元，另以转账支票代垫运费 3 000 元，以上款项已办妥委托收款手续。（附件 3 张）

借：应收账款——山东河西织布厂　　511 500
　　贷：主营业务收入——涤平布 14T*2　　450 000
　　　　应交税费——应交增值税（销项税额）　　58 500
　　　　银行存款　　3 000

62. 1 月 23 日，大连三丰应收票据 13 600 元，因对方无力承付，现转为应收账款。（附件 1 张）

借：应收账款——三丰印染　　13 600
　　贷：应收票据——三丰印染　　13 600

63. 1 月 23 日，以转账支票支付包装物款 2 400 元，列支为销售费用。（附件 2 张）

借：销售费用　　2 400
　　贷：银行存款　　2 400

64. 1 月 23 日，偿还短期贷款 120 000 元，银行划扣。（附件 1 张）

借：短期借款　　120 000
　　贷：银行存款　　120 000

65. 1 月 23 日，收到天津宏达织布厂销售货款 254 250 元，折让价款 25 000 元，税款 3 250 元。（附件 3 张）

借：银行存款　　254 250
　　贷：应交税费——应交增值税（销项税额）　　3 250
　　　　其他业务收入——棉线 28T*2　　25 000
　　　　应收账款——宏达纺织厂　　282 500

66. 1 月 24 日，库房完工，交付使用，成本 136 800 元。（附件 1 张）

借：固定资产——生产用　　136 800
　　贷：在建工程　　136 800

67. 1 月 25 日，向江西华达纺织公司销售涤平布 14T*2　1 000 百米，价款 450 000元，税款 58 500 元，另以转账支票代垫运费 3 000 元，现已办妥托收手续。（附件 3 张）

借：应收账款——江西华达纺织公司　　511 500
　　贷：主营业务收入——涤平布 14T*2　　450 000
　　　　应交税费——应交增值税（销项税额）　　58 500
　　　　银行存款　　3 000

68. 1 月 25 日，购买纺织专利一项，价款 38 600 元，款项以转账支票付讫。（附件 2 张）

借：无形资产　　38 600

贷：银行存款　38 600

69. 1 月 25 日，银行划扣手续费 1 350 元。　（附件 1 张）

借：财务费用——手续费　1 350

贷：银行存款　1 350

70. 1 月 28 日，收到江西华达纺织公司前欠货款 511 500 元。　（附件 1 张）

借：银行存款　511 500

贷：应收账款——江西华达　511 500

71. 1 月 28 日，以转账支票支付代扣职工支付房租、托费，合计 7 960 元。　（附件 4 张）

借：其他应付款——代付工资项目　7 960

贷：银行存款　7 960

72. 1 月 28 日，以转账支票支付审计费 386 元。　（附件 2 张）

借：管理费用——办公费　386

贷：银行存款　386

73. 1 月 28 日，向利民物资回收公司销售边角料 500 公斤，价款 600 元，税款 78 元，款项收到，存入银行。　（附件 2 张）

借：银行存款　678

贷：其他业务收入——其他　600

应交税费——应交增值税（销项税额）　78

74. 1 月 28 日，提取现金 2 000 元备用。　（附件 1 张）

借：库存现金　2 000

贷：银行存款　2 000

75. 1 月 28 日，以转账支票支付职工培训费 560 元。　（附件 2 张）

借：应付职工薪酬——职工教育经费　560

贷：银行存款　560

76. 1 月 28 日，以现金支付顾秋雪借款 800 元。　（附件 1 张）

借：其他应收款——顾秋雪　800

贷：库存现金　800

77. 1 月 28 日，转账支票支付广告费 36 500 元。　（附件 2 张）

借：销售费用　36 500

贷：银行存款　36 500

78. 1 月 28 日，以现金支付卫生罚款 430 元。　（附件 1 张）

借：营业外支出　430

贷：库存现金　430

79. 1 月 28 日，顾秋雪报销学费 650 元，余款 150 元退回。　（附件 2 张）

借：应付职工薪酬——职工教育经费　650

库存现金　150

贷：其他应收款——顾秋雪　800

80. 1 月 28 日，以转账支票预付佛山高压电气材料款 1 000 元。（附件 1 张）

借：预付账款——佛山高压开关厂　　1 000

　　贷：银行存款　　1 000

81. 1 月 28 日，以现金支付邮费 30 元。（附件 1 张）

借：管理费用——通信费　　30

　　贷：库存现金　　30

82. 1 月 28 日，以银行存款支付泉城棉麻公司前欠货款 65 000 元。（附件 1 张）

借：应付账款——泉阳棉麻公司　　65 000

　　贷：银行存款　　65 000

83. 1 月 28 日，以现金支付电报费 128 元。（附件 1 张）

借：管理费用——通信费　　128

　　贷：库存现金　　128

84. 1 月 29 日，向佛山高压开关厂购电气材料开关 100 个，价款 900 元，税款 117 元。（附件 1 张）

借：材料采购——开关　　900

　　应交税费——应交增值税（进项税额）　　117

　　贷：预付账款——佛山高压开关厂　　1 017

85. 1 月 29 日，银行划扣排污费 947 元。（附件 2 张）

借：管理费用——其他　　947

　　贷：银行存款　　947

86. 1 月 29 日，月末盘点，盘亏棉花 1 吨，计划成本 15 000 元，实际成本 15 150元，增值税 1 969. 50 元；盘亏涤纶 1 吨，计划成本 8 500 元，实际成本 8 585元，增值税 1 116. 05 元。（附件 1 张）

（1）材料盘亏。

借：待处理财产损溢　　26 820. 55

　　贷：原材料——原料——棉花　　15 000

　　　　　　　　　　——涤纶　　8 500

　　　　材料成本差异——原料　　235

　　　　应交税费——应交增值税（进项税额转出）　　3 085. 55

（2）收到保险赔款 18 800 元，存入银行，其余损失 8 020. 55 元，列支为营业外支出。（附件 3 张）

借：银行存款　　18 800

　　营业外支出——其他　　8 020. 55

　　贷：待处理财产损溢　　26 820. 55

87. 1 月 30 日，银行划扣本月水费 4 640. 71 元。（附件 3 张）

借：制造费用——纺纱车间　　800. 71

　　　　　　——捻线车间　　900

　　　　　　——织布车间　　1 240

——机修车间　　250
——配电车间　　850
管理费用　　600
贷：银行存款　　4 640.71

88. 1 月 30 日，汇总材料入库单，编制收料凭证汇总表。　　（附件 10 张）

收料凭证汇总

2021 年 1 月 30 日

材料名称	原　料		金属材料		电气材料		轻化工材料		修理用备件	
	计划成本	实际成本	计划成本	实际成本	计划成本	实际成本	计划成本	实际成本	计划成本	实际成本
原材料（元）										
棉花	780 000	787 232								
涤纶	442 000	455 400								
电气材料（元）										
开关					1 500	900				
轻化工材料（元）										
香蕉水							960	1 040		
调和漆							100	120		
修理用备件（元）									4 500	4 120
轴承										
合计（元）	1 222 000	1 242 632			1 500	900	1 060	1 160	4 500	4 120
差异额（元）	20 632				−600		100		−380	
差异率	(11 100 + 20 632)/(1 110 000 + 1 222 000) = 0.014		(−1 006.88)/67 125 = −0.015		(−105.6 −600)/(5 280 + 1 500) = −0.104		(99.4 + 100)/(6 325 + 1 060) = 0.027		(−192.33 −380)/(8 810 + 4 500) = −0.043	

借：原材料——原料——棉花　　780 000
——涤纶　　442 000
——修理用备件——轴承　　4 500
——电气材料——开关　　1 500
——轻化工材料——香蕉水　　960
——调和漆　　100
材料成本差异——原料　　20 632
——轻化工材料　　100
贷：材料采购——原料　　1 242 632
——修理用备件　　4 120
——电气材料　　900
——轻化工材料　　1 160
材料成本差异——电气材料　　600
——修理用备件　　380

89. 汇总各车间领用生产材料。

发料凭证汇总

2021 年 1 月 30 日

单位：元

领料部门及用途		原料 0.014			金属材料 -0.015			轻化工材料 0.027			电气材料 -0.104			修理用备件 -0.043		
		计划成本	实际成本	差异额	计划成本	实际成本	差异额	计划成本	实际成本	差异额	计划成本	实际成本	差异额	计划成本	实际成本	差异额
基本生产成本	纺纱车间	棉纱 900 000 涤纱 595 000	棉纱 912 600 涤纱 603 330	20 930	—	—	—	—	—	—	—	—	—	—	—	—
	捻线车间	—	—	—	—	—	—	—	—	—	—	—	—	—	—	—
	织布车间	—	—	—	—	—	—	—	—	—	—	—	—	—	—	—
辅助生产成本	机修车间	—	—	—	角铁 17 500 镀锌 2 500 圆钢 12 000	31 520	-480	水 600 漆 250 油 650	1 540.5	40.50	开关 45 插座 24	61.82	-7.18	轴承 4 500	4 306.5	-193.5
	配电车间	—	—	—	—	—	—	1 030	1 057.81	27.81	4 030	3 610.88	-419.12			
制造费用	纺纱车间	—	—	—	—	—	—	水 960 漆 250 油 260	1 506.69	36.69	开关 75	67.20	-7.80	传动 2 000 工具 120	2 028.84	-91.16
	捻线车间	—	—	—	—	—	—	水 720 漆 500 油 390	1 653.47	43.47	插座 60	53.76	-6.24	传动 400 工具 180	555.06	-24.94
	织布车间							水 600 漆 150 油 260	1 037.27	27.27	插座 36 开关 150	166.66	-19.34	—	—	—
办公室																
合　计																

周转材料发出汇总

2021 年 1 月 25 日　　　　单位：元

领用部门	低值易耗品					包装物		
	工作服	工作帽	棉大衣	线手套	合计	包装布	塑料管	合计
纺纱车间	600	240	1 200	—	2 040	—	—	—
捻线车间	900	156	240	40	1 336	—	—	—
织布车间	1 200	360	800	25	2 385	750	—	750
配电车间	—	—	—	60	60	—	—	—
机修车间	1 800	—	480	150	2 430	—	—	—
合　计	4 500	756	2 720	235	8 211	750	—	750

（1）纺纱车间领用生产材料（分配率取三位小数，如棉花 0.014，下同）。

借：生产成本——基本生产成本——纺纱车间——棉纱 28T　　912 600

——涤线 14T　　603 330

贷：原材料——原料——棉花　　900 000

——涤纶　　595 000

材料成本差异——原料　　20 930

（2）机修车间领用材料。

借：生产成本——辅助生产成本——机修车间　　39 858.82

材料成本差异——金属材料　　480

——电气材料　　7.18

——修理用备件　　193.5

贷：原材料——金属材料——角铁　　17 500

——镀锌板　　2 500

——圆钢　　12 000

——轻化工材料——香蕉水　　600

——调和漆　　250

——汽油　　650

——电气材料——开关　　45

——插座　　24

——修理用备件——轴承　　4 500

材料成本差异——轻化工材料　　40.5

周转材料——劳保用品　　2 430

（3）配电车间领用材料。

借：生产成本——辅助生产成本——配电车间　　4 728.69

材料成本差异——电气材料　　419.12

贷：原材料——轻化工材料——汽油　　520

——香蕉水　　360

——调和漆　　150

——电气材料——电线　　4 000

——插座　30

材料成本差异——轻化工材料　27.81

周转材料　60

（4）纺纱车间领用材料费用汇总。

借：制造费用——纺纱车间　5 645.08

材料成本差异——电气材料　7.8

——修理用备件　93.28

贷：材料成本差异——轻化工材料　41.16

原材料——轻化工材料——调和漆　250

——香蕉水　960

——汽油　260

——电气材料——开关　75

——修理用备件——传动材料　2 000

——纺织专用工具　120

周转材料　2 040

（5）捻线车间领用材料费用汇总。

借：制造费用——捻线车间　3 598.29

材料成本差异——电气材料　6.24

——修理用备件　24.94

贷：材料成本差异——轻化工材料　43.47

原材料——轻化工材料——调和漆　500

——香蕉水　720

——汽油　390

——电气材料——插座　60

——修理用备件——传动材料　400

——纺织专用工具　180

周转材料　1 336

（6）织布车间领用材料费用汇总。

借：制造费用——织布车间　4 338.93

材料成本差异——电气材料　19.34

贷：材料成本差异——轻化工材料　27.27

原材料——轻化工材料——调和漆　150

——香蕉水　600

——汽油　260

——电气材料——插座　36

——开关　150

周转材料　3 135

90. 计算1月应付工资（分配率取四位小数）。

借：生产成本——基本生产成本——纺纱车间——棉纱 28T 15 221.25
——涤线 14T 18 818.75
——捻线车间——棉股线 28T*2
14 125.90
——涤股线 14T*2
11 870.10
——织布车间——棉平布 28T 637.04
——棉平布 28T*2
8 918.56
——涤平布 14T 6 026.40
——涤平布 14T*2
11 148.00
——辅助生产成本——机修车间 9 970
——配电车间 6 508
制造费用——纺纱车间 3 245
——捻线车间 4 665
——织布车间 6 065
——机修车间 2 720
——配电车间 1 881
管理费用 12 362
贷：应付职工薪酬 134 182

91. 计提折旧费用。

借：制造费用——纺纱车间 12 780
——捻线车间 13 240
——织布车间 19 380
——配电车间 6 490
——机修车间 6 470
管理费用 7 730
贷：累计折旧 66 090

92. 结转费用。

（1）结转供电车间制造费用至辅助生产成本。

借：生产成本——辅助生产成本——供电车间 9 221
贷：制造费用——供电车间 9 221

（2）结转机修车间制造费用至辅助生产成本。

借：生产成本——辅助生产成本——机修车间 9 440
贷：制造费用——机修车间 9 440

（3）结转供电车间和机修车间辅助生产成本。

借：生产成本——基本生产成本——纺纱车间——棉纱 28T 2 723.35

——涤线 14T　3 367. 06

——捻线车间——棉股线 28T*2

2 858. 12

——涤股线 14T*2

2 401. 78

——织布车间——棉平布 28T　164. 94

——棉平布 28T*2

2 309. 17

——涤平布 14T　1 560. 34

——涤平布 14T*2

2 886. 47

制造费用——纺纱车间　12 323. 79

——捻线车间　15 837. 44

——织布车间　23 507

管理费用　9 787. 05

贷：生产成本——辅助生产成本——供电车间　20 457. 69

——机修车间　59 268. 82

93. 制造费用分配（分配率取八位小数）。

借：生产成本——基本生产成本——纺纱车间——棉纱 28T　15 558. 55

——涤纱 14T　19 236. 03

——捻线车间——棉股线 28T*2

20 779. 21

——涤股线 14T*2

17 461. 52

——织布车间——棉平布 28T　1 299. 59

——棉平布 28T*2

18 194. 30

——涤平布 14T

12 294. 15

——涤平布 14T*2

22 742. 89

贷：制造费用——纺纱车间　34 794. 58

——捻线车间　38 240. 73

——织布车间　54 530. 93

94. 结转纺纱车间完工自制半成品成本。

（1）结转棉纱 28T。

858 263. 15 =（3 800 + 912 600 + 15 221. 25 + 2 723. 35 + 15 558. 55）-（3 800 + 912 600）×0. 1

借：自制半成品——棉纱 28T　　858 263. 15

　　贷：生产成本——基本生产成本——纺纱车间——棉纱 28T　858 263. 15

棉纱 28T 加权单价 =16 665. 99 = （875 000 +858 263. 15） / （50 +54）

（2）结转涤纱 14T。

5 865 542. 84 = （2 360 +603 330 +18 818. 75 +3 367. 06 +19 236. 03） -

（2 360 +603 330） ×0. 1

借：自制半成品——涤纱 14T　　586 542. 84

　　贷：生产成本——基本生产成本——纺织车间——涤纱 14T　586 542. 84

涤纱 14T 加权单价 =9 772. 26 = （420 000 +586 542. 84） / （40 +63）

95. 捻线车间自制半成品成本处理。

（1）捻线车间领用自制半成品。

借：生产成本——基本生产成本——捻线车间——棉股线 28T*2

999 959. 51

——涤股线 14T*2

781 780. 85

　　贷：自制半成品——棉纱 28T　　999 959. 51（16 665. 991 8 ×60）

——涤纱 14T　　781 780. 85（9 772. 26058 ×80）

（2）结转捻线车间自制半成品成本。

（11 000 +14 125. 90 +2 858. 12 +20 779. 21 +999 959. 51） -

（11 000 +999 959. 51） ×0. 1 =947 626. 79（元）

（6 400 +11 870. 10 +2 401. 78 +17 461. 52 +781 780. 85） -

（6 400 +781 780. 85） ×0. 1 =741 096. 17（元）

借：自制半成品——棉股线 28T*2　　947 626. 79

——涤股线 14T*2　　741 096. 17

　　贷：生产成本——基本生产成本——纺织车间——棉股线 28T*2

947 626. 79

——涤股线 14T*2

741 096. 17

棉股线 28T*2 加权单价 = （1 170 000 +947 626. 79） / （60 +58）

=17 945. 99（元）

涤股线 14T*2 加权单价 = （230 000 +741 096. 17） / （20 +76）

=10 115. 59（元）

96. 织布车间自制半成品成本处理。

（1）织布车间领用自制半成品。

借：生产成本——基本生产成本——织布车间——棉平布 28T

166 659. 92

——棉平布 28T*2

1 256 219. 28

——涤平布 14T*2

78 178. 08

——涤平布 14T*2

606 935. 11

贷：自制半成品——棉纱 28T　　166 659. 92

——棉股线 28T*2　　1 256 219. 28

——涤纱 14T　　78 178. 08

——涤股线 14T*2　　606 935. 11

(2) 结转织布车间生产成本。

借：库存商品——棉平布 28T　　156 343. 50 [173 481. 49 -（4 720 + 166 659. 92）×0. 1]

——棉平布 28T*2　　1 167 723. 38 [1 294 201. 31 -（8 560 + 1 256 219. 28）×0. 1]

——涤平布 14T　　96 685. 16 [105 218. 97 -（7 160 + 78 178. 08）×0. 1]

——涤平布 14T*2　　588 319. 96 [649 602. 47 -（5 890 + 606 935. 11）×0. 1]

贷：生产成本——基本生产成本——纺织车间——棉平布 28T

156 343. 50

——棉平布 28T*2

1 167 723. 38

——涤平布 14T

96 685. 16

——涤平布 14T*2

588 319. 96

97. 计算销售商品成本。

加权单价：

棉平布 28T = 220. 38 =（42 000 + 156 343. 50）/（150 + 750）

棉平布 28T*2 = 267. 77 =（64 000 + 1 167 723. 38）/（200 + 4 400）

涤平布 14T = 223. 84 =（60 000 + 96 685. 16）/（240 + 450）

涤平布 14T*2 = 219. 94 =（27 500 + 588 319. 96）/（100 + 2 700）

(1) 计算主营业务成本。

借：主营业务成本——棉平布 28T　　110 190

——棉平布 28T*2　　562 317

——涤平布 14T　　111 920

——涤平布 14T*2　　439 880

贷：库存商品——棉平布 28T　　110 190

——棉平布 28T*2　　562 317

——涤平布 14T　　111 920

——涤平布 14T*2　　439 880

（2）计算其他业务成本。

借：其他业务成本——棉股线 28T*2　　179 459.90

　贷：自制半成品——棉股线 28T*2　　179 459.90

98. 收到联营企业分来投资利润款。　　（附件 2 张）

借：银行存款　　1 000

　贷：投资收益　　1 000

99. 结转期间损益。

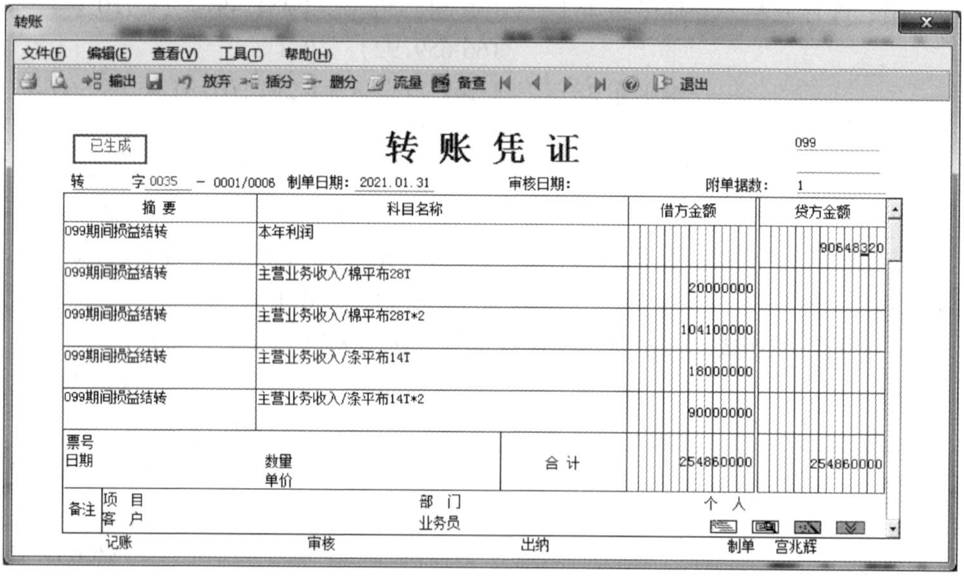

转账　文件(F)　编辑(E)　查看(V)　工具(T)　帮助(H)　输出　放弃　插分　删分　流量　备查　退出

已生成　**转账凭证**　099

转　字 0035 － 0001/0006　制单日期：2021.01.31　审核日期：　附单据数：1

摘要	科目名称	借方金额	贷方金额
099期间损益结转	本年利润		90648320
099期间损益结转	主营业务收入/棉平布28T	20000000	
099期间损益结转	主营业务收入/棉平布28T*2	104100000	
099期间损益结转	主营业务收入/涤平布14T	18000000	
099期间损益结转	主营业务收入/涤平布14T*2	90000000	
票号 日期	数量 单价　合计	254860000	254860000

备注　项目　部门　个人　客户　业务员

记账　审核　出纳　制单　宫兆辉

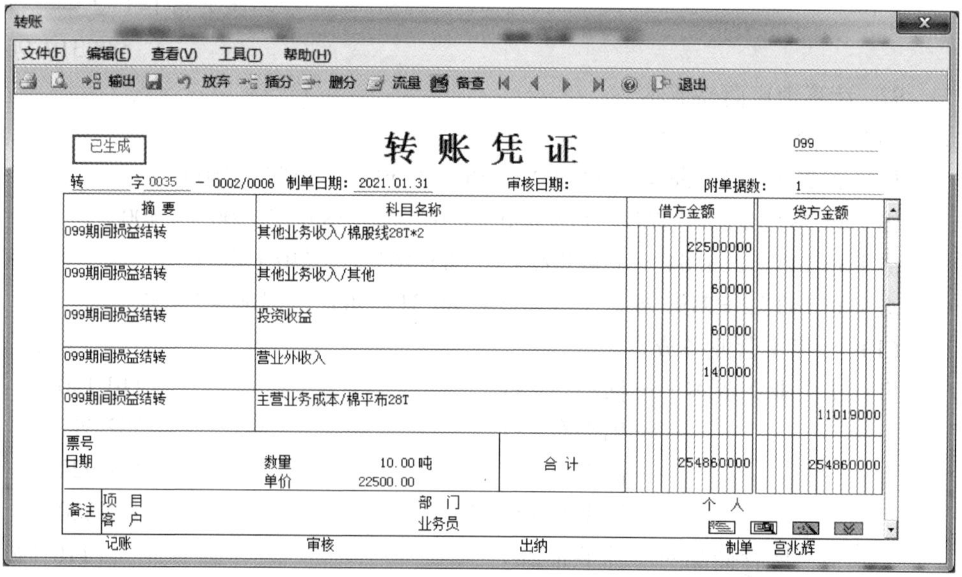

转账　文件(F)　编辑(E)　查看(V)　工具(T)　帮助(H)　输出　放弃　插分　删分　流量　备查　退出

已生成　**转账凭证**　099

转　字 0035 － 0002/0006　制单日期：2021.01.31　审核日期：　附单据数：1

摘要	科目名称	借方金额	贷方金额
099期间损益结转	其他业务收入/棉股线28T*2	22500000	
099期间损益结转	其他业务收入/其他	60000	
099期间损益结转	投资收益	60000	
099期间损益结转	营业外收入	140000	
099期间损益结转	主营业务成本/棉平布28T		11019000
票号 日期	数量 10.00吨 单价 22500.00　合计	254860000	254860000

备注　项目　部门　个人　客户　业务员

记账　审核　出纳　制单　宫兆辉

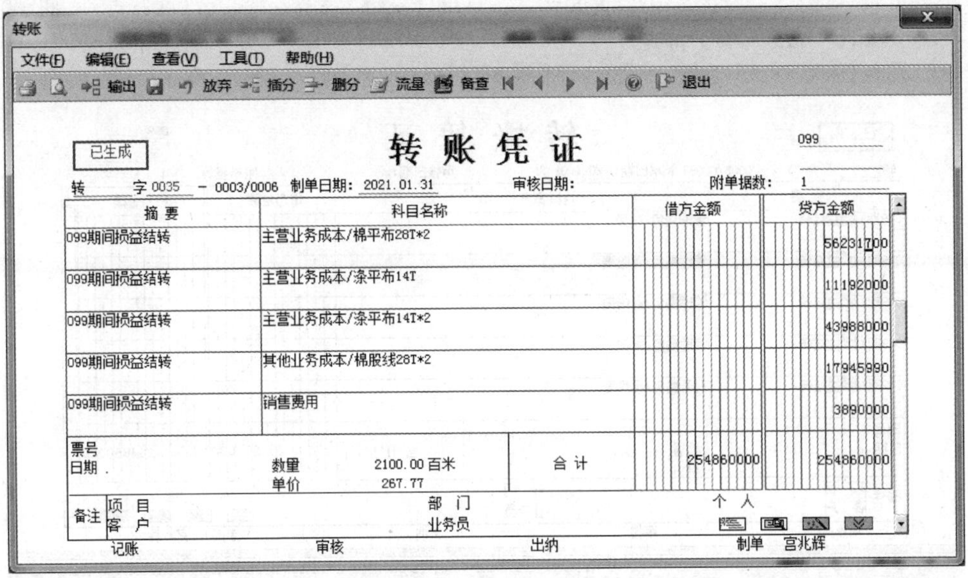

已生成

转 账 凭 证

099

转　字 0035 － 0003/0006　制单日期：2021.01.31　审核日期：　附单据数：1

摘要	科目名称	借方金额	贷方金额
099期间损益结转	主营业务成本/棉平布28T*2		56231700
099期间损益结转	主营业务成本/涤平布14T		11192000
099期间损益结转	主营业务成本/涤平布14T*2		43988000
099期间损益结转	其他业务成本/棉股线28T*2		17945990
099期间损益结转	销售费用		3890000
票号 日期 .	数量 2100.00 百米 单价 267.77	合计 254860000	254860000

备注　项目　部门　个人
　　　客户　业务员

记账　审核　出纳　制单　宫兆辉

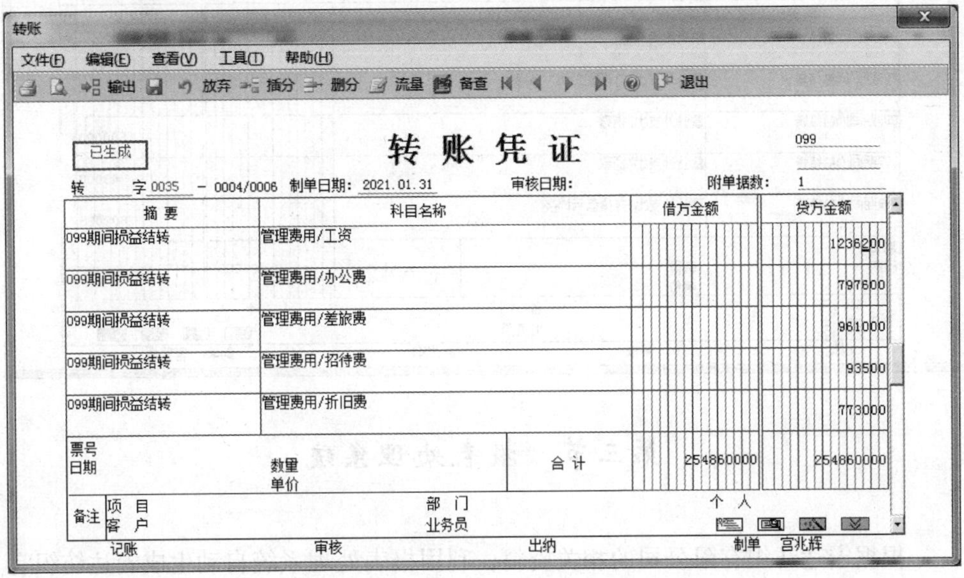

已生成

转 账 凭 证

099

转　字 0035 － 0004/0006　制单日期：2021.01.31　审核日期：　附单据数：1

摘要	科目名称	借方金额	贷方金额
099期间损益结转	管理费用/工资		1236200
099期间损益结转	管理费用/办公费		797600
099期间损益结转	管理费用/差旅费		961000
099期间损益结转	管理费用/招待费		93500
099期间损益结转	管理费用/折旧费		773000
票号 日期	数量 单价	合计 254860000	254860000

备注　项目　部门　个人
　　　客户　业务员

记账　审核　出纳　制单　宫兆辉

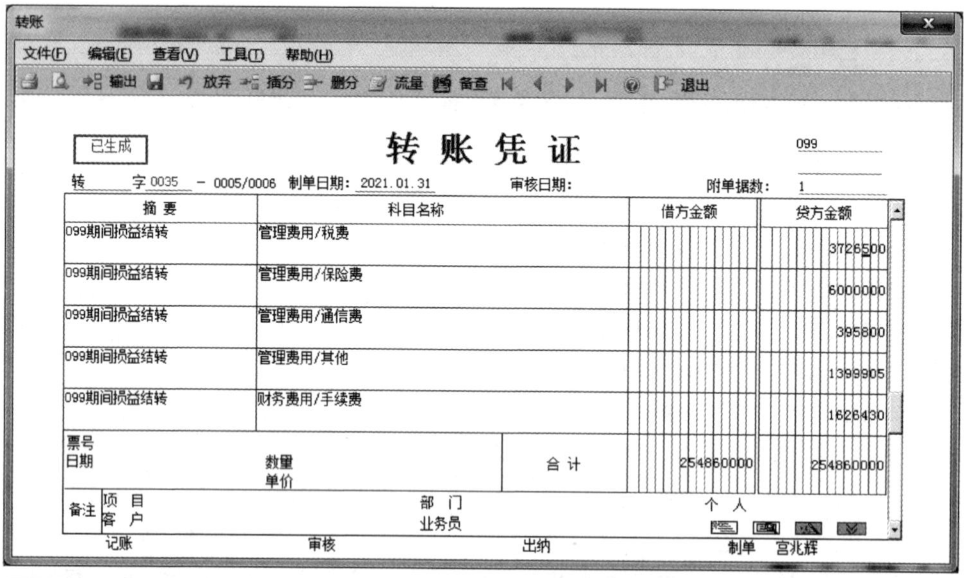

转账

文件(F) 编辑(E) 查看(V) 工具(T) 帮助(H)

输出 放弃 插分 删分 流量 备查 退出

已生成 **转 账 凭 证** 099

转 字 0035 － 0005/0006 制单日期：2021.01.31 审核日期： 附单据数：1

摘要	科目名称	借方金额	贷方金额
099期间损益结转	管理费用/税费		3726500
099期间损益结转	管理费用/保险费		6000000
099期间损益结转	管理费用/通信费		395800
099期间损益结转	管理费用/其他		1399905
099期间损益结转	财务费用/手续费		1626430
票号 日期	数量 单价 合计	254860000	254860000

备注 项目 部门 个人

客户 业务员

记账 审核 出纳 制单 宫兆辉

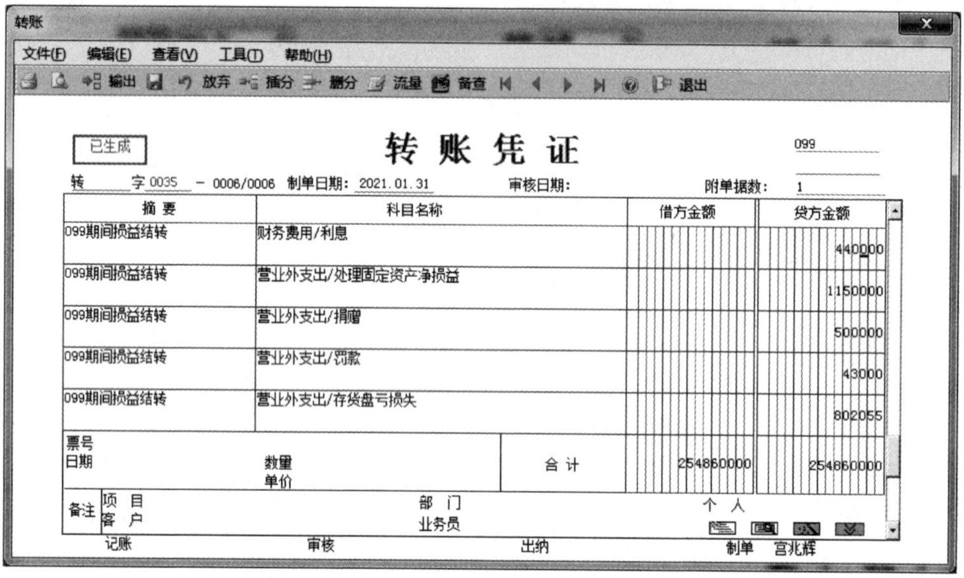

转账

文件(F) 编辑(E) 查看(V) 工具(T) 帮助(H)

输出 放弃 插分 删分 流量 备查 退出

已生成 **转 账 凭 证** 099

转 字 0035 － 0006/0006 制单日期：2021.01.31 审核日期： 附单据数：1

摘要	科目名称	借方金额	贷方金额
099期间损益结转	财务费用/利息		440000
099期间损益结转	营业外支出/处理固定资产净损益		1150000
099期间损益结转	营业外支出/捐赠		500000
099期间损益结转	营业外支出/罚款		43000
099期间损益结转	营业外支出/存货盘亏损失		802055
票号 日期	数量 单价 合计	254860000	254860000

备注 项目 部门 个人

客户 业务员

记账 审核 出纳 制单 宫兆辉

第三节 报表处理系统

根据宏达纺织有限公司的相关资料，利用报表处理系统自动生成宏达纺织有限公司的资产负债表、利润表和发生额及余额表，如图 6－3 和表 6－24～表 6－26 所示。

一、资产负债表

存货（期初、期末） +1 409 +5 001　　未分配利润（期初、期末） +4 103

(a)

(b)

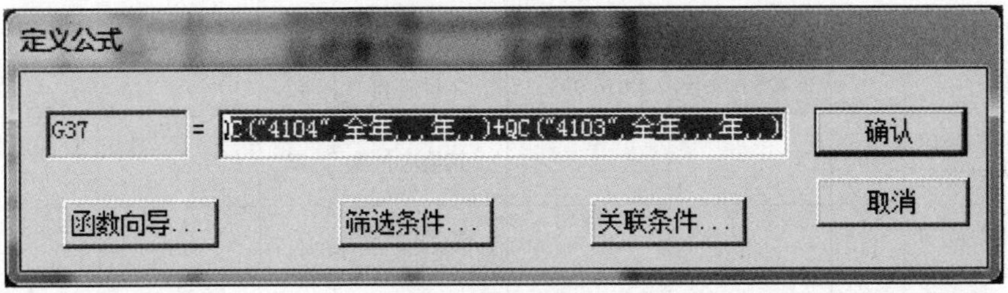

(c)

(d)

(e)

图 6-3　“定义公式”界面

表 6-24　　资产负债表

会企 01 表

编制单位：宏达纺织有限公司　　2021 年 1 月 31 日　　单位：元

资产	行次	年初数	期末数	负债和所有者权益	行次	年初数	期末数
流动资产：				流动负债：			
货币资金	1	752 704.00	2 285 955.39	短期借款	34	120 000.00	800 000.00
交易性金融资产	2	475 557.84	623 157.84	交易性金融负债	35		
应收票据	3	194 000.00	203 400.00	应付票据	36	191 000.00	777 610.80
应收股利	4	1 200.00		应收账款	37	158 680.00	
应收利息	5			预收账款	38	105 300.00	161 300.00
应收账款	6	156 000.00	1 253 000.00	应付职工薪酬	39	230 110.00	173 472.00
其他应收款	7	8 400.00	500.00	应交税费	40	322 140.00	299 377.15
预付账款	8	3 000.00	2 983.00	应付利息	41		
存货	9	4 721 624.59	4 976 993.35	应付股利	42		
一年内到期的非流动资产	10			其他应付款	43		
其他流动资产	11			一年内到期的非流动负债	44		
				其他流动负债	45		
流动资产合计	12	6 312 486.43	9 345 989.58	流动负债合计	46	1 127 230.00	2 211 759.95
非流动资产：				非流动负债：			
可供出售金融资产	13			长期借款	47	2 500 000.00	2 500 000.00
持有至到期投资	14			应付债券	48	1 110 000.00	2 110 000.00
投资性房地产	15			长期应付款	49	333 500.00	333 500.00
长期股权投资	16			专项应付款	50		
长期应收款	17			预计负债	51		
固定资产	18	10 092 000.00	9 941 800.00	递延所得税负债	52		
减：累计折旧	19	436 000.00	230 090.00	其他非流动负债	53		

续表

资产	行次	年初数	期末数	负债和所有者权益	行次	年初数	期末数
固定资产净值	20	9 656 000.00	9 711 710.00	非流动负债合计	54	3 943 500.00	4 943 500.00
减：固定资产减值准备	21			负债合计	55	5 070 730.00	7 155 259.95
固定资产净额	22	9 656 000.00	9 711 710.00				
生产性生物资产	23			所有者权益：			
工程物资	24			实收资本（或股本）	56	10 318 300.00	10 318 300.00
在建工程	25	136 800.00		资本公积	57	134 120.00	134 120.00
固定资产清理	26			减：库存股	58		
无形资产	27	71 492.12	110 092.12	盈余公积	59	161 000.00	161 000.00
商誉	28			未分配利润	60	510 628.55	1 417 111.75
长期待摊费用	29			所有者权益合计	61	11 124 048.55	12 030 531.75
递延所得税资产	30	18 000.00	18 000.00				
其他非流动资产	31						
非流动资产合计	32	9 882 292.12	9 839 802.12				
资产总计	33	16 194 778.55	19 185 791.70	负债和所有者权益总计	62	16 194 778.55	19 185 791.70

二、利润表

表 6－25　　**利润表**

会企 02 表

编制单位：宏达纺织有限公司　　2021 年 1 月　　单位：元

项目	行数	本月数	本年累计数
一、营业收入	1	2 546 600.00	2 546 600.00
减：营业成本	2	1 403 766.90	1 403 766.90
营业税金及附加	3		

续表

项目	行数	本月数	本年累计数
销售费用	4	38 900.00	38 900.00
管理费用	5	153 835.05	153 835.05
财务费用（收益以“-”号填列）	6	20 664.30	20 664.30
资产减值损失	7		
加：公允价值变动净收益（净损失以“-”号填列）	8		
投资收益（净损失以“-”号填列）	9	600.00	600.00
其中：对联营企业与合营企业的投资收益	10		
二、营业利润（亏损以“-”号填列）	11	930 033.75	930 033.75
营业外收入	12	1 400.00	1 400.00
减：营业外支出	13	24 950.55	24 950.55
其中：非流动资产处置净损失（净收益以“-”号填列）	14		
三、利润总额（亏损总额以“-”号填列）	15	906 483.20	906 483.20
减：所得税	16		
四、净利润（净亏损以“-”号填列）	17	906 483.20	906 483.20
五、每股收益			
基本每股收益			
稀释每股收益			
补充资料：			

项目	本年累计数	上年实际数
出售、处置部门或被投资单位所得收益		
自然灾害发生的损失		
会计政策变更增加（或减少）利润总额		
会计估计变更增加（或减少）利润总额		
债务重组损失		
其他		

三、发生额及余额表

表 6-26 **发生额及余额表**

会企 03 表

编制单位：宏达纺织有限公司 2021 年 1 月 单位：元

科目编码	科目名称	期初余额		本期发生		期末余额	
		借方	贷方	借方	贷方	借方	贷方
1001	库存现金	800.00		4 620.00	4 203.00	1 217.00	
1002	银行存款	645 000.00		3 668 502.40	2 143 668.01	2 169 834.39	
1012	其他货币资金	106 904.00		61 100.00	53 100.00	114 904.00	
1101	交易性金融资产	475 557.84		147 600.00		623 157.84	
1121	应收票据	194 000.00		203 400.00	194 000.00	203 400.00	

续表

科目编码	科目名称	期初余额		本期发生		期末余额	
		借方	贷方	借方	贷方	借方	贷方
1122	应收账款	157 500.00		2 003 000.00	909 000.00	1 251 500.00	
1123	预付账款	3 000.00		1 000.00	1 017.00	2 983.00	
1131	应收股利	1 200.00			1 200.00		
1221	其他应收款	8 400.00		2 300.00	10 200.00	500.00	
1231	坏账准备		1 500.00	3 000.00		1 500.00	
1401	材料采购	556 400.00		1 509 127.00	1 248 812.00	816 715.00	
1403	原材料	1 197 540.00		1 229 060.00	1 568 740.00	857 860.00	
1404	材料成本差异	9 894.59		21 983.40	22 325.21	9 552.78	
1405	库存商品	193 500.00		2 009 072.00	1 224 307.00	978 265.00	
1409	自制半成品	2 695 000.00		3 133 528.95	4 069 192.65	1 759 336.30	
1411	周转材料	19 400.00			9 691.00	9 709.00	
1601	固定资产	10 092 000.00		136 800.00	287 000.00	9 941 800.00	
1602	累计折旧		436 000.00	272 000.00	66 090.00		230 090.00
1604	在建工程	136 800.00			136 800.00		
1606	固定资产清理			19 000.00	19 000.00		
1701	无形资产	71 492.12		38 600.00		110 092.12	
1811	递延所得税资产	18 000.00				18 000.00	
1901	待处理财产损益			26 850.55	26 850.55		
资产小计		16 582 388.55	437 500.00	14 490 544.30	11 995 196.42	18 870 326.43	230 090.00
2001	短期借款		120 000.00	120 000.00	800 000.00		800 000.00
2201	应付票据		191 000.00	95 000.00	681 610.80		777 610.80
2202	应付账款		158 680.00	158 680.00			
2203	预收账款		105 300.00		56 000.00		161 300.00
2211	应付职工薪酬		230 110.00	190 820.00	134 182.00		173 472.00
2221	应交税费		322 140.00	356 906.40	334 143.55		299 377.15
2241	其他应付款			7 960.00	7 960.00		
2501	长期借款		2 500 000.00				2 500 000.00
2502	应付债券		1 110 000.00		1 000 000.00		2 110 000.00
2701	长期应付款		333 500.00				333 500.00
负债小计			5 070 730.00	929 366.40	3 013 896.35		7 155 259.95
4001	实收资本		10 318 300.00				10 318 300.00
4002	资本公积		134 120.00				134 120.00
4101	盈余公积		161 000.00				161 000.00
4103	本年利润		500 000.00		906 483.20		1 406 483.20
4104	利润分配		10 628.55				10 628.55
权益小计			11 124 048.55		906 483.20		12 030 531.75
5001	生产成本	49 890.00		5 717 992.73	5 222 327.46	545 555.27	
5101	制造费用			146 227.24	146 227.24		

续表

科目编码	科目名称	期初余额		本期发生		期末余额	
		借方	贷方	借方	贷方	借方	贷方
成本小计		49 890.00		5 864 219.97	5 368 554.70	545 555.27	
6001	主营业务收入			2 321 000.00	2 321 000.00		
6051	其他业务收入			225 600.00	225 600.00		
6111	投资收益			600.00	600.00		
6301	营业外收入			1 400.00	1 400.00		
6401	主营业务成本			1 224 307.00	1 224 307.00		
6402	其他业务成本			179 459.90	179 459.90		
6601	销售费用			38 900.00	38 900.00		
6602	管理费用			153 835.05	153 835.05		
6603	财务费用			20 664.30	20 664.30		
6711	营业外支出			24 950.55	24 950.55		
损益小计				4 190 716.80	4 190 716.80		
合计		16 632 278.55	16 632 278.55	25 474 847.47	25 474 847.47	19 415 881.70	19 415 881.70

附：自定义结转公式定义

0001　辅助生产成本分配与结转公式

借：5001010101　FS(50010201,月,借)＊(11000/36949)＊(5500/12300)

5001010102　FS(50010201,月,借)＊(11000/36949)＊(6800/12300)

5001010201　FS(50010201,月,借)＊(9500/36949)＊(5950/10950)

5001010202　FS(50010201,月,借)＊(9500/36949)＊(5000/10950)

5001010301　FS(50010201,月,借)＊(12500/36949)＊(200/8392)

5001010302　FS(50010201,月,借)＊(12500/36949)＊(2800/8392)

5001010303　FS(50010201,月,借)＊(12500/36949)＊(1892/8392)

5001010304　FS(50010201,月,借)＊(12500/36949)＊(3500/8392)

510101　FS(50010201,月,借)＊(1405/36949)＋FS(50010202,月,借)＊(3000/15400)

510102　FS(50010201,月,借)＊(800/36949)＋FS(50010202,月,借)＊(4000/15400)

510103　FS(50010201,月,借)＊(750/36949)＋FS(50010202,月,借)＊(6000/15400)

660210　FS(50010201,月,借)＊(994/36949)＋FS(50010202,月,借)＊(2400/15400)

贷：50010201　FS（50010201，月，借）

50010202　FS（50010202，月，借）

0002 基本生产车间制造费用分配与结转公式

借：5001010101 QM（510101，月）*（5500/12300）

5001010102 QM（510101，月）*（6800/12300）

5001010201 QM（510102，月）*（5950/10950）

5001010202 QM（510102，月）*（5000/10950）

5001010301 QM（510103，月）*（200/8392）

5001010302 QM（510103，月）*（2800/8392）

5001010303 QM（510103，月）*（1892/8392）

5001010304 QM（510103，月）*（3500/8392）

贷：510101 QM（510101，月）

510102 QM（510102，月）

510103 QM（510103，月）

0003 纺纱车间完工入库棉纱、涤纱成本计算公式

借：140901 QM（5001010101，月）-916 400 * 0.1

140903 QM（5001010102，月）-605 690 * 0.1

贷：5001010101 JG（140901）

5001010102 JG（140903）

0004 捻线车间领用棉纱、涤纱成本计算公式

借：5001010201 JG（140901）

5001010202 JG（140903）

贷：140901 [QM（140901，月）/104] * 60

140903 [QM（140903，月）/103] * 80

0005 捻线车间完工入库棉股线、涤股线成本计算公式

借：140902 QM（5001010201，月）-1 010 959.51 * 0.1

140904 QM（5001010202，月）-788 180.85 * 0.1

贷：5001010201 JG（140902）

5001010202 JG（140904）

0006 织布车间领用棉纱、涤纱、棉股线、涤股线成本计算公式

借：5001010302 JG（140902）

5001010304 JG（140904）

5001010301 JG（140901）

5001010303 JG（140903）

贷：140902 [QM（140902，月）/118] * 70

140904 [QM（140904，月）/96] * 60

140901 [QM（140901，月）/44] * 10

140903 [QM（140903，月）/23] * 8

0007 织布车间完工入库棉平布、涤平布成本计算公式

借：140501 QM（5001010301，月）-（4720 + 166 659.92）* 0.1

140502　QM（5001010302，月）－（8 560＋1 256 219.28）＊0.1
140503　QM（5001010303，月）－（7 160＋78 178.08）＊0.1
140504　QM（5001010304，月）－（5 890＋606 935.11）＊0.1
贷：5001010301　QM(5001010301,月)－(4 720＋166 659.92)＊0.1
5001010302　QM(5001010302,月)－(8 560＋1 256 219.28)＊0.1
5001010303　QM(5001010303,月)－(7 160＋78 178.08)＊0.1
5001010304　QM(5001010304,月)－(5 890＋606 935.11)＊0.1

第四节　薪资管理系统

一、薪资管理系统初始化资料

1. 薪资管理系统的参数设置。工资类别有两个，工资核算本位币为人民币，不核算计件工资，自动代扣所得税，进行扣零设置且扣零至元。工资类别为“在职人员”和“退休人员”，在职人员分布在各部门，退休人员只属于人事部门。

2. 人员附加信息。增加人员附加信息“性别”和“学历”。

3. 工资项目（见表6－27）。

表6－27　　工资项目

项目名称	类型	长度	小数位数	工资增减项
基本工资	数字	8	2	增项
奖金	数字	8	2	增项
福利补贴	数字	8	2	增项
交通补贴	数字	8	2	增项
住房公积金	数字	8	2	减项
缺勤天数	数字	8	2	其他
缺勤扣款	数字	8	2	减项

4. 银行名称。银行名称为“中国工商银行”，账号长度为11位，录入时自动带出的账号长度为8位。

5. 工资类别及工资项目。

在职人员工资类别：所有工资项目。

退休人员工资类别：只有基本工资和住房公积金两个项目。

6. 在职人员档案（见表6－28）。

表6－28　　在职人员档案

薪资部门名称	编号	人员姓名	人员类别	账号	性别	学历
办公室	011	陈明达	管理人员	12345678901	男	大学
财务部	021	李　英	管理人员	12345678902	女	大学
供应部	031	李春明	经营人员	12345678903	男	大学
纺纱车间	051	王　虎	管理人员	12345678904	男	大学

续表

薪资部门名称	编号	人员姓名	人员类别	账号	性别	学历
纺纱车间	052	王大庄	生产人员	12345678905	男	大学
纺纱车间	053	谭世文	生产人员	12345678906	男	大学
机修车间	058	刘　刚	管理人员	12345678907	男	大学
机修车间	059	徐高友	生产人员	12345678908	男	大学

7. 计算公式。

缺勤扣款 = 基本工资/20 × 缺勤天数

住房公积金 = （基本工资 + 奖金） ×0.08

管理人员和经营人员的交通补贴为1 000元，其他人员的交通补贴为600元。

二、薪资管理业务

1. 个人所得税。查看个人所得税计算公式是否正确，扣税基数是否为2 000元。

2. 2021年1月有关的工资数据（见表6－29）。

表6－29　　工资数据

人员编号	姓名	部门	人员类别	基本工资（元）	奖金（元）	缺勤天数（天）
011	陈明达	办公室	管理人员	6 000	1 000	0
021	李　英	财务部	管理人员	5 500	1 000	0
031	李春明	供应部	经营人员	5 000	1 000	0
051	王　虎	纺纱车间	管理人员	5 500	1 000	0
052	王大庄	纺纱车间	生产人员	5 000	1 000	0
053	谭世文	纺纱车间	生产人员	5 000	1 000	0
058	刘　刚	机修车间	管理人员	5 000	1 000	0
059	徐高友	机修车间	生产人员	4 000	1 000	2

3. 工资分摊类型及计提标准。工资分摊类型为“应付工资”和“应付福利费”，福利费按工资总额的14%计提。

4. 分摊构成设置（见表6－30）。

表6－30　　分摊构成

<table>
<tr><th>计提类型名称</th><th>部门名称</th><th>人员类别</th><th>借方科目</th><th>贷方科目</th></tr>
<tr><td rowspan="8">应付工资</td><td>办公室</td><td rowspan="2">管理人员</td><td rowspan="2">管理费用/工资</td><td rowspan="8">应付职工薪酬/工资</td></tr>
<tr><td>财务部</td></tr>
<tr><td>供应部</td><td>经营人员</td><td>销售费用</td></tr>
<tr><td rowspan="2">纺纱车间</td><td>管理人员</td><td>制造费用/纺纱车间</td></tr>
<tr><td>生产人员</td><td>生产成本/基本生产/纺纱车间/棉纱</td></tr>
<tr><td rowspan="2">机修车间</td><td>管理人员</td><td>制造费用/机修车间</td></tr>
<tr><td>生产人员</td><td>生产成本/辅助生产成本/机修车间</td></tr>
<tr><td colspan="3"></td></tr>
<tr><td rowspan="7">应付职工薪酬</td><td>办公室</td><td rowspan="2">管理人员</td><td rowspan="2">管理费用/工资</td><td rowspan="7">应付职工薪酬/福利费</td></tr>
<tr><td>财务部</td></tr>
<tr><td>供应部</td><td>经营人员</td><td>销售费用</td></tr>
<tr><td rowspan="2">纺纱车间</td><td>管理人员</td><td>制造费用/纺纱车间</td></tr>
<tr><td>生产人员</td><td>生产成本/基本生产/纺纱车间/棉纱</td></tr>
<tr><td rowspan="2">机修车间</td><td>管理人员</td><td>制造费用/机修车间</td></tr>
<tr><td>生产人员</td><td>生产成本/辅助生产成本/机修车间</td></tr>
</table>

第五节　固定资产系统

1. 固定资产系统的参数。固定资产账套的启用月份为“2021 年 1 月”，固定资产采用“平均年限法（一）”计提折旧，折旧汇总分配周期为一个月。当（月初已计提月份 = 可使用月份 - 1）时将剩余折旧全部提足。固定资产编码方式为“2 - 1 - 1 - 2”；固定资产编码方式采用自动编码方式，编码方式为“类别编码 + 序号”；序号长度为“5”。要求固定资产系统与总账进行对账；固定资产对账科目为“1601 固定资产”；累计折旧对账科目为“1602 累计折旧”；对账不平衡的情况下不允许固定资产月末结账。

2. 固定资产选项设置。设置与财务系统的接口：固定资产缺省入账科目为 1601；累计折旧缺省入账科目为 1602。

3. 部门对应折旧科目（见表 6 - 31）。

表 6 - 31　　部门对应折旧科目

部门名称	贷方科目
办公室	管理费用
财务部	管理费用
供应部	销售费用
销售部	销售费用
制造部	制造费用

4. 固定资产类别（见表 6 - 32）。

表 6 - 32　　固定资产类别

类别编码	类别名称	使用年限（年）	净残值率（%）	计提属性	折旧方法	卡片样式
01	房屋及建筑物	30	2	正常计提	平均年限法（一）	通用样式
011	办公楼	30	2	正常计提	平均年限法（一）	通用样式
012	厂房	30	2	正常计提	平均年限法（一）	通用样式
02	机器设备			正常计提	平均年限法（一）	通用样式
021	生产线	10	3	正常计提	平均年限法（一）	通用样式
022	办公设备	5	3	正常计提	平均年限法（一）	通用样式

5. 固定资产增减方式（见表 6 - 33）。

表 6 - 33　　固定资产增减方式

增加方式	对应入账科目	减少方式	对应入账科目
直接购入	银行存款	出售	固定资产清理
投资者投入	实收资本	投资转出	长期股权投资
盘盈	待处理财产损溢/待处理固定资产损溢	盘亏	待处理财产损溢/待处理固定资产损溢
捐赠	营业外收入	捐赠转出	固定资产清理
工建工程转入	在建工程	报废	固定资产清理

6. 固定资产原始卡片（见表6－34）。

表6－34　　固定资产原始卡片

卡片编号	00001	00002	00003	00004
固定资产编号	01100001	01200001	02100001	02200001
固定资产名称	办公楼1号	厂房2号楼	纺纱A生产线	电脑
类别编号	011	012	021	022
类别名称	办公楼	厂房	生产线	办公设备
部门名称	办公室	纺纱车间	纺纱车间	销售部
增加方式	在建工程转入	在建工程转入	在建工程转入	直接购入
使用状况	在用	在用	在用	在用
使用年限	360个月	360个月	120个月	60个月
折旧方法	平均年限法（一）	平均年限法（一）	平均年限法（一）	平均年限法（一）
开始使用日期	2020.02.08	2018.06.01	2020.01.01	2020.10.23
币种	人民币	人民币	人民币	人民币
原值（元）	5 000 000	3 680 000	1 260 000	152 000
净残值率（%）	2	2	3	3
净残值（元）	100 000	73 600	40 800	1 560
累计折旧（元）	135 000	180 000	120 000	1 000
月折旧率	0.0027	0.0027	0.0081	0.0162
净值（元）	4 865 000	3 500 000	1 240 000	51 000
对应折旧科目	管理费用/折旧费	制造费用/纺纱车间	制造费用/纺纱车间	销售费用

7. 增加固定资产。2021年1月15日，购买并交付财务部使用的打印机一台，预计使用年限60个月，原值12 000元，预计净残值率为3%，采用平均年限法（一）计提折旧。

8. 计提折旧。完成计提折旧的工作，生成凭证并记账，进行对账。

9. 减少固定资产。销售部门使用的电脑“00004号”固定资产意外损毁。

10. 修改固定资产卡片。2021年1月31日，将厂房2号楼的使用状况由“使用”改为“大修理停用”。

11. 2021年1月25日，根据企业生产情况及管理的实际需要，将纺纱A生产线折旧方法由“平均年限法（一）”更改为“工作量法”。工作总量为60 000小时，本月工作量为5 000小时。

第七章　会计信息系统实训题

实验一　系统管理

【实验目的】

掌握用友 ERP－U8 软件中有关财务管理系统中的系统管理的相关内容，理解系统管理在整个财务管理系统中的作用及重要性，充分理解财务分工的意义。

【实验内容】

1. 建立单位账套。
2. 增加操作员。
3. 进行财务分工。
4. 备份账套数据。
5. 账套数据引入。
6. 修改账套数据。

【实验资料】

1. 建立新账套。

（1）账套信息。账套号：直接用学号后三位作为账套号，如 101。账套名称：广州四通科技有限公司。采用默认账套路径。启用会计期：2021 年 1 月。会计期间设置：1 月 1 日至 12 月 31 日。

（2）单位信息。单位名称：广州四通科技有限公司。单位简称：四通科技。

（3）核算类型。该企业的记账本位币为人民币（RMB）；企业类型为工业；行业性质为新会计制度；账套主管默认为 demo；按行业性质预置科目。

（4）基础信息。该企业有外币核算，进行经济业务处理时，需要对存货、客户、供应商进行分类。

（5）分类编码方案。科目编码级次：42222。其他：默认。

（6）数据精度。该企业对存货数量、单价小数位定为 2。

2. 财务分工。

（1）001 + 账套号：学员本人（口令：001）——账套主管，负责财务软件运行环境的建立，以及各项初始设置工作；负责财务软件的日常运行管理工作，监督并保证系统的有效、安全、正常运行；负责总账系统的凭证审核、记账、账簿查询、月末结账工作；负责报表管理及其财务分析工作；具有系统所有模块的全部权限。

（2）002 + 账套号：张丽 + 账套号（口令：002）——出纳，负责现金、银行账管理工作；具有“总账—凭证—出纳签字、查询凭证”权限，具有“总账—出纳”的全部操作权限。

（3）003 + 账套号：汪华 + 账套号（口令：003）——总账会计，负责总账系统的凭证管理工作以及客户往来和供应商往来管理工作；具有“总账—凭证—凭证处理”的全部权限，具有“总账—凭证—查询凭证、审核凭证、打印凭证、科目汇总、摘要汇总表、常用凭证、凭证复制”权限，具有“总账—期末—转账设置、转账生成”权限，即总账出纳之外的全部权限。

【实验要求】

以系统管理员 admin 的身份注册系统管理。

【操作指导】

1. 启动系统管理。执行“开始” | “程序” | “用友 ERP - U8” | “系统服务” | “系统管理”命令，进入“用友 ERP - U8 [系统管理]”窗口。

2. 登录系统管理。

（1）执行“系统” | “注册”命令，打开“注册 [系统管理]”对话框。

（2）输入：服务器（默认）；操作员：admin；密码：（空）。单击“确定”按钮，以系统管理员身份进入系统管理。具体如图 7 - 1 所示。

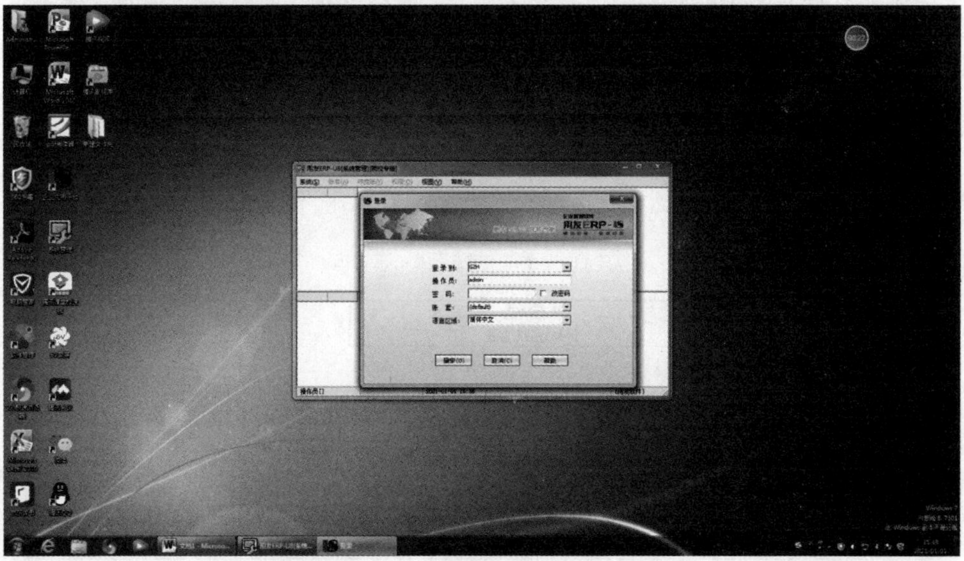

图 7 - 1 “系统管理登录”界面

提示：

• 为了保证系统的安全性，在“系统管理员登录”对话框中，可以设置或更改系统管理员的密码。首先将“改密码”复选框选中，单击“确定”按钮，打开“设置操作员口令”对话框，然后在“新口令”和“确认新口令”后面的输入区中均输入新密码，最后单击“确定”按钮，返回系统管理。

• 一定要牢记设置的系统管理员密码，否则无法以系统管理员的身份进入系统管理，也就不能执行账套数据的输出和引入。

• 考虑实际教学环境，建议不要设置系统管理员密码。

• 用友 ERP－U8 系统运行期间禁止修改计算机操作系统日期。

3. 增加操作员。

（1）执行“权限”｜“用户”命令，进入“用户管理”窗口，窗口中显示系统预设的几位用户：demo、SYSTEM、UFSOFT 和 WEB。

（2）单击工具栏中的“增加”按钮，打开“增加用户”对话框，按表 7－1 所示资料输入用户。

表 7－1　　　　用户资料

编号	姓名	口令	所属部门	角色	完成操作
001＋账套号	学员本人	001	财务部	账套主管	单击“增加”按钮
002＋账套号	张丽＋账套号	002	财务部	出纳	单击“增加”按钮
003＋账套号	汪华＋账套号	003	财务部	总账会计	单击“增加”按钮

（3）单击“退出”按钮结束，返回“用户管理”窗口，所有用户以列表方式显示。具体如图 7－2 所示。

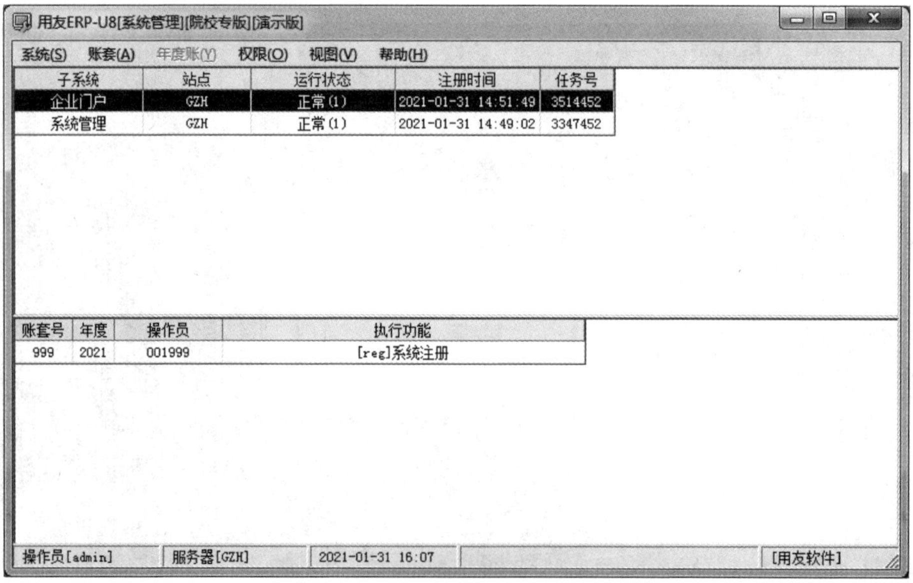

图 7－2　“增加操作员”界面

提示：

• 只有系统管理员才有权限设置操作员。

• 操作员编号在系统中必须唯一，即使是不同的账套，操作员编号也不能重复。

• 设置操作员口令时，为保密起见，输入的口令字以“＊”号在屏幕上显示。

• 所设置的操作员用户一旦被引用，便不能被修改和删除。

• 指定“学员本人”为“账套主管”角色，“账套主管”角色拥有了该账套的全部功能权限。其他两位用户不通过指定角色的方式来分配功能权限，直接在权限分配时指明其相应的权限。具体如图 7-3 所示。

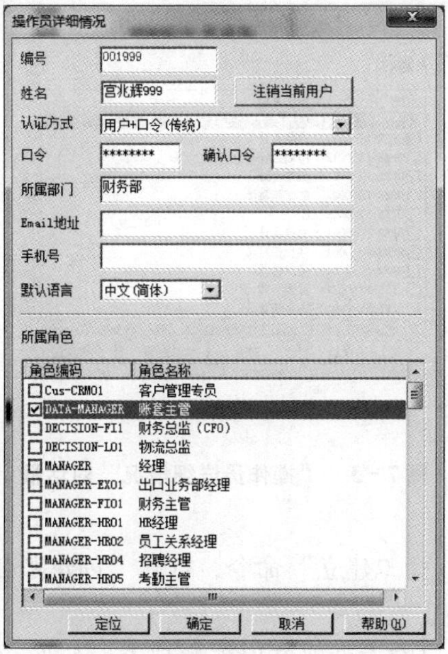

(a)

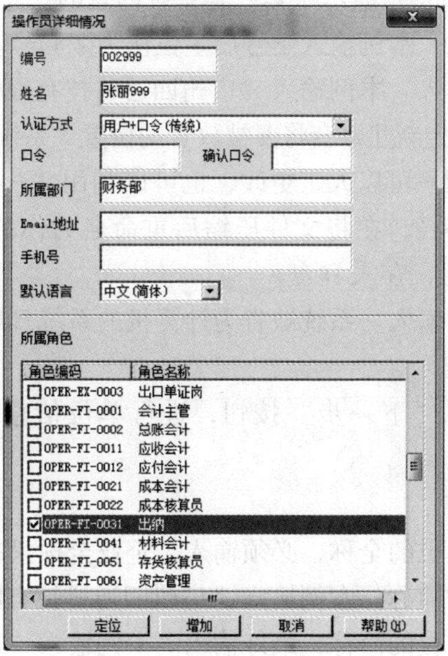

(b)

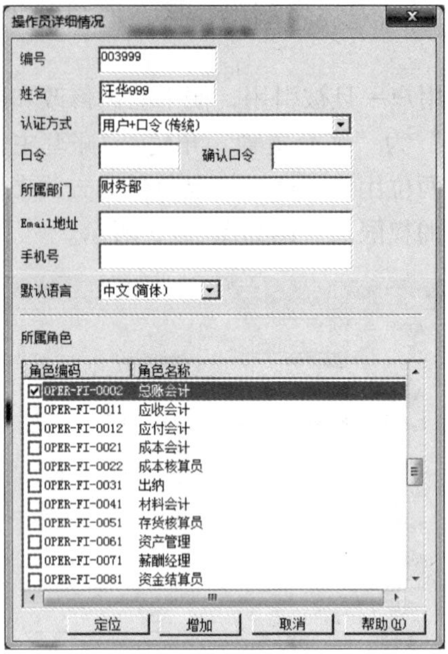

(c)

图7-3 “操作员详细情况”对话框

4. 建立账套。

(1) 执行“账套” | “建立”命令，打开“创建账套”对话框。

(2) 输入账套信息。

现存账套：系统将已存在的账套以下拉列表框的形式显示，用户只能查看，不能输入或修改。“[888] 演示账套”是系统内置的。

账套号：必须输入。本例输入学号后3位作为账套号。

账套名称：必须输入。本例输入“广州四通科技有限公司”。

账套路径：用来确定新建账套将要被放置的位置，系统默认的路径为“C:\U8SOFT\ADMIN”，用户可以人工更改，也可以利用“…”按钮进行参照输入，本例采用系统的缺省路径，在将文件压缩后重命名为你的“班级+学号+姓名（如会计10101号）”后，存入D盘。

启用会计期：必须输入。系统缺省为计算机的系统日期，更改为“2021年1月”。

输入完成后，单击“下一步”按钮，进行单位信息设置。具体如图7-4所示。

(3) 输入单位信息。

单位名称：用户单位的全称，必须输入。企业全称只在发票打印时使用，其余情况全部使用企业的简称。本例输入“广州四通科技有限公司”。

单位简称：用户单位的简称，最好输入。本例输入“四通科技”。

其他栏目都属于任选项。

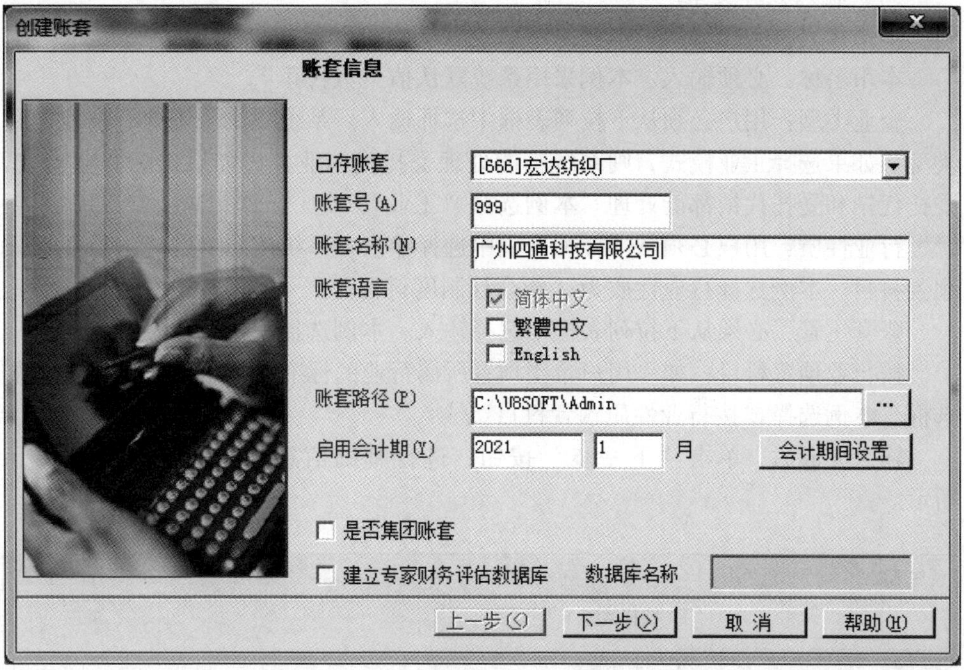

图7-4　“创建账套—账套信息”对话框

输入完成后，单击“下一步”按钮，进行核算类型设置。具体如图7-5所示。

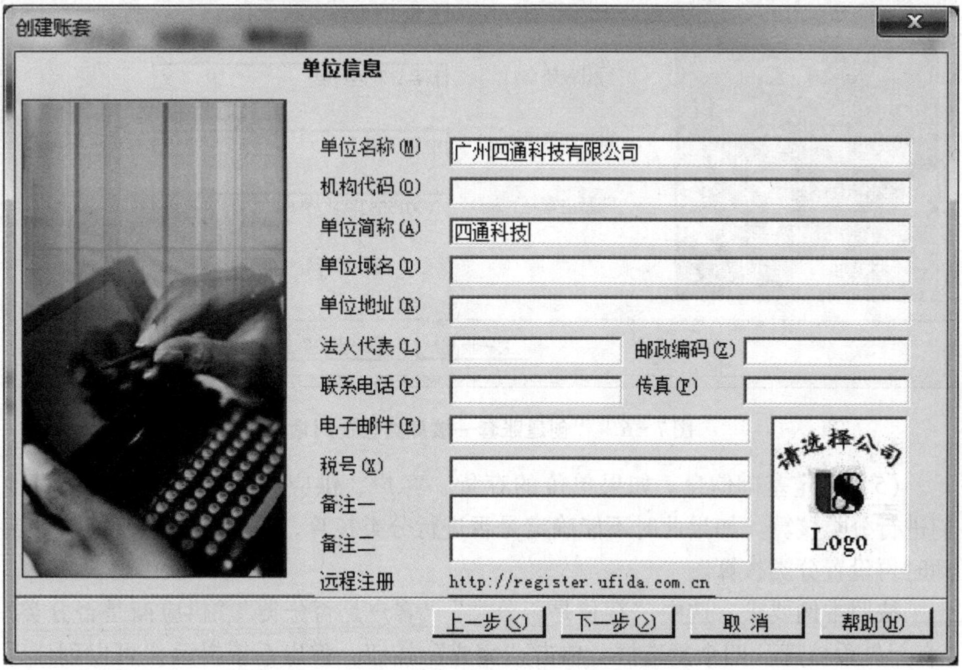

图7-5　“创建账套—单位信息”对话框

（4）输入核算类型。

本币代码：必须输入。本例采用系统默认值“RMB”。

本币名称：必须输入。本例采用系统默认值“人民币”。

企业类型：用户必须从下拉列表框中选择输入。系统提供了工业、商业两种类型。如果选择工业模式，则系统不能处理受托代销业务；如果选择商业模式，委托代销和受托代销都能处理。本例选择“工业”。

行业性质：用户必须从下拉列表框中选择输入，系统按照所选择的行业性质预置科目。本例选择行业性质为“新会计制度科目”。

账套主管：必须从下拉列表框中选择输入。本例选择默认。

按行业预置科目：如果用户希望预置所属行业的标准一级科目，则选中该复选框。本例选择“按行业性质预置科目”。

输入完成后，单击“下一步”按钮，进行基础信息设置。具体如图7-6所示。

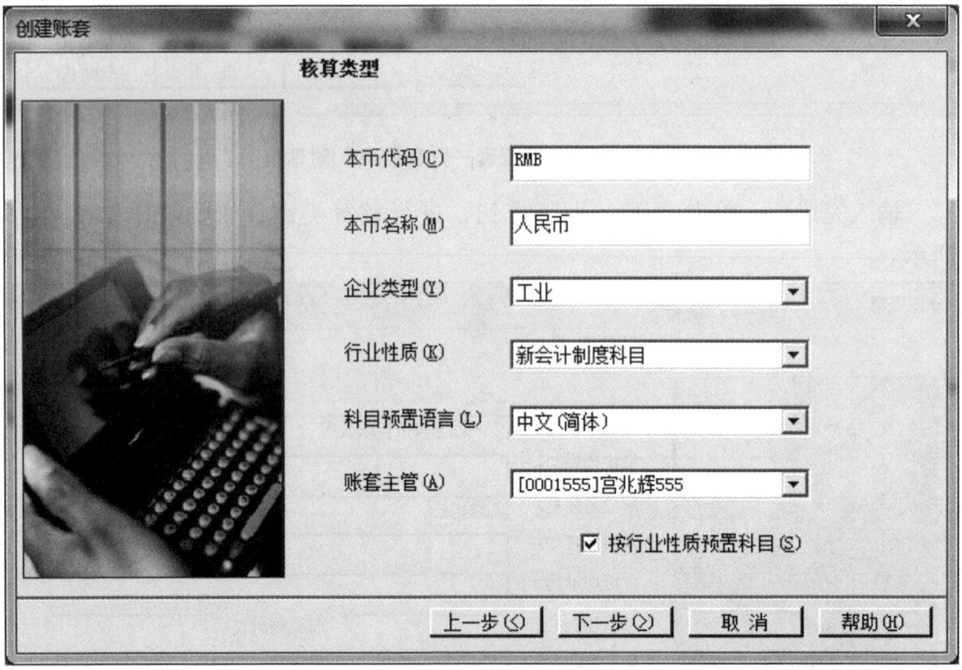

图7-6 “创建账套—核算类型”对话框

（5）确定基础信息。如果单位的存货、客户、供应商相对较多，可以对他们进行分类核算。如果此时不能确定是否进行分类核算，也可以等到分销软件启动时再设置分类核算。

按照本例要求，选中“存货是否分类”“客户是否分类”“供应商是否分类”“有无外币核算”四个复选框，单击“完成”按钮，弹出系统提示“可以创建账套了么?”，单击“是”按钮，打开“编码方案”对话框。具体如图7-7所示。

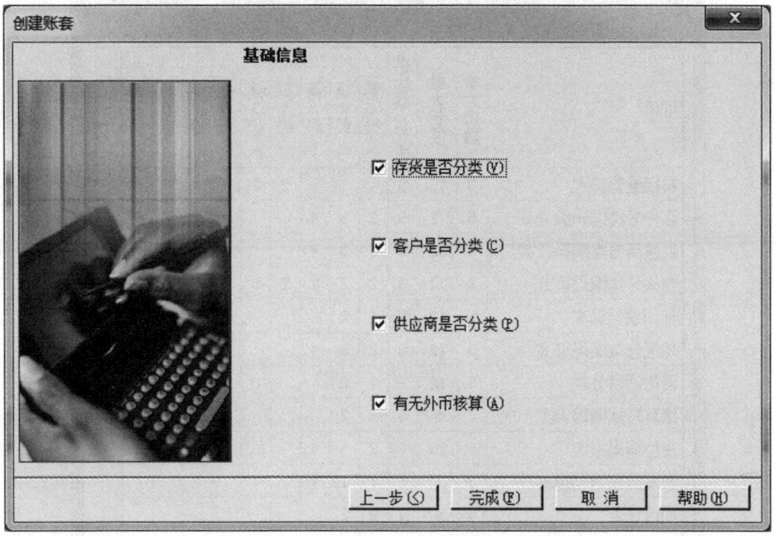
创建账套
基础信息
存货是否分类(V)
客户是否分类(C)
供应商是否分类(P)
有无外币核算(A)
上一步(S)
完成(F)
取 消
帮助(H)

(a)

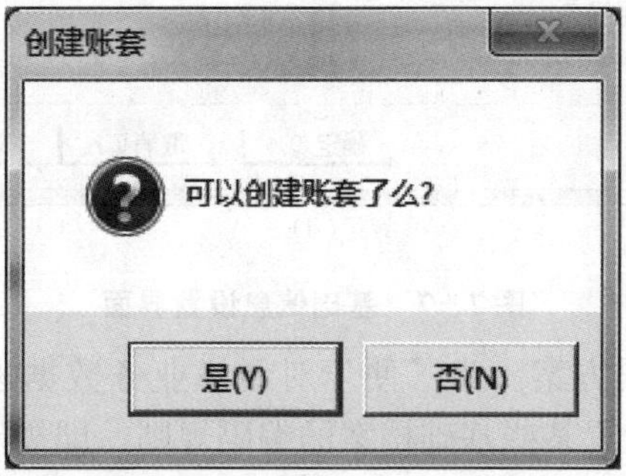
创建账套
可以创建账套了么?
是(Y)
否(N)

(b)

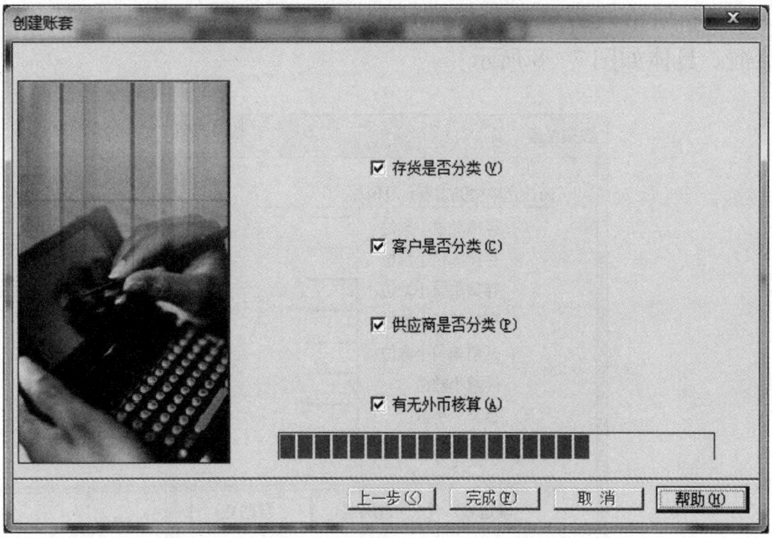
创建账套
存货是否分类(V)
客户是否分类(C)
供应商是否分类(P)
有无外币核算(A)
上一步(S)
完成(F)
取 消
帮助(H)

(c)

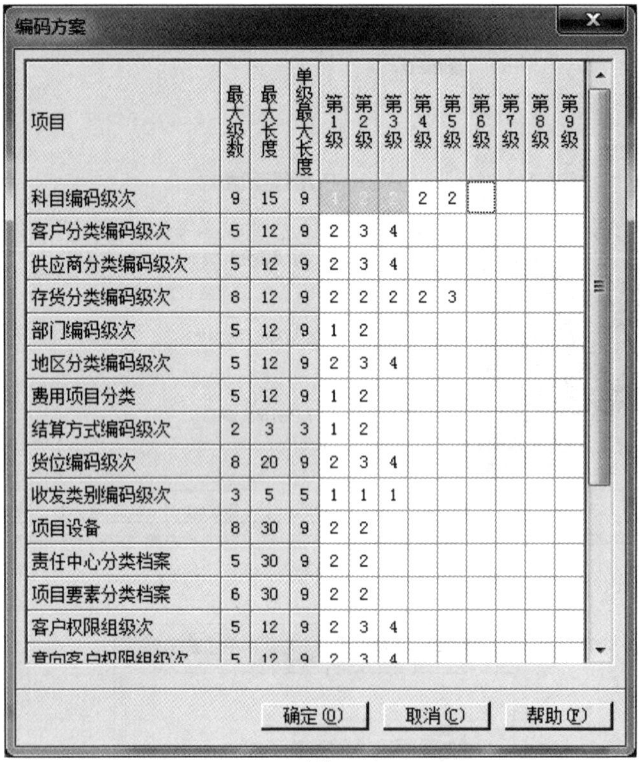

项目	最大级数	最大长度	单级最大长度	第1级	第2级	第3级	第4级	第5级	第6级	第7级	第8级	第9级
科目编码级次	9	15	9	4	2	2	2	2				
客户分类编码级次	5	12	9	2	3	4						
供应商分类编码级次	5	12	9	2	3	4						
存货分类编码级次	8	12	9	2	2	2	2	3				
部门编码级次	5	12	9	1	2							
地区分类编码级次	5	12	9	2	3	4						
费用项目分类	5	12	9	1	2							
结算方式编码级次	2	3	3	1	2							
货位编码级次	8	20	9	2	3	4						
收发类别编码级次	3	5	5	1	1	1						
项目设备	8	30	9	2	2							
责任中心分类档案	5	30	9	2	2							
项目要素分类档案	6	30	9	2	2							
客户权限组级次	5	12	9	2	3	4						
意向客户权限组级次	5	12	9	2	3	4						

(d)

图7-7　基础信息设置界面

(6) 确定分类编码方案。为了便于对经济业务数据进行分级核算、统计和管理，系统要求预先设置某些基础档案的编码规则，即规定各种编码的级次及各级的长度。

按实验资料所给内容修改系统默认值，单击“确认”按钮，打开“数据精度”对话框。具体如图7-8所示。

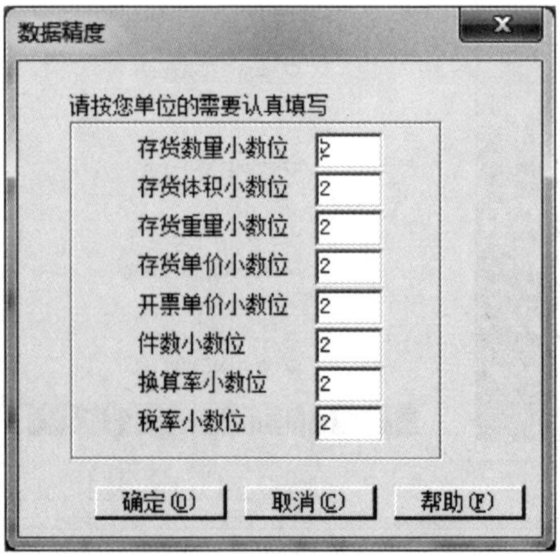

图7-8　“数据精度”对话框

（7）数据精度定义。数据精度是指定义数据的小数位数，如果需要进行数量核算，需要认真填写该项。本例采用系统默认值，单击“确认”按钮，弹出系统提示“创建账套成功！”和“现在进行系统启用的设置吗？”。单击“是”，弹出“系统启用”对话框。具体如图7－9所示。

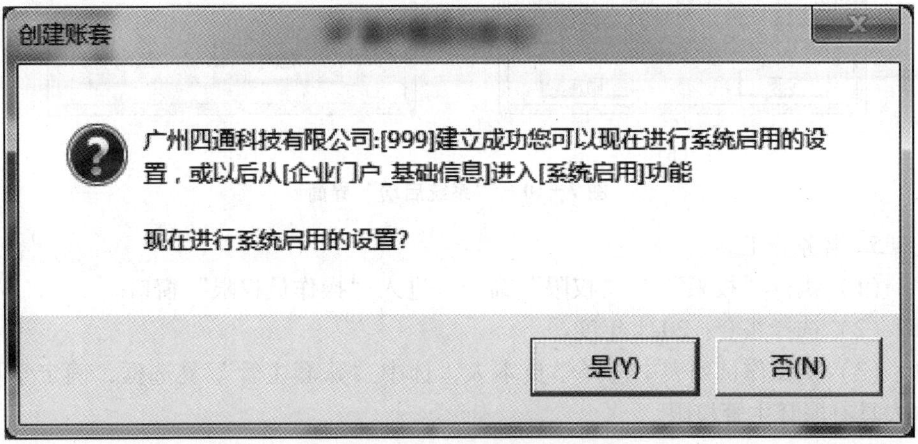

图7－9　“创建账套”对话框

（8）系统启用。选中“GL—总账”复选框，弹出“日历”对话框，选择日期“2021年1月1日”，单击“确定”按钮，单击“退出”按钮。具体如图7－10所示。

（a）

(b)

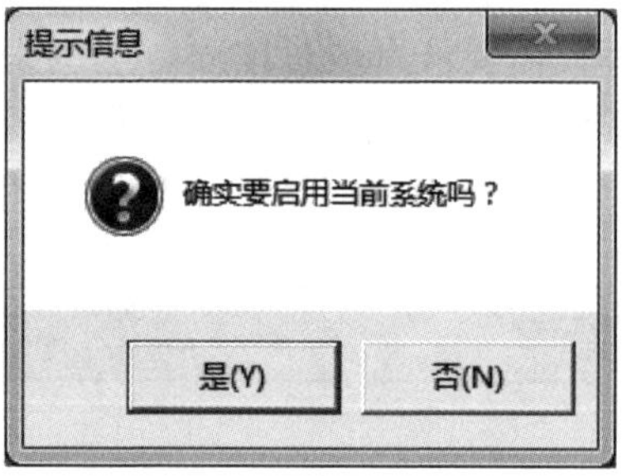

(c)

图 7-10 “系统启动”界面

5. 财务分工。

（1）执行“权限”|“权限”命令，进入“操作员权限”窗口。

（2）选择账套：2021 年度。

（3）从操作员列表中选择学员本人，选中“账套主管”复选框，确定学员本人具有账套主管权限。

提示：

• 由于在建立账套时已指定“学员本人”为账套主管，此处无须再设置。

• 一个账套可以设定多个账套主管。

• 账套主管自动拥有该账套的所有权限。

• 如果在角色管理或用户管理中已将“用户”归属于“账套主管”角色，则该操作员即已定义为系统内所有账套的账套主管。本例中，由于在用户管理中指明了“学员本人”具有“账套主管”角色，因此，“学员本人”不仅是账套的账套主管，同时也是本系统中其他账套的账套主管。

（4）选择张丽 + 账套号，单击工具栏中的“修改”按钮，打开“增加和调整权限”对话框，根据实验资料选择相应的权限项，单击“确定”按钮。具体如图 7-11 所示。

同理，设置操作员汪华 + 账套号的权限。具体如图 7-12 所示。

（5）单击工具栏中的“退出”按钮，返回系统管理。

提示：

• 在用友 ERP-U8 系统中，提供了三个层次的权限管理，分别是功能级权限管理、数据级权限管理、金额级权限管理。

• 功能级权限管理提供了对不同的用户分配不同功能模块的操作权限。例如，用户“张丽 + 账套号”分配了“总账—出纳”的全部权限。

• 数据级权限管理。该权限可通过两个方面进行控制，一个是字段级权限控制，另一个是记录级权限控制。例如，设定用户“汪华 + 账套号”只能录入某一种凭证类别的凭证。

• 金额级权限管理。该权限主要用于完善内部金额控制，实现对具体金额数量划分级别，对不同岗位和职位的操作员实行金额级别控制，限制他们制单时可

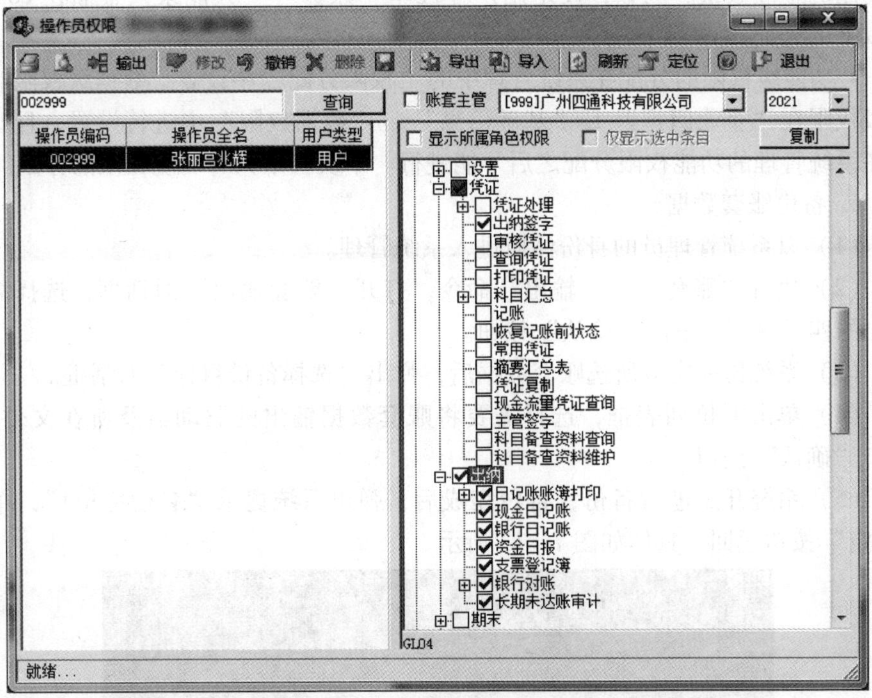

图 7－11　“操作员权限”窗口

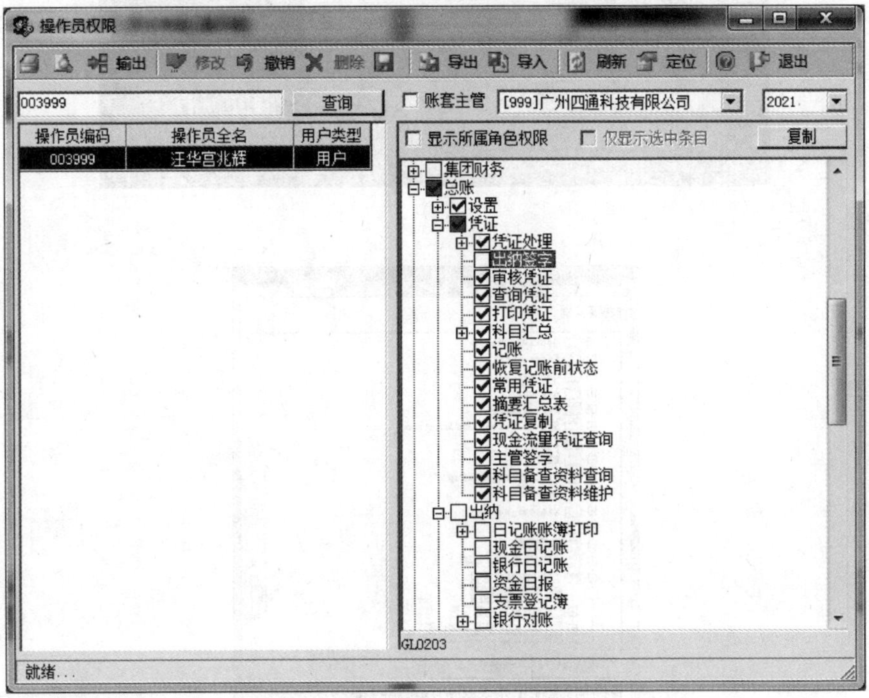

图 7－12　“操作员权限”窗口

以使用的金额数量。例如，设定用户“汪华 + 账套号”只能录入金额在 20 000 元以下的凭证。

• 功能级权限的分配在系统管理中的“权限分配”中设置，数据级权限和金额级权限在“企业门户”|“基础信息”|“数据权限”中进行设置，且必须是在系统管理的功能权限分配之后才能进行。本实验中只有功能权限的分配。

6. 备份账套数据。

（1）以系统管理员的身份注册进入系统管理。

（2）执行“账套”|“输出”命令，打开“账套输出”对话框，选择需要输出的四通账套，单击“确认”按钮。

（3）系统压缩完成所选账套数据后，弹出“选择备份目标”对话框。

（4）单击下拉列表框，选择需要将账套数据输出的驱动器及所在文件夹，单击“确认”按钮。

（5）系统开始进行备份，备份完成后，弹出系统提示“备份完毕!”，单击“确定”按钮返回。具体如图 7 - 13 所示。

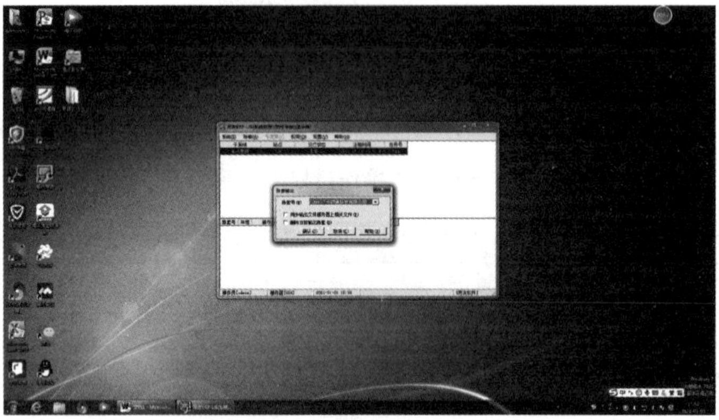

（a）

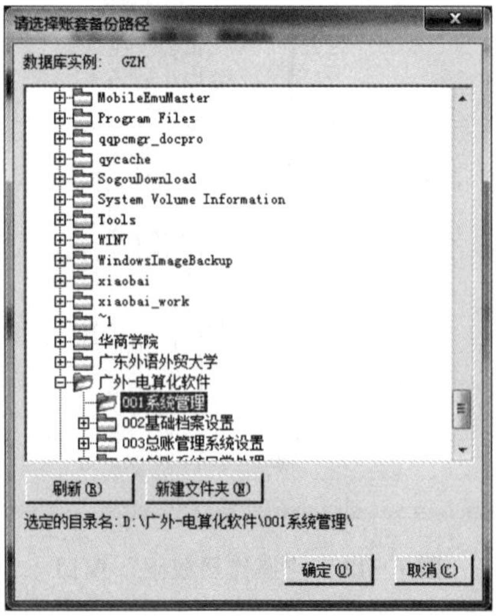

（b）

(c)

图 7-13 备份账套数据流程

提示：

- 只有系统管理员（admin）才能进行账套备份。备份的账套数据名以“Uferpact”为前缀。
- 正在使用的账套是不允许删除的。
- 若要删除选中的账套数据，则在输出账套时，选中“删除当前输出账套”即可。

7. 账套数据引入。

（1）以系统管理员的身份注册进入系统管理。

（2）执行“账套”|“引入”命令，打开“引入账套数据”对话框，选择需要引入的账套路径“D：\会计 10101. rar”，选择账套文件“UFERPACT. LST”，单击“打开”按钮。

（3）系统提示“重新指定账套路径吗?”，单击“否”按钮。

（4）系统提示“正在引入账套，请等待……”，稍后提示“账套引入成功!”，单击“确定”按钮。具体如图 7-14 所示。

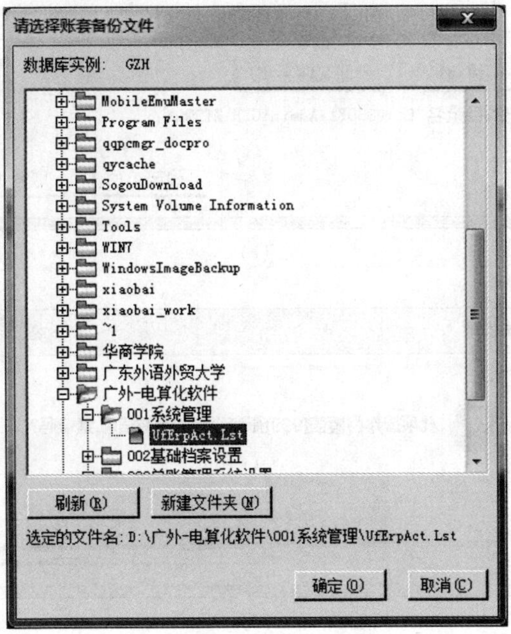

(a)

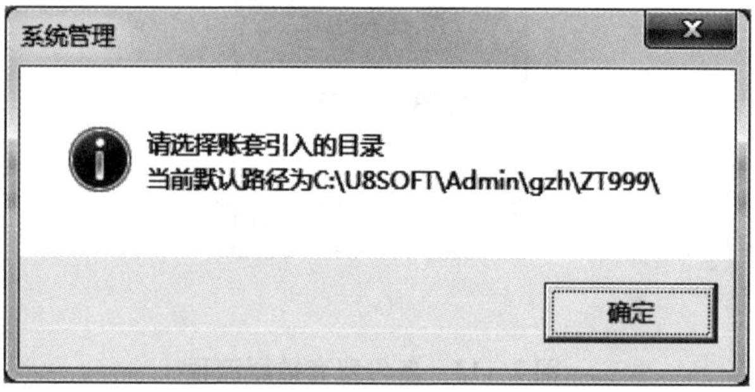
系统管理
请选择账套引入的目录
当前默认路径为C:\U8SOFT\Admin\gzh\ZT999\
确定

(b)

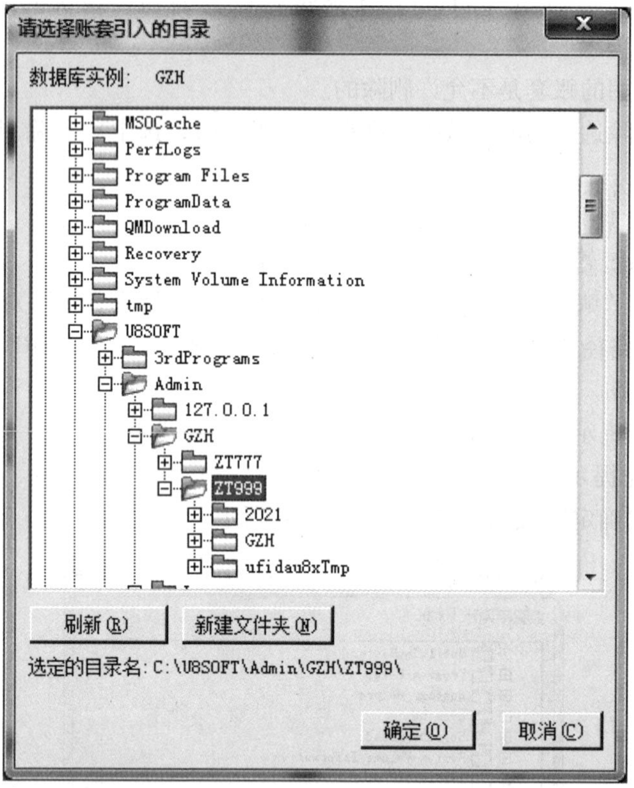
请选择账套引入的目录
数据库实例: GZH
MSOCache
PerfLogs
Program Files
ProgramData
QMDownload
Recovery
System Volume Information
tmp
U8SOFT
3rdPrograms
Admin
127.0.0.1
GZH
ZT777
ZT999
2021
GZH
ufidau8xTmp
刷新(R)
新建文件夹(N)
选定的目录名: C:\U8SOFT\Admin\GZH\ZT999\
确定(O)
取消(C)

(c)

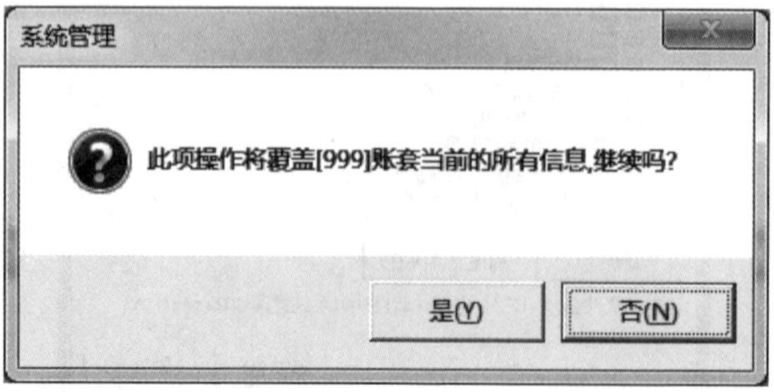
系统管理
此项操作将覆盖[999]账套当前的所有信息,继续吗?
是(Y)
否(N)

(d)

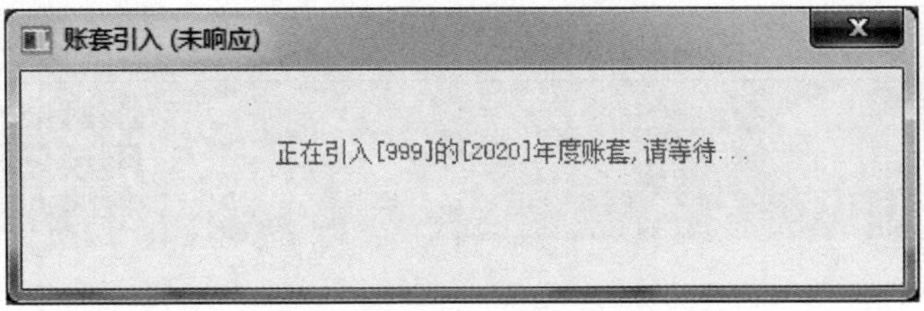

(e)

(f)

图 7-14 账套数据引入流程

提示:

• 只有系统管理员（admin）才能进行账套引入。

• 本实验引入的 999 账套数据为系统提供的账套数据，可打开在未建立新的账套之前，打开此账套了解和学习相关操作，查询相关的信息。

8. 修改账套数据。如果账套启用后需要修改建账参数，则要以账套主管的身份注册进入系统管理。

（1）在“系统管理”窗口，执行“系统”|“注册”命令，打开“注册[系统管理]”对话框。

提示:

• 如果此前是以系统管理员的身份注册进入系统管理，那么需要先执行“系统”|“注销”命令，注销当前系统操作员，再以账套主管的身份登录。

（2）输入：操作员“001”+账套号；密码“001”。选择账套“广州四通科技有限公司”；会计年度“2021”；日期“2021-01-01”。

（3）单击“确定”按钮，进入“系统管理”窗口，菜单中显示为黑色字体的部分为账套主管可以操作的内容。具体如图 7-15 所示。

（4）执行“账套”|“修改”命令，打开“修改账套”对话框，可修改的账套信息以白色显示，不可修改的账套信息以灰色显示。

（5）修改完成后，单击“完成”按钮，弹出系统提示信息“确认修改账套了么?”，单击“是”按钮，确定“分类编码方案”和“数据精度定义”，单击“确认”按钮，弹出系统提示“修改账套成功!”。具体如图 7-16 所示。

登录
企业管理软件
用友ERP-U8
精细管理 敏捷经营
版本:8.72 院校专版
登录到: GZH
操作员: 001999
密 码:
改密码
账 套: [999](default)广州四通科技有限公司
语言区域: 简体中文
操作日期: 2021-01-01
确定(O)
取消(C)
帮助

图 7-15 “登录”界面

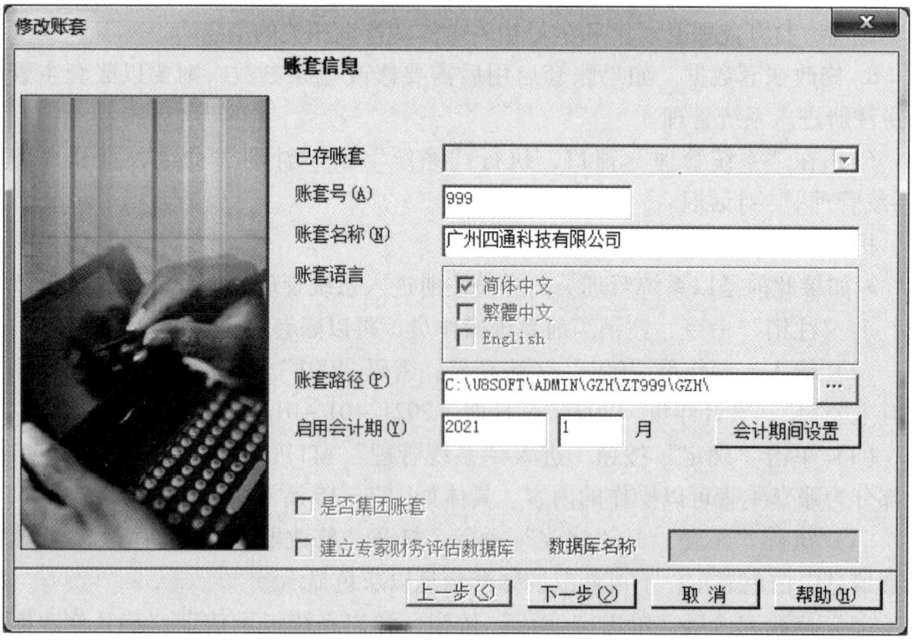
修改账套
账套信息
已存账套
账套号(A) 999
账套名称(N) 广州四通科技有限公司
账套语言
简体中文
繁體中文
English
账套路径(P) C:\U8SOFT\ADMIN\GZH\ZT999\GZH\
启用会计期(Y) 2021 1 月
会计期间设置
是否集团账套
建立专家财务评估数据库
数据库名称
上一步(<)
下一步(>)
取 消
帮助(H)

(a)

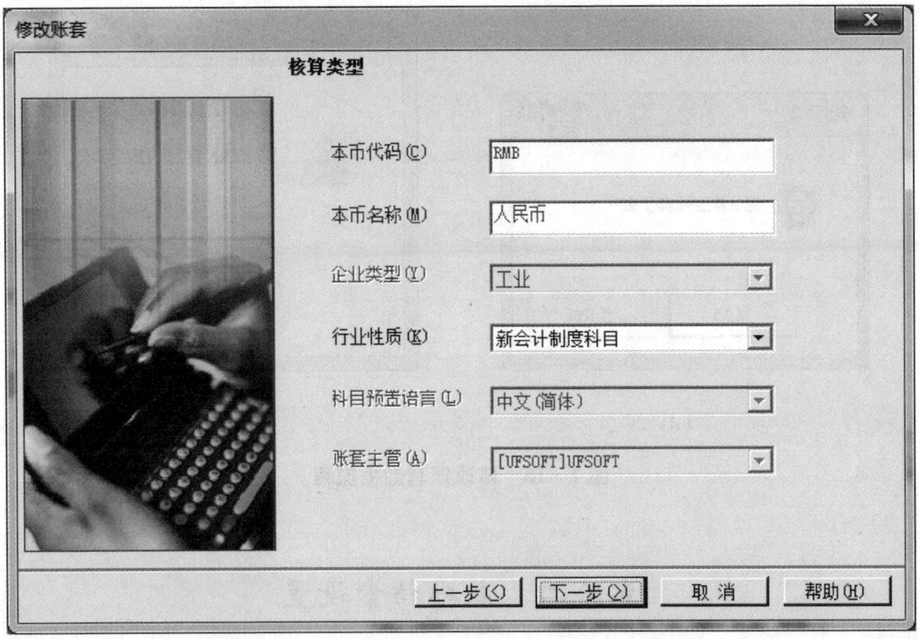
修改账套
核算类型
本币代码(C)
RMB
本币名称(M)
人民币
企业类型(Y)
工业
行业性质(K)
新会计制度科目
科目预置语言(L)
中文(简体)
账套主管(A)
[UFSOFT]UFSOFT
上一步(<)
下一步(>)
取 消
帮助(H)

(b)

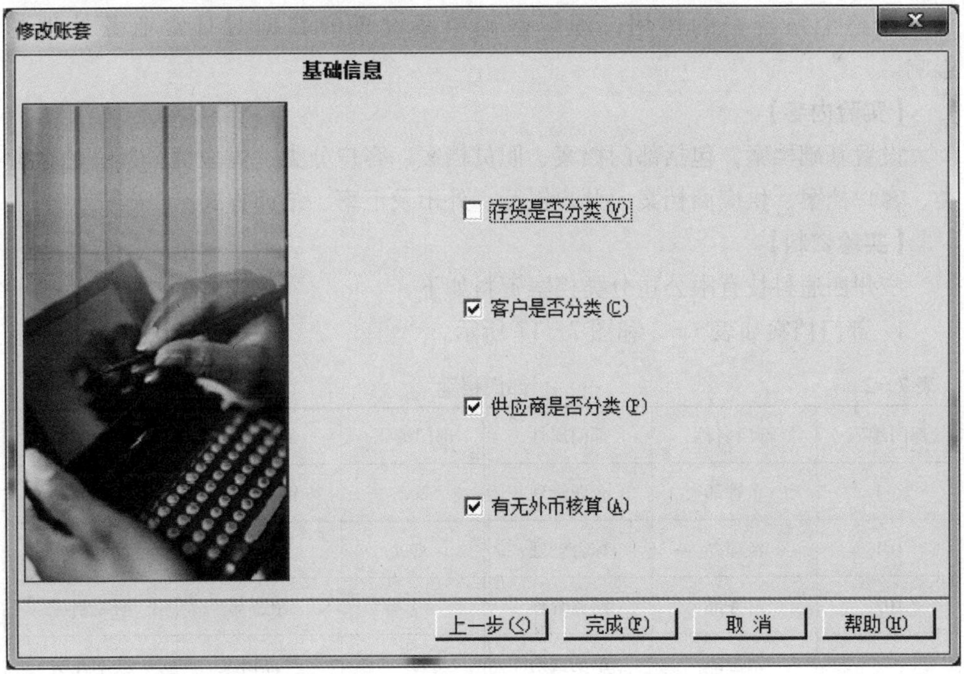
修改账套
基础信息
存货是否分类(V)
客户是否分类(C)
供应商是否分类(P)
有无外币核算(A)
上一步(<)
完成(F)
取 消
帮助(H)

(c)

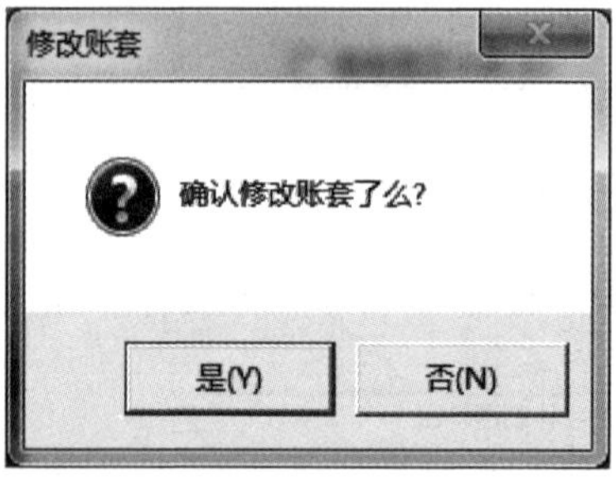

(d)

(e)

图7-16　修改账套数据流程

实验二　基础档案设置

【实验目的】

掌握用友 ERP-U8 软件中有关基础档案设置的相关内容，理解基础档案设置在整个系统中的作用，理解基础档案设置的数据对日常业务处理的影响。

【实验内容】

设置基础档案，包括部门档案、职员档案、客户分类、供应商分类、地区分类、客户档案、供应商档案、开户银行、外币及汇率、结算方式。

【实验资料】

广州四通科技有限公司分类档案资料如下。

1. 部门档案如表7-2和图7-17所示。

表7-2　**部门档案**

部门编码	部门名称	部门属性	部门编码	部门名称	部门属性
1	企管部	企业管理	202	销售二部	销售光盘
101	经理办	综合管理	3	供应部	采购供应
102	财务部	财务管理	4	制造部	研发制造
2	销售部	市场营销	401	产品研发	技术开发
201	销售一部	销售纸张	402	制造车间	生产制造

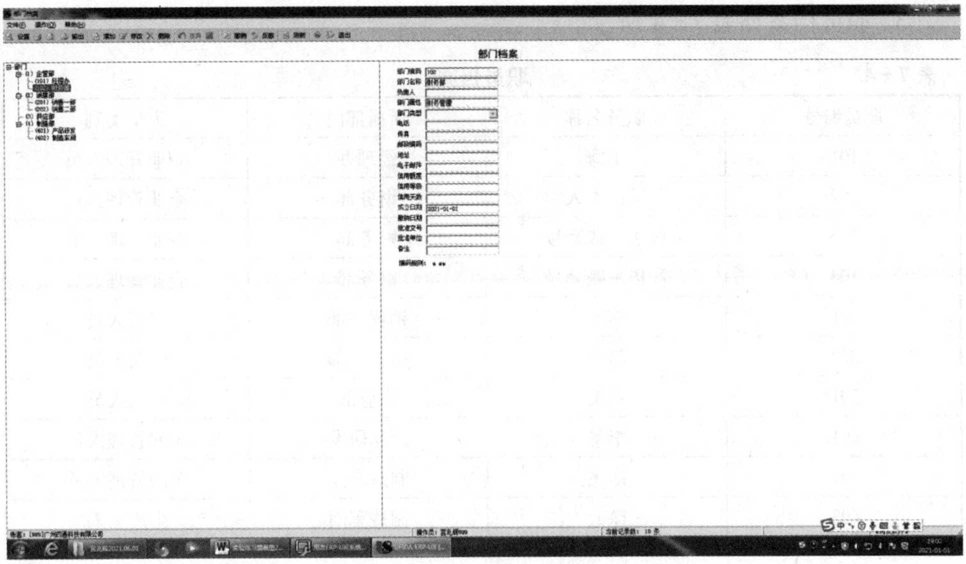

图 7-17 部门档案

2. 在职人员类别如表 7-3 和图 7-18 所示。

表 7-3 在职人员类别

人员类别编码	人员类别名称
10101	企业管理人员
10102	经营人员
10103	车间管理人员
10104	生产工人

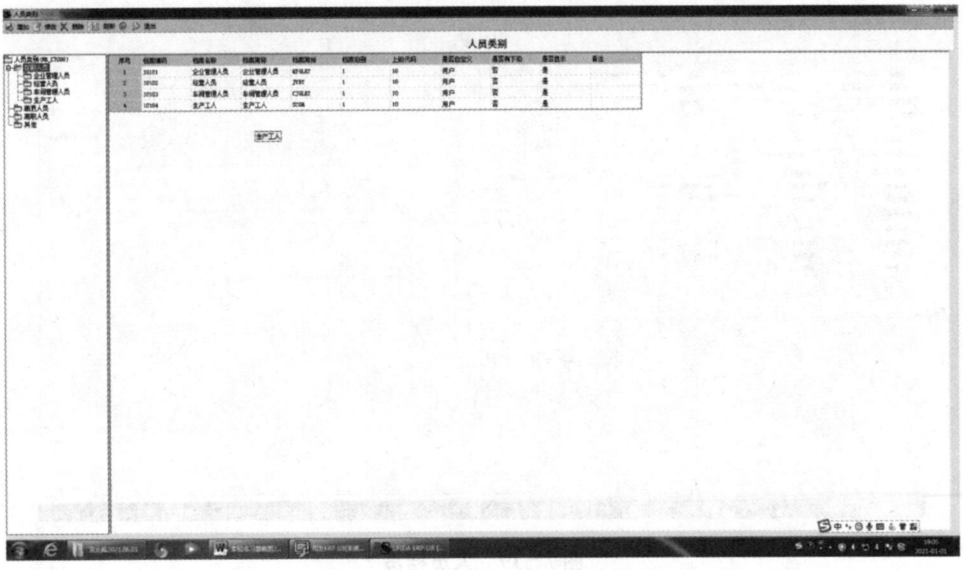

图 7-18 人员类别

3. 职员档案如表 7－4 所示。

表 7－4　　职员档案

职员编号	职员名称	所属部门	人员类别
101	王海	经理办	企业管理人员
102	学员本人	财务部	企业管理人员
103	张丽＋账套号	财务部	企业管理人员
104	汪华＋账套号	财务部	企业管理人员
201	李光	销售一部	经营人员
202	赵燕	销售二部	经营人员
301	张英	供应部	经营人员
401	李华	产品研发	车间管理人员
402	高飞	制造车间	车间管理人员
403	徐云	制造车间	生产工人

4. 地区分类如表 7－5、图 7－19 和图 7－20 所示。

表 7－5　　地区分类

地区分类	分类名称
01	东北地区
02	华北地区
03	华东地区
04	华南地区
05	西北地区
06	西南地区

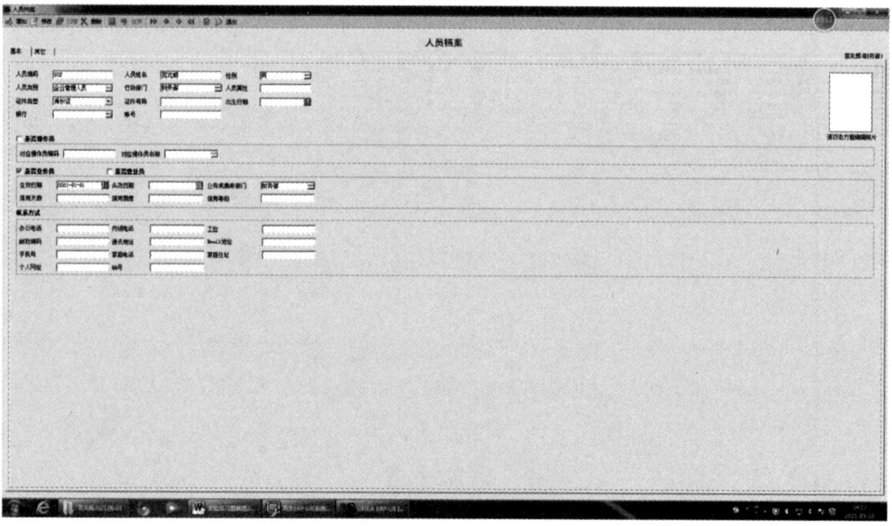

图 7－19　人员档案

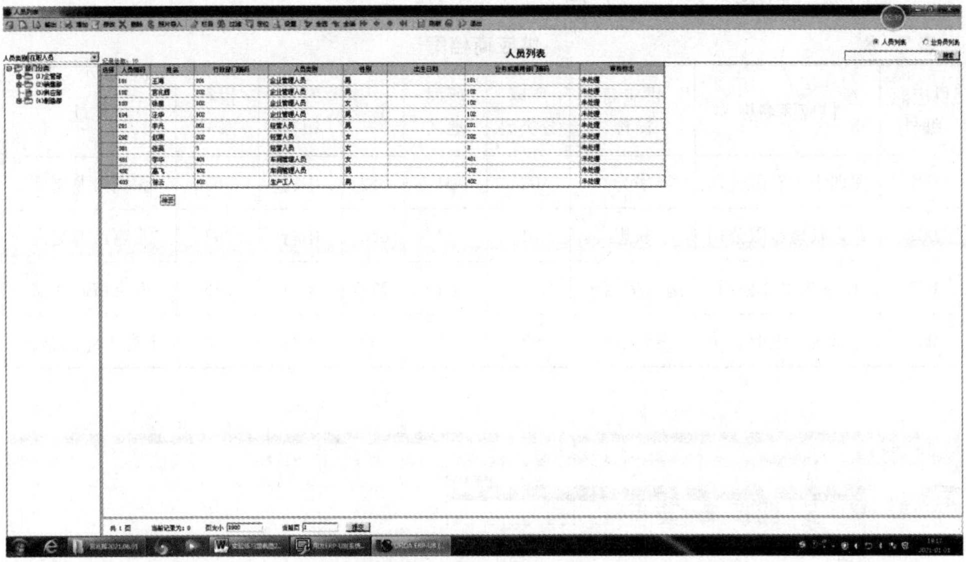

图 7-20　人员列表

5. 供应商分类如表 7-6 所示。

表 7-6　供应商分类

分类编码	分类名称
01	硬件供应商
02	软件供应商
03	材料供应商
04	其他

6. 客户分类如表 7-7 所示。

表 7-7　客户分类

分类编码	分类名称
01	事业单位
01001	学校
01002	医院
02	企业单位
02001	工业
02002	商业
02003	金融
03	其他

7. 供应商档案如表 7－8 和图 7－21 所示。

表 7－8　　　　供应商档案

供应商编号	供应商名称	供应商简称	所属分类码	所属地区	税号	开户银行	银行账号	地址
001	深圳华为有限公司	华为	02	04	555	中行	367	深圳市龙岗区
002	北京联想有限公司	联想	01	02	666	中行	293	北京市海淀区
003	南京多媒体公司	南京多媒体	04	03	777	工行	275	南京市湖北路
004	上海银鹭纸业公司	银鹭纸业	03	03	888	工行	076	上海市浦东新区

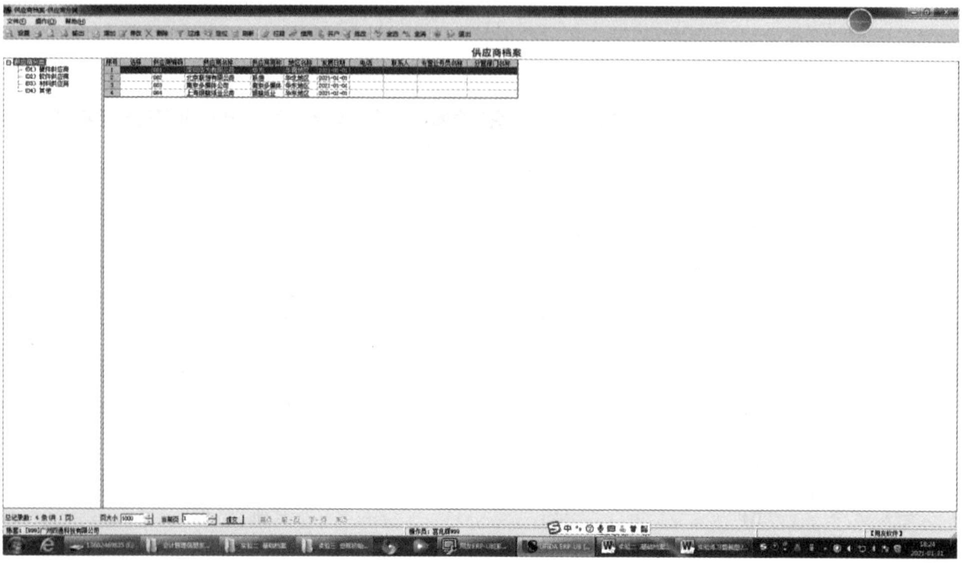

图 7－21　供应商档案

8. 客户档案如表 7－9 和图 7－22 所示。

表 7－9　　　　客户档案

客户编号	客户名称	客户简称	所属分类码	所属地区	税号	开户银行	银行账号	地址
001	广州世纪学校	世纪学校	01001	04	111	工行	654	广州市白云区
002	天津通达公司	通达公司	02002	022	222	工行	581	天津市南开区
003	上海德邦证券公司	德邦证券	02003	03	333	工行	234	上海市徐汇区
004	沈阳市飞机制造厂	沈飞	02001	01	444	工行	587	沈阳市和平区

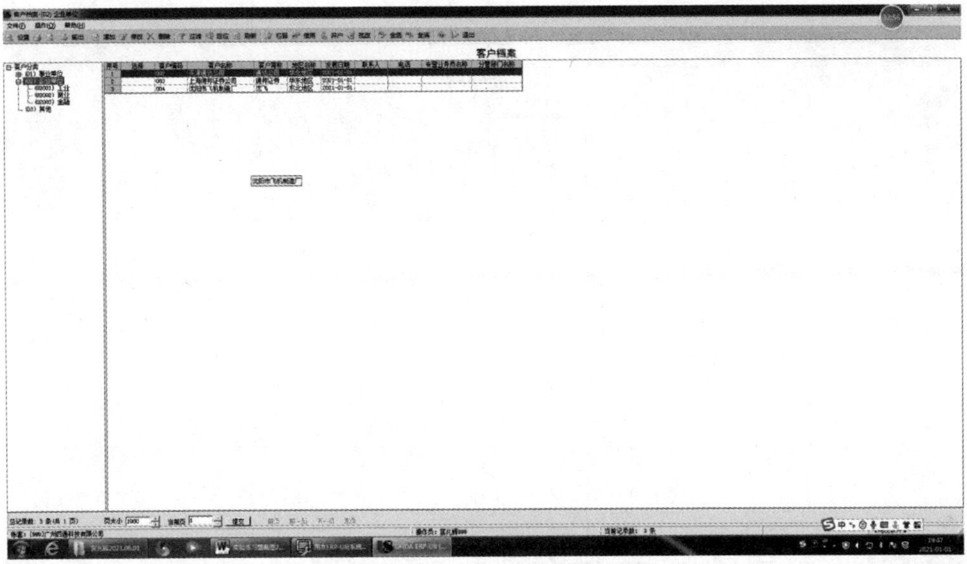

图 7-22 客户档案

9. 外币及汇率如图 7-23 所示。币符：USD；币名：美元；固定汇率 1 ∶ 6.9275。

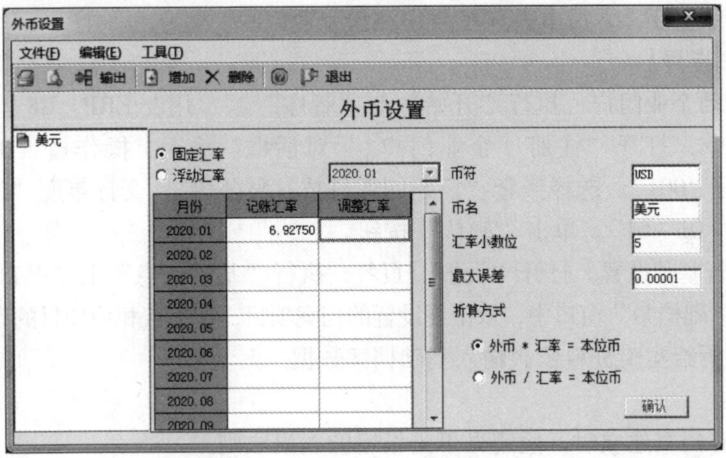

图 7-23 “外币设置”对话框

10. 结算方式如表 7-10 和图 7-24 所示。

表 7-10 结算方式

结算方式编码	结算方式名称	票据管理
1	现金结算	否
2	支票结算	否
201	现金支票	是
202	转账支票	是
3	其他	否

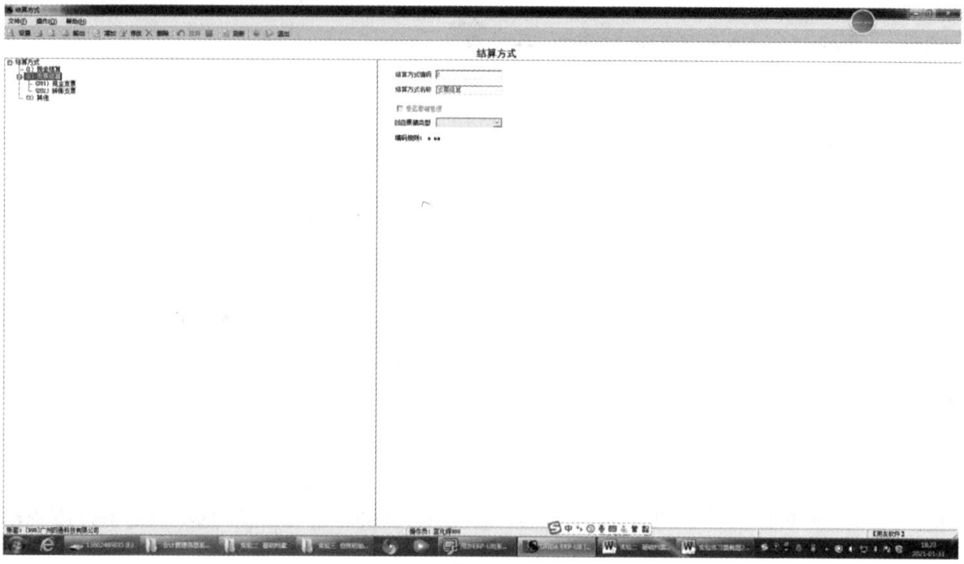

图 7-24　结算方式

【实验要求】

以账套主管“学员本人”的身份注册企业门户。

【操作指导】

1. 启动企业门户。执行“开始” | “程序” | “用友 ERP-U8” | “企业门户”命令，打开“注册［企业门户］”对话框。输入：操作员“001+账套号”；密码“001”。选择账套“广州四通科技有限公司”；会计年度“2021”；日期“2021-01-01”。单击“确认”按钮。

2. 进行基础设置。打开“设置”页签，执行“基础信息” | “基础档案”命令，在“基础档案”窗口中，双击要设置的档案项目，即进入相应项目的设置界面。

3. 按所给实验资料依次输入基础档案数据。

提示：

- 所有档案建立时，应遵循事先设定的编码原则。
- 客户档案、供应商档案应建立在最末级分类上。
- 上述基础档案的建立在总账系统中也可进行。

实验三　总账管理系统初始设置

【实验目的】

掌握用友 ERP-U8 软件中总账系统初始设置的相关内容，理解总账系统初始设置的意义，掌握总账系统初始设置的操作方法。

【实验内容】

1. 总账系统控制参数设置。

2. 基础档案设置：会计科目、凭证类别、项目目录。

3. 期初余额录入。

【实验要求】

以“学员本人”的身份进行初始设置。

【实验资料】

1. 总账控制参数见表7－11。

表7－11 总账控制参数

选项卡	参数设置
凭证	制单序时控制 支票控制 可以使用应收、应付系统的受控科目 凭证审核控制到操作员 出纳凭证必须经出纳签字 凭证编号由系统编号 外币核算采用固定汇率 其余选项采用系统默认设置
账簿	账簿打印位数、每页打印行数按软件默认的标准设定 明细账查询权限控制到科目 明细账打印按年排页
会计日历	会计日历为1月1日～12月31日
其他	数量小数位和单价小数位设为2位 部门、个人、项目按编码方式排序

2. 基础数据。

（1）2021年1月份会计科目及期初余额表见表7－12。

表7－12 会计科目及期初余额

科目名称	辅助核算	方向	币别计量	期初余额
现金（1001）	日记	借		6 548.70
银行存款（1002）	银行、日记	借		193 769.58
工行存款（100201）	银行、日记	借		193 769.58
中行存款（100202）	银行、日记	借	美元	
其他货币资金（1009）		借		58 190.60
外埠存款（100901）				58 190.60
应收账款（1131）	客户往来	借		157 900.00
其他应收款（1133）	个人往来	借		3 850.00
坏账准备（1141）		贷		1 600.00
预付账款（1151）	供应商往来	借		

续表

科目名称	辅助核算	方向	币别计量	期初余额
物资采购（1201）		借		-286 380.00
生产用物资采购（120101）		借		-103 000.00
其他用物资采购（120102）		借		-183 380.00
原材料（1211）		借		2 088 208.00
生产用原材料（121101）		借		180 000.00
生产用原材料（121101）	数量核算		吨	36.00
其他原材料（121102）		借		1 908 208.00
包装物（1221）		借		485 815.98
材料成本差异（1232）		借		1 000.00
库存商品（1243）	数量核算	借	张	
委托加工物资（1251）		借		
待摊费用（1301）		借		5 400.00
报刊费（130101）		借		5 400.00
固定资产（1501）		借		256 496.00
累计折旧（1502）		贷		162 262.21
在建工程（1603）		借		
待处理财产损溢（1911）				
无形资产（1801）		借		153 742.34
短期借款（2101）		贷		180 000.00
应付账款（2121）	供应商往来	贷		257 350.00
预收账款（2131）	客户往来	贷		
应付工资（2151）		贷		
应付福利费（2153）		贷		28 500.00
应交税金（2171）		贷		-20 800.00
应交增值税（217101）		贷		-20 800.00
进项税额（21710101）		贷		-33 800.00
销项税额（21710105）		贷		13 000.00
其他应付款（2181）		贷		1 800.00
预提费用（2191）		贷		
借款利息（219101）		贷		
实收资本（3101）		贷		2 667 731.55
本年利润（3131）		贷		0.00
利润分配（3141）		贷		-136 022.56
未分配利润（314115）		贷		-136 022.56
生产成本（4101）		借		17 780.00
直接材料（410101）	项目核算	借		10 000.00

续表

科目名称	辅助核算	方向	币别计量	期初余额
直接人工（410102）	项目核算	借		4 200.00
制造费用（410103）	项目核算	借		3 680.00
制造费用（4105）		借		
主营业务收入（5101）	数量核算	贷	张	
其他业务收入（5102）		贷		
主营业务成本（5401）	数量核算	借	张	
主营业务税金及附加（5402）		借		
其他业务支出（5405）		借		
营业费用（5501）	部门核算	借		
工资（550101）	部门核算	借		
福利费（550102）	部门核算	借		
办公费（550103）	部门核算	借		
差旅费（550104）	部门核算	借		
招待费（550105）	部门核算	借		
折旧费（550106）	部门核算	借		
报刊费（550107）	部门核算	借		
管理费用（5502）	部门核算	借		
工资（550201）	部门核算	借		
福利费（550202）	部门核算	借		
办公费（550203）	部门核算	借		
差旅费（550204）	部门核算	借		
招待费（550205）	部门核算	借		
折旧费（550206）	部门核算	借		
报刊费（550207）	部门核算	借		
财务费用（5503）		借		
利息支出（550301）		借		
汇兑损益（550302）		借		

（2）凭证类别见表7－13。

表7－13　　　　凭证类别

凭证类别	限制类型	限制科目
收款凭证	借方必有	1001，100201，100202
付款凭证	贷方必有	1001，100201，100202
转账凭证	凭证必无	1001，100201，100202

（3）项目目录见表 7－14。

表 7－14　　项目目录

项目设置步骤	设置内容
项目大类	生产成本核算
核算科目	直接材料（410101） 直接人工（410102） 制造费用（410103） 折旧费（410104）
项目分类	自行开发项目 委托开发项目
项目名称	101 打印纸—A3（自行开发项目） 102 套打纸—B5（自行开发项目）

3. 期初余额。

（1）总账期初余额见表 7－12。

（2）辅助账期初余额见表 7－15～表 7－18。

表 7－15　　应收账款期初余额

会计科目：1131　应收账款　　　　余额：借　157 900 元

日期	凭证号	客户	摘要	方向	金额	业务员
2020－12－23	转－125	世纪学校	销售商品	借	99 800	赵燕
2020－12－28	转－137	通达公司	销售商品	借	58 100	李光

表 7－16　　其他应收款期初余额

会计科目：1133　其他应收款　　　　余额：　借 3 850 元

日期	凭证号	部门	个人	摘要	方向	期初余额
2020－12－22	付－106	经理办	王海	出差借款	借	2 000. 00
2020－12－29	付－119	销售一部	李光	出差借款	借	1 850. 00

表 7－17　　应付账款期初余额

会计科目：2121　应付账款　　　　余额：　贷 257 350 元

日期	凭证号	供应商	摘要	方向	金额	业务员
2020－12－22	转－45	华为公司	购买商品	贷	257 350	张英

表 7－18　　生产成本期初余额

会计科目：4101　生产成本　　　　余额：　借 17 880 元

科目名称	打印纸—A3	套打纸—B5	合计
直接材料（410101）	4 000. 00	6 000. 00	10 000. 00
直接人工（410102）	1 700. 00	2 500. 00	4 200. 00
制造费用（410103）	1 400. 00	2 280. 00	3 680. 00
合计	7 100. 00	10 780. 00	17 880. 00

【操作指导】

1. 启动与注册。

（1）单击“开始”按钮，执行“程序”｜“用友 ERP－U8”｜“财务会计”｜“总账”命令，打开“注册［总账］”对话框。

（2）输入：操作员“001＋账套号”；密码“001”。选择：账套“广州四通科技有限公司”；会计年度“2021”；日期“2021－01－01”。单击“确认”按钮。

2. 设置总账控制参数。

（1）首次进入总账系统，打开“选项”参数设置对话框。

（2）选择系统默认选项。

（3）单击“确定”按钮，总账系统正式启用。

系统启用后，如果默认账套参数与实际不符，可以采用以下方法进行调整。

（1）执行“设置”｜“选项”命令，打开“选项”对话框。

（2）分别单击“凭证”“账簿”“会计日历”“其他”选项卡，按照“实验资料”的要求进行相应的设置。

（3）设置完成后，单击“确定”按钮。具体如图 7－25 所示。

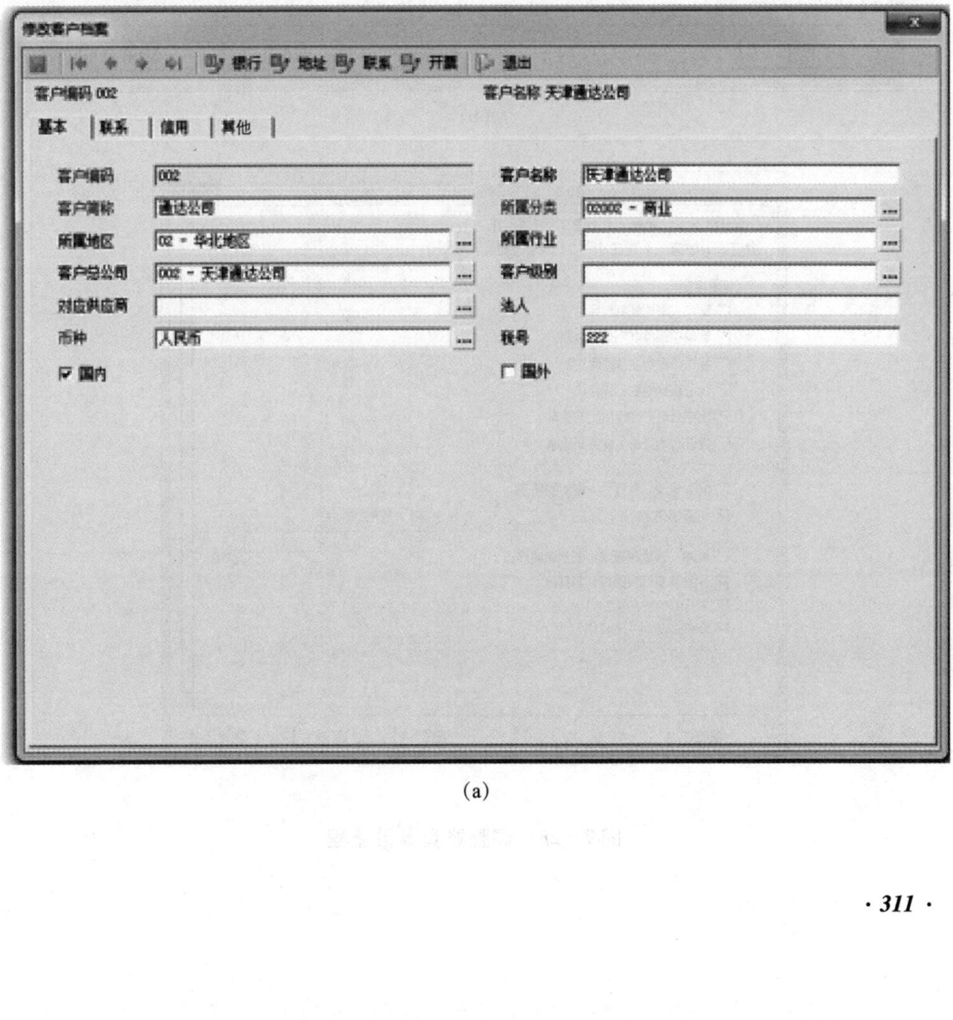

(a)

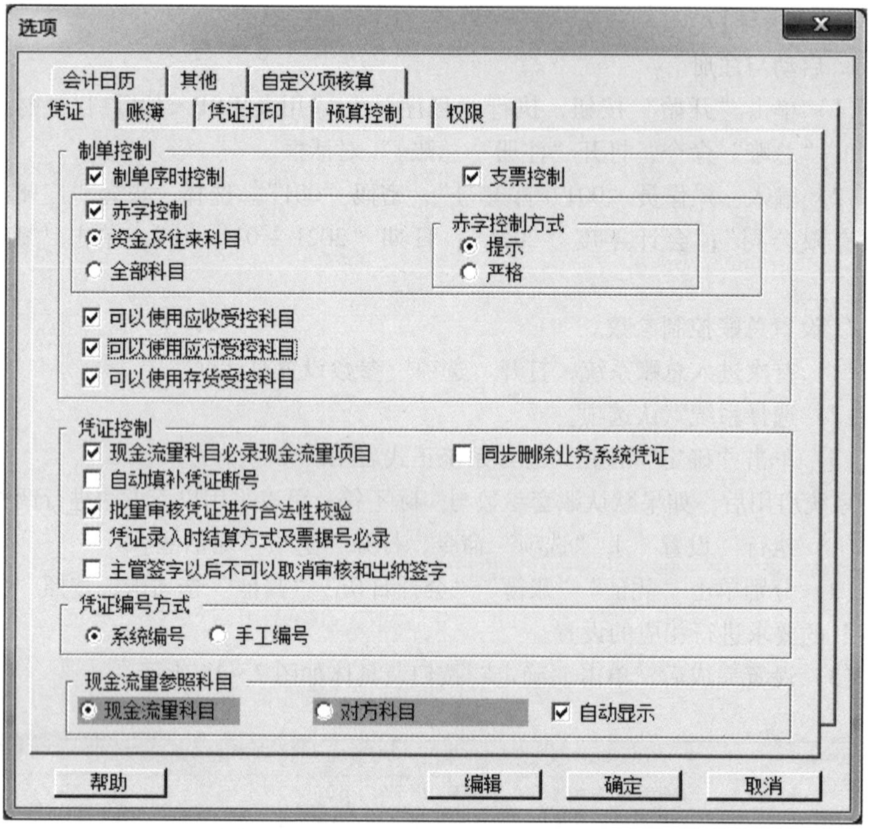

(b)

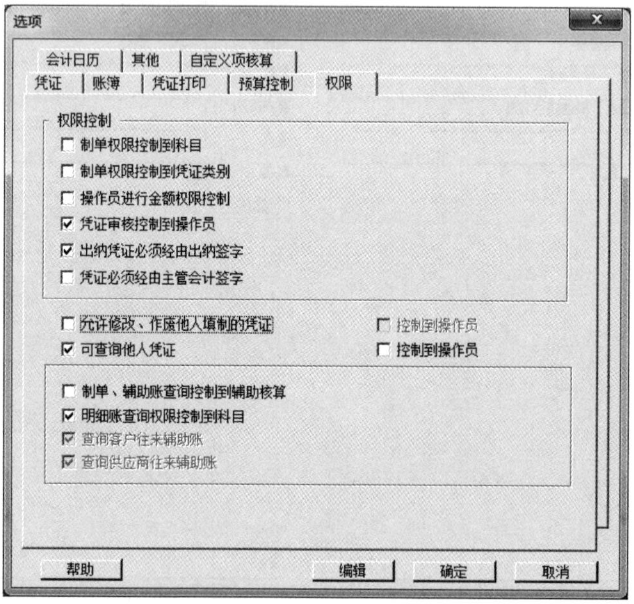

(c)

图 7-25 调整账套参数流程

3. 设置基础数据。

（1）建立会计科目——增加明细会计科目。

①执行“设置”｜“会计科目”命令，进入“会计科目”窗口，显示所有“按新会计制度”预置的科目。

②单击“增加”按钮，进入“会计科目——新增”窗口，输入实验资料中所给的明细科目。

③输入明细科目相关内容。输入编码“100201”、科目名称“工行存款”；选择“日记账”“银行账”，单击“确定”按钮。

④继续单击“增加”按钮，输入实验资料中其他明细科目的相关内容。

⑤全部输完后，单击“关闭”按钮。

提示：

- 增加的会计科目编码长度及每段位数要符合编码规则。
- 科目一经使用，就不能再增设下级科目，只能增加同级科目。

（2）建立会计科目——修改会计科目。

①在“会计科目”窗口中，单击要修改的会计科目“1001”。

②单击“修改”按钮或双击该科目，进入“会计科目——修改”窗口。

③单击“修改”按钮，选中“日记账”复选框，单击“确定”按钮。

④按实验资料内容修改其他科目的辅助核算属性，修改完成后，单击“返回”按钮。具体如图7－26所示。

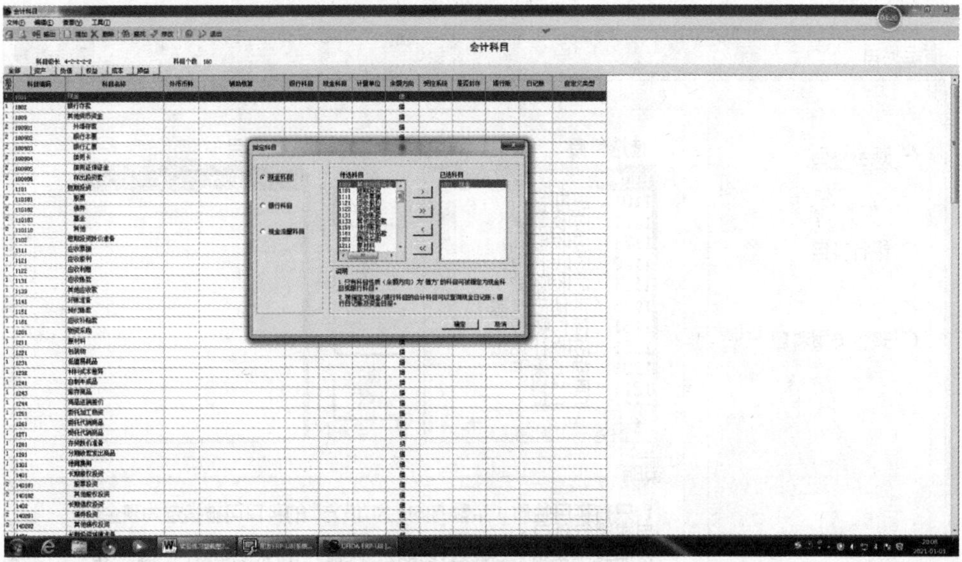

图7－26　修改会计科目界面

提示：

- 已有数据的科目不能修改科目性质。
- 被封存的科目在制单时不可以使用。

• 只有处于修改状态才能设置汇总打印和封存。

（3）建立会计科目——删除会计科目。

①在“会计科目”窗口中，选择要删除的会计科目。

②单击“删除”按钮，弹出“记录删除后不能修复！真的删除此记录吗?”提示框。

③单击“确定”按钮，即可删除该科目。

提示：

• 如果科目已录入期初余额或已制单，则不能删除。

• 非末级会计科目不能删除。

• 被指定为“现金科目”“银行科目”的会计科目不能删除；如想删除，必须先取消指定。

（4）建立会计科目——指定会计科目。

①在“会计科目”窗口中，执行“编辑”|“指定科目”命令，进入“指定科目”窗口。

②单击“现金总账科目”单选按钮，将“1001 现金”由待选科目选入已选科目。

③单击“银行总账科目”单选按钮，将“1002 银行存款”由待选科目选入已选科目。

④单击“确认”按钮。具体如图 7－27 所示。

提示：

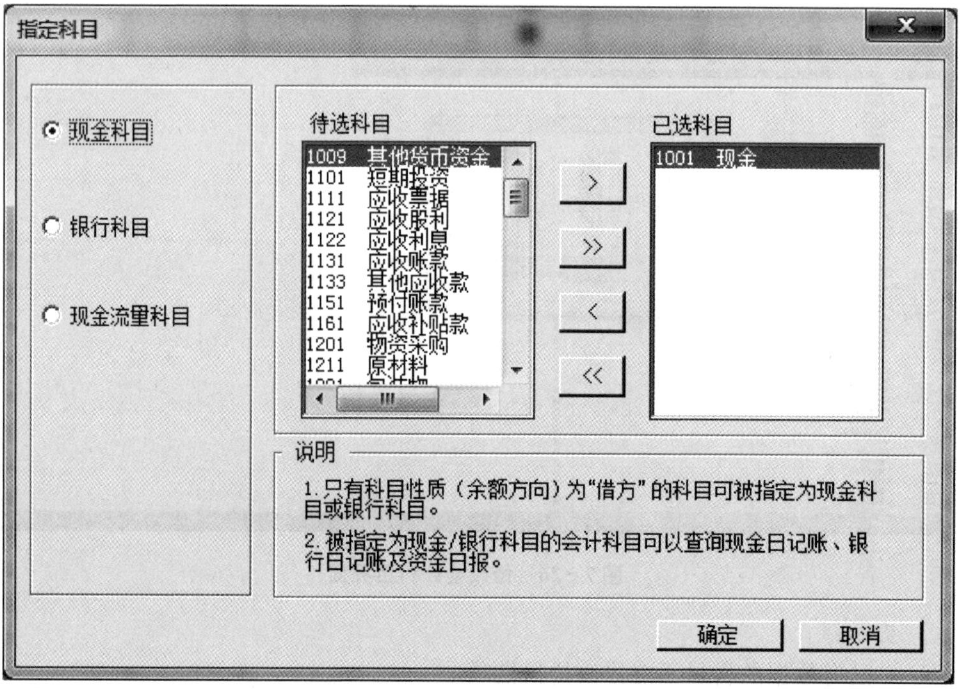

(a)

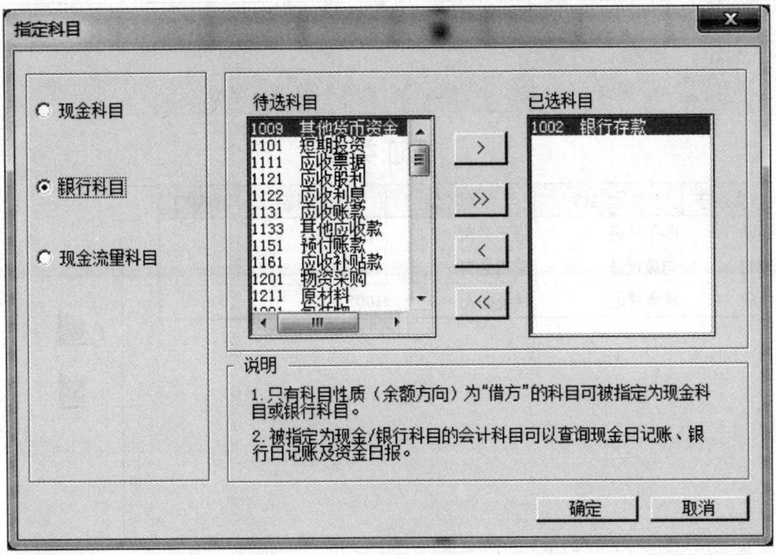

(b)

图7-27 指定会计科目界面

• 指定会计科目是指定出纳的专管科目。只有指定科目后，才能执行出纳签字，从而实现现金、银行管理的保密性，才能查看现金、银行存款日记账。

• 在指定“现金科目”“银行科目”之前，应在建立“现金”“银行存款”会计科目时选中“日记账”复选框。

（5）设置凭证类别。

①执行“设置”|“凭证类别”命令，打开“凭证类别预制”对话框。

②单击“收款凭证、付款凭证、转账凭证”单选按钮。

③单击“确定”按钮，进入“凭证类别”窗口。

④先单击工具栏中的“修改”按钮，再单击收款凭证“限制类型”的下三角按钮，选择“借方必有”；在“限制科目”栏输入“1001，100201，100202”。

⑤设置付款凭证的限制类型“贷方必有”、限制科目“1001，100201，100202”；转账凭证的限制类型“凭证必无”、限制科目“1001，100201，100202”。

⑥设置完后，单击“退出”按钮。具体如图7-28所示。

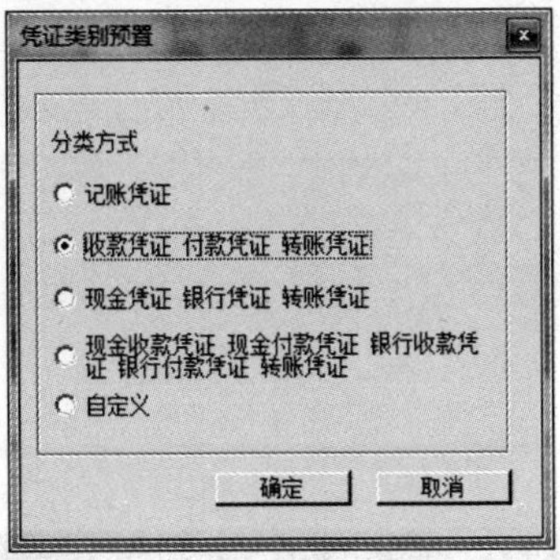

(a)

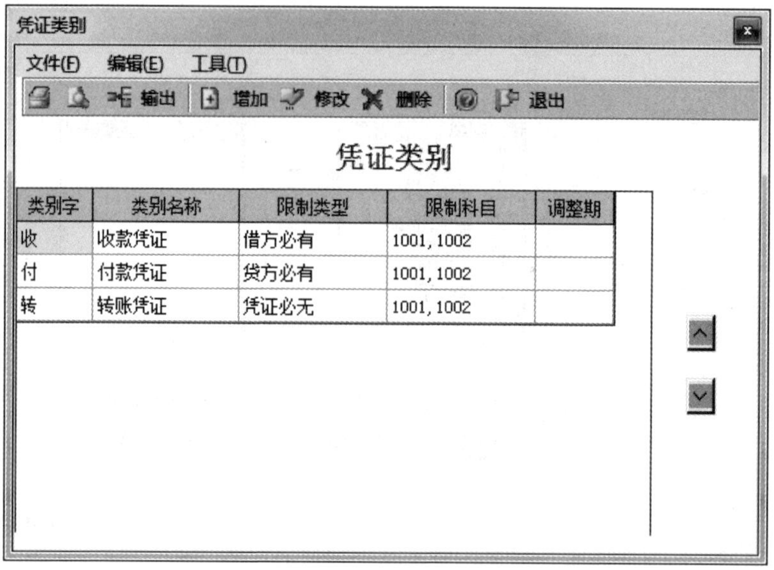

(b)

图 7-28 凭证类别设置界面

(6) 设置项目目录——定义项目大类。

①执行“设置”|“编码档案”|“项目目录”命令，进入“项目档案”窗口。

②单击“增加”按钮，打开“项目大类定义——增加”对话框。

③输入新项目大类名称“成本核算”。

④单击“下一步”按钮，其他设置均采用系统默认值。单击“完成”按钮，返回“项目档案”窗口。具体如图 7-29 所示。

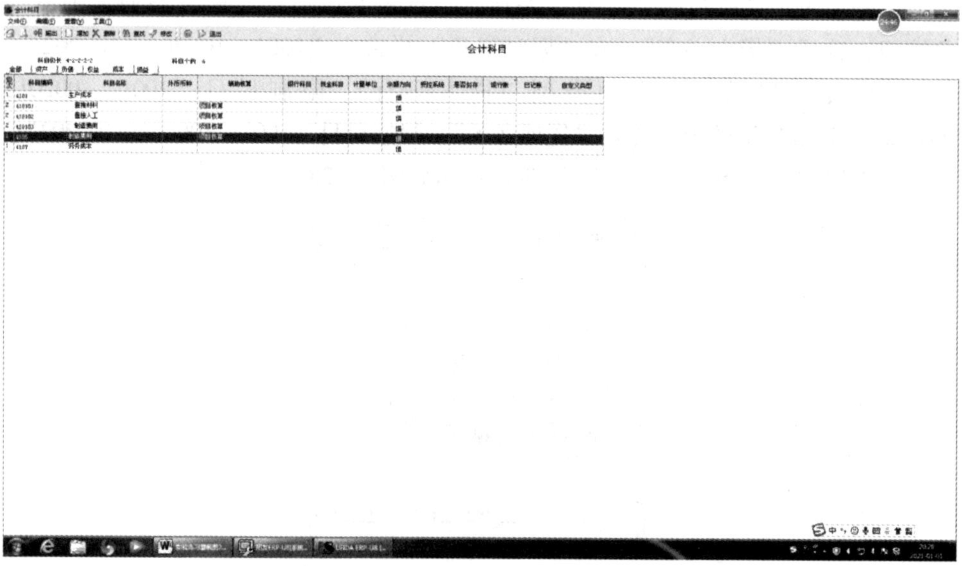

(a)

（3）选中“查账”复选框，分别选中“1001 现金”“1002 银行存款”科目，单击“>”按钮，再单击“保存”按钮。这样，用户“张丽+账套号”便具有查询现金和银行存款日记账的权限。具体如图7-34所示。

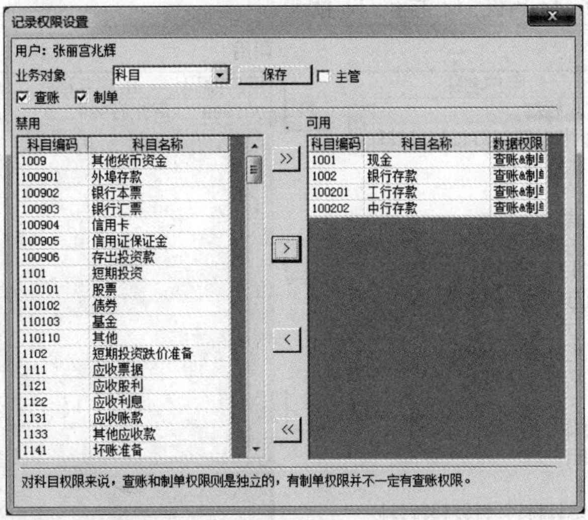

图7-34 “记录权限设置”对话框

（4）选择用户“汪华+账套号”，单击“授权”按钮，弹出“记录权限设置”对话框。

（5）选中“用户”复选框，分别选中学生学员本人，单击“>”按钮，再单击“保存”按钮。这样，用户“汪华+账套号”就拥有了审核学员本人填制的凭证的权限。具体如图7-35所示。

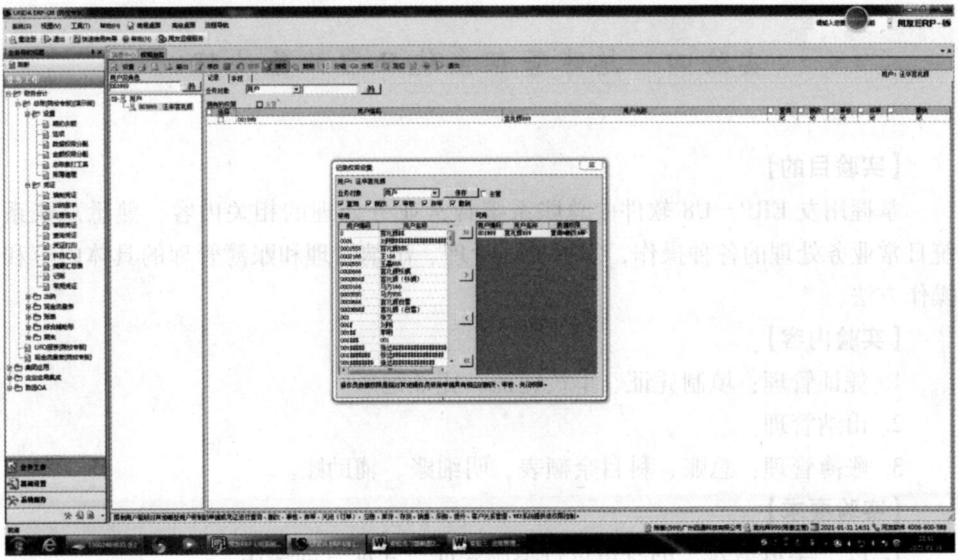

(a)

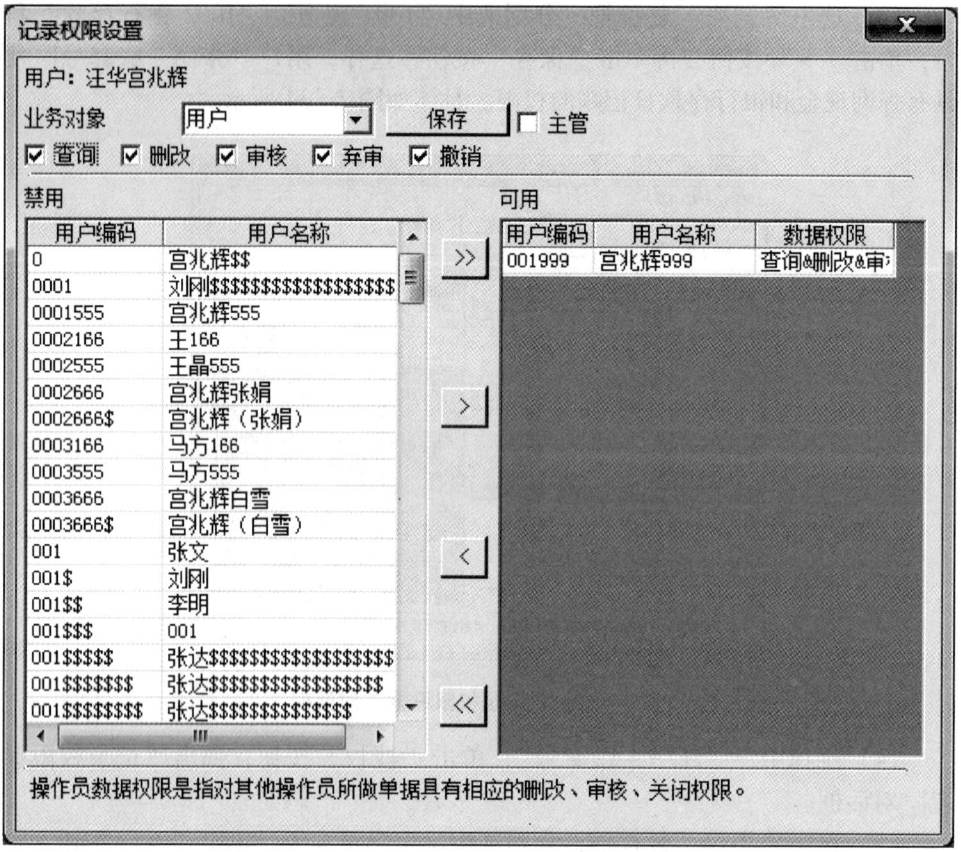

(b)

图 7-35　数据权限分配流程

实验四　总账管理系统日常业务处理

【实验目的】

掌握用友 ERP-U8 软件中总账系统日常业务处理的相关内容，熟悉总账系统日常业务处理的各种操作，掌握凭证管理、出纳管理和账簿管理的具体内容和操作方法。

【实验内容】

1. 凭证管理：填制凭证、审核凭证、凭证记账。
2. 出纳管理。
3. 账簿管理：总账、科目余额表、明细账、辅助账。

【实验要求】

1. 以“学员本人”的身份进行填制凭证、凭证查询操作。
2. 以“张丽+账套号”的身份进行出纳签字，现金、银行存款日记账和资金日报表的查询，支票登记操作。

3. 以“汪华+账套号”的身份进行审核、记账、账簿查询操作。

【实验资料】

1. 凭证管理。1月经济业务如下。

（1）1日，销售一部李光购买了650元的办公用品，以现金支付。（附单据一张）

借：营业费用——办公费（550103）　650

　贷：现金（1001）　650

（2）3日，财务部“张丽+账套号”从工行提取现金10 000元，作为备用金。（现金支票号XJ001）（附单据一张）

借：现金（1001）　10 000

　贷：银行存款——工行存款（100201）　10 000

（3）5日，收到美林集团投资资金10 000美元，汇率1 ∶ 6.9275。（转账支票号ZZW001）（附单据一张）

借：银行存款——中行存款（100202）　69 275

　贷：实收资本（3101）　69 275

（4）7日，供应部张英采购原纸10吨，每吨5 000元，材料直接入库，货款以银行存款支付。（转账支票号ZZR001）（附单据二张）

借：原材料——生产用原材料（121101）　50 000

　贷：银行存款——工行存款（100201）　50 000

（5）9日，销售二部赵燕收到广州世纪学校转来一张转账支票，金额99 800元，用以偿还前欠货款。（转账支票号ZZR369）

借：银行存款——工行存款（100201）　99 800

　贷：应收账款（1131）　99 800

（6）11日，供应部张英从南京多媒体公司购入“管理革命”光盘100张，单价80元，货税款暂欠，商品已验收入库。（适用税率13%）

借：库存商品（1243）　8 000

　应交税费——应交增值税——进项税额（21710101）　1 040

　贷：应付账款（2121）　9 040

（7）13日，经理办王海报销业务招待费1 200元。（转账支票号ZZR002）

借：管理费用——招待费（550205）　1 200

　贷：银行存款——工行存款（100201）　1 200

（8）15日，经理办王海出差归来，报销差旅费1 800元，退回现金200元。（票号001）

借：管理费用——差旅费（550204）　1 800

　现金（1001）　200

　贷：其他应收款（1133）　2 000

（9）17日，制造部领用原纸5吨，单价5 000元，其中4吨用于生产打印纸—A3，其余1吨为车间一般耗用。

借：生产成本——直接材料（410101）　　20 000

　　制造费用（4105）　　5 000

　　贷：原材料——生产用原材料（121101）　　25 000

（10）19日，销售一部李光向德邦证券公司销售“管理革命”光盘100张，单价200元，税款2 600元，以上款项尚未收到。（票号007）

借：应收账款——德邦证券　　22 600

　　贷：主营业务收入　　20 000

　　　　应交税费——应交增值税——销项税额　　2 600

2. 出纳管理。25日，销售二部赵燕借转账支票一张，用于销售宣传，票号ZZR003，预计金额5 000元。

【操作指导】

以“学员本人”的身份注册进入总账系统。

（一）凭证管理

1. 填制凭证。

（1）增加凭证——输入一张完整的凭证（业务1）。

①执行“凭证”｜“填制凭证”命令，进入“填制凭证”窗口。

②单击“增加”按钮，增加一张空白凭证。

③选择凭证类型“付款凭证”；输入制单日期“2021.01.01”；输入附单据数“1”。

④输入摘要“购办公用品”；输入科目名称“5501”，借方金额“650”，回车；摘要自动带到下一行，输入科目名称“1001”，贷方金额“650”。

⑤单击“保存”按钮，弹出“凭证已成功保存!”信息提示框，单击“确定”按钮。具体如图7-36所示。

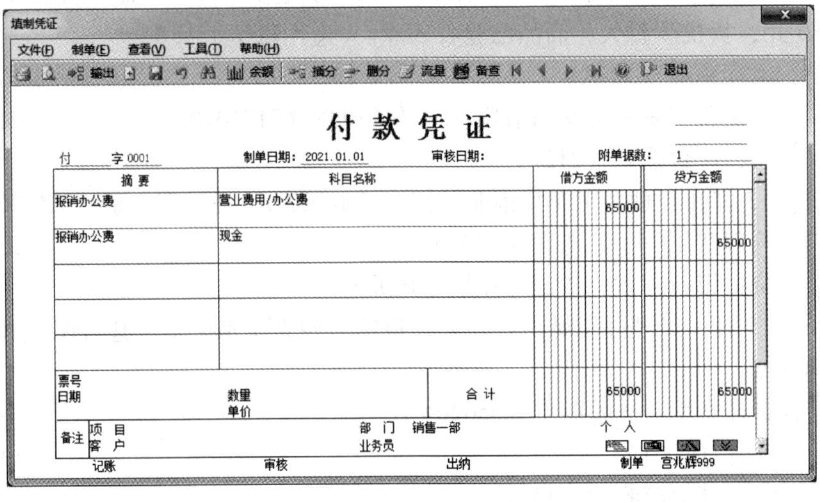

图7-36　增加付款凭证

提示：

- 采用序时控制时，凭证日期应大于等于启用日期，不能超过业务日期。
- 凭证一旦保存，其凭证类别、凭证编号不能修改。
- 正文中不同行的摘要可以相同也可以不同，但不能为空。每行摘要将随相应的会计科目在明细账、日记账中出现。
- 科目编码必须是末级的科目编码。
- 金额不能为“零”；红字以“-”号表示。
- 可按“=”键取当前凭证借贷方金额的差额到当前光标位置。

（2）增加凭证——输入凭证的辅助核算信息（业务2～业务10）。

在凭证填制过程中，若某科目为“银行科目”“外币科目”“数量科目”“辅助核算科目”，输完科目名称后，则须继续输入该科目的辅助核算信息。

银行科目（业务2）：

①在填制凭证过程中，输完银行科目“100201”，弹出“辅助项”对话框。

②输入结算方式“201”，票号“XJ001”，发生日期“2021-01-03”，单击“确认”按钮。

③凭证输完后，单击“保存”按钮，若此张支票未登记，则弹出“此支票尚未登记，是否登记?”对话框。

④单击“是”按钮，弹出“票号登记”对话框。

⑤输入领用日期“2021-01-03”，领用部门“财务部”，姓名“张丽+账套号”，限额“10000”，用途“备用金”，单击“确定”按钮。具体如图7-37所示。

提示：

- 选择支票控制，即该结算方式设为支票管理，银行账辅助信息不能为空，

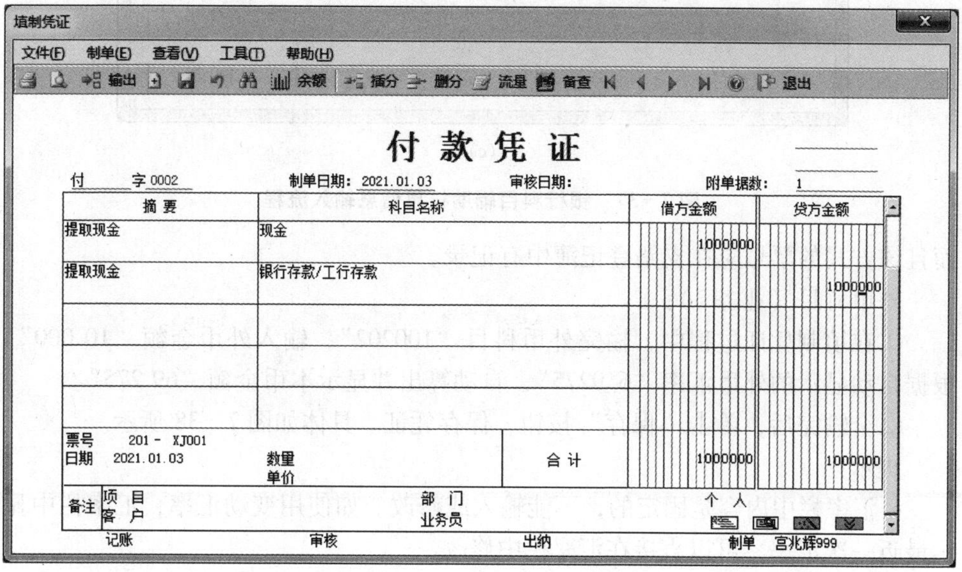

(a)

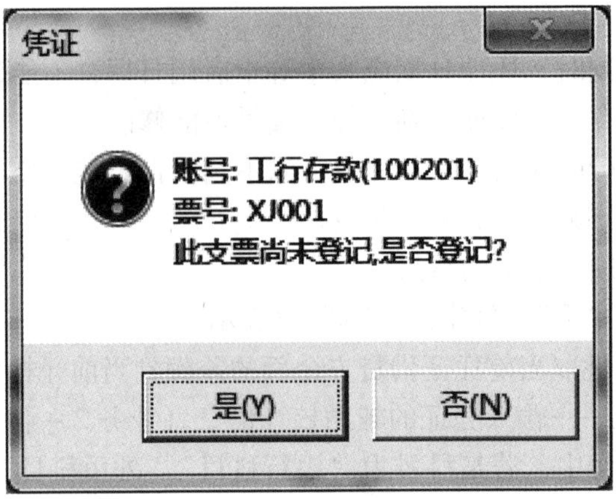

(b)

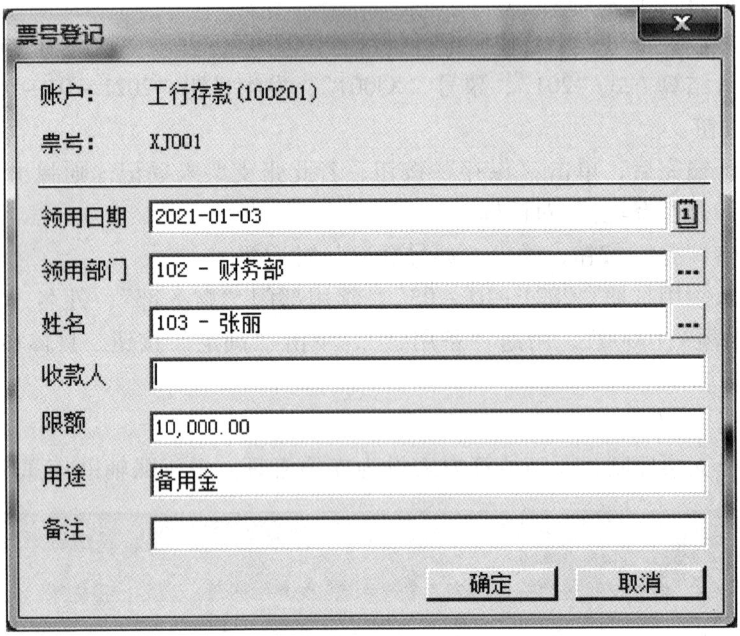

(c)

图 7－37　银行科目辅助核算信息输入流程

而且该方式的票号应在支票登记簿中有记录。

外币科目（业务 3）：

①在填制凭证过程中，输完外币科目“100202”，输入外币金额“10 000”，根据自动显示的外币汇率“6. 9275”，自动算出并显示本币金额“69 275”。

②全输完后，单击“保存”按钮，保存凭证。具体如图 7－38 所示。

提示：

• 汇率栏中内容是固定的，不能输入或修改。如使用变动汇率，汇率栏中显示最近一次汇率，可以直接在汇率栏中修改。

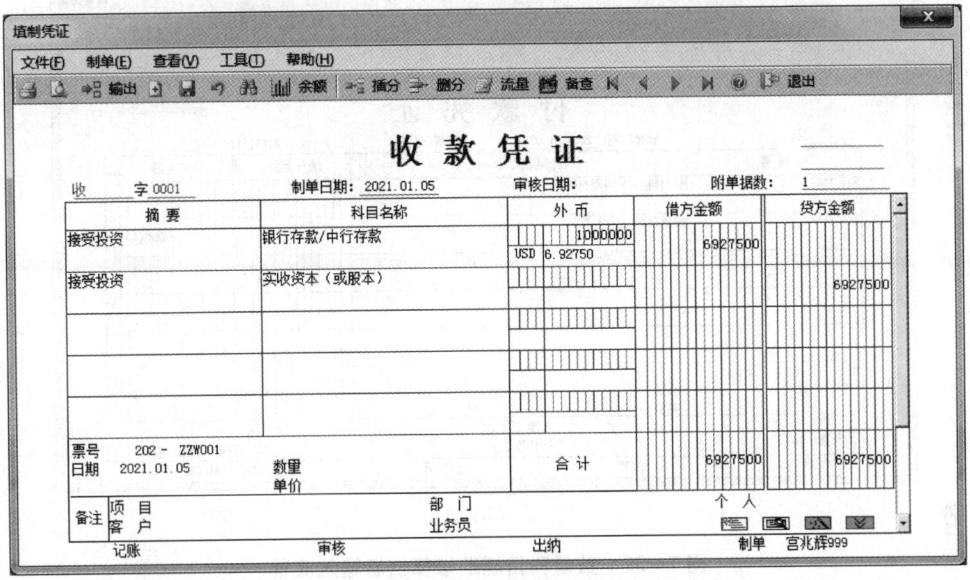

图 7－38　生成收款凭证

数量科目（业务 4）：

①在填制凭证过程中，输完数量科目“121101”，弹出“辅助项”对话框。

②输入数量“10”，单价“5 000”，单击“确认”按钮。具体如图 7－39 所示。

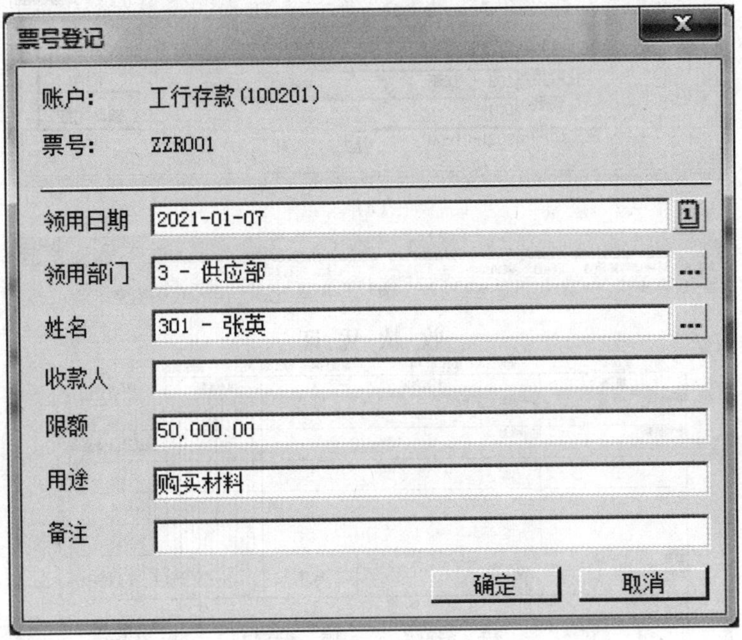

(a)

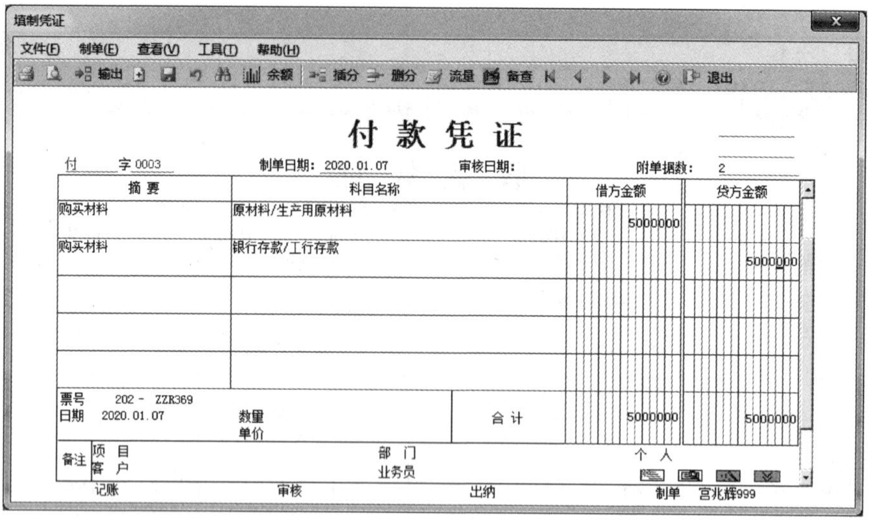

(b)

图7-39　数量科目辅助核算信息输入流程

辅助核算科目——客户往来（业务5）：

①在填制凭证过程中，输完客户往来科目“1131”，弹出“辅助项”对话框。

②选择输入客户“世纪学校”，业务员“赵燕”，发生日期“2021-01-09”。

③单击“确认”按钮。具体如图7-40所示。

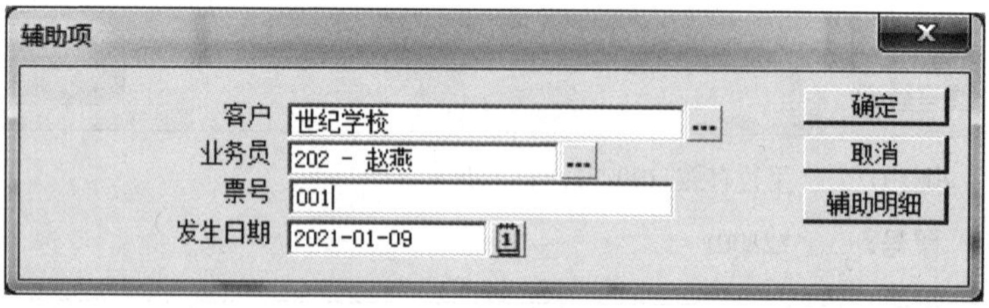

(a)

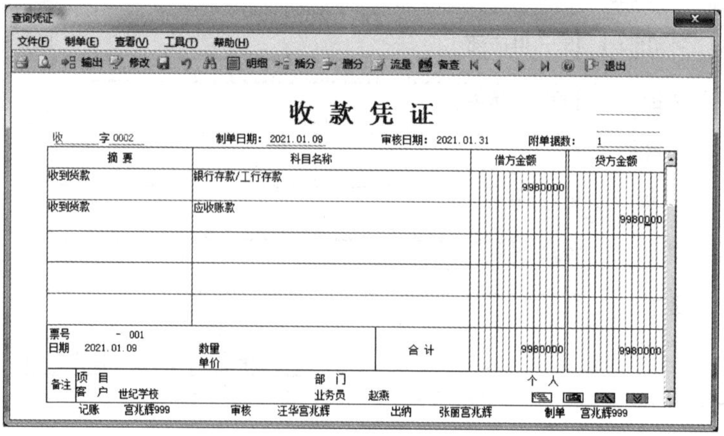

(b)

图7-40　客户往来科目辅助核算信息输入流程

提示：

• 如果往来单位不属于已定义的往来单位，则要正确输入新往来单位的辅助信息，系统会自动追加到往来单位目录中。

辅助核算科目——供应商往来（业务6）：

①在填制凭证过程中，输完供应商往来科目“2121”，弹出“辅助项”对话框。

②选择输入供应商“多媒体研究所”，业务员“张英”，发生日期“2021－01－11”。

③单击“确认”按钮。具体如图7－41所示。

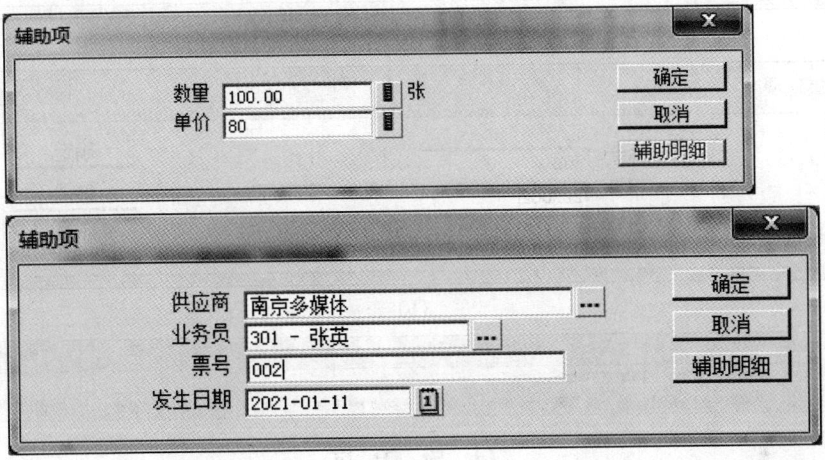

(a)

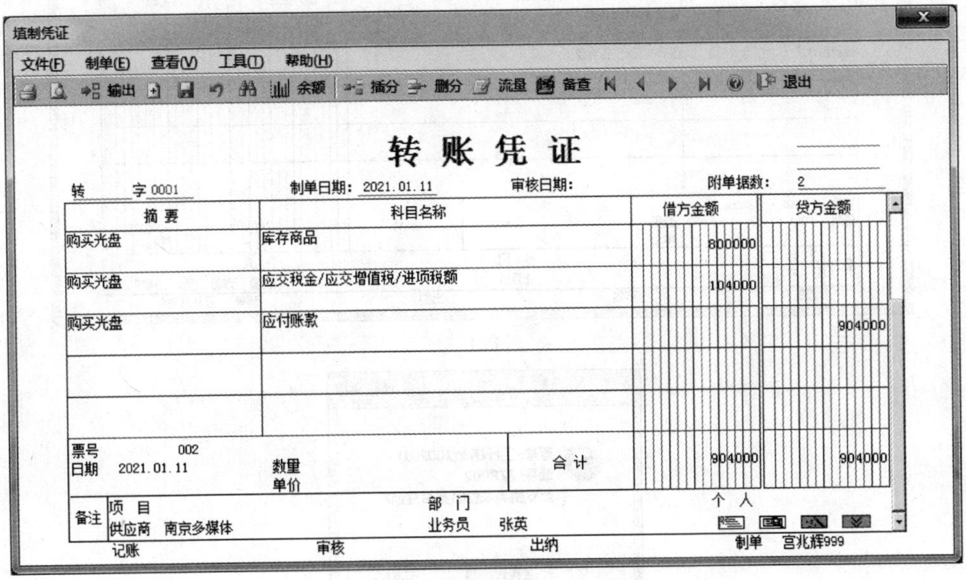

(b)

图7－41 供应商往来科目辅助核算信息输入流程

辅助核算科目——部门核算（业务7）：

①在填制凭证过程中，输完部门核算科目“550205”，弹出“辅助项”对话框。

②选择输入部门“经理办”，单击“确认”按钮。具体如图7-42所示。

(a)

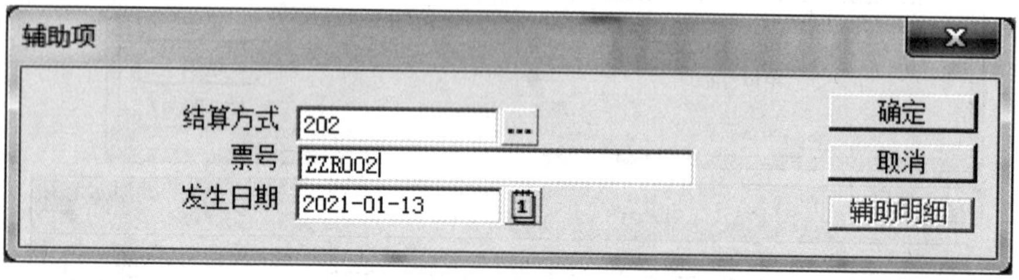

(b)

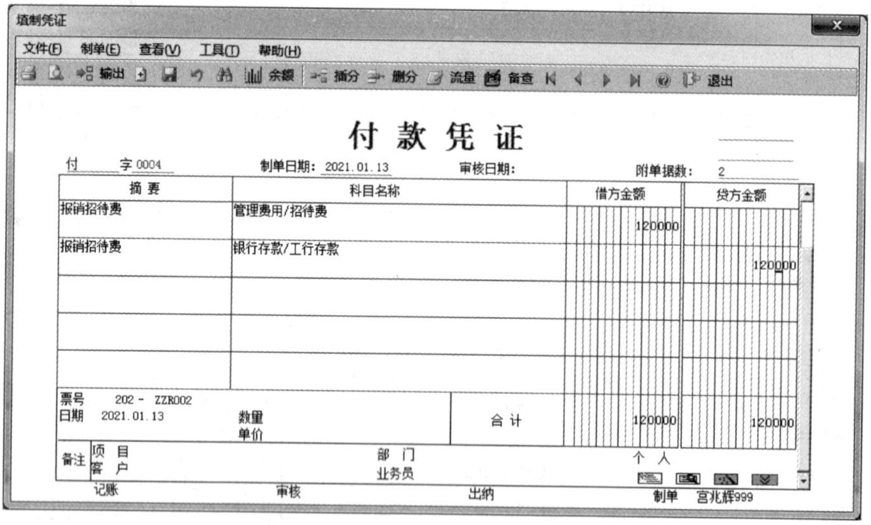

(c)

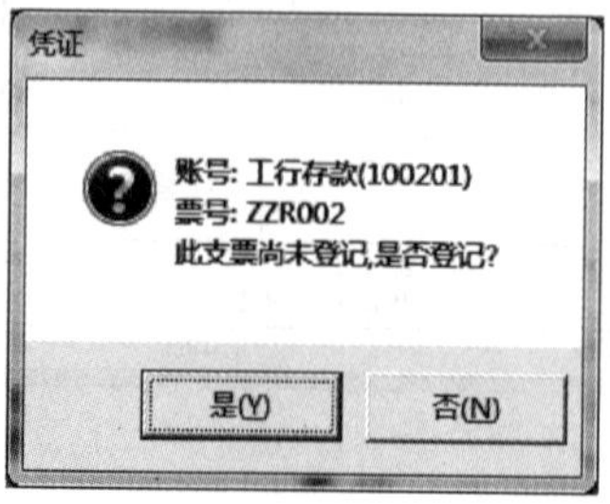

(d)

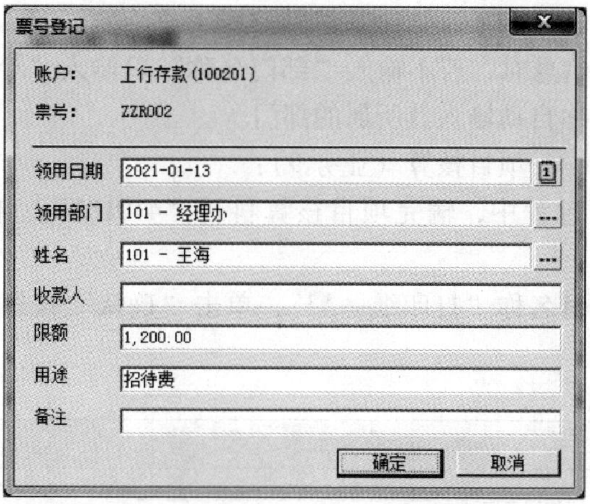

（e）

图 7－42 部门核算科目辅助核算信息输入流程

辅助核算科目——个人往来（业务 8）：

①在填制凭证过程中，输完个人往来科目“1133”，弹出“辅助项”对话框。

②选择输入部门“经理办”，个人“王海”，发生日期“2021－01－15”。

③单击“确认”按钮。具体如图 7－43 所示。

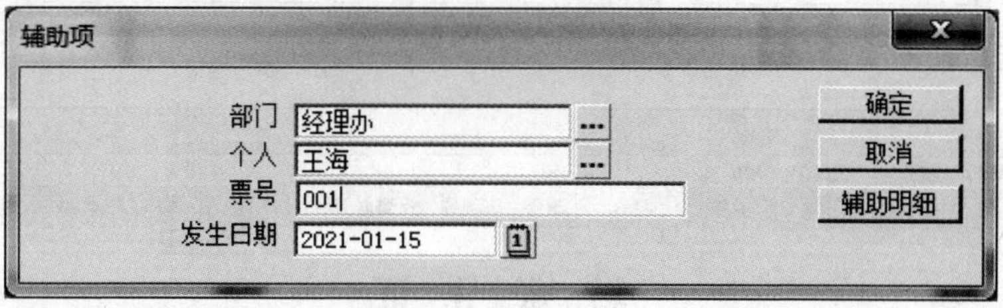

（a）

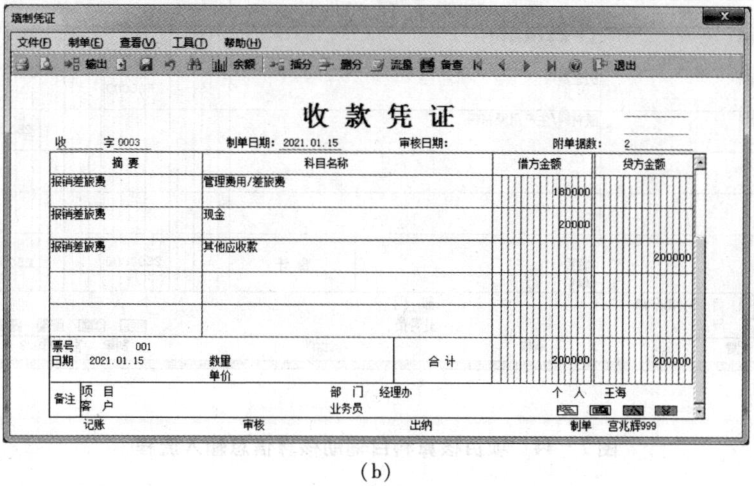

（b）

图 7－43 个人往来科目辅助核算信息输入流程

提示：

• 在输入个人信息时，若不输入“部门名称”只输入“个人名称”，系统将根据所输入个人名称自动输入其所属的部门。

辅助核算科目——项目核算（业务9）：

①在填制凭证过程中，输完项目核算科目“410101”，弹出“辅助项”对话框。

②选择输入项目名称“打印纸—A3”，单击“确认”按钮。具体如图7-44所示。

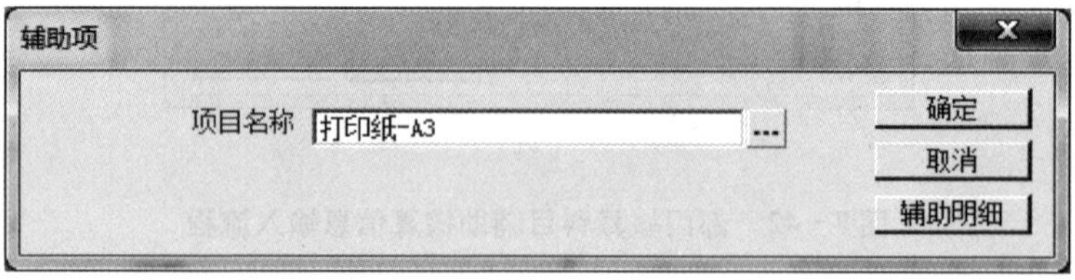

(a)

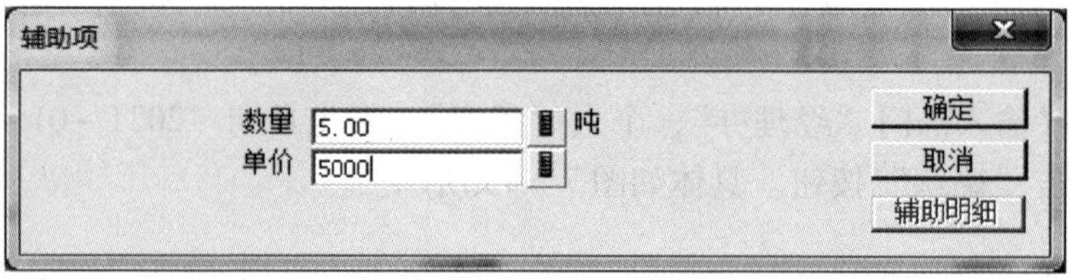

(b)

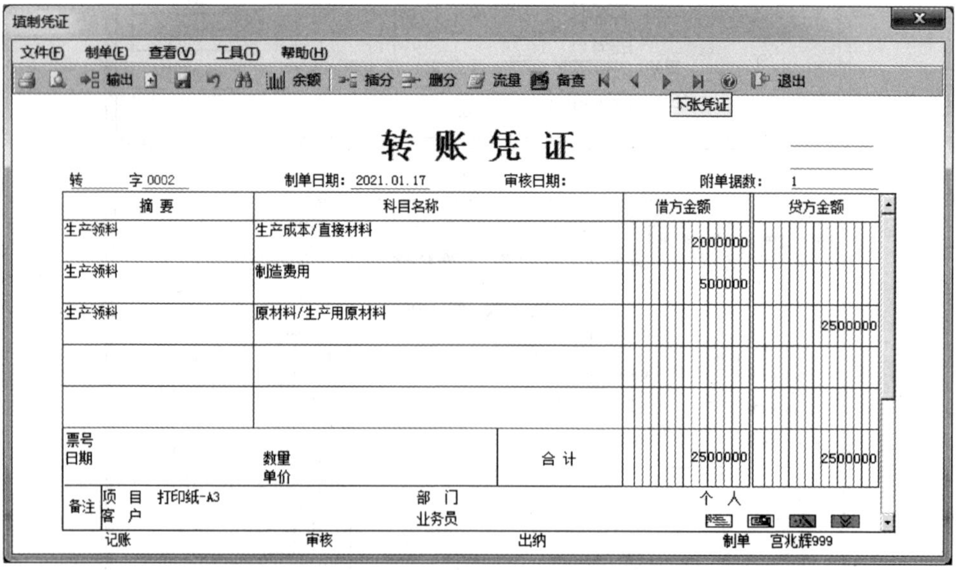

(c)

图7-44 项目核算科目辅助核算信息输入流程

提示：

• 系统根据“数量×单价”自动计算出金额，并将金额先放在借方，如果方向不符，可将光标移动到贷方后，按空格键即可调整金额方向。

辅助核算科目——客户往来+数量核算（业务 10）：

①在填制凭证过程中，输完客户往来科目“1131”，弹出“辅助项”对话框。选择输入客户“德邦证券”，业务员“李光”，发生日期“2021/01/17”。单击“确认”按钮。

②在填制凭证过程中，输完数量科目“5101”，弹出“辅助项”对话框。输入数量“100”，单价“200”，单击“确认”按钮。具体如图 7－45 所示。

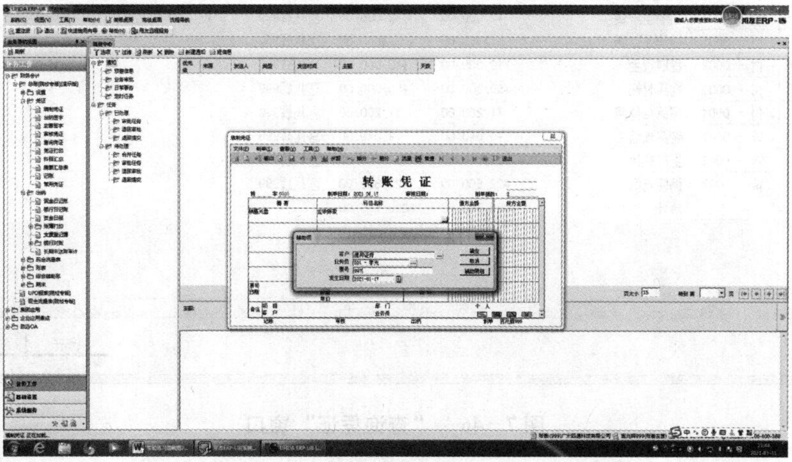

（a）

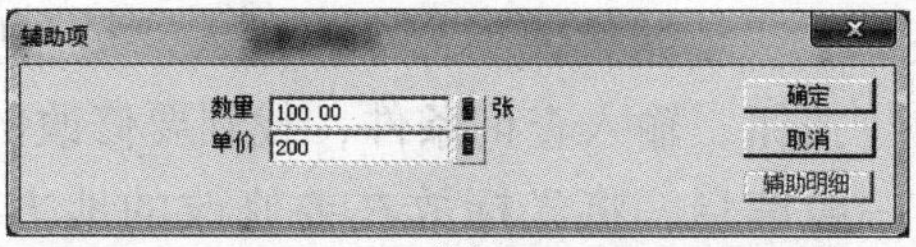

（b）

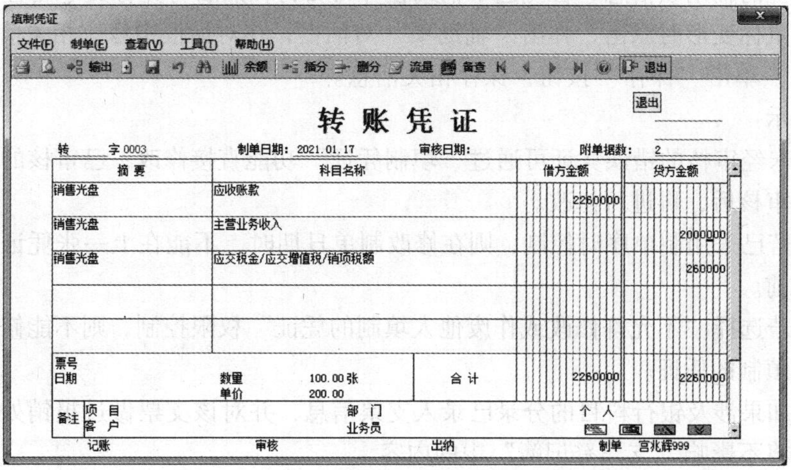

（c）

图 7－45 客户往来＋数量核算科目辅助核算信息输入流程

2. 查询凭证。

（1）执行“凭证”｜“查询凭证”命令，打开“凭证查询”对话框。

（2）选择输入查询条件，单击“辅助条件”按钮，可输入更多查询条件。

（3）单击“确认”按钮，进入“查询凭证”窗口。

（4）双击某一凭证行，则屏幕可显示出此张凭证。具体如图7－46所示。

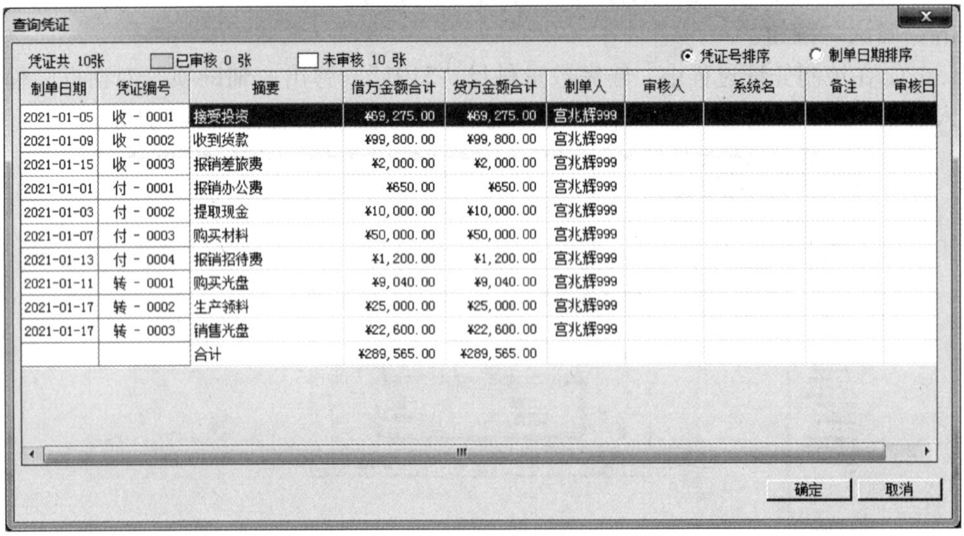

制单日期	凭证编号	摘要	借方金额合计	贷方金额合计	制单人	审核人	系统名	备注	审核日
2021-01-05	收 - 0001	接受投资	¥69,275.00	¥69,275.00	宫兆辉999				
2021-01-09	收 - 0002	收到货款	¥99,800.00	¥99,800.00	宫兆辉999				
2021-01-15	收 - 0003	报销差旅费	¥2,000.00	¥2,000.00	宫兆辉999				
2021-01-01	付 - 0001	报销办公费	¥650.00	¥650.00	宫兆辉999				
2021-01-03	付 - 0002	提取现金	¥10,000.00	¥10,000.00	宫兆辉999				
2021-01-07	付 - 0003	购买材料	¥50,000.00	¥50,000.00	宫兆辉999				
2021-01-13	付 - 0004	报销招待费	¥1,200.00	¥1,200.00	宫兆辉999				
2021-01-11	转 - 0001	购买光盘	¥9,040.00	¥9,040.00	宫兆辉999				
2021-01-17	转 - 0002	生产领料	¥25,000.00	¥25,000.00	宫兆辉999				
2021-01-17	转 - 0003	销售光盘	¥22,600.00	¥22,600.00	宫兆辉999				
		合计	¥289,565.00	¥289,565.00					

图7－46 “查询凭证”窗口

3. 修改凭证（可选做）。

（1）执行“凭证”｜“填制凭证”命令，进入“填制凭证”窗口。

（2）单击“查询”按钮，输入查询条件，找到要修改的凭证。

（3）对于凭证的一般信息，将光标放在要修改的地方，直接修改；如果要修改凭证的辅助项信息，首先选中辅助核算科目行，然后将光标置于备注栏辅助项，待鼠标变形时双击，弹出“辅助项”对话框，在对话框中修改相关信息。

（4）单击“保存”按钮，保存相关信息。

提示：

- 未经审核的错误凭证可通过“填制凭证”功能直接修改；已审核的凭证应先取消审核后，再进行修改。
- 若已采用制单序时控制，则在修改制单日期时，不能在上一张凭证的制单日期之前。
- 若选择“不允许修改或作废他人填制的凭证”权限控制，则不能修改或作废他人填制的凭证。
- 如果涉及银行科目的分录已录入支票信息，并对该支票做过报销处理，修改操作将不影响“支票登记簿”中的内容。
- 外部系统传过来的凭证不能在总账系统中进行修改，只能在生成该凭证的系统中进行修改。

4. 冲销凭证（可选做）。

（1）在“填制凭证”窗口，执行“制单”|“冲销凭证”命令，打开“冲销凭证”对话框。

（2）输入条件：选择“月份”“凭证类别”；输入“凭证号”等信息。

（3）单击“确定”按钮，系统自动生成一张红字冲销凭证。

提示：

• 通过红字冲销法增加的凭证，应视同正常凭证进行保存和管理。

• 制作红字冲销凭证将错误凭证冲销后，需要再编制正确的蓝字凭证进行补充。

5. 删除凭证（可选做）。

6. 作废凭证。

（1）查询要作废的凭证。

（2）在“填制凭证”窗口中，执行“制单”|“作废/恢复”命令。

（3）凭证的左上角显示“作废”，表示该凭证已作废。

提示：

• 作废凭证仍保留凭证内容及编号，只显示“作废”字样。

• 作废凭证不能修改，不能审核。

• 在记账时，已作废的凭证应参与记账，否则月末无法结账，但不对作废凭证作数据处理，相当于一张空凭证。

• 账簿查询时，查不到作废凭证的数据。

• 若当前凭证已作废，可执行“编辑”|“作废/恢复”命令，取消作废标志，并将当前凭证恢复为有效凭证。

7. 整理凭证。

（1）在“填制凭证”窗口中，执行“制单”|“凭证删除/整理”命令，打开“选择凭证期间”对话框。

（2）选择要整理的“月份”。

（3）单击“确定”按钮，打开“作废凭证表”对话框。

（4）选择真正要删除的作废凭证。

（5）单击“确定”按钮，系统将这些凭证从数据库中删除并对剩下凭证重新排号。

提示：

• 如果作废凭证不想保留，则可以通过“凭证删除/整理”功能，将其彻底删除，并对未记账凭证重新编号。

• 只能对未记账凭证作凭证整理。

• 已记账凭证作凭证整理，应先恢复本月月初的记账前状态，再作凭证整理。

8. 更换操作员。

（1）在“总账系统”的初始窗口，执行“系统”|“重新注册”命令，进

入“注册总账”窗口。

（2）以“张丽+账套号”的身份重新注册总账系统，单击“确定”按钮。

提示：

• 凭证填制人和出纳签字人可以为不同的人，也可以为同一个人。

• 按照会计制度规定，凭证的填制与审核不能是同一个人。

• 在进行出纳签字和审核之前，通常需先更换操作员。

9. 出纳签字。

（1）执行“凭证”｜“出纳签字”命令，打开“出纳签字”查询条件对话框。

（2）输入查询条件：单击“全部”单选按钮，输入月份“2021.01”。

（3）单击“确认”按钮，进入“出纳签字”的凭证列表窗口。

（4）双击某一要签字的凭证或者单击“确定”按钮，进入“出纳签字”的签字窗口。

（5）单击“签字”按钮，凭证底部的“出纳”处自动签上出纳人姓名。

（6）单击“下张”按钮，对其他凭证签字，最后单击“退出”按钮。具体如图7－47所示。

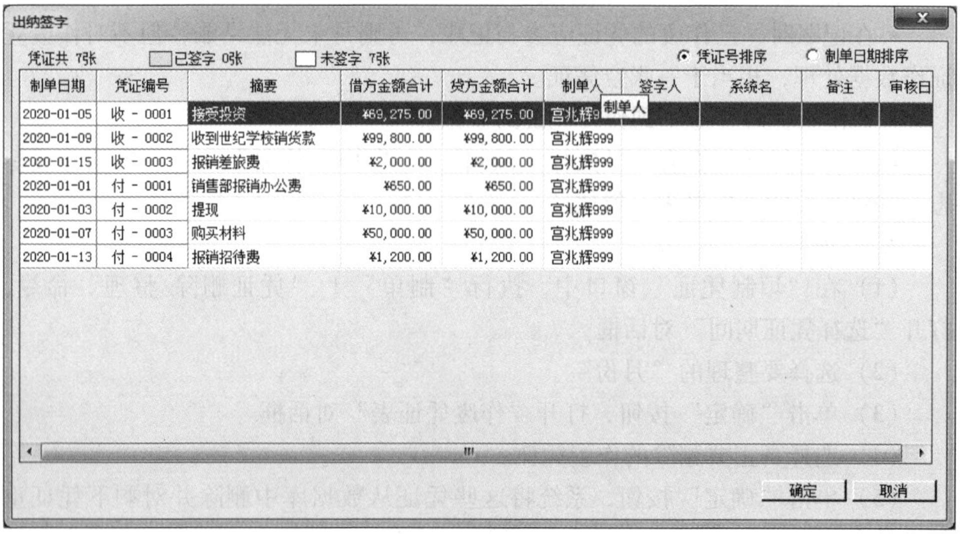

制单日期	凭证编号	摘要	借方金额合计	贷方金额合计	制单人	签字人	系统名	备注	审核日
2020-01-05	收 - 0001	接受投资	¥69,275.00	¥69,275.00	宫兆辉9				
2020-01-09	收 - 0002	收到世纪学校销货款	¥99,800.00	¥99,800.00	宫兆辉999				
2020-01-15	收 - 0003	报销差旅费	¥2,000.00	¥2,000.00	宫兆辉999				
2020-01-01	付 - 0001	销售部报销办公费	¥650.00	¥650.00	宫兆辉999				
2020-01-03	付 - 0002	提现	¥10,000.00	¥10,000.00	宫兆辉999				
2020-01-07	付 - 0003	购买材料	¥50,000.00	¥50,000.00	宫兆辉999				
2020-01-13	付 - 0004	报销招待费	¥1,200.00	¥1,200.00	宫兆辉999				

图7－47　“出纳签字”窗口

提示：

• 涉及指定为现金科目和银行科目的凭证才需出纳签字。

• 凭证一经签字，就不能被修改、删除，只有取消签字后才可以修改或删除，取消签字只能由出纳人自己进行。

• 凭证签字并非审核凭证的必要步骤。若在设置总账参数时，不选择“出纳凭证必须经由出纳签字”，则可以不执行“出纳签字”功能。

• 可以执行“签字”｜“成批出纳签字”功能对所有凭证进行出纳签字。

10. 审核凭证。以“汪华+账套号”的身份重新注册总账系统。

（1）执行“凭证”|“审核凭证”命令，打开“凭证审核”查询条件对话框。

（2）输入查询条件，单击“确认”按钮，进入“凭证审核”的凭证列表窗口。

（3）双击要审核的凭证或单击“确定”按钮，进入“凭证审核”的审核凭证窗口。

（4）检查要审核的凭证，无误后，单击“审核”按钮，凭证底部的“审核”处自动签上审核人姓名。

（5）单击“下张”按钮，对其他凭证签字，最后单击“退出”按钮。具体如图7－48所示。

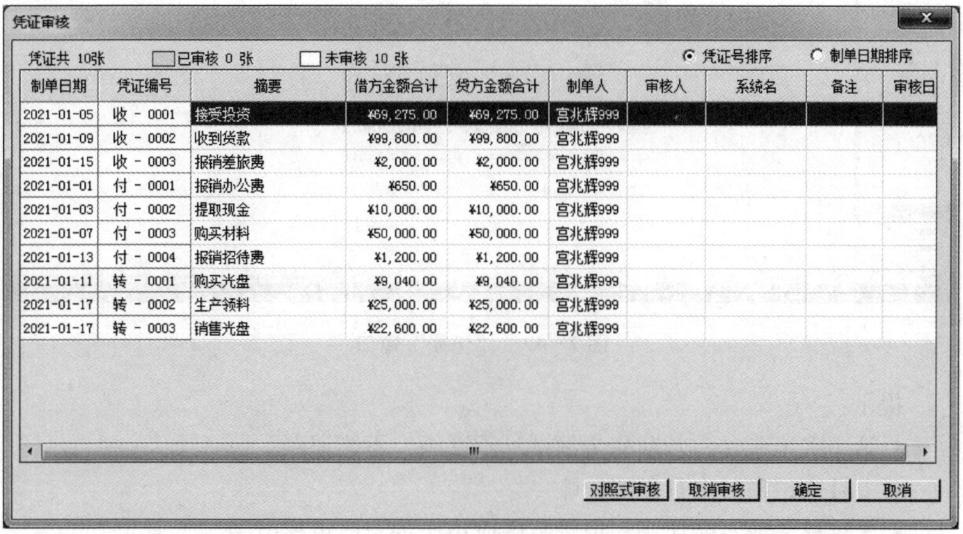

制单日期	凭证编号	摘要	借方金额合计	贷方金额合计	制单人	审核人	系统名	备注	审核日
2021-01-05	收 - 0001	接受投资	¥69,275.00	¥69,275.00	宫兆辉999				
2021-01-09	收 - 0002	收到货款	¥99,800.00	¥99,800.00	宫兆辉999				
2021-01-15	收 - 0003	报销差旅费	¥2,000.00	¥2,000.00	宫兆辉999				
2021-01-01	付 - 0001	报销办公费	¥650.00	¥650.00	宫兆辉999				
2021-01-03	付 - 0002	提取现金	¥10,000.00	¥10,000.00	宫兆辉999				
2021-01-07	付 - 0003	购买材料	¥50,000.00	¥50,000.00	宫兆辉999				
2021-01-13	付 - 0004	报销招待费	¥1,200.00	¥1,200.00	宫兆辉999				
2021-01-11	转 - 0001	购买光盘	¥9,040.00	¥9,040.00	宫兆辉999				
2021-01-17	转 - 0002	生产领料	¥25,000.00	¥25,000.00	宫兆辉999				
2021-01-17	转 - 0003	销售光盘	¥22,600.00	¥22,600.00	宫兆辉999				

图7－48 “审核凭证”窗口

提示：

• 审核人必须具有审核权。当通过“凭证审核权限”设置了明细审核权限时，还需要有对制单人所制凭证的审核权。

• 作废凭证不能被审核，也不能被标错。

• 审核人和制单人不能是同一个人，凭证一经审核，不能被修改、删除，只有取消审核签字后才可修改或删除，已标记作废的凭证不能被审核，需先取消作废标记后才能审核。

11. 凭证记账。以“学员本人”的身份重新注册总账系统。

（1）记账。

①执行“凭证”|“记账”命令，进入“记账”窗口。

②单击“全选”按钮，选择所有要记账的凭证，单击“下一步”按钮。

③显示记账报告，如果需要打印记账报告，可单击“打印”按钮；如果不

打印记账报告，单击“下一步”按钮。

④记账，单击“记账”按钮，打开“试算平衡表”对话框，单击“确认”按钮，系统开始登录有关的总账和明细账、辅助账。登记完后，弹出“记账完毕”信息提示对话框。

⑤单击“确定”按钮，记账完毕。具体如图 7－49 所示。

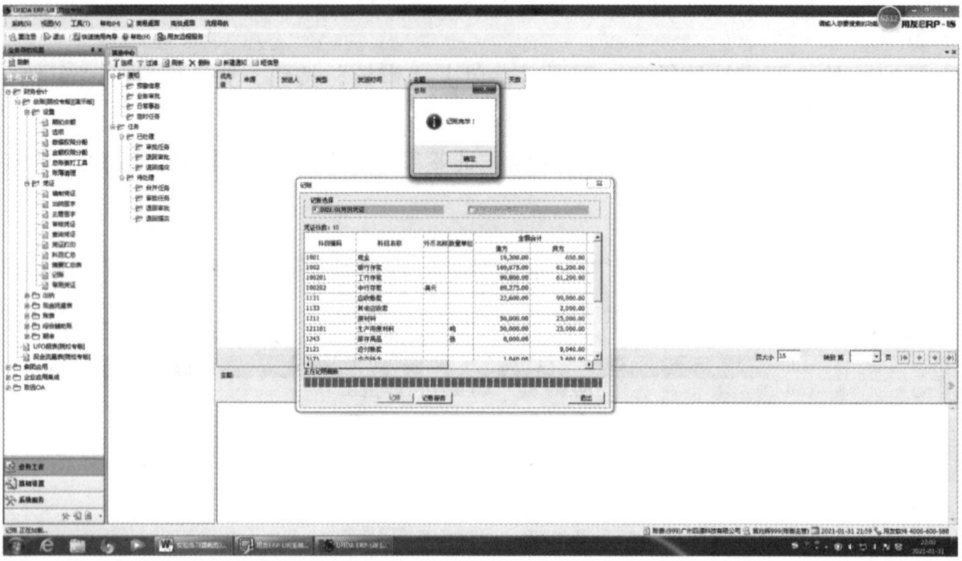

图 7－49　“记账”窗口

提示：

• 第一次记账时，若期初余额试算不平衡，不能记账。

• 上月未记账，本月不能记账。

• 未审核凭证不能记账，记账范围应小于等于已审核范围。

• 作废凭证不需审核可直接记账。

• 记账过程由于断电或其他原因造成中断，系统将自动调用“恢复记账前状态”恢复数据，然后再重新记账。

（2）激活“恢复记账前状态”菜单。

①在总账初始窗口，执行“期末”｜“对账”命令，进入“对账”窗口。

②按“Ctrl＋H”键，弹出“恢复记账前状态功能已被激活”信息提示框。

③单击“确定”按钮，单击“退出”按钮。具体如图 7－50 所示。

提示：

• 如果退出系统后又重新进入系统或在“对账”中按“Ctrl＋H”键将重新隐藏“恢复记账前状态”功能。

（3）取消记账。

①执行“凭证”｜“恢复记账前状态”命令，打开“恢复记账前状态”对话框。

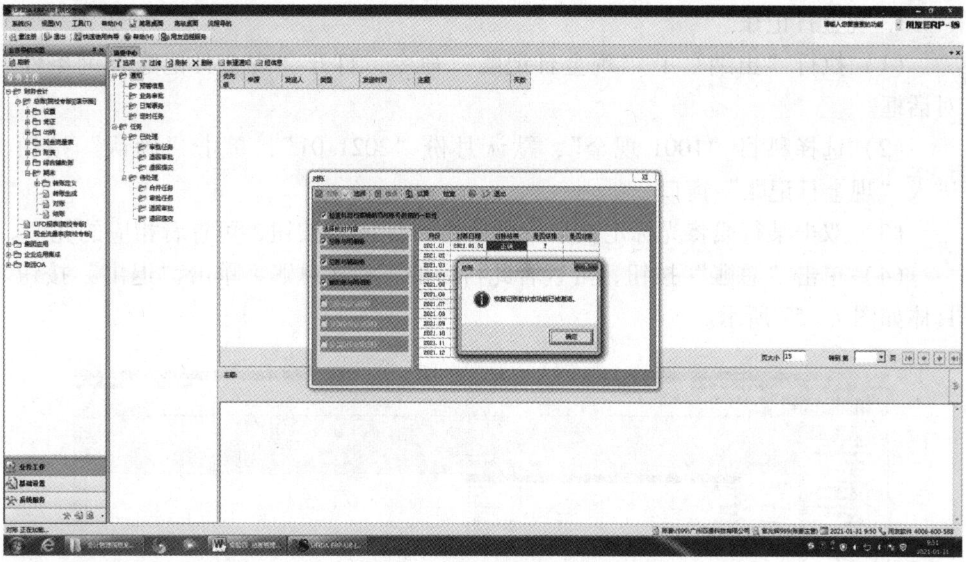

图 7－50　激活“恢复记账前状态”菜单

②单击“最近一次记账前状态”单选按钮。

③单击“确定”按钮，弹出“恢复记账完毕”信息提示对话框，单击“确定”按钮。具体如图 7－51 所示。

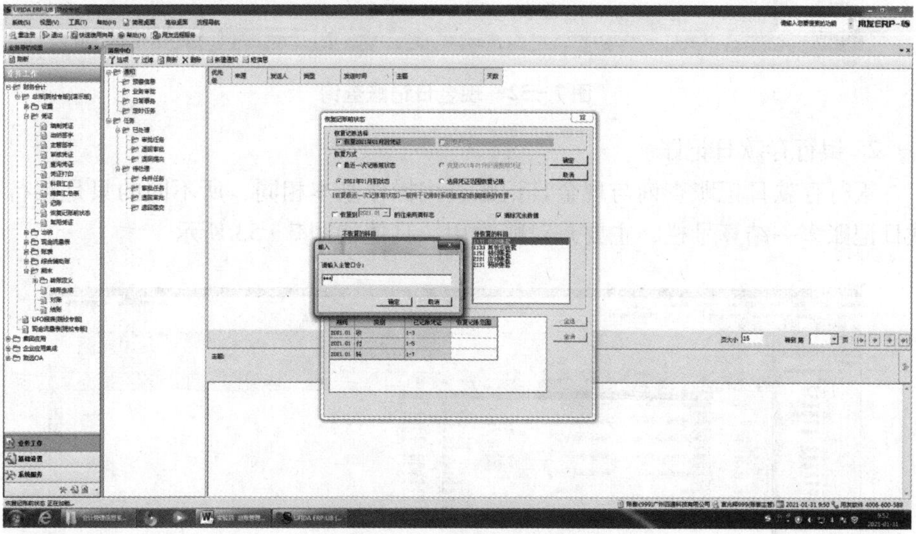

图 7－51　取消记账界面

提示：

- 已结账月份的数据不能取消记账。
- 取消记账后，一定要重新记账。

（二）出纳管理

以“张丽＋账套号”的身份重新注册总账系统。

1. 现金日记账。

(1) 执行“出纳” | “现金日记账”命令，打开“现金日记账查询条件”对话框。

(2) 选择科目“1001 现金”，默认月份“2021.01”，单击“确认”按钮，进入“现金日记账”窗口。

(3) 双击某行或将光标定在某行再单击“凭证”按钮，可查看相应的凭证。

(4) 单击“总账”按钮，可查看此科目的三栏式总账，单击“退出”按钮。具体如图7-52所示。

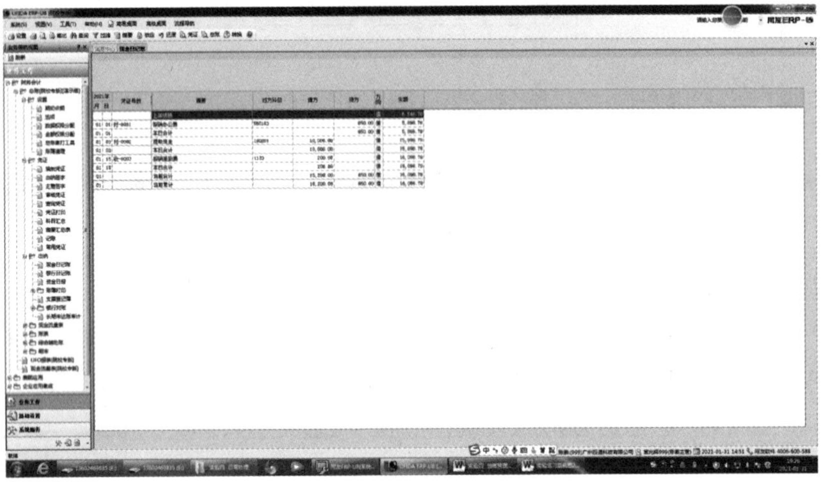

图7-52　现金日记账查询

2. 银行存款日记账。

银行存款日记账查询与现金日记账查询操作基本相同，所不同的只是银行存款日记账多一结算号栏，主要是对账时用。具体如图7-53所示。

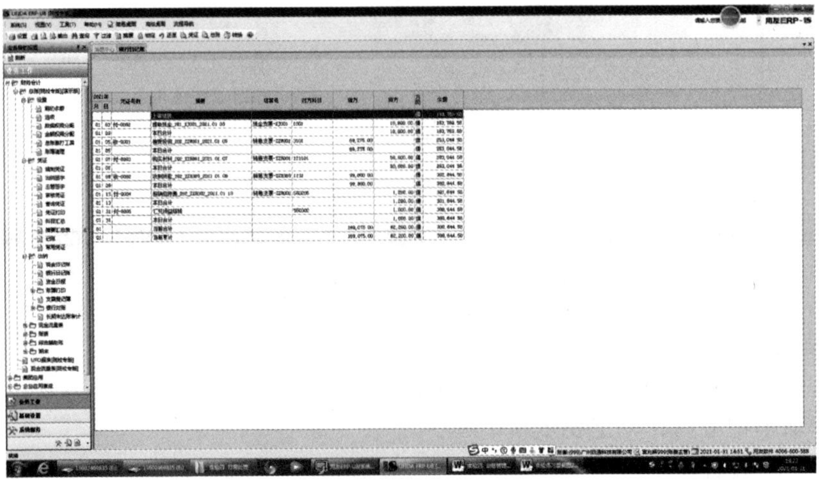

图7-53　银行存款日记账查询

3. 资金日报表。

（1）执行“出纳”｜“资金日报”命令，打开“资金日报表查询条件”对话框。

（2）输入查询日期“2021. 01. 03”。选择“有余额无发生也显示”复选框。

（3）单击“确认”按钮，进入“资金日报表”窗口，单击“退出”按钮。具体如图 7－54 所示。

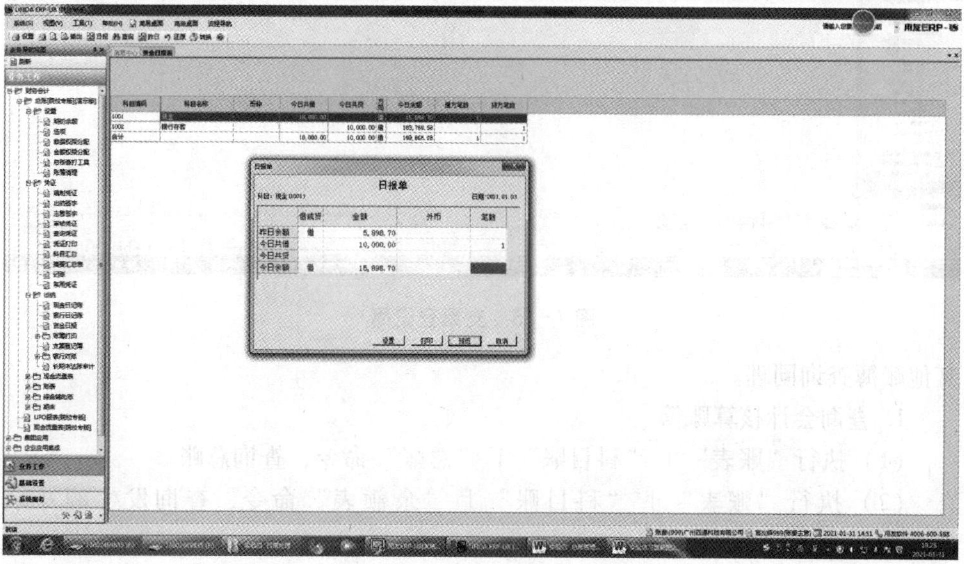

图 7－54 资金日报表查询

4. 支票登记簿。

（1）执行“出纳”｜“支票登记簿”命令，打开“银行科目选择”对话框。

（2）选择科目：工行存款“100201”，单击“确定”按钮，进入支票登记窗口。

（3）单击“增加”按钮。

（4）输入领用日期“2021. 01. 25”，领用部门“销售二部”，领用人“赵燕”，支票号“ZZR003”，预计金额“5 000”，单击“保存”按钮，单击“退出”按钮。具体如图 7－55 所示。

提示：

- 只有在结算方式设置中选择“票据管理标志”功能才能在此选择登记。
- 领用日期和支票号必须输入，其他内容可输可不输。
- 报销日期不能在领用日期之前。
- 已报销的支票可成批删除。

（三）账簿管理

以“学员本人”的身份重新注册总账系统。辅助账的查询只介绍部门账，

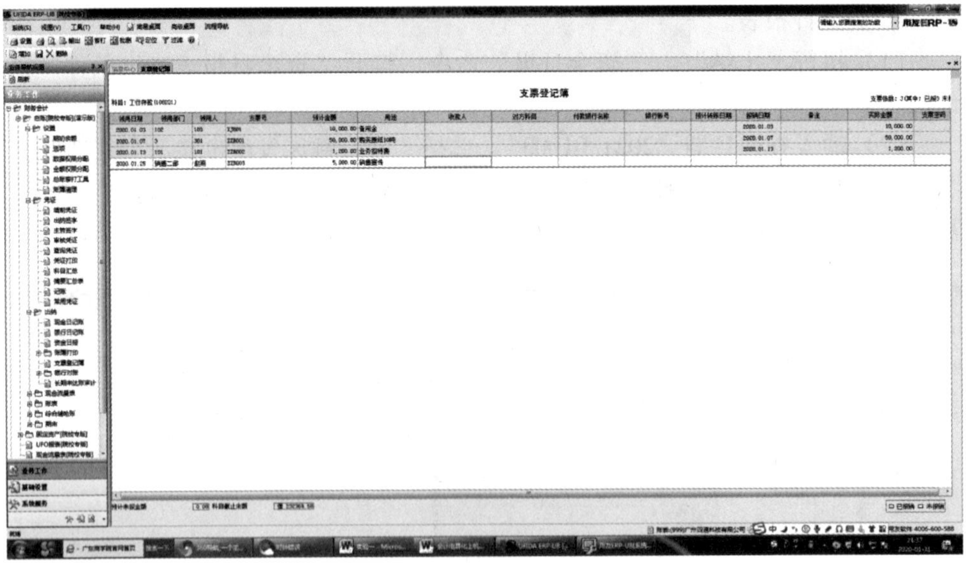

图 7-55　支票登记簿

其他账簿查询同理。

1. 查询会计核算账簿。

(1) 执行“账表” | “科目账” | “总账”命令，查询总账。

(2) 执行“账表” | “科目账” | “余额表”命令，查询发生额及余额表。

(3) 执行“账表” | “科目账” | “明细账”命令，查询月份综合明细账。

2. 部门总账。

(1) 执行“账表” | “部门辅助账” | “部门总账” | “三栏式总账”命令，进入“部门三栏总账条件”窗口。

(2) 输入查询条件：科目“550205 招待费”，部门“经理办”。

(3) 单击“确定”按钮，显示查询结果。

(4) 将光标定在总账的某笔业务上，单击“明细”按钮，可以联查部门明细账。

3. 部门明细账。

(1) 执行“账表” | “部门辅助账” | “部门明细账”命令，进入“部门多栏明细账条件”窗口。

(2) 选择科目“5502”，部门“经理办”，月份范围“2021.01 - 2021.01”，分析方式“金额分析”，单击“确认”按钮，显示查询结果。

(3) 将光标定在多栏账的某笔业务上，单击“凭证”按钮，可以联查该笔业务的凭证。

4. 部门收支分析。

(1) 执行“账表” | “部门辅助账” | “部门收支分析”命令，进入“部

门收支分析条件”窗口。

（2）选择分析科目：选择所有的部门核算科目，单击“下一步”按钮。

（3）选择分析部门：选择所有的部门，单击“下一步”按钮。

（4）选择分析月份：起止月份“2021.01－2021.01”，单击“完成”按钮，显示查询结果。

实验五　总账管理系统期末处理

【实验目的】

掌握用友 ERP－U8 软件中总账系统月末处理的相关内容，熟悉总账系统月末处理业务的各种操作。

掌握自动转账设置与生成、对账和月末结账的操作方法。

【实验内容】

1. 自动转账。
2. 对账。
3. 结账。

【实验要求】

1. 以“学员本人”的身份进行自动转账操作。
2. 以“学员本人”的身份进行对账、结账操作。

【实验资料】

1. 自动转账。

借：管理费用——报刊费（550207）　　JG ()

　　贷：待摊费用——报刊费（130101）　　QC（130101，月）/12

2. 对应结转。

借：生产成本

　　贷：制造费用

3. 销售成本结转。

借：主营业务成本

　　贷：库存商品

4. 汇兑损益结转（美元期末汇率 6.8275）。

5. 期间损益结转。

【操作指导】

（一）自动转账

以“学员本人”的身份重新注册总账系统。

1. 转账定义。

（1）自定义结转设置。

①执行“期末”｜“转账定义”｜“自定义转账”命令，进入“自动转账

设置”窗口。

②单击“增加”按钮，打开“转账目录”设置对话框。

③输入转账序号“001”，转账说明“摊销报刊费”；选择凭证类别“转账凭证”。

④单击“确定”按钮，继续定义转账凭证分录信息。

⑤确定分录的借方信息。选择科目编码“550207”，部门“经理办”，方向“借”，输入金额公式“JG（）”。

⑥单击“增行”按钮。

⑦确定分录的贷方信息。选择科目编码“130101”，方向“贷”，输入金额公式“QC（130101，月）/12 ”。

⑧单击“保存”按钮。具体如图7－56所示。

（a）

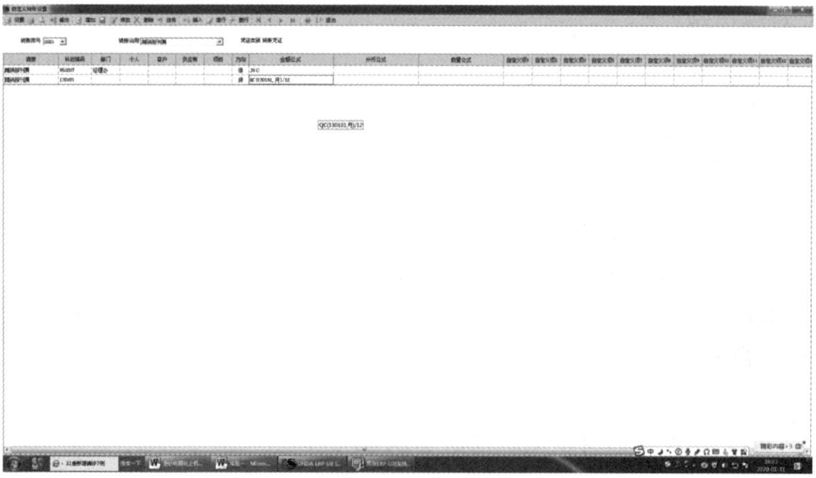

（b）

图7－56　自定义结转设置流程

提示：

• 转账科目可以为非末级科目；部门可为空，表示所有部门。

• 如果使用应收、应付系统，则在总账系统中，不能按客户、供应商辅助项进行结转，只能按科目总数进行结转。

• 输入转账计算公式有两种方法：一是直接选择计算公式；二是引导方式录入公式。

（2）对应结转设置，具体如图 7－57 所示。

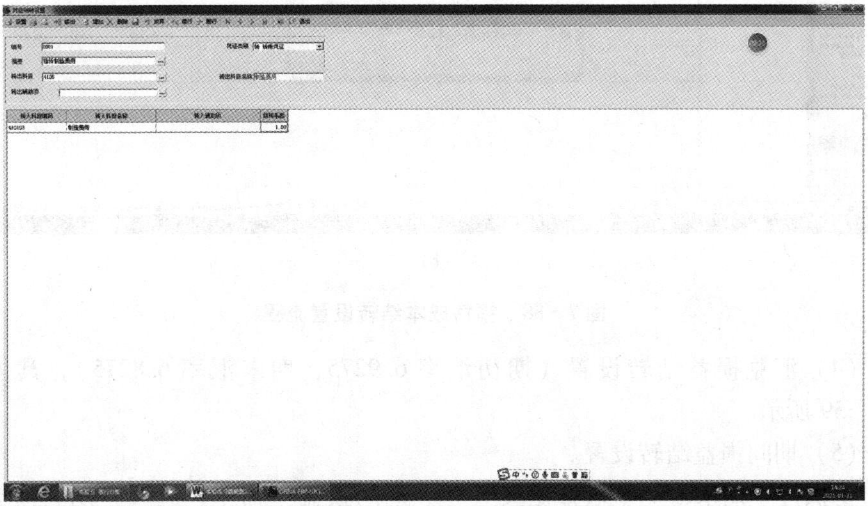

图 7－57　对应结转设置流程

（3）销售成本结转设置，具体如图 7－58 所示。

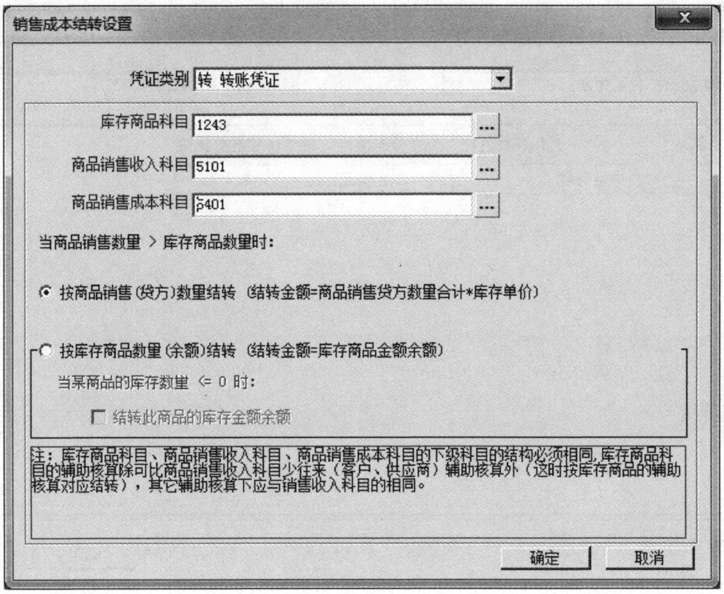

（a）

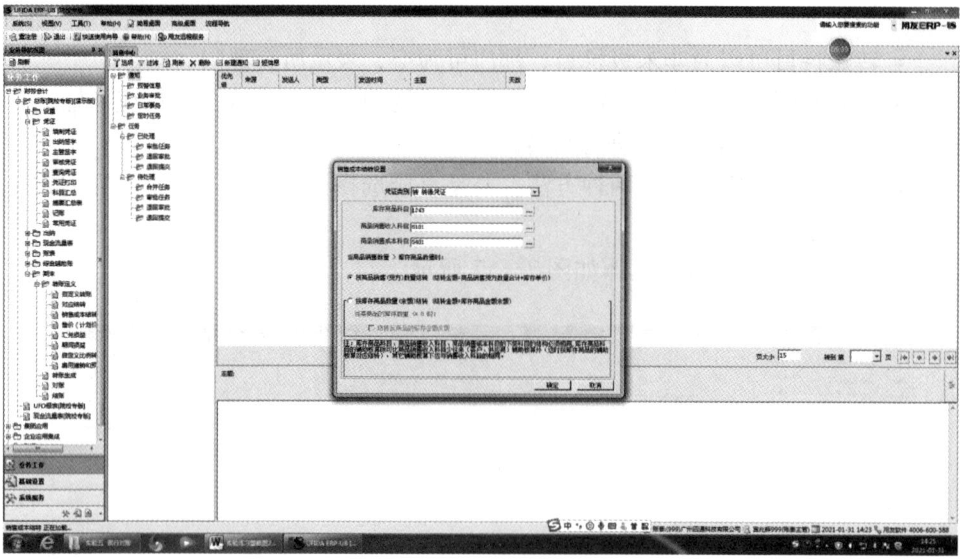

(b)

图 7-58 销售成本结转设置流程

（4）汇兑损益结转设置（期初汇率 6.9275，期末汇率 6.8275），具体如图 7-59 所示。

（5）期间损益结转设置。

①执行“期末”｜“转账定义”｜“期间损益”命令，进入“期间损益结转设置”窗口。

②选择凭证类别“转账凭证”，选择本年利润科目“3131”，单击“确定”

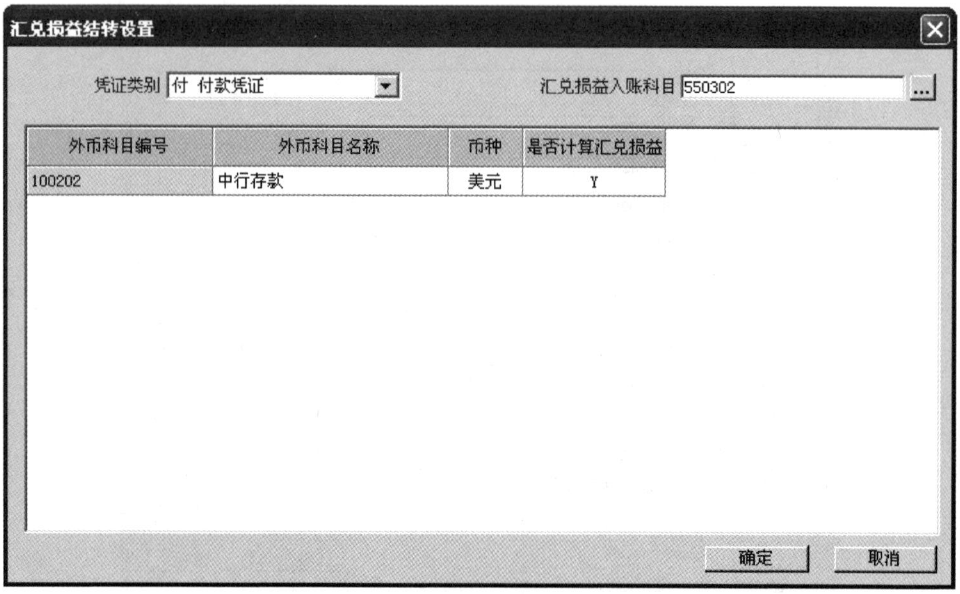

(a)

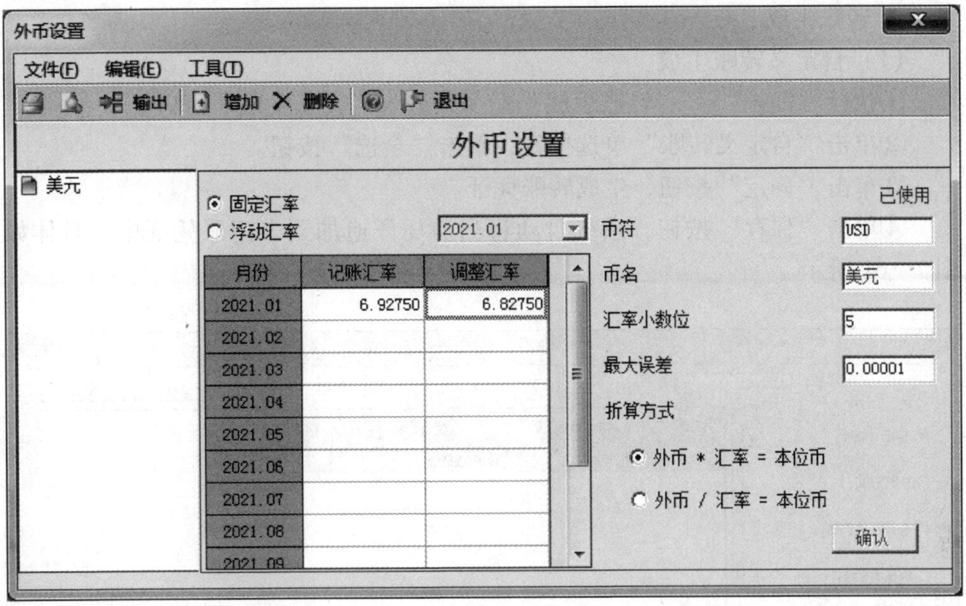

(b)

图 7－59　汇兑损益结转设置流程

按钮。具体如图 7－60 所示。

损益科目编号	损益科目名称	损益科目账类	本年利润科目编码	本年利润科目名称	本年利润科目账类
5101	主营业务收入		3131	本年利润	
5102	其他业务收入		3131	本年利润	
5201	投资收益		3131	本年利润	
5203	补贴收入		3131	本年利润	
5301	营业外收入		3131	本年利润	
5401	主营业务成本		3131	本年利润	
5402	主营业务税金及附加		3131	本年利润	
5405	其他业务支出		3131	本年利润	
5501	营业费用	部门核算	3131	本年利润	
550201	工资	部门核算	3131	本年利润	
550202	福利费	部门核算	3131	本年利润	
550203	办公费	部门核算	3131	本年利润	
550204	差旅费	部门核算	3131	本年利润	
550205	招待费	部门核算	3131	本年利润	

图 7－60　期间损益结转设置流程

2. 转账生成。

(1) 自定义转账生成。

①执行“期末” | “转账生成”命令，进入“转账生成”窗口。

②单击“自定义转账”单选按钮，单击“全选”按钮。

③单击“确定”按钮，生成转账凭证。

④单击“保存”按钮，系统自动将当前凭证追加到未记账凭证中。具体如图 7－61 所示。

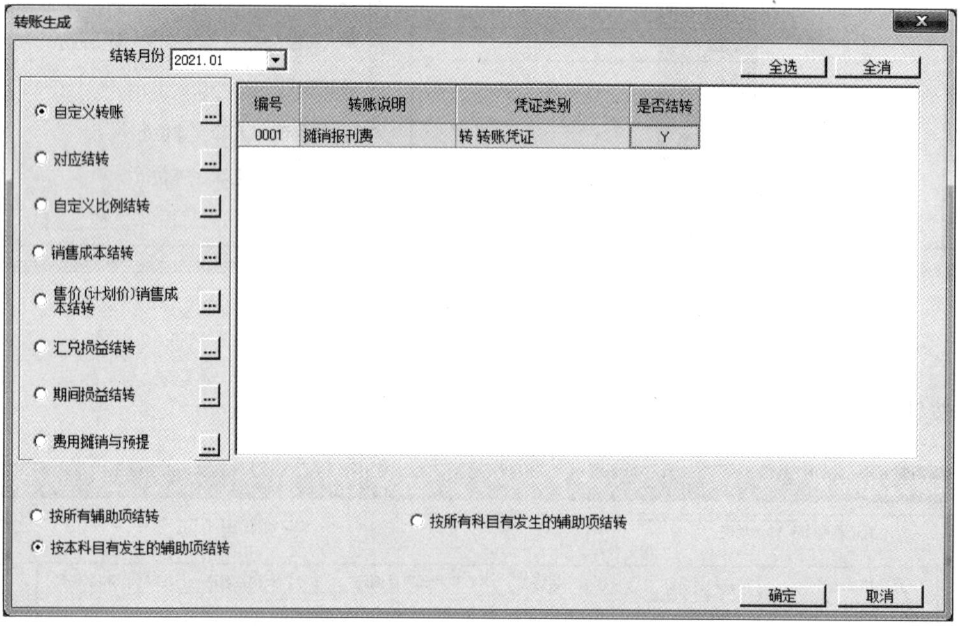

(a)

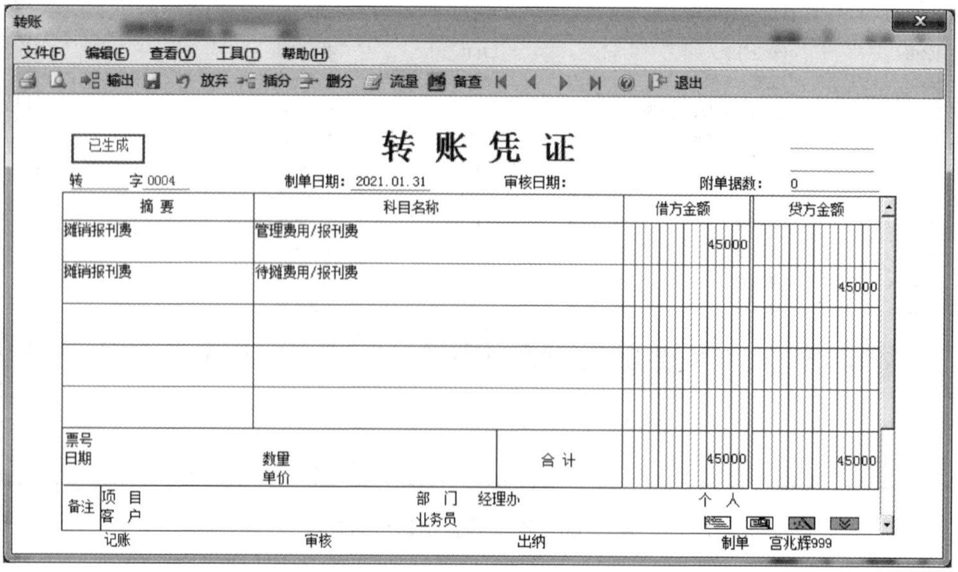

(b)

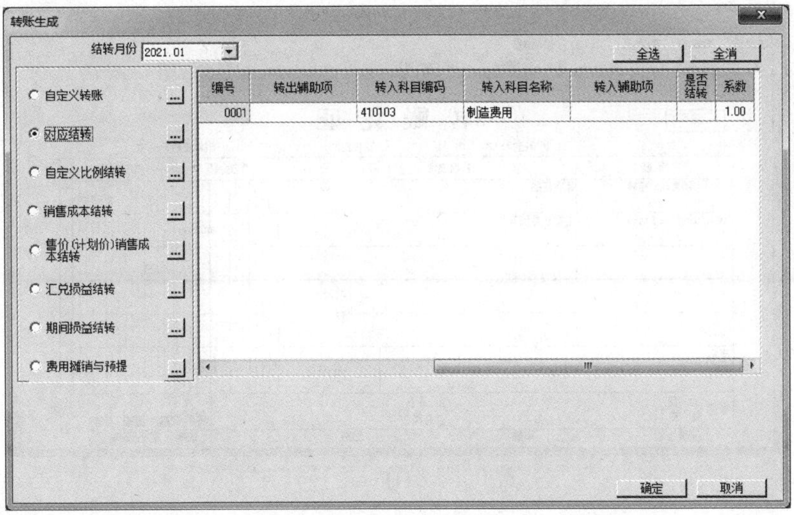
转账生成
结转月份 2021.01
全选
全消
自定义转账
对应结转
自定义比例结转
销售成本结转
售价(计划价)销售成本结转
汇兑损益结转
期间损益结转
费用摊销与预提
编号 转出辅助项 转入科目编码 转入科目名称 转入辅助项 是否结转 系数
0001 410103 制造费用 1.00
确定
取消

(c)

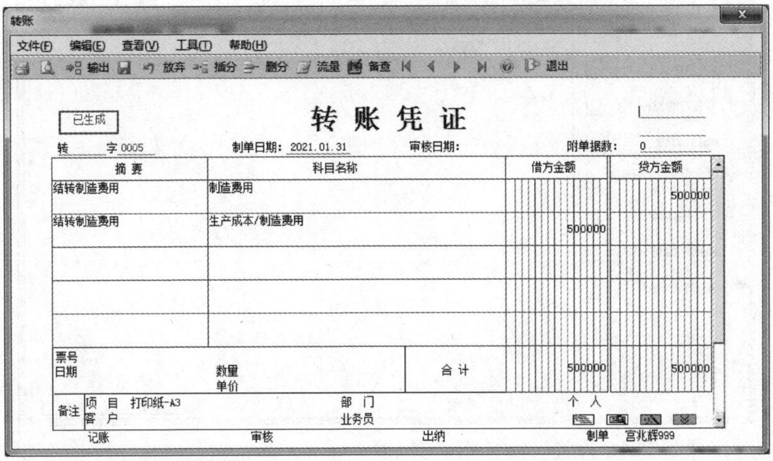
转账
文件(F) 编辑(E) 查看(V) 工具(T) 帮助(H)
输出 放弃 插分 删分 流量 备查 退出
已生成
转账凭证
转 字 0005 制单日期：2021.01.31 审核日期： 附单据数：0
摘要 科目名称 借方金额 贷方金额
结转制造费用 制造费用 500000
结转制造费用 生产成本/制造费用 500000
票号
日期
数量
单价
合计 500000 500000
备注 项目 打印纸-A3 部门 个人
客户 业务员
记账 审核 出纳 制单 宫兆辉999

(d)

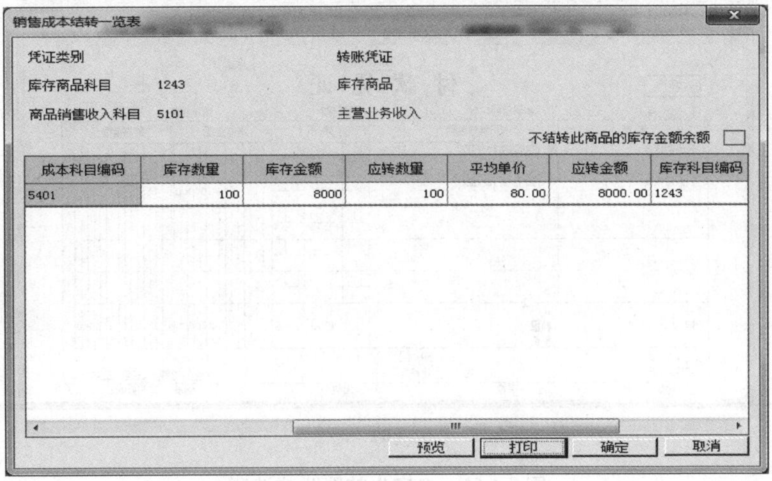
销售成本结转一览表
凭证类别 转账凭证
库存商品科目 1243 库存商品
商品销售收入科目 5101 主营业务收入
不结转此商品的库存金额余额
成本科目编码 库存数量 库存金额 应转数量 平均单价 应转金额 库存科目编码
5401 100 8000 100 80.00 8000.00 1243
预览
打印
确定
取消

(e)

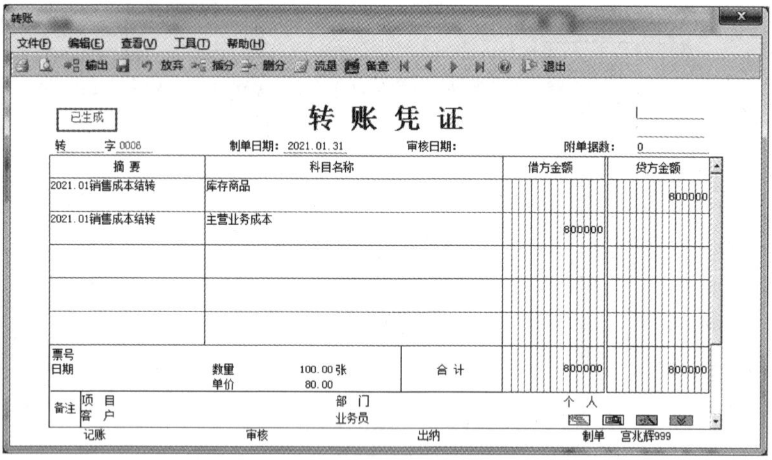

(f)

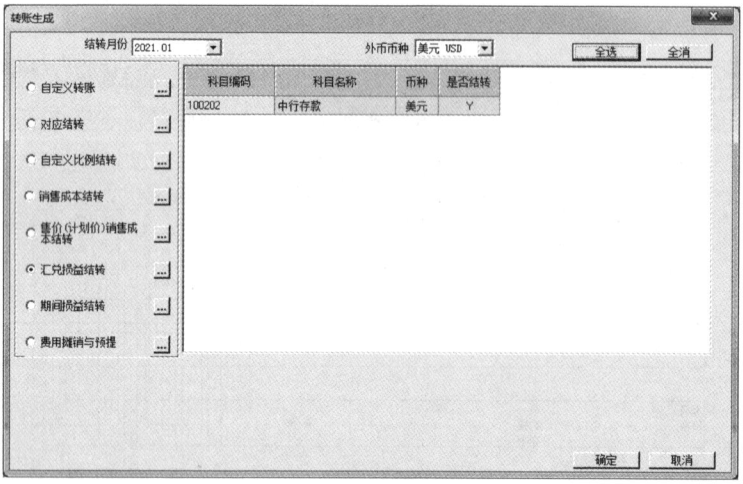

(g)

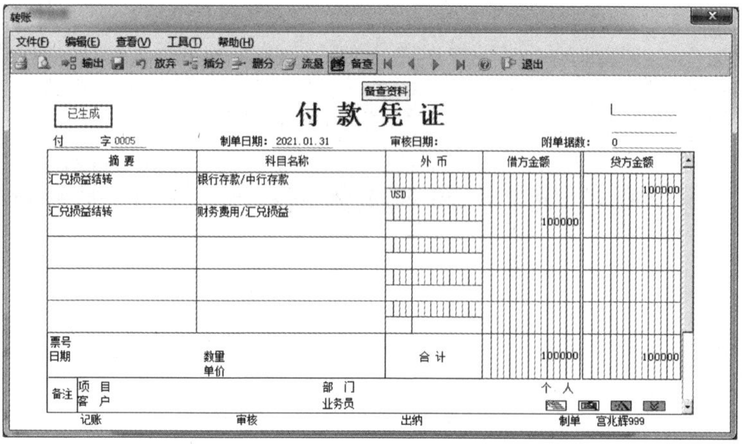

(h)

图 7－61　自定义转账生成流程

提示：

- 转账生成之前，注意转账月份为当前会计月份。
- 进行转账生成之前，先将相关经济业务的记账凭证登记入账。
- 转账凭证每月只生成一次。
- 若使用应收、应付系统，则总账系统中不能按客户、供应商进行结转。
- 生成的转账凭证仍需审核才能记账。
- 以“汪华 + 账套号”身份将生成的自动转账凭证审核、记账。

（2）期间损益结转生成。以“学员本人”的身份进行期间损益的结转。

①执行“期末”｜“转账生成”命令，进入“转账生成”窗口。

②单击“期间损益结转”单选按钮，选择损益类型“全部”。

③单击“全选”按钮，单击“确定”按钮，生成转账凭证。

④单击“保存”按钮，系统自动将当前凭证追加到未记账凭证中。具体如图 7－62 所示。

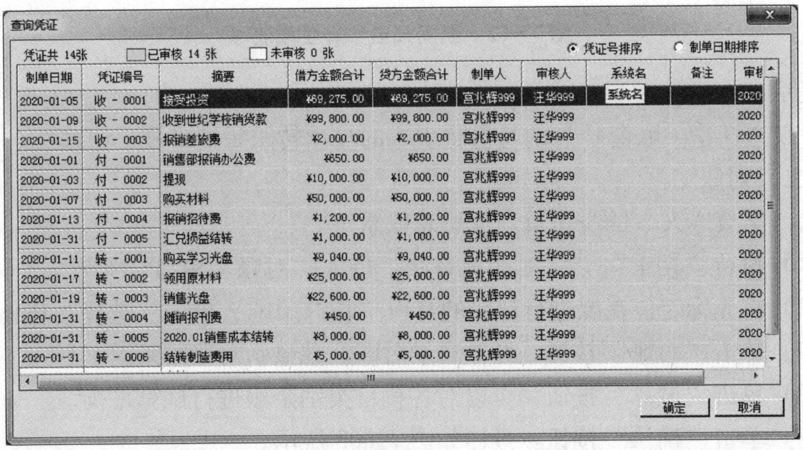

制单日期	凭证编号	摘要	借方金额合计	贷方金额合计	制单人	审核人	系统名	备注	审核
2020-01-05	收 - 0001	接受投资	¥69,275.00	¥69,275.00	宫兆辉999	汪华999	系统名		2020
2020-01-09	收 - 0002	收到世纪学校销货款	¥99,800.00	¥99,800.00	宫兆辉999	汪华999			2020
2020-01-15	收 - 0003	报销差旅费	¥2,000.00	¥2,000.00	宫兆辉999	汪华999			2020
2020-01-01	付 - 0001	销售部报销办公费	¥650.00	¥650.00	宫兆辉999	汪华999			2020
2020-01-03	付 - 0002	提现	¥10,000.00	¥10,000.00	宫兆辉999	汪华999			2020
2020-01-07	付 - 0003	购买材料	¥50,000.00	¥50,000.00	宫兆辉999	汪华999			2020
2020-01-13	付 - 0004	报销招待费	¥1,200.00	¥1,200.00	宫兆辉999	汪华999			2020
2020-01-31	付 - 0005	汇兑损益结转	¥1,000.00	¥1,000.00	宫兆辉999	汪华999			2020
2020-01-11	转 - 0001	购买学习光盘	¥9,040.00	¥9,040.00	宫兆辉999	汪华999			2020
2020-01-17	转 - 0002	领用原材料	¥25,000.00	¥25,000.00	宫兆辉999	汪华999			2020
2020-01-19	转 - 0003	销售光盘	¥22,600.00	¥22,600.00	宫兆辉999	汪华999			2020
2020-01-31	转 - 0004	摊销报刊费	¥450.00	¥450.00	宫兆辉999	汪华999			2020
2020-01-31	转 - 0005	2020.01销售成本结转	¥8,000.00	¥8,000.00	宫兆辉999	汪华999			2020
2020-01-31	转 - 0006	结转制造费用	¥5,000.00	¥5,000.00	宫兆辉999	汪华999			2020

（a）

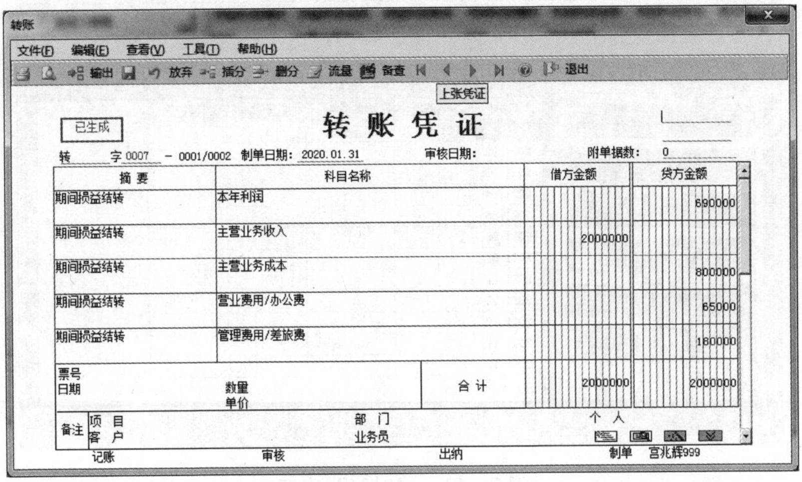

（b）

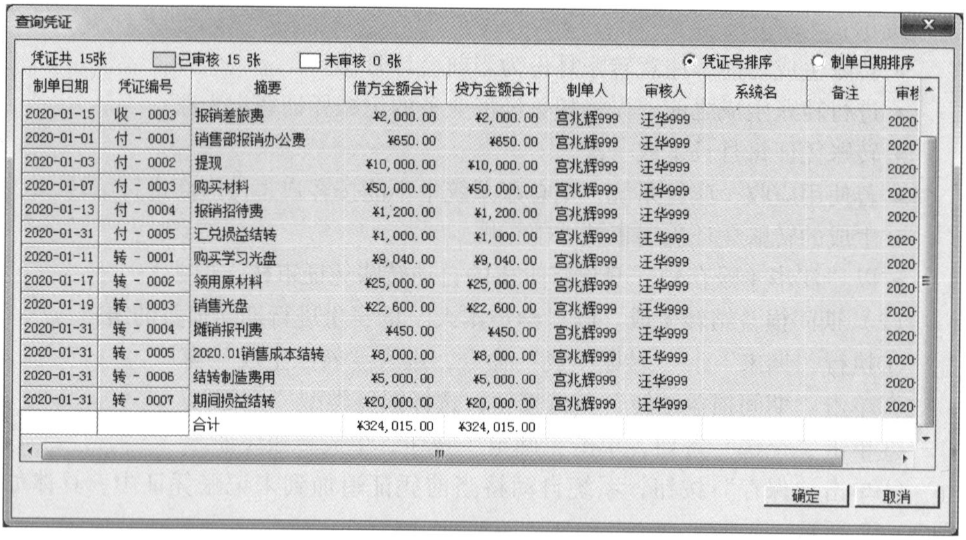

制单日期	凭证编号	摘要	借方金额合计	贷方金额合计	制单人	审核人	系统名	备注	审核
2020-01-15	收 - 0003	报销差旅费	¥2,000.00	¥2,000.00	宫兆辉999	汪华999			2020
2020-01-01	付 - 0001	销售部报销办公费	¥650.00	¥650.00	宫兆辉999	汪华999			2020
2020-01-03	付 - 0002	提现	¥10,000.00	¥10,000.00	宫兆辉999	汪华999			2020
2020-01-07	付 - 0003	购买材料	¥50,000.00	¥50,000.00	宫兆辉999	汪华999			2020
2020-01-13	付 - 0004	报销招待费	¥1,200.00	¥1,200.00	宫兆辉999	汪华999			2020
2020-01-31	付 - 0005	汇兑损益结转	¥1,000.00	¥1,000.00	宫兆辉999	汪华999			2020
2020-01-11	转 - 0001	购买学习光盘	¥9,040.00	¥9,040.00	宫兆辉999	汪华999			2020
2020-01-17	转 - 0002	领用原材料	¥25,000.00	¥25,000.00	宫兆辉999	汪华999			2020
2020-01-19	转 - 0003	销售光盘	¥22,600.00	¥22,600.00	宫兆辉999	汪华999			2020
2020-01-31	转 - 0004	摊销报刊费	¥450.00	¥450.00	宫兆辉999	汪华999			2020
2020-01-31	转 - 0005	2020.01销售成本结转	¥8,000.00	¥8,000.00	宫兆辉999	汪华999			2020
2020-01-31	转 - 0006	结转制造费用	¥5,000.00	¥5,000.00	宫兆辉999	汪华999			2020
2020-01-31	转 - 0007	期间损益结转	¥20,000.00	¥20,000.00	宫兆辉999	汪华999			2020
		合计	¥324,015.00	¥324,015.00					

(c)

图 7－62　期间损益结转生成流程

提示：

- 以“汪华＋账套号”的身份将生成的自动转账凭证审核、记账。

（二）对账

以“学员本人”的身份重新注册总账系统。

(1) 执行“期末” | “对账”命令，进入“对账”窗口。

(2) 将光标定位在要进行对账的月份“2021. 01”，单击“选择”按钮。

(3) 单击“对账”按钮，开始自动对账，并显示对账结果。

(4) 单击“试算”按钮，可以对各科目类别余额进行试算平衡。

(5) 单击“确认”按钮。具体如图 7－63 所示。

月份	对账日期	对账结果	是否结账	是否对账
2021.01	2021.01.31	正确	Y	
2021.02				
2021.03				
2021.04				
2021.05				
2021.06				
2021.07				
2021.08				
2021.09				
2021.10				
2021.11				
2021.12				

图 7－63　“对账”窗口

（三）结账

1. 结账。

（1）执行“期末”|“结账”命令，进入“结账”窗口。

（2）单击要结账月份“2021.01”，单击“下一步”按钮。

（3）单击“对账”按钮，系统对要结账的月份进行账账核对。

（4）单击“下一步”按钮，系统显示“1月工作报告”。

（5）查看工作报告后，单击“下一步”按钮，单击“结账”按钮，若符合结账要求，系统将进行结账，否则不予结账。具体如图7－64所示。

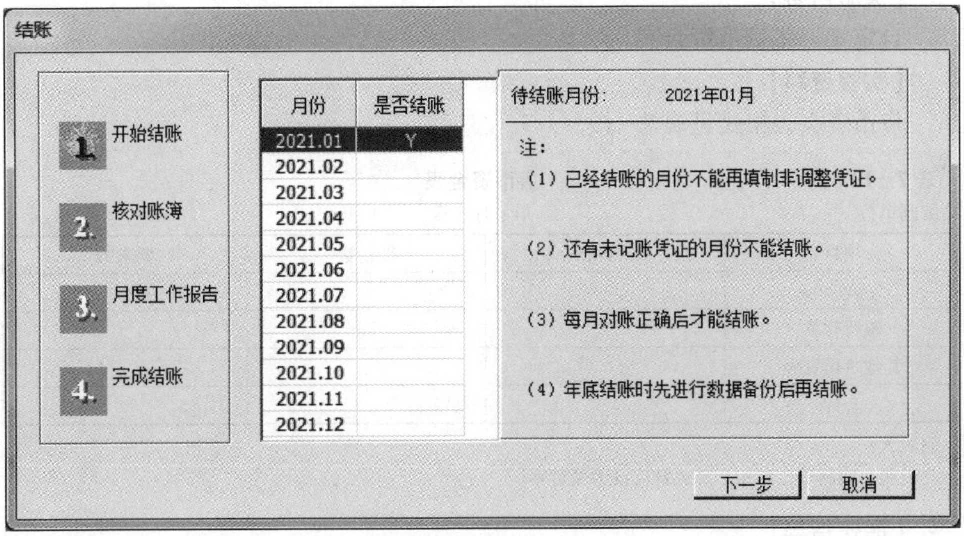

图7－64　“结账”窗口

提示：

• 结账只能由有结账权限的人进行。

• 本月还有未记账凭证时，则本月不能结账。

• 结账必须按月连续进行，上月未结账，则本月不能结账。

• 若总账与明细账对账不符，则不能结账。

• 如果与其他系统联合使用，其他子系统未全部结账，则本月不能结账。

• 结账前，要进行数据备份。

2. 取消结账（取消结账后，必须重新结账）。

（1）执行“期末”|“结账”命令，进入“结账”窗口。

（2）选择要取消结账的月份“2021.01”。

（3）按“Ctrl＋Shift＋F6”键激活“取消结账”功能。

（4）输入口令“001”，单击“确认”按钮，取消结账标记。

提示：

• 在结完账后，由于非法操作或计算机病毒或其他原因可能会造成数据被破坏，这时可以在此使用“取消结账”功能。

实验六　UFO 报表管理（一）

【实验目的】

1. 理解报表编制的原理及流程。

2. 掌握报表格式定义、公式定义的操作方法；掌握报表单元公式的设置方法。

【实验内容】

自定义一张货币资金表。

【实验资料】

货币资金表格式见表 7－19。

表 7－19　　货币资金表

编制单位：　　　　年　月　日　　　　单位：元

项目	行次	期初数	期末数
现金			
银行存款			
其他货币资金			
合计			

制表人：

说明：编制单位和年、月、日应设为关键字。

【操作指导】

1. 启动 UFO 报表管理系统。

（1）单击“业务”按钮，执行“UFO 报表”命令，进入 UFO 报表管理系统。

（2）执行“文件”|“新建”命令，建立一张空白报表，报表名默认为“report1”。

2. 自定义一张货币资金表。

报表状态设置：

单击报表底部左下角的“格式/数据”按钮，使当前状态为“格式”状态。

报表格式定义：

（1）设置报表尺寸。

①执行“格式”|“表尺寸”命令，打开“表尺寸”对话框。

②输入行数“8”，列数“4”，单击“确认”按钮。

（2）定义组合单元。

①选择需合并的区域“A1：D1”。

②执行“格式”|“组合单元”命令，打开“组合单元”对话框。

③选择组合方式“整体组合”或“按行组合”，该单元即合并成一个单元格。

④同理，定义“A2：D2”单元为组合单元。

（3）画表格线。

①选中报表需要画线的区域“A3：D7”。

②执行“格式”｜“区域画线”命令，打开“区域画线”对话框。

③选择“网线”，单击“确认”按钮，将所选区域画上表格线。

（4）输入报表项目。

①选中需要输入内容的单元或组合单元。

②在该单元或组合单元中输入相关文字内容，如在 A1 组合单元输入“货币资金表”。

提示：

• 报表项目指报表的文字内容，主要包括表头内容、表体项目、表尾项目等，不包括关键字。

• 编制单位、日期一般不作为文字内容输入，而是需要设置为关键字。

（5）定义报表行高和列宽。

①选中需要调整的单元所在行“A1”。

②执行“格式”｜“行高”命令，打开“行高”对话框。

③输入行高“7”，单击“确定”按钮。

④选中需要调整的单元所在列，执行“格式”｜“列宽”命令，可设置该列的宽度。

提示：

• 行高、列宽的单位为毫米。

（6）设置单元风格。

①选中标题所在组合单元“A1”。

②执行“格式”｜“单元属性”命令，打开“单元格属性”对话框。

③单击“字体图案”选项卡，设置字体“黑体”，字号“14”。

④单击“对齐”选项卡，设置对齐方式“居中”，单击“确定”按钮。

（7）定义单元属性。

①选定单元格“D8”。

②执行“格式”｜“单元属性”命令，打开“单元格属性”对话框。

③单击“单元类型”选项卡，单击“字符”选项，单击“确定”按钮。

提示：

• 格式状态下输入内容的单元均默认为表样单元，未输入数据的单元均默认为数值单元，在数据状态下可输入数值。若希望在数据状态下输入字符，应将其定义为字符单元。

• 字符单元和数值单元输入后只对本表页有效，表样单元输入后对所有表页有效。

（8）设置关键字。

①选中需要输入关键字的组合单元“A2”。

②执行“数据”|“关键字”|“设置”命令，打开“设置关键字”对话框。

③单击“单位名称”单选按钮，单击“确定”按钮。

④同理，设置“年”“月”“日”关键字。

提示：

- 每个报表可以同时定义多个关键字。
- 如果要取消关键字，须执行“数据”|“关键字”|“取消”命令。

（9）调整关键字位置。

①执行“数据”|“关键字”|“偏移”命令，打开“定义关键字偏移”对话框。

②在需要调整位置的关键字后面输入偏移量：年“-120”，月“-90”，日“-60”。

③单击“确定”按钮。

提示：

- 关键字的位置可以用偏移量来表示，负数值表示向左移，正数值表示向右移。在调整时，可以通过输入正或负的数值来调整。
- 关键字偏移量单位为像素。

报表公式定义：

（1）定义单元公式——直接输入公式。

①选定需要定义公式的单元“C4”，即“现金”的期初数。

②执行“数据”|“编辑公式”|“单元公式”命令，打开“定义公式”对话框。

③在定义公式对话框内直接输入总账期初函数公式：

QC（“1001”，月,,,,,,,,,），QM（“1001”，月,,,,,,,,,），

QC（“1002”，月,,,,,,,,,），QM（“1002”，月,,,,,,,,,），

QC（“1009”，月,,,,,,,,,），QM（“1009”，月,,,,,,,,,），

“C7 = C4 + C5 + C6，D7 = D4 + D5 + D6”。

④单击“确认”按钮。

提示：

- 单元公式中涉及的符号均为英文半角字符。
- 单击“fx”按钮或双击某公式单元或按“=”键，都可打开“定义公式”对话框。

（2）定义单元公式——引导输入公式。

①选定被定义单元“D5”，即“银行存款”期末数。

②单击“fx”按钮，打开“定义公式”对话框。

③单击“函数向导”按钮，打开“函数向导”对话框。

④在函数分类列表框中选择“用友账务函数”，在右边的函数名列表中选中“期末（QM）”，单击“下一步”按钮，打开“用友账务函数”对话框。

⑤单击“参照”按钮，打开“账务函数”对话框。

⑥各项均采用系统默认值，单击“确定”按钮，返回“用友账务函数”对话框。

⑦单击“确定”按钮，返回“定义公式”对话框，单击“确认”按钮。

⑧输入其他单元公式。具体如图7-65所示。

(a)

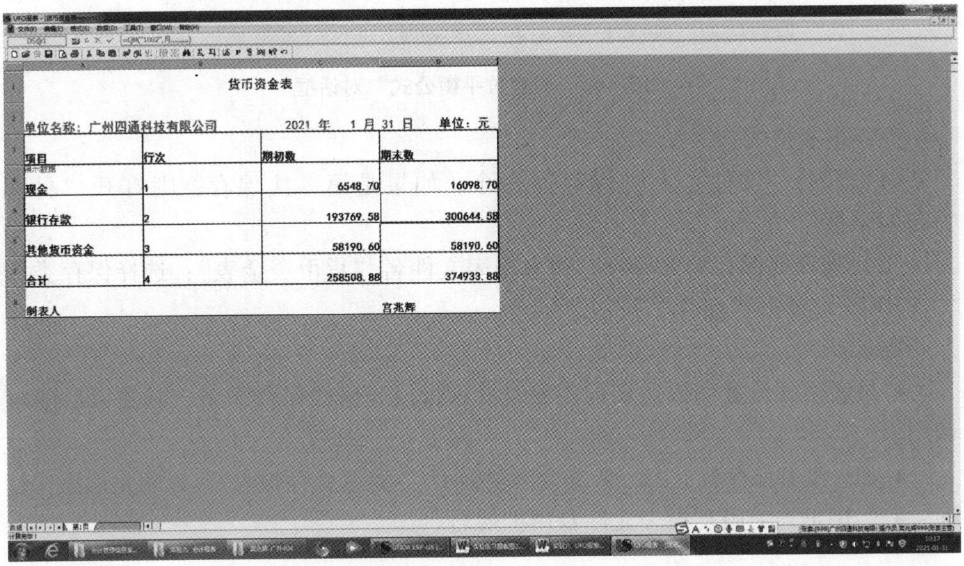

(b)

图7-65 定义单元公式——引导输入公式流程

(3) 定义舍位平衡公式。

①执行“数据”|“编辑公式”|“舍位公式”命令，打开“舍位平衡公式”对话框。

②确定如下信息：舍位表名“SW1”，舍位范围“C4：D7”，舍位位数“3”，平衡公式“C7 = C4 + C5 + C6，D7 = D4 + D5 + D6”。

③单击“完成”按钮。具体如图7-66所示。

提示：

• 舍位平衡公式是指用来重新调整报表数据进位后的小数位平衡关系的公式。

• 每个公式一行，各公式之间用逗号“,”（半角）隔开，最后一条公式不用写逗号，否则公式无法执行。

• 等号左边只能为一个单元（不带页号和表名）。

• 舍位公式中只能使用“+”“-”符号，不能使用其他运算符及函数。

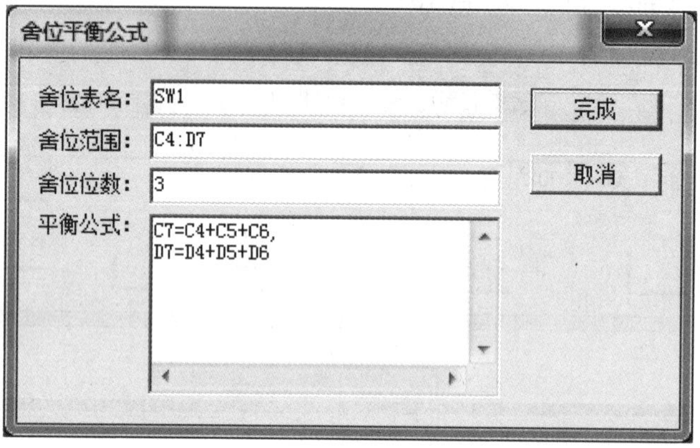

图 7-66 “舍位平衡公式”对话框

保存报表格式：

（1）执行“文件”|“保存”命令。如果是第一次保存，则打开“另存为”对话框。

（2）选择要保存的文件夹，输入报表文件名“货币资金表”；选择保存类型“*.REP”，单击“保存”按钮。

提示：

• 报表格式设置完以后切记要及时将这张报表格式保存下来，以便以后随时调用。

• 如果没有保存就退出，系统会出现提示：“是否保存报表?”以防止误操作。

• “.REP”为用友报表文件专用扩展名。

实验七 UFO 报表管理（二）

【实验目的】

1. 理解报表编制的原理及流程。

2. 掌握报表数据处理、表页管理及图表功能等操作。

【实验内容】

根据实验六自定义的货币资金表，进行报表数据处理、表页管理及图表功能操作。

【实验资料】

实验六自定义的货币资金表。

【操作指导】

1. 打开定义好的货币资金表。

（1）启动UFO系统，执行“文件”|“打开”命令。

（2）选择需要打开的报表文件“货币资金表.REP”，单击“打开”按钮。

（3）单击空白报表底部左下角的“格式/数据”按钮，使当前状态为“数据”状态。

提示：

- 报表数据处理必须在“数据”状态下进行。

2. 报表数据处理。

增加表页：

（1）执行“编辑”|“追加”|“表页”命令，打开“追加表页”对话框。

（2）输入需要增加的表页数“2”，单击“确认”按钮。

提示：

- 追加表页是在最后一张表页后追加N张空表页，插入表页是在当前表页后面插入一张空表页。
- 一张报表最多只能管理99 999张表页，演示版最多为4页。

输入关键字值：

（1）执行“数据”|“关键字”|“录入”命令，打开“录入关键字”对话框。

（2）输入单位名称“四通科技”，年“2021”，月“01”，日“31”。

（3）单击“确认”按钮，弹出“是否重算第1页?”对话框。

（4）单击“是”按钮，系统会自动根据单元公式计算1月份数据；单击“否”按钮，系统不计算12月份数据，以后可利用“表页重算”功能生成1月份数据。

提示：

- 每一张表页均对应不同的关键字值，输出时随同单元一起显示。
- 日期关键字可以确认报表数据取数的时间范围，即确定数据生成的具体日期。

生成报表：

（1）执行“数据”|“表页重算”命令，弹出“是否重算第1页?”提示框。

（2）单击“是”按钮，系统会自动在初始的账套和会计年度范围内根据单元公式计算生成数据。

报表舍位操作：

（1）执行“数据”|“舍位平衡”命令。

（2）系统会自动根据前面定义的舍位公式进行舍位操作，并将舍位后的报表保存在“SW1. REP”文件中。具体如图7-67所示。

提示：

- 舍位操作以后，可以将SW1. REP打开查阅一下。

• 如果舍位公式有误，系统状态栏会提示“无效命令或错误参数!”

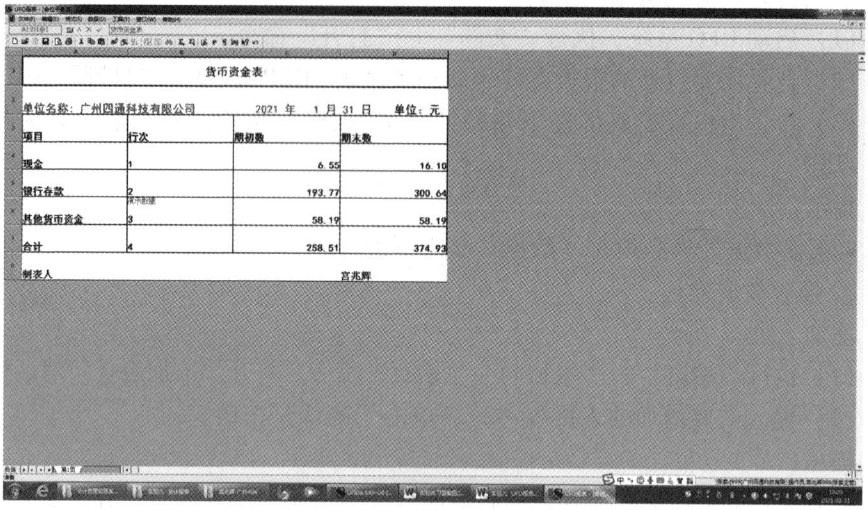

图 7-67 报表舍位操作

3. 表页管理。

表页排序：

（1）执行“数据”｜“排序”｜“表页”命令，打开“表页排序”对话框。

（2）确定如下信息：选择第一关键值“年”，排序方向“递增”，第二关键字“月”，排序方向“递增”。

（3）单击“确认”按钮。系统将自动把表页按年份递增顺序重新排列，如果年份相同则按月份递增顺序排序。

表页查找：

（1）执行“编辑”｜“查找”命令，打开“查找”对话框。

（2）确定查找内容“表页”，确定查找条件“月 =01”。

（3）单击“查找”按钮，查找到符合条件的表页作为当前表页。

4. 图表功能。

追加图表显示区域：

（1）在格式状态下，执行“编辑”｜“追加”｜“行”命令，打开“追加行”对话框。

（2）输入追加行数“10”，单击“确定”按钮。

提示：

• 追加行或列须在格式状态下进行。

插入图表对象：

（1）在数据状态下，选取数据区域“A3：D7”。

（2）执行“工具”｜“插入图表对象”命令，打开“区域作图”对话框。

（3）选择确定如下信息：数据组“行”，数据范围“当前表页”。

（4）输入图表名称“资金分析图”，图表标题“资金对比”，X轴标题“期间”，Y轴标题“金额”。

（5）选择图表格式“成组直方图”，单击“确定”按钮。

提示：

• 插入的图表对象实际上也属于报表的数据，因此，有关图表对象的操作必须在数据状态下进行。

• 选择图表对象显示区域时，区域不能少于2行＊2列，否则会提示出现错误。

编辑图表主标题（暂时不做）：

（1）双击图表对象的任意位置，选中图表。

（2）执行“编辑”｜“主标题”命令，打开“编辑标题”对话框。

（3）输入主标题“资金对比分析”，单击“确认”按钮。具体如图7－68所示。

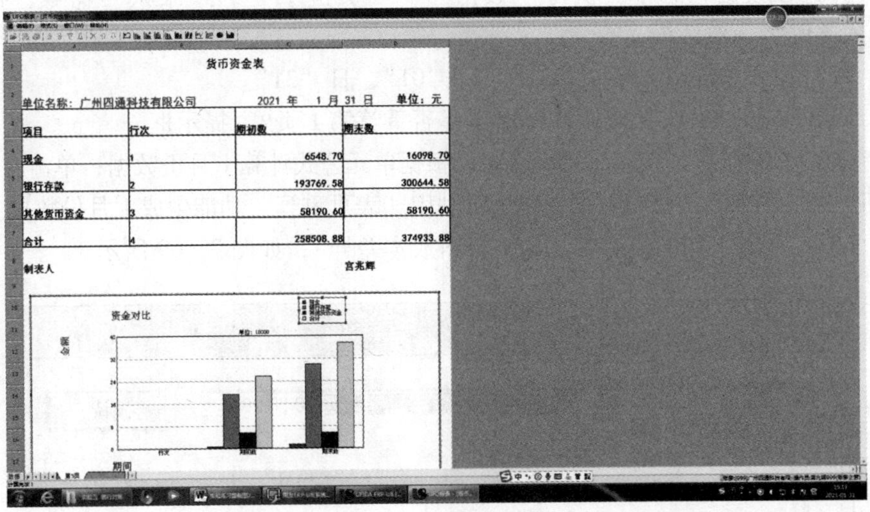

图7－68　编辑图表主标题

实验八　UFO报表管理（三）

【实验目的】

1. 深刻领会报表编制的原理及流程。

2. 掌握如何利用报表模板生成一张报表。

【实验内容】

利用报表模板生成一张资产负债表和利润表。

【实验资料】

报表模板中的资产负债表模板。

【操作指导】

1. 调用资产负债表模板。

（1）执行“格式”|“报表模板”命令，打开“报表模板”对话框。

（2）选择您所在的行业“新会计制度科目”，财务报表“资产负债表”。

（3）单击“确认”按钮，弹出“模板格式将覆盖本表格式！是否继续?”提示框。

（4）单击“确定”按钮，即可打开“资产负债表”模板。

2. 调整报表模板。

（1）单击“数据/格式”按钮，将“资产负债表”处于格式状态。

（2）根据本单位的实际情况，调整报表格式，修改报表公式。

（3）保存调整后报表模板。

3. 生成资产负债表数据。

（1）在数据状态下，执行“数据”|“关键字”|“录入”命令，打开“录入关键字”对话框。

（2）输入关键字：年“2021”，月“01”，日“31”。

（3）单击“确认”按钮，弹出“是否重算第1页?”提示框。

（4）单击“是”按钮，系统会自动根据单元公式计算1月份数据；单击“否”按钮，系统不计算1月份数据，以后可利用“表页重算”功能生成1月份数据。

（5）存货的年初数要加“1232 材料成本差异”，如图7-69所示。

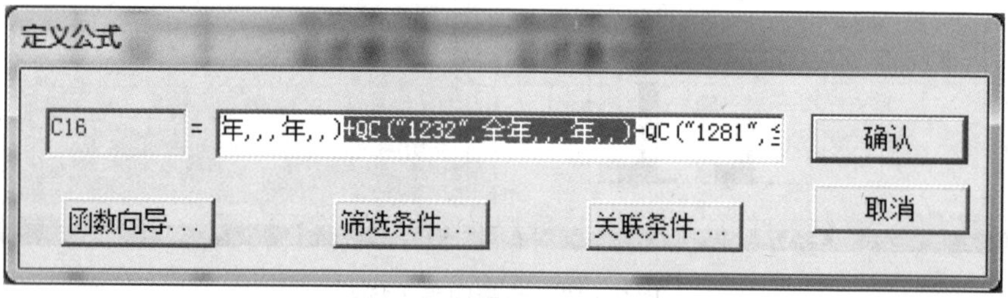

图7-69 “定义公式”对话框

（6）存货的期末数要加“1232 材料成本差异”，如图7-70所示。

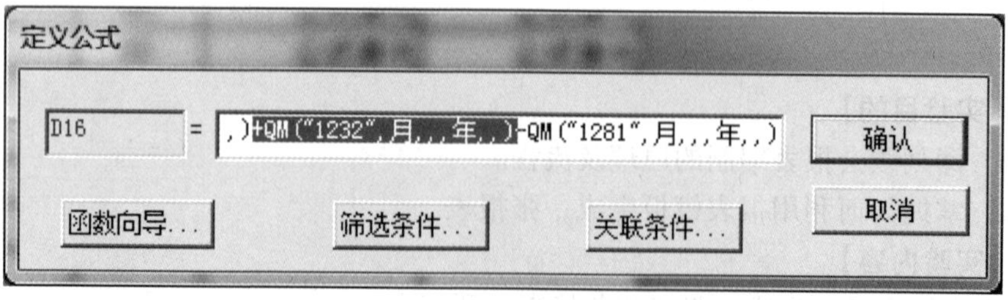

图7-70 “定义公式”对话框

(7) 单击“数据”按钮，系统会根据单元公式重新计算 2021 年 1 月份数据，如图 7－71 所示。

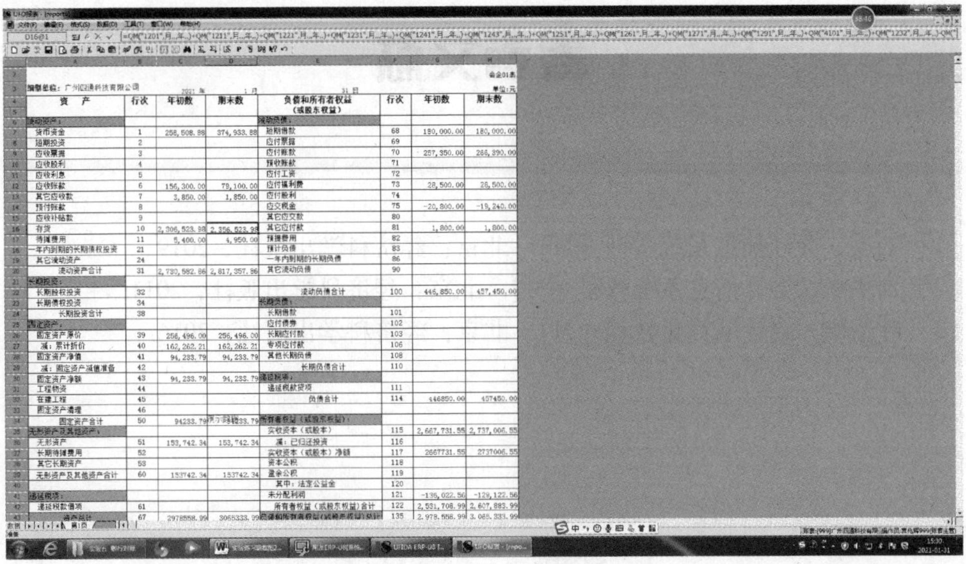

图 7－71　“资产负债表”界面

4. 同理生成利润表，如图 7－72 所示。

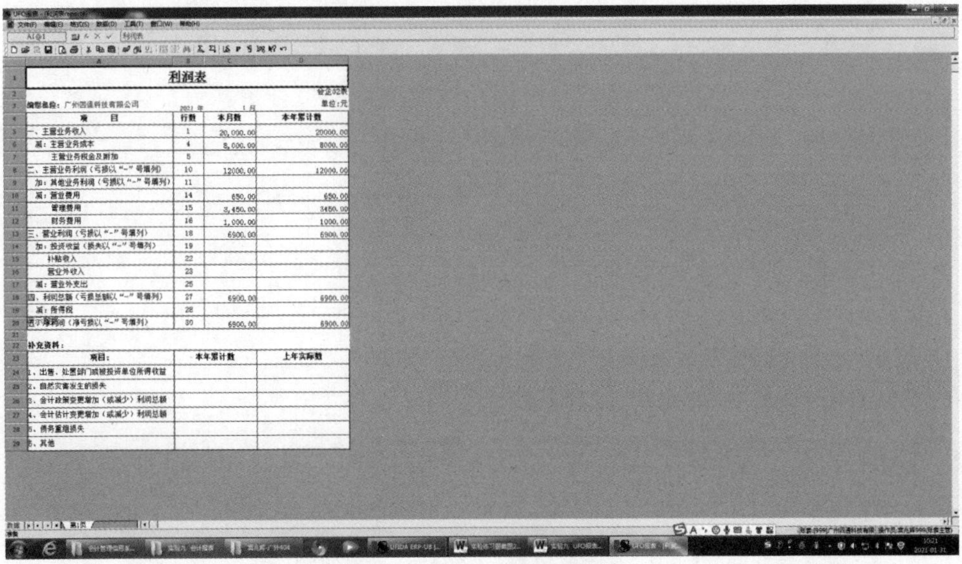

图 7－72　“利润表”界面

参考文献

[1] 刘薇．会计信息系统实训［M］．北京：经济科学出版社，2019.
[2] 刘中华．会计信息系统教程［M］．北京：经济科学出版社，2011.
[3] 叶怡雄．会计电算化教程［M］．北京：经济科学出版社，2016.

敬告读者

为了帮助广大师生和其他学习者更好地使用、理解、巩固教材的内容，本教材配课件和账套，读者可关注微信公众号“会计与财税”，获取相关信息。

如有任何疑问，请与我们联系。

QQ：16678727

邮箱：esp_bj@163. com

教师服务 QQ 群：606331294

读者交流 QQ 群：391238470

经济科学出版社

2021 年 9 月

会计与财税　　教师服务 QQ 群　　读者交流 QQ 群　　经科在线学堂